# 交通运输行业
# 智慧低碳推荐技术汇编

中国交通运输协会交通工程设施分会　组织编写

何柏青　陈旭东　刘贵翔　主　　编

人民交通出版社

北　京

## 内 容 提 要

为加快推进交通运输行业绿色低碳转型，让绿色技术在行业中有创新、见实效、可复制，推动科技成果向现实生产力转化，切实提高行业科技水平，支撑行业高质量发展，中国交通运输协会、中国交通报社等4家单位联合开展了“交通运输行业智慧低碳技术推荐目录”（简称“技术推荐目录”）推选宣传活动。本书汇编了“技术推荐目录”中的117项技术，内容涵盖桥梁工程、隧道工程、道路工程、轨道工程、道路安全等多个专业领域。

本书可供交通运输行业从事绿色低碳工作的科研、管理、技术人员借鉴参考，亦可供大专院校师生学习使用。

**图书在版编目（CIP）数据**

交通运输行业智慧低碳推荐技术汇编 / 何柏青，陈旭东，刘贵翔主编. — 北京：人民交通出版社股份有限公司，2025.5

ISBN 978-7-114-19462-7

Ⅰ.①交… Ⅱ.①何… ②陈… ③刘… Ⅲ.①交通运输业—节能—研究—中国 Ⅳ.①F512.3

中国国家版本馆CIP数据核字(2024)第064617号

Jiaotong Yunshu Hangye Zhihui Ditan Tuijian Jishu Huibian

**书　　名**：**交通运输行业智慧低碳推荐技术汇编**
**著 作 者**：何柏青　陈旭东　刘贵翔
**责任编辑**：岑　瑜
**责任校对**：赵媛媛　魏佳宁
**责任印制**：张　凯
**出版发行**：人民交通出版社
**地　　址**：（100011）北京市朝阳区安定门外外馆斜街3号
**网　　址**：http://www.ccpcl.com.cn
**销售电话**：(010)85285857
**总 经 销**：人民交通出版社发行部
**经　　销**：各地新华书店
**印　　刷**：北京市密东印刷有限公司
**开　　本**：889×1194　1/16
**印　　张**：20.25
**字　　数**：544千
**版　　次**：2025年5月　第1版
**印　　次**：2025年5月　第1次印刷
**书　　号**：ISBN 978-7-114-19462-7
**定　　价**：98.00元
（有印刷、装订质量问题的图书，由本社负责调换）

# 《交通运输行业智慧低碳推荐技术汇编》

## 编　委　会

# 前　言

为了深入贯彻落实《中共中央国务院关于完整准确全面贯彻新发展理念做好碳达峰碳中和工作的意见》,加快推进交通运输行业绿色低碳转型,让绿色技术在行业中有创新、见实效、可复制,推动科技成果向现实生产力转化,切实提高行业科技水平,支撑行业高质量发展,鼓励行业积极采用先进、适用科技成果。中国交通报社、中国交通运输协会交通工程设施分会、中国节能协会交通节能专业委员会、《交通节能与环保》杂志共同开展了"交通运输行业智慧低碳技术推荐目录"推选宣传活动的工作。

推选宣传活动得到了交通运输领域科研院所、高等院校和企事业单位的大力支持和积极参与,经过项目征集、行业专家评审、公示等环节,"隧道顺光照明和智能控制技术、北京中央商务区道路交通与街区环境改造提升新技术及应用、新型高分子材料钢护栏就地翻新技术研究、农村道路基层现场再生环保固化技术、生态敏感区公路水污染处理与环境风险控制关键技术、低碳公路节能减排关键技术与评价体系的构建"等117个项目入选《交通运输行业智慧低碳技术推荐目录》(简称"技术推荐目录")。为进一步推动智慧低碳技术的宣传应用和有效转化,助力深入推进绿色交通发展,现将"技术推荐目录"中的技术成果结集出版。

本书收录了117项交通运输智慧低碳技术成果,涵盖了桥梁工程、隧道工程、道路工程、轨道工程、道路安全等多个专业领域。这些技术的优势有:①节能减排、绿色环保效果显著,可助力进一步推动交通运输行业绿色低碳可持续发展;②符合国家、产业、技术政策和行业技术发展方向;③技术先进、工艺成熟、社会效益突出;④其知识产权权属明确,技术适应性强,推广应用前景广阔。

本书由中国交通运输协会交通工程设施分会负责技术征集和组织协调工作。期间,在技术征集和出版过程中得到了各企事业单位的高度重视和鼎力支持,交通运输行业相关专家也对本书的出版提供了中肯的意见和建议,在此,一并致以衷心的感谢!

由于本书编辑出版时间较短,书中难免存在疏漏和不足之处,恳请行业专家和广大同仁予以谅解,并敬请提出宝贵意见。

作　者

**2024年9月**

# 目　　录

# 船舶运营能效智能分析与优化系统

(长沙绿航节能科技有限公司)

## 0　引言

推动水运行业节能减排,提升船舶运营能效,是实现我国“双碳”目标,建设交通强国的重要举措,也是航运企业降低运营成本,提高核心竞争力的关键内容。如何科学有效地推进船舶节能降耗工作是水运行业面临的难题。了解真实情况,把握客观规律,是分析问题、解决问题的前提。本项目通过数据实测和大数据分析的方法,认识船舶能源消耗客观过程和真实规律,并通过智能运算给出针对性改进方案,实现了船舶理论与工程实践的有机结合,大幅提升船舶运营能效推动绿色智能船舶发展。

## 1　技术概况

本项目基于船舶油耗的经典理论,创新开发了一套对船舶主机油耗过程实现在线测量、全面记录、实时分析与优化的网络智能系统,实现了复杂理论在日常工作中的简单应用,达到看得到、看得清、看得懂、用得上、效果好的目的,便于在船舶节能工作中普及推广。本项目产品在主机油耗实时测量方案、船舶油耗特性实测评估模型、船舶经济操作决策模型等方面具有大的创新,全面覆盖技术节能、操作节能、管理节能三个维度,在实践中经过反复验证,效益明显。

## 2　技术分析

### 2.1　技术原理

通过数字技术赋能实现船舶节能减排。根据我国内河水运的实际情况,在经济转速优化、船机桨匹配、船体保养、管理提升等方面可挖掘的节能潜力最大,针对这几个部分,运用大数据分析方法进行深度挖掘,从实测数据中厘清每条船能耗的真实情况和客观规律,遵循实船客观规律进行针对性能效改善。具体如下:通过实测数据分析,判断船舶自身客观存在的能耗技术特性(类似实测的现有船舶能效指数 EEXI),为船机桨优化匹配、船体和推进设备的技术保养提供针对性的诊断依据;通过实测数据构建本船的经济转速寻优模型,实时指导驾驶员节能操作;通过在线监管平台实现船岸信息实时共享,提升岸基地人员的认识水平和管理能力,改变船员任意操作的局面,实现船岸共管。通过技术、操作、管理三个方面的综合应用,在船舶节能方式方法上正本清源,大幅度提升船舶能效利用水平。节能效果上,之前我国水运行业主推的节能产品(各类添加剂)台架试验的效果一般为 1.5% ~1.8%,需要长期投入;本项目针对于内河船舶的实测效果达到 15% 左右,一次投入,长期受益。

### 2.2　关键技术、工艺流程及主要设备

本项目牵涉的关键技术有船载柴油机油耗在线工程化测量技术、基于大数据挖掘的船舶技术能效(EEXI)评估模型、基于实测数据推导的节能驾驶操作算法、基于新一代信息技术的船舶运营能效在线智能监测系统。

相关的主要设备有船载柴油机油耗实时测量装置、船载(能效)分析仪、5G 数据透传装置(含北斗模块)、数据库及在线智能监测系统等硬件、软件系统。

工艺流程:在船舶每台主动力柴油机安装油耗实时测量装置,在驾驶台安装船载分析仪和数据透传装置。两台油耗实时测量装置与船载分析仪之间、船载分析仪与数据透传装置之间信号有线连通,船舶与岸基地之间通过公共无线通信网络连通。

油耗实时测量装置在线采集主机转速、瞬时油耗、累积油耗等关键数据,数据透传装置采集时间、经纬度、航速、航向等数据,船载分析仪同步汇总相

关数据并根据算法模型对相关数据进行实时统计、分析和推演运算，并通过仪表简洁明了地展现出来，为船舶驾驶员对主机油耗经济性的把握、主机转速的优化设置提供参照。

相关测量和分析数据通过数据透传装置发送给后台数据库，由后台运算服务器定期对特定时间段的数据进行针对性地挖掘，确定该船固有的油耗特性（类似 EEXI），后台数据分析工程师通过船舶油耗特性曲线的迁移变化，为船机桨匹配优化、船舶技术保养提供诊断依据，并通过远程升级方式定期对船载分析仪的算法模型进行更新，以最真实的规律进行经济转速的实时推算。

通过船舶运营能效在线智能监测平台将所有的数据信息进行实时分析和同步显示，并设置超限报警，实现船舶运营能耗发生过程的船岸共管。平台可将相关数据进行统计分析，形成符合行业规范和企业需求的统计分析报表，提升数据采集与分析的科学性、准确性和及时性。

## 3 技术应用情况

### 3.1 应用项目介绍

本项目起源于湖南省交通科技项目“一种油耗实时分析仪器的开发和在船舶节能中的应用”，于 2012 年通过评审验收。在其基础上经过十多年的开发和试验验证，形成一套完善的船舶节能减排智能产品方案。项目产品相继在湖南远洋的内河集装箱船、湖南湘平船务的散货船、湖南湘江船务的散货船等 6 艘长江航线船舶进行试验验证，通过优化日常操作和管理，平均节能效果在 15% 以上，在此基础上通过数据诊断进行螺旋桨优化匹配、船体保养等，节能效果可达 25% 以上。其中，3000t 级散货船的船舶运营碳强度指标由 4.09g$CO_2$/t · nm 降至 2.09g$CO_2$/t · nm。

### 3.2 实施方案及流程

在船舶安装前述油耗采集与分析的软硬件装备后，对船岸人员进行使用方法的培训，同步提供后台技术支持和数据分析支持。

（1）技术节能方面

主要由后台数据分析工程师提供支持，通过大数据回归分析，还原实船的静水油耗特性，作为船舶固有的油耗特征“画像”，即实测的“现有船舶能效指数”（EEXI），以此判断船舶本身能效指标优劣。从油耗特性的变迁中对内河船比较常见的螺旋桨损坏、船机桨匹配不当、船壳污损等影响油耗的问题进行甄别，为针对性诊断、经济性分析提供精细分析工具。

（2）操作节能方面

主要依据船载分析仪提供的指导（图 1），选择经济航道和经济转速。

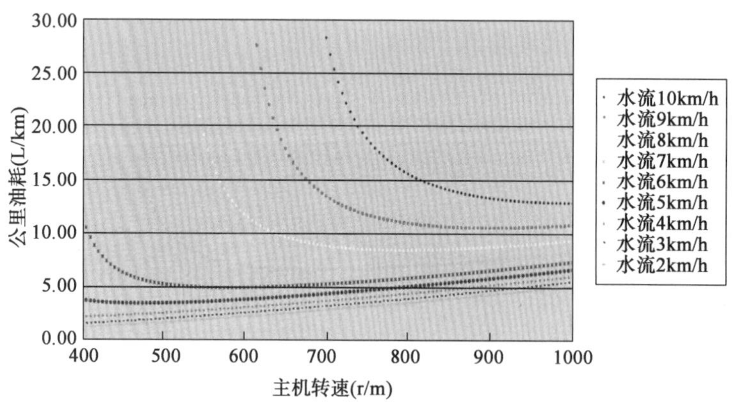


图 1 船舶逆水航行时航道水流、主机转速与公里油耗的数据关系

经济航道。根据实测数据推算，船舶在某一航段逆水航行，保持 800r/m 主机转速，选择的航道流速分别为 7.2km/h、9.0km/h、11.0km/h，则油耗分别为 7.19L/km、11.0L/km、26.76L/km，11.0km/h 的航道与7.2km/h航道油耗具有三倍多的差别，数据辅助有利于经济航道的准确选择。

经济转速。在同一航道逆水航行，采用 800r/m主机转速，通过 10km/h 流速航段，油耗为 15.59L/km，如将主机转速提高到 990r/m，这时油耗降为 12.87L/km，油耗降低 17.45%，数据推演可辅助转速寻优的精确决策。

船载分析仪对关键指标设有设限提醒、超限报警的功能，以规范船员的操作。

(3)管理节能方面

通过船舶运营能效在线智能监测平台实现了船岸数据同步共享，消除管理盲区。帮助岸基地人员厘清船舶油耗的客观规律，以精准数据替代模糊认知，以“现场管理”替代事后处理，提高了管理的针对性、及时性和有效性。

## 4 效益情况

### 4.1 社会效益

本项目是一套将船舶能效复杂理论进行实践应用的工程化技术产品，其把握住船舶节能减排工作的关键，正本清源，使用简单，便于普及和推广。

项目产品涵盖面广，是推进船舶节能减排工作的重要分析平台，可对市面上的节能技术产品的实际效果进行快速分析，对于去伪存真，稳步推进航运行业节能减排工作具有重要意义。

项目产品节能效果显著，试验船舶的平均节油率在15%以上。产品除应用于内河船舶外，在沿海运输船舶、渔船均具有良好应用前景。考虑全国船舶节能减排工作的基础不同、运行条件有差异，以在全国推广后平均节油率10%计算，2020年全国国内水运燃料消耗量为1032万t，如其中600万t消耗量应用本项目产品进行能效优化，全国可实现节油60万t。按照船舶燃油二氧化碳转换系数3.206计算，则全国可减少二氧化碳排放192.36万t。

本项目的船舶运营能效在线智能监测系统也可供行业主管部门对船舶能耗及排放数据进行在线监管和分析统计，对于降低全国船舶能效营运指数(EEOI)，助力水运行业实现“双碳”目标，推进长江经济带绿色发展，均具有十分重要意义。

### 4.2 经济效益

根据3000t级散货船试用数据分析，应用本项目技术产品，船舶每节约1t柴油的投资成本为707元，每减少1t二氧化碳排放的投资成本为220元，项目产品的静态投资回收期为3个月左右。

## 5 总结

本项目通过5G通信、物联网、大数据、云计算等新一代信息技术与船舶能效管理的深度融合，系统解决了船舶能耗数据的在线测量、实时分析和即时应用的系列难题，紧紧围绕船舶节能减排工作的几个核心问题进行深入分析，开拓性地将船舶能耗经典理论与工程实践有机结合，通过对测量数据进行深度挖掘和应用，实现对油耗过程和真实规律从看不到、看不清到看得到、看得清、用得上的飞跃。

项目改变了船舶节能减排的传统思路，以定量分析取代模糊认识，从操作节能、技术节能和管理节能等三个方面共同发力，通过数字技术的赋能，实现复杂运算的智能化处理，用户使用简单，实用性强，可大幅度挖掘出现有船舶的节能潜力。与原有船舶节能技术产品和方法相比，具有明显的技术优势和效果优势。

# 智能微电网综合能源管理系统

（黑龙江省龙通数字科技有限公司）

## 0 引言

本项目利用收费站光伏发电系统+储能系统+用电负荷体系，建立了“源+储+网+荷”的微电网系统，通过对用电系统的检测、感知、消纳，形成量化对比分析，对供电系统的变压器状态显示、送电监测、线路及故障预警等，实现了数据化、可视化控制，研发建设了智电能微网综合能源管理系统（以下简称能源管理系统）。通过部署云节点网关机等设备，进行数据提取分析应用，形成对收费站办公区、收费岗亭、车道门架等用电设备的监控，为电量使用优化提供数据支撑。

## 1 技术概况

智能微电网本质上是运用能源互联网技术，为综合能源管理在应用中提供实时监测。通过开发的监控平台直观地展示微电网内电力的分配及应用情况，发电侧对光伏电站发电数据的监测，用电侧涵盖该变压器分支的办公区、收费岗亭、车道门架等各类用电设备，从而对收费站人员、物资、能耗，实行全方位、多业务的智能融合管理与优化，提升收费站管理效率。能源管理系统实现了从光伏、储能到用电负荷0.4kV用电侧的整体监控，提供电力监控、电能质量监测、电气安全保护、能耗分析、电能统计、设备监测、智能照明控制、分布式光伏管理、环境监测、设备档案管理、运维管理、故障报警、用户报告等功能，为企业用电管理提供帮助。

## 2 技术分析

### 2.1 技术原理

能源管理系统采用“平台+管+边+端”的架构设计，依托平台强大的分析计算能力，为储能系统制定切实可行的调控策略，平台通过专有加密网络与能源管理机互联。能源管理机对现场设备下达控制命令，针对策略执行结果可及时反馈到平台进行策略更正。

平台层：提供整个EMS（能源管理系统）数据采集、存储、展示、分析、策略管理和协同控制，给用户提供WEB网页和APP两种交互体验形式。

网络层：即网络传输通道，本地平台与边缘设备通过专网或4G无线的方式进行通信。

边缘计算层：作为控制的核心中枢，边缘设备（能源管理机）负责关键节点数据采集，保证数据及时与平台通信。同时在现场数据断连后进行自动存储（可存储7d），通信恢复后自动将数据补传至平台。实时监控和分析数据，结合调控策略进行边界优化，下发控制指令到现场设备进行调控。在与云端平台网络失效的情况下，能源管理机应能独立完成就地数据采集、存储策略调控等基本功能，并可以根据本地实时监控的电池电压、SOC系统级芯片以及设备告警等数据执行能源管理机预制的保护功能，保证储能系统的安全运行。

设备层：现场感知设备，包含电表、储能系统（PCS、BMS）等。

### 2.2 关键技术、工艺流程及主要设备

能源管理系统分为设备层、边缘层、本地管理层三部分，组网拓扑如图1所示。

设备层：华为智能组串式储能系统、智能储能控制器、智能子阵控制器、智能电能监测终端。具备与能源管理机通信、协议对接、数据发送等功能。

边缘层：品联能源管理机。具备接收设备层数据并上送至管理平台的传输功能，可接收管理平台下发指令修改管理机内部调控策略，并根据策略自动控制下联智能子阵控制器等相关设备。

管理层：智慧能源管理平台。具备数据可视化、存储、操作、告警展示以及调控策略下发和启停等功能。

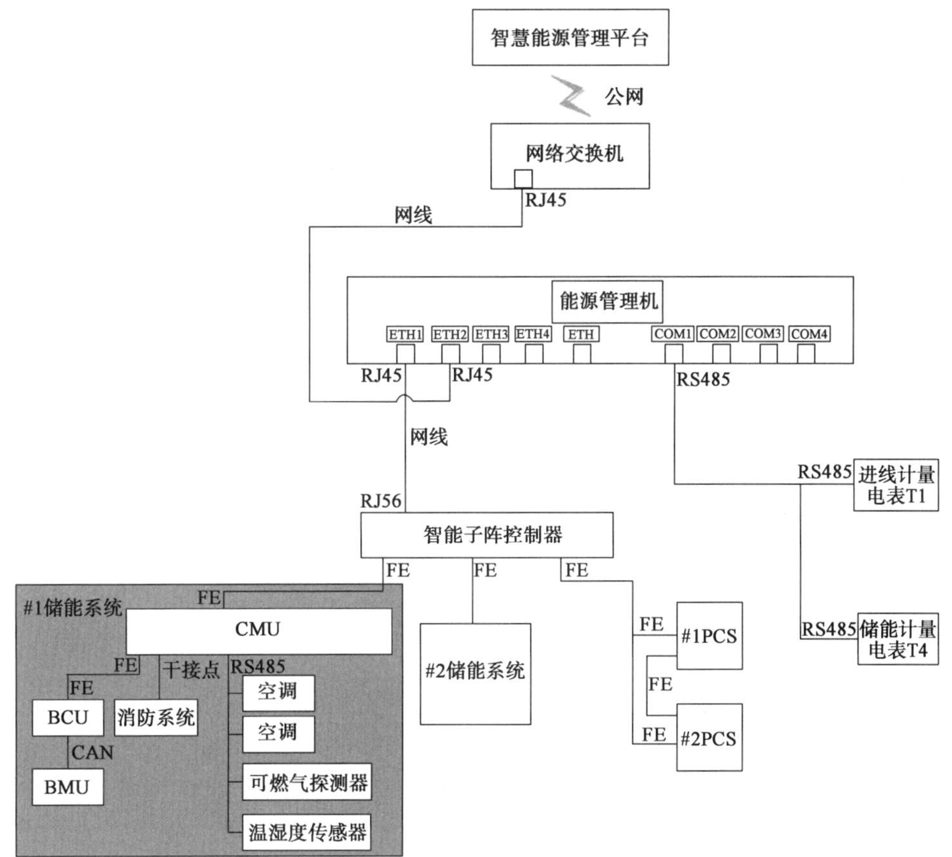


图1　系统组网拓扑图

注：网络交换机通过厂区内的通信运营商上公网。

能源管理机与华为智能子阵控制器、智能电能监测终端分别通过网线和RS485有线方式连接，进行通信和数据采集，控制命令下发，能源管理机通过网线与网络路由器(可上网)连接，借助厂区通信运营商网络上网，与本地管理平台进行通信和数据传输。服务器通过网线与防火墙连接，借助厂区通信运营商网络上网，进行通信和数据传输。

## 3　技术应用情况

### 3.1　应用项目介绍

本项目方案在哈尔滨群力收费站实施应用，开发了基于群力收费站的典型用电侧、新能源电站、储能系统的监控及消纳的智能微电网监控管理系统，推动群力收费站用电、光伏发电、储能供电数字化、智能化，为低碳发展奠定基础。通过对本系统的开发应用，逐渐转化升级为对黑龙江省高速公路收费站、服务区用电侧的监管，为能源数字化转型提供助力。

### 3.2　实施方案及流程

#### 3.2.1　架构设计

系统采用“平台＋管＋边＋端”的架构设计，依托平台强大的分析计算能力为智慧能源系统制定切实可行的调控策略，平台通过专有加密网络与互联。云节点网关机主动连接平台并上报云节点网关机所在地理位置的经纬度以及自身相关信息。支持多种南向协议，与下联设备通过RS485通信线连接，定时采集上报下联设备数据并上报至综合能源管理平台，图2为系统整体架构示意图。

平台层：提供数据采集、存储、展示、分析、策略管理和协同控制。云平台采用业务组件、数据组件低耦合的方式进行组合，采用分布式的系统架构构建了整个平台技术和业务体系，采用公有云的方式进行部署。

网络层：网络传输通道，云平台与边缘设备通过专网、4G无线的方式进行通信，通信内容按照通配SSL机密技术进行加密传输，确保数据安全。

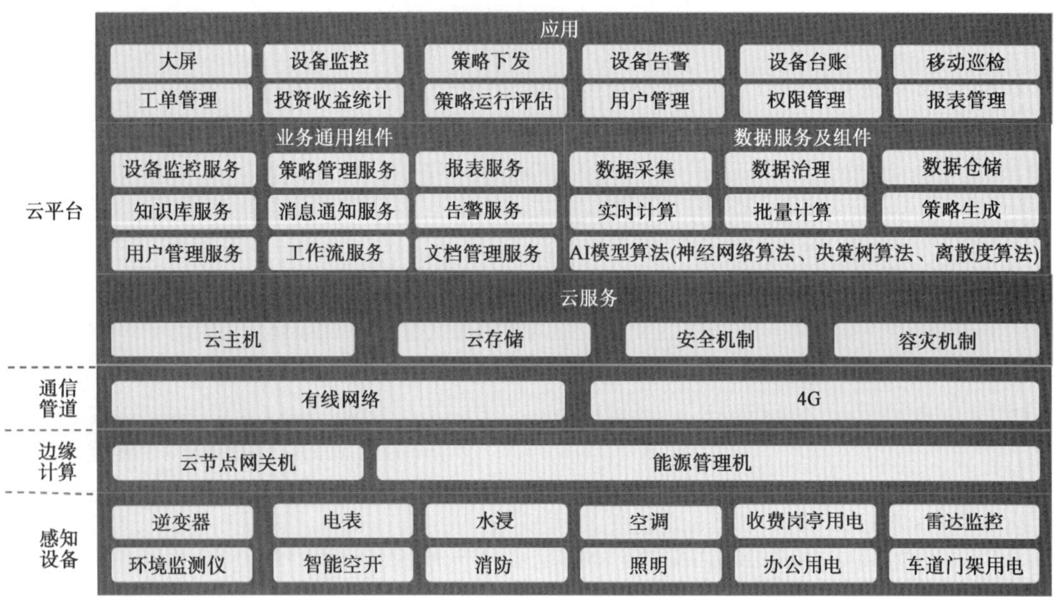


图2 系统整体架构示意图

边缘计算层:边缘采集控制终端,作为控制的核心中枢,边缘设备按照功能不同分为云节点网关机和能源管理机。

感知设备层:现场感知设备,包含现场电表、空调、消防、环境监测仪等,作为能源管理机的数据采集器与执行器。

### 3.2.2 组网方案

能耗在线监控平台采用云、管、边、端架构,平台在云端进行部署,企业安装云节点网关机,由云节点网关机采集监测终端数据,通过4G/5G无线方式汇集到云平台数据仓库存储。主楼+副楼区域组网示意图如图3所示。

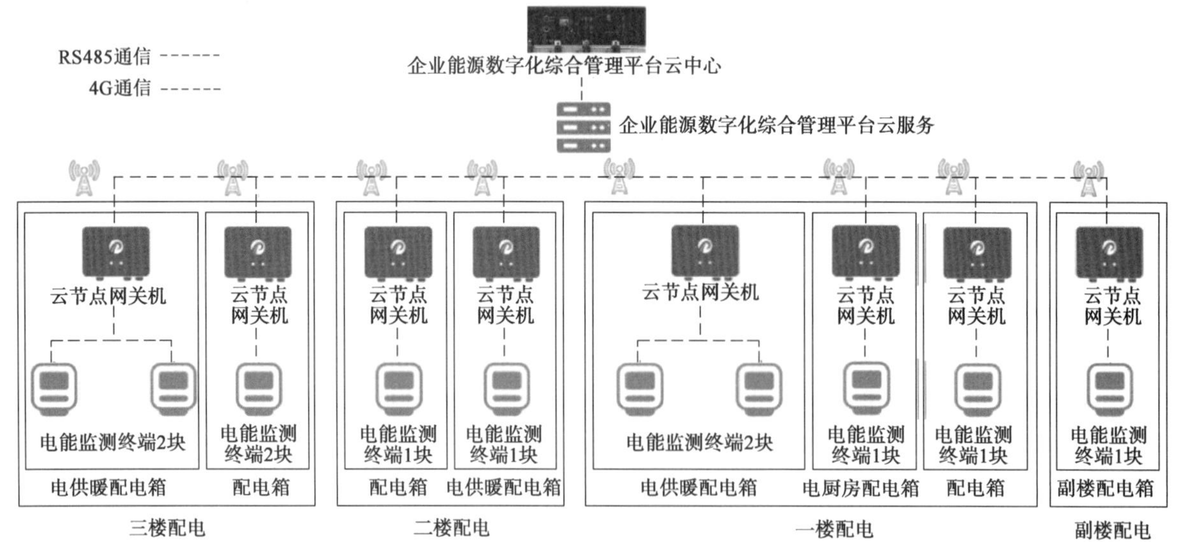


图3 主楼+副楼区域组网示意图

### 3.2.3 功能方案

平台针对展示收费站内的电力分配及应用情况提供能源管理系统,包括数据总览、综合监控、用能分析、报表报告、运维管理、资产管理、配置管理等功能,为不同用户提供满足其应用场景的解决方案。

## 4 效益情况

### 4.1 社会效益

能源管理系统的建设积极响应国家号召，节约能源，减少浪费。通过互联网、物联网、移动通信等技术手段，实现用户设备的数字化管理，提高用能效率；实现用户设备的集中管理，降低运行成本；实现电力运维业务数据化、信息化、智能化、移动化、标准化，全面提升运维服务满意度。

能源管理系统的普及应用，可以提高能源利用效率，带来节能减排效益；促进清洁能源开发，实现替代减排效益；提升土地资源整体利用率，节约土地占用。光伏及储能项目通过能源管理平台的管理，平均每年节约 170t 标准煤，减排二氧化碳约 425t，氮氧化物 6.5t，二氧化硫 13t。光伏电站建设对于当地的环境保护、减少大气污染具有积极的作用，并有明显的节能作用、环境和社会效益。

此外，能源管理系统可以带动当地经济发展，拉动就业，保障能源供应安全，变输煤为输电，提高能源转换效率，减少交通运输压力。

### 4.2 经济效益

能源管理系统依托光伏、风电、储能系统来进行电力调控及调配，多地区用电峰谷价差已超过 0.8 元/kW·h，以哈尔滨群力收费站为例，结合能源管理系统的应用，可以测算出储能系统的经济收益，哈尔滨群力收费站峰谷价差为 0.76 元/kW·h，每天谷电充入、峰时放出，充放电量为 400kW·h，每天可产生 304 元的节能收益，每年约可节约 11.1 万元。

## 5 总结

能源管理系统的建设可推动企业的数字化发展，也是企业自身提高能源管理水平的必要手段。随着低碳节能理念的普及和电改政策的推进，要提高能源利用效率，解决电网峰谷差大的问题，仅依赖人工的管理难以满足要求。建立和适应能源数字化管理的企业将会更快地获得用电成本的优势，从而进一步促进智能微电网发展，为我国节能减排事业更好地发展奠定基础。

# 机动车驾驶员智能化培训系统

(北京通汇定位科技有限公司)

## 0 引言

当前我国机动车保有量剧增,每年新增驾驶员数量两千余万人。提高驾驶员的安全意识与驾驶技能,能够有效地从源头遏制道路交通事故。汽车驾驶智能教学不仅能够进行系统化的教学内容输出,协助教练员提升整体驾驶培训质量和促进驾驶技能快速形成;还能在驾驶员培训过程中进行数字化、连续动态的评估,数据在学员、教练、驾培机构与管理机构之间共享,以数字化推动行业创新,提高机动车驾驶培训质量,满足经济高速发展下的道路交通安全需求。整套智能教学系统可帮助驾校统一教学标准,规范培训流程,有效提高培训质量和培训效率,同时降低培训成本,实现传统驾校教学的转型升级,有效提升驾校的市场竞争力。

机动车驾驶员智能化培训系统主要技术创新点在于"嵌入式智能驾驶教学终端一体机",即采用智能教练替代人工教练,解决了"人"(机器人教练员)与人(学员)之间的教学互动关系。以驾驶员培训全程数字化为基础,开展智能教学体系落地应用,借助信息化手段,开发基于云端驾培数据共享平台,打造智能教学模式,提升行业数字化水平。

## 1 技术概况

通过对驾校普通教练车进行智能化升级改造,使其成为集智能教学、智能评判、模拟测评、计时终端、安全防御等为一体的智能教练车,应用于驾校实操培训中。智能教练车内置相关课程,能自动语音、实时指导学员练车,满足驾校教学要求,提高培训质量、减轻教练工作强度;借助汽车驾驶培训智能教学平台,学员可通过微信端实现从驾校报名到拿证全流程、一站式数字化服务,有效规范了驾校培训流程,提升学员体验,提高培训效率,降低培训成本。

## 2 技术分析

### 2.1 技术原理

利用车载厘米级北斗定位定向技术、物联网技术、Linux 嵌入式考训多功能计算机技术、信号采集技术、伺服控制技术、数据通信传输等基础技术,实时采集学员、车辆、地图、项目等数据;利用人工智能技术与虚拟现实技术输出智能化教学内容;利用4G/Wifi 等通信技术将数据传输到服务器平台;利用雷达和主动安全防御技术实现场地自动安全制动,保证教学过程中的安全。从而实现人、车、场/路、网、云、应用场景物联互通,数据共享。

### 2.2 关键技术及主要设备

(1)智能车载终端(车载智能一体机)

智能车载终端集智能教学、评判、模拟测考、计时终端、自动安全制动等功能于一体,拥有多项国家发明、实用新型专利和软件著作权,产品模块化设计,集成度高,安装美观、不破坏和影响原有车辆性能。主要由主机、人机交互显示屏、制动执行机构、离合执行机构、信号接收装置、OBD、摄像头、网络通信设备等组成。

(2)汽车驾驶培训智能教学平台

以驾校为服务主体,辅助学员开展驾校报名、理论学习、实操培训、结业考核等业务,形成一站式平台服务,可有效规范培训流程、丰富课程内容,从而提高培训质量和培训效率,提升学员综合素质。

## 3 技术应用情况

### 3.1 应用项目介绍

项目应用的驾校依托北京通汇定位科技有限公司的车载智能教学终端作为技术基础,升级智能教练车、数字管理系统等多项设备设施,结合驾校培训流程优化再造,建设了一体化的智慧教学管理服务平台。经过多年的使用，该设备具有以下特点：

集物联网技术、北斗卫星定位技术、嵌入式技术、车载信号采集技术、雷达感知技术，安全伺服控制技术为一体，通过 Linux 操作系统大量数据计算，能实时语音提醒、指导学员练车，即时反馈成绩，并能感知车辆周围环境变化，场地使用有危险时能预警或自动制动等特点；设备功能完善，使用方便；在使用过程中，有效地减少了教练现有工作量，显著提高通过率，明显地提高了教练队伍的工作效率，进一步提高了学员满意度。

### 3.2 实施方案及流程

(1)训练场地安装基础运行环境；

(2)驾校教练车进行智能化升级，安装车载智能教学一体机；

(3)训练场、教练车、安全围栏测绘，建立三维数字模型；

(4)调试验收。

## 4 效益情况

### 4.1 社会效益

智能化培训系统能规范教学标准，减少人为因素，有效杜绝吃、拿、卡、要等不良行为。智能化培训系统能为学员提供更加公平、公正，更加轻松的学车环境，从而有助于规范驾培市场，塑造驾培管理新风尚。

通过数据统计，智能化培训系统培训出的学员考试合格率较传统教学提升 8% ~22%，且学员独立驾驶能力较传统人工教学明显增强。

借助智能化培训系统，驾校开展数字化、精准化教学，有助于提升教练与学员沟通效率，降低沟通成本，提高学员满意度。

### 4.2 经济效益

驾校通过智能教学系统应用，由原来 1 名教练员负责 1 台教练车，到同时管理多台智能教练车，教练人员减少，从而有效降低驾校培训环节的人工成本，参与智能教学新模式的教练员可大幅度提升个人培训生产效率，从而降低经营成本。

## 5 总结

机动车驾驶员智能化培训系统能够帮助驾校统一教学标准，规范培训流程，有效提高培训质量和培训效率，同时降低培训成本，让驾校更有市场竞争力。

# 快鸭智能 AI 机器人教练系统

(山东万正网络科技有限公司)

## 0 引言

快鸭智能 AI 机器人教练系统(以下简称快鸭系统)应用数据化、智能化、环保型人工智能机器人技术装备,推动大数据、互联网、人工智能等新技术与驾培行业深度融合。其充分发挥机器人教练“低成本”“高标准”“不接触”“无差别”培训的独特优势,有效应对驾培行业产能过剩、成本上升等多重挑战,着力培育驾培新业态,探索驾培新模式,形成驾培行业新的经济增长点,推进新技术创新赋能驾培行业,助力其跨越式发展。

## 1 技术概况

快鸭系统能够提供智能化、标准化、数据可视化教学,智能制动系统还可全方位保障教学安全。

快鸭系统的研发立足于驾校和学员,集理论教室、快鸭智能教学模拟器、机器人教练教学、模拟考试四大功能于一体,并加入基础视频、智能语音和安全防护等技术,确保学员独自安全学车、高效培训。快鸭 I 系统具备耐心讲解、标准教学、实时纠错,实时跟进学员学车情况并进行互动的功能,可以监控学员安全,加强学员学车体验,降低驾校成本,提高培训效率。

## 2 技术分析

### 2.1 技术原理

快鸭系统采用卫星差分定位、智能传感等技术,帮助学员在实车训练中实时交互、智能评测、精准分析纠错及安全防护。从新手教学到模拟考试采用智能引导式教学设计,项目教学要点分步讲解,语音播报引导每一步操作。基于车辆与基站位置关系同步车辆运行轨迹,智能评测,实时纠错,学员犯错后可立即查看轨迹回放及进行错误分析。电子围栏制动、超速制动、障碍物制动、后溜制动等多种制动模式全程防护,确保学车安全。

### 2.2 关键技术及主要设备

(1)差分定位系统

在驾校有利位置架设基站设备(最高处、无遮挡,覆盖范围为 3km 内,如需覆盖 15 ~ 30km 则需要定制设备),以确保驾校位置的精准度;对驾校所有项目场景进行打点测绘,为车辆移动提供精准信息。

(2)防碰撞安全系统

对教练车额外加装独立制动设备;车辆前后方牌照处设有雷达设备用于检测前后物体;在教练车制动位置装载拉线电动机,用于辅助控制制动和解除制动;驾校维护人员每周对车辆制动系统进行一次检查,确保独立制动正常运行。

(3)车载教学系统

在教练车副驾驶位置架设平板电脑;差分定位系统、防碰撞安全系统、车辆信号等信息都会统一传输给平板电脑,并通过教学系统给予学员相应的练习反馈;教学系统分为网络模式和单机模式;教学方式分为“教学模式、练习模式、考试模式”。

(4)实时监控系统

实时监控系统监控整个场地及车辆,车辆遇到问题及时发出警报,可实时查看监控,了解车辆当前运行状况并进行语音对话;必要时可采取远程制动,避免发生事故。实时监控系统见图 1。

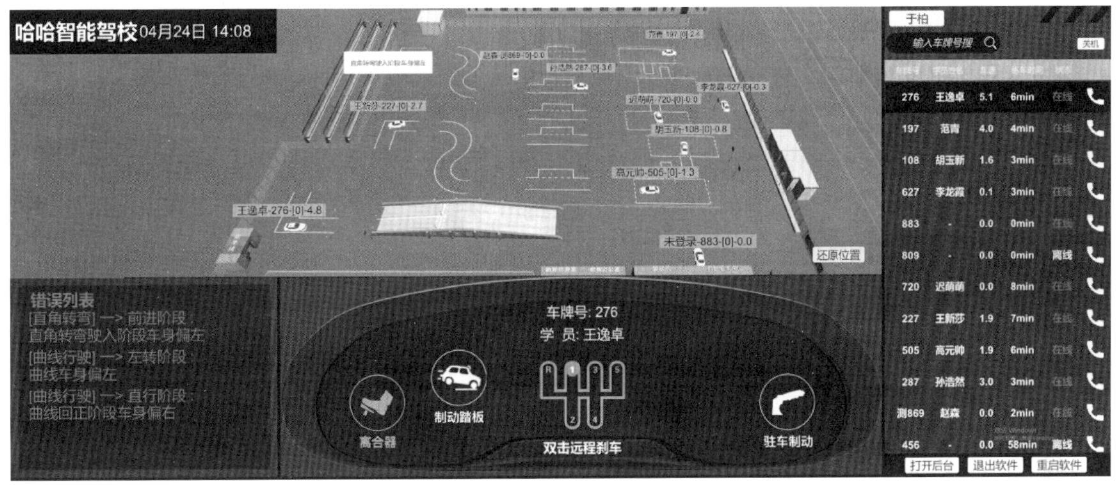


图 1　实时监控系统

## 3　技术应用情况

2021 年 10 月，山东万正网络科技公司与江苏路通职业技能培训有限公司达成项目合作，江苏路通投入 200 余万元引进快鸭系统以及快鸭智能驾驶模拟器系统，运用全套智慧教学模式进行转型升级，开启智能学车新时代。

## 4　效益情况

### 4.1　社会效益

根据驾校实测数据，采用智能机器人教练代替人工教练，学员在很大程度上可缓解学车时的紧张情绪，机器人教练可耐心地进行重复教学，单个学员学车有效时长可缩短 3h，从而使每名学员实车教学节省 12L 汽油，降低了油耗和车损。

### 4.2　经济效益

根据《浙江省机动车驾驶培训智能教学服务导则(第一版)》中所述，“训练场内管理员数量不少于在训智能教练车数量的 20%，不足 1 人的按照 1 人计算。”1 名人工教练员可以兼顾 5 辆机器人教练车。传统模式下，1 名教练最多兼顾 2 辆教练车，而且不能很好地确保教练车以及人员的安全。因此，快鸭系统可以降低 30% 以上的人工成本费用，且极大概率降低了因人为操作失误或误撞障碍物造成的车损费用。快鸭系统可帮助驾校转型升级为智慧驾校，打造驾校口碑，提高招生量。

## 5　总结

快鸭系统是以高精度厘米级定位系统为平台，融合机器人学习、智能传感、自动化控制、多媒体和大数据云服务等技术，将教练车与智能终端结合打造而成。这套系统的开发响应了国家及行业针对机动车驾驶员培训领域从严管理，确保培养合格机动车驾驶员的相关要求，为学员构建了良好的驾驶学习环境，为驾培行业提升了透明度和信息化水平，为社会培养更多的优秀合格驾驶员。

# 快鸭智能 AI 汽车驾驶模拟器

(山东万正网络科技有限公司)

## 0　引言

随着机动车保有量的增加,交通事故层出不穷,其中新手驾驶员的交通事故率占比相当大。汽车驾驶模拟器利用虚拟现实仿真技术几乎完全“克隆”真实学车环境,人们通过模拟器的操作部件与虚拟的环境进行交互,能够消除驾驶初学者的恐惧心理,适时规范驾驶者的操作,让学员掌握驾驶过程中的安全知识,掌握操作点位,提升驾驶能力,为驾校驾驶培训提供有力帮助。快鸭智能 AI 汽车驾驶模拟器(以下简称快鸭模拟器)利用 AI 人工智能及大数据分析技术,做到了精准教学与零误差评判,有效提高了驾校教学水平和教学效率。

## 1　技术概况

快鸭模拟器采用的转向盘、离合器、挡位、座椅、灯光等均 1∶1 还原真车设计;采用 3D 技术模拟各种路面环境和天气状况,路感信息准确;3D 模拟真实还原考试场景,消除学员在考试过程中的陌生感、恐惧感,还附加视频教学、点位教学、语音播报等。

不同于传统的模拟器,快鸭模拟器整合了驾校管理系统、快鸭学车 App 等多种数智系统,并与教学相结合。优点如下:一是可以统计与监控学员练习数据,以便管理者和教练员及时进行相应的调整;二是了解学员学习进度,及时作出教学计划的调整和安排;三是大数据的整合与分析,分析学员易错点、难点,进行针对性重复练习。

## 2　技术分析

### 2.1　技术原理

学员操纵模拟器部件,使得与操作部件直接相连的传感器发生变化,从而引起电信号的变化。信号采集及处理子系统按照一定的精度定期采集传感器上的电信号,并进行滤波等处理。处理后的信号作为车辆动力学模型子系统的输入,经过车辆动力学模型模拟运算,计算出车辆的当前状态,如发动机转速、发动机输出扭矩、车速、车辆当前的位置等信息。车辆动力学模型计算出的结果送入显示系统进行图形显示、送入音响系统进行声音模拟以及送入仪表系统进行仪表显示。

### 2.2　关键技术及主要设备

(1)模拟教学方法、设备、系统

在驾校模拟教学系统中控制虚拟车辆,通过操作指示、点位标记和动作示范来对学员进行点位教学,快速转化学员通过视频学习到的点位知识,加深学员对于点位的理解和记忆,提高学车效率(见图1)。

图1　基础部件的操作和点位训练

(2)驾驶员培训中车辆基础部件模拟教学的方法及系统

通过显示屏展示预先构建的驾驶员视角下的车辆三维模型,其中车辆三维模型包括训练部件及关联部分;当用户操作模拟器的基础部件时,传感器获取数据信息并将数据信息传输至主机;通过传输的数据信息控制训练的部件及关联部分的模型,进行肢体动作示范动画,在车辆三维模型上完成标准化引导教学动画。上述方案在无教练指导下对学员进行基础部件训练,给学员提供标准化的肢体动作示范动画,在增强学员学习兴趣的同时,将正确的车辆部件操作方法和车辆的内部构造以及部件间联动机制清晰明了地展示给学员,从而降低教学成本和学习成本,提高基础部件教学的准确性和效率。

(3)驾校管理系统

该系统包括数据分析平台及相关功能单元。通过数据分析平台和功能单元的应用,一方面利用数据分析平台的统计分析功能,统计与监控学员练习数据便于管理者和教练员及时进行对应的调整;另一方面,利用功能单元中集成的多个管理项目,将学员、教练员、培训设备以及财务等多个管理事项进行了集中管理和关联绑定,使得驾校中的各项管理更加科学,无需额外进行单独管理。

(4)汽车模拟器转向机构

快鸭模拟器采用了一种汽车模拟器的转向机构,设置阻力电动机可提供转动阻力,提供真实的模拟感觉,采用同步带进行传动,且降低对电动机的负载,提高电动机的寿命,操控手感好,不会出现晃动。

## 3 技术应用情况

2021 年 10 月,山东万正网络科技公司与江苏路通职业技能培训有限公司达成项目合作,江苏路通职业技能培训有限公司投入 200 余万元引进快鸭智能 AI 机器人教练以及快鸭模拟器,运用全套智慧教学模式进行转型升级,开启智能学车新时代。

## 4 低碳环保效益情况

### 4.1 社会效益

快鸭模拟器采用人工智能、大数据等技术,响应了国家以及行业关于人工智能的应用。快鸭模拟器的应用提高了学员的学车效率,便于学员掌握规范驾车技能及驾驶注意事项,有效降低交通事故率。

### 4.2 环保效益

根据驾校实测数据,实车训练 1h,耗油 4L,每个学员利用驾驶模拟器学习 3h,这样每培训一名学员就可以节油 12L;按一年驾校招生 1 万人算,一年可节约 12 万 L 汽油,此外,模拟器以电源为动力,不产生废气,无车辆磨损,具有较高的环保效益。

### 4.3 经济效益

新学员通过驾驶模拟器熟练操作,可以减少由于上车紧张、慌乱误操作带来的真车损耗,避免因不规范操作对发动机、变速器等汽车部件的损害。有效提高学员实车的学车效率,缩短用时,降低油耗。由此推动的智能教学模式可提高市场竞争力,有效提升驾校的品牌形象,提高招生量。

## 5 总结

快鸭模拟器是采用智能传感、人工智能、大数据等技术研发出的一款用于驾培教学行业的产品。该产品使用 Unity3D 以及 3D 建模等技术打造高精度虚拟驾驶环境,并将物理硬件(如传感器和控制器)集成到模拟环境中。同时该产品可进行学车数据采集与分析,有利于学员、教练员对易错点、高发点进行针对性练习。通过应用机器学习算法(如深度学习、强化学习等),快鸭模拟器可以实现更高层次的自动驾驶功能。

# 基于计算机视觉技术的集料级配、粒形智能化检测系统研发

（甘肃路桥建设集团有限公司；甘肃路桥第三公路工程有限责任公司；长安大学）

## 0 引言

本项目研发了用于路用集料生产和现场施工的物理参数智能化检测系统，研发了基于计算机视觉技术的集料级配粒形图像分析算法及配套的粗、细集料图像采集设备；研究了集料主要物理特性与集料压实度、骨架结构、剪切强度等工程特性之间的内在关系；提出了适用于路用集料物理参数的评价体系，可更加高效且经济地对集料级配粒形进行质量控制，为建立智能化路用集料质量评估体系提供必要的技术保障，引领行业发展。

## 1 技术概况

本项目研发了基于计算机视觉识别技术的智能化路用集料物理特性质量检测系统，可用于快速、精确且经济地采集路用集料级配和颗粒宏细观形态等主要物理参数，从而更加高效经济地对集料级配粒形进行质量控制。本项目成果可广泛用于砂石集料、沥青混凝土、水泥混凝土的生产过程，提升检测效率，节省人工成本，保证产品质量，有助于传统砂石企业向自动化、数字化、智能化企业转型升级。

## 2 技术分析

### 2.1 技术原理

针对粗集料，通过不同目标级配的集料试件进行对比验证，分析了所研发的图像分析方法确定的级配曲线和筛分试验结果之间的差异，发现了二者在不同标准筛网尺寸的通过率差异在5%以内。基于 LOESS 和 10 倍交叉验证法，研发了粗集料粒形图像分析技术，计算颗粒球度和棱角度参数。

针对细集料，基于颗粒沉积原理研发了细集料图像采集设备，基于采集到的图像，利用小波变换将图像信号分解为由原始小波位移和缩放之后的一组小波，小波变换方法提取大小固定、包含几乎均匀大小颗粒图像的粒径信息；优化了细集料级配图像分析算法，此外研究了不同沉积管尺寸对级配计算结果的影响。

### 2.2 关键技术

主要包括基于图像信息的集料颗粒 3D 重构和颗粒接触点精确分割技术，大量相互接触集料级配和颗粒宏细观形态精确标定技术，现场尘土、阴影、光照、震动等不利因素下图像采集技术，以及基于特征点的现场多点图像信息采集智能图像拼接技术。

## 3 技术应用情况

### 3.1 应用项目介绍

本项目在甘肃格瑞工程检测有限公司和甘肃路桥精石建材科技有限公司进行了试点应用推广。结果表明，本项目所研发的设备在实际应用中能够极大地节省检测时间，降低检测成本，且实现了数据采集、分析及存储的全过程自动化，提升了检测效率，节约检测成本。

### 3.2 实施方案

（1）研发多尺度、多分辨率的集料颗粒图像分析算法，搭建智能化集料图像数据采集分析系统

基于已开发的图像设备硬件，采用特征点的智能图像拼接技术生成现场全景照片，研发了基于深度神经网络的智能化过滤和锐化算法，对图片进行预处理以去除因震动引起的散焦，开发图片过滤算法以去除尘土、阴影、光照能可能产生的噪声。

(2)提出路用集料级配和形态特征评价体系

基于搭建好的图像数据采集分析系统,融合二维、三维、热感、多光谱相机对常见路用集料进行多尺度物理和力学性能研究。采用新型集料质量检测试验方法(GAIA test)评估选取集料物理特性参数指标与集料压实度、骨架结构、剪切强度等工程特性之间的内在关系。

(3)建立集料物理特性信息交互式数据平台

形成智能化数据采集、录入、分析系统,对所生产的集料的物理特性、去向、用途等信息进行监控汇总。最终建立科学完善的路用集料质量控制体系。

## 4 效益情况

### 4.1 社会效益

本项目研究成果可减少耗能90%以上,碳排放量友好,整个检测过程中产生粉尘量极少,噪声量极小,利于检测人员健康。降低对自然资源的过度开采,降低集料生产产能消耗,引领行业向绿色化、智能化、一体化转型,具有较好的环保效益和社会效益。

### 4.2 经济效益

本项目研究成果可用于沥青混凝土、水泥混凝土、路面基层材料的开采、加工、施工等环节的质量控制,可提供快速、精确、客观的检测数据,从而大幅度提升道路性能,延长使用寿命,减少后期维护费用,减少全寿命周期费用,具有显著的经济效益。

## 5 总结

本项目的成果应用,可节省人工成本,保证产品质量,为建立更加科学完善的路用集料质量控制体系提供必要的技术支持。

# 基于5G及卫星物联网的山区高速公路典型自然灾害监测关键技术研究

（河南交院工程技术集团有限公司）

## 0 引言

在山区高速公路的典型地质灾害现状分析的基础上，本项目综合利用卫星物联网等现代技术，开展山区公路自然灾害"天-空-地"多维监测技术及装备研究，建立山区公路自然灾害监测防治智慧决策平台，可适用于施工期与运营期的山区高速公路沿线自然灾害监测，地域范围基本不受限制，为山区高速公路状态的长效精准感知、复杂多样环境下监测和应急信息的传输，以及山区高速公路沿线地质灾害的安全风险预防控制提供了科学依据和理论支持。

## 1 研究概况

为贯彻落实《交通强国建设纲要》，推动平安百年品质工程创建，根据河南省交通强国试点、全国公路养护管理工作会暨公路桥梁安全耐久水平提升视频会精神的有关要求，加强对公路等交通基础设施的高风险地质灾害点（段）灾害监测预警体系建设。针对河南省因暴雨、冰雪等极端天气引发的交通基础设施滑坡、崩塌、泥石流、地面塌陷、地裂缝等地质灾害及隐患，依托本课题研究，结合5G及卫星物联网技术，对河南省山区高速公路开展典型自然灾监测关键技术研究，旨在河南省高速公路领域建立高效科学的自然灾害防治体系，提升河南省交通运输对自然灾害突发事件的快速响应和应急处置能力，有力保护人民群众生命财产安全，为全国高速公路自然灾害防治做出示范。

## 2 研究分析

### 2.1 研究内容

在山区高速公路的典型地质灾害现状分析的基础上，本项技术综合利用卫星物联网等现代技术，开展山区公路自然灾害"天-空-地"的多维监测技术及装备研究，建立山区公路自然灾害监测防治智慧决策平台，具体技术原理如下：

（1）山区公路沿线典型地质灾害调查分析研究

针对山区高速公路沿线典型地质灾害体进行地质条件调研，主要包括地形地貌、气象与水文条件、地层岩性、地质构造、区域地壳稳定性、水文地质条件等信息的收集与整理工作。并对公路沿线的地质灾害基本特征和形成机制进行深入研究。

（2）山区公路自然灾害数据建模及规律研究

通过对灾害的大数据样本分析，建立灾害早期识别体系，构建及优化灾害预测模型，实现自然灾害风险自动评估。通过降水、气温、能见度、风速、振动、位移等长期连续观测，研究自然灾害对环境变化的响应规律，揭示其发育规律与成灾特征；研究地震动加速度叠加效应作用于自然灾害的力学机理。

（3）山区公路自然灾害"天-空-地"多维监测技术及装备研究

综合利用"天-空-地"立体观测、数值模拟、大数据与机器学习、人工智能等技术方法，研究山区公路灾害风险数据同化与信息集成共享，重大灾害前兆信息智能感知与识别，灾害情景模拟与风险预测，山区公路工程灾害风险防控理论，建立灾害信息融合、潜在灾害判识、风险分析与防控的理论和方法体系。

（4）山区公路自然灾害评估、预警、防治指标体系及管理机制研究

通过山区公路自然灾害"天-空-地"多维监测技术及装备研究应用，结合山区公路沿线地形、地貌、海拔、地热等因素建立修正模型和观测指标体

系,规范山区公路自然灾害事件应急处置评估机制。

(5)山区公路自然灾害监测防治智慧决策平台研究

通过扩展现有山区公路自然灾害防治的站点平台,汇聚山区各站点以及辐射地区站点野外观测数据,研究搭建"山区公路自然灾害防治观测科学数据中心",分析山区公路自然灾害监管机制特征,研究自然灾害服务指挥决策的构成,以数据可视化手段,建立山区公路自然灾害防治智慧决策平台。

### 2.2 关键技术及主要设备

(1)山区高速公路沿线典型地质灾害北斗监测现场解算技术

本项目研发了北斗与陀螺仪融合的解算技术以及边缘解算技术。融合解算技术在低功耗的北斗设备中引入陀螺仪设备,对两种设备的监测数据进行融合,在北斗解算算法模糊度固定时加入陀螺仪监测结果进行约束,并对两种设备的监测结果进行自适应卡尔曼滤波和小波降噪处理,得到稳定的监测结果,解决公路监测中的模糊度固定困难、精度和稳定性不高等问题。边缘解算技术在参考站、监测站和移动通信模块的基础上增加 RTU 模块,RTU 模块负责对北斗信号接收机和陀螺仪产生的数据进行收集以及整合,并得到数据解算结果,再经由 4G/5G 移动通信与中心服务器进行数据交换。

(2)基于5G的监测信息传输技术和设备

利用5G的低时延、大带宽、广覆盖的特征,针对高速公路沿线地质灾害监测中高频率、海量的感知数据,研究毫秒级的信息高效传输技术,提高高速公路基础设施结构状态信息感知的实时性。研究数据预处理技术,解决多源数据的去噪,有效提高数据质量、降低多源数据通信和云端分析计算压力。同时,基于分布式微服务理念,重点开展嵌入式边缘解算软件、5G无线自组网技术和低功耗模块的研发,最终集成研制5G数据综合采集仪(RTU),实现多种类多型号的监测传感仪器快速接入和信息传输,为高速公路沿线地质灾害监测系统的数据传输、在线自诊断、远程运维和应急指挥构建高效信息传输通道。

## 3 技术应用情况

### 3.1 应用项目介绍

栾卢高速公路(栾川至卢氏)项目是河南省高速公路"双千工程"之一,全长75km,概算投资154亿元,采用双向四车道技术标准。本研究先期应用在 ZK67 +469—ZK67 +600 段、大红岩隧道等沉降与滑坡较为严重的区域,在高速公路项目完工后对山区路段中公路、隧道、桥梁等多种场景开展了长度10km以上存在潜在滑坡、沉降的风险点的全覆盖监测。

### 3.2 实施方案及流程

结合现场边坡处治施工情况,进行了坡口线后缘的稳定性监测工作,地表位移监测点布设4个、基准点1个、裂缝相对变化监测点布设5个、视频监控点布设2个。

本项目完成了地表综合监测与预警系统,包含了地表绝对位移监测(北斗监测站)、地表相对位移监测(拉线式位移监测站)、视频监控站。监测数据预警是基于预警阈值进行的,由 ZK67 +469—ZK67 +600 段路堑边坡监测可知,BD03 地表位移监测点有明显位移变化趋势,累计水平位移65mm,累计沉降55mm,且 BD03 监测点整体位移方向朝向坡下,符合现场实际情况。LX02 裂缝相对变化监测点相对变形量较大,累计变形量达48mm;LX04 裂缝相对变化监测点累计变形量达21.06mm。本项目多个监测点均已触发预警,证实现场局部处于变形趋势。

## 4 效益情况

### 4.1 社会效益

本项目的应用可促进河南省内地质灾害的监测技术研究,构建多功能综合性监测数据处理平台,进而促进河南省相关技术服务企业的成长和发展。对完善现代产业体系,积极推进传统产业技术改造,加快战略性新兴产业发展,全面提升河南省高速公路安全建设、养护技术水平和国际竞争力具有重要意义和价值。

### 4.2 经济效益

本项目研发的基于5G及卫星物联网的山区高速公路典型自然灾害监测系统,在山区高速公路自然灾害监测中应用能大幅度减少劳务投入和管理费用，能实现24h全天候在线监测，对比现有常规技术可降低成本近80%，该项技术一经实施，后期高速公路养护成本将至少降低20%以上。本项目符合国家相关行业规划和产业技术政策，技术含量高，自主创新性强，成果推广过程中得到了行业和相关企事业单位的认可，对扩大企业规模，增加企业产值、利润和税收具有重要作用。项目完成后，相关技术成果将转化为产品投入市场，预计实现产值5000万元以上。

## 5 总结

本项目对河南省山区高速公路典型地质灾害开展系统调查并建立致灾因素分类的数据库。研发了基于卫星遥感、北斗高精度定位和无线智能传感的山区公路地质灾害北斗监测解算软件及现场解算技术。提出了以5G与卫星物联网集成应用的组网通信环境及推动海量高效监测信息传输技术和设备研发。

# 港口粉尘在线监测系统

(江苏东交智控科技集团股份有限公司)

## 0 引言

港口粉尘在线监测系统是通过对监控区域地理环境、产业发展状况、空气质量特征及污染物时空特性分析考察,在WRF-CALPUFF大气扩散模拟和卫星遥感的研究基础上,从边界传输管控、关键排放节点、经济技术可行性等方面,进行设备选型和布点,形成港口粉尘监测感知体系布点建设方案。通过建设软硬件平台,对TSP、$PM_{2.5}$、$PM_{10}$等关键指标进行实时监控,建立数据预警、报警及溯源机制。本系统可实现对码头、散货堆场作业扬尘的监测与预警机制,增强港口粉尘管理效能。本系统已在江苏省多个港区成功示范应用。

## 1 技术概况

港口是我国航运和物流的重要组成之一,承担水、陆运输方式转换的衔接作用,港口经济已成为推动区域经济发展的支柱力量。随着港口吞吐量的增加,港口所在区域的生态环境面临着巨大的威胁,尤其是矿石、煤炭等固体大宗散货在装卸、运输过程中的尘源扩散构成了港口粉尘污染主体。本项目建立了对码头、散货堆场作业扬尘的监测与预警机制,增强了港口粉尘管理效能,并通过信息化手段进一步提升粉尘治理工作的规范化水平,对码头粉尘污染的综合治理起到了重要的作用。

## 2 技术分析

### 2.1 技术原理

粉尘在线监测系统由粉尘在线监测仪,气象参数仪,视频监控仪,数据采集、传输、存储与处理系统,信息监控管理平台及其他辅助设备等构成,并配备用户终端,还可根据管理需求配置其他功能模块。通过监控管理平台能够实时查看TSP、$PM_{2.5}$、$PM_{10}$等监测数据和气象数据、接收报警信息,及时掌握粉尘污染防治情况,实现了管理数据的存储、统计分析、溯源分析、综合展示、查询筛选等功能。

### 2.2 关键技术及主要设备

(1)系统组成

港口粉尘在线监测系统由硬件和软件两部分构成。

①硬件部分:a.国标站,含$PM_{2.5}$、$PM_{10}$、TSP(β射线法,含气象5参数、摄像头)及其微型站房(含空调);b.粉尘微站,含$PM_{2.5}$、$PM_{10}$、TSP(光散射法,含气象2参数、摄像头)及其立杆,其中14个码头监测点位增加$SO_2$、$NO_2$、CO。

②软件部分:搭建港口粉尘综合信息管理平台,实现数据的存储、统计分析、溯源分析、综合展示、查询筛选等;按要求应同步接入省市交通运输部门和环保部门等监管平台,以及配套的服务器、数据存储、网络传输设备等。

(2)系统总体架构

根据要求主要分为基础支撑层、数据支撑层、应用支撑层、业务应用层和服务用户层五大层级,系统平台整体架构如图1所示。

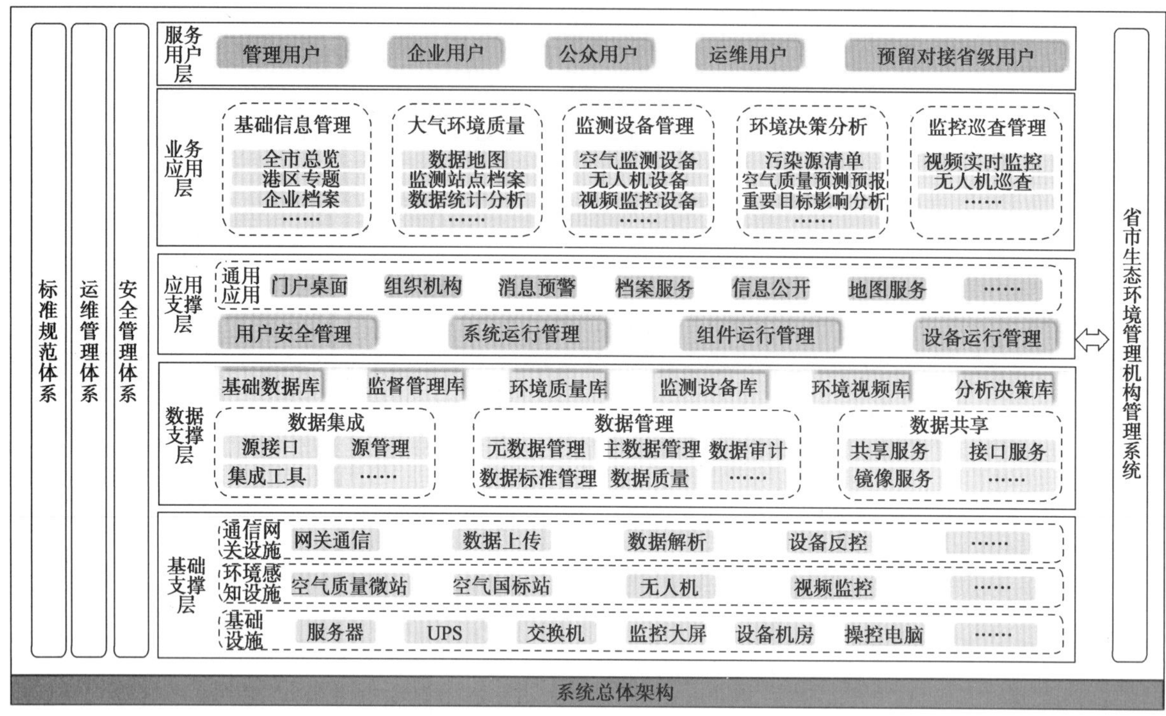


图1 总体架构设计

## 3 技术应用情况

### 3.1 应用项目介绍

为响应江苏省关于低碳发展工作要求,连云港港口集团有限公司积极开展港口粉尘在线监测系统工程应用,通过系统调研,明确容易扬尘的货种作业区域的监测点位布设位置、规模和监测设备的技术要求,设计搭建港口粉尘在线监测管理系统,实现对粉尘污染的区域环境影响、污染源追溯等在线分析与研究,建立管理高效的监控运维机制。

### 3.2 实施方案及流程

港口粉尘在线监测系统主要分为基本信息管理、监测数据处理、视频监控、环境决策分析与监测站点5大功能模块。

(1)基本信息管理

本功能模块主要以GIS平台为基础,以直观的图形化形式来实现连云港市港区企业基本信息的3级管理。

(2)监测数据处理

以列表的方式显示自动监测站的最新监测数据,对照标准值,判断每项监测指标是否超标,以曲线的形式展示各个监测指标的历史变化趋势。可支持实时及历史监测数据查询、导出功能。

(3)视频监控

用户可利用GIS地图选取视频监控点位,查看视频实时画面,并可进行选取时间段视频导出等功能。视频监控展示界面截图见图2。

(4)环境决策分析

本模块实现连云港市港口粉尘污染源清单管理、环境质量预测预报及重要目标影响分析3大类决策功能。

①清单管理。以清单形式给出连云港市各个主要港区的散货堆场源、道路移动源、装卸物料源、物料输送源、外来污染源、其他污染源等,实现上述污染源的数据归集、查询、展示和分析功能。重要影响分析界面截图见图3。

②环境质量预测预报。根据当前监测的数据及近期数据分析,提前分析未来空气质量情况,若可能发生超标,提前预报,以便相关人员提前做好防护措施。

③重要目标影响分析。主要辅助管理人员明确港区货物堆存和转运对邻近大气国标站的影响,定性定量分析港区生产和大气国标站监测结果之间的关系,利用数据分析为管理人员提供科学决策。

图 2 视频监控展示

图 3 重要影响分析界面

在前期构建的地理信息系统与污染源清单信息基础上,实时采集处理大气物理格点流场监测数据。根据连云港港区自身地形建筑、污染源分布状况、环境监测站等高精度高分辨数据,通过微尺度、小尺度与中尺度大气扩散算法进行污染物物理流场的定位识别、空间溯源分析等计算,从物理运动轨迹回溯污染排放来源。

(5)监测站点

监测站点信息能够做到一站一档,用户通过一定交互方式进入站点档案页面。站点主要展示信息包括:站点名称、编号、所属港区、具有的设备名称和设备 MN 号、最新一次历史维护时间、设备责任单位和维护单位、站点监测因子等。

## 4 效益情况

### 4.1 社会效益

本技术通过健全粉尘监测体系建设,实现精细管控环境粉尘污染源、精准削减粉尘排放总量、改善港口环境空气质量,全面提升港口粉尘监测能力及污染防治能力,对加快推进绿色低碳港口建设,落实交通运输行业节能减排具有积极意义。相较于未安装该系统的场景,节能量约为 200 吨标准煤/年,二氧化碳减排量约为 30t/年。

### 4.2 经济效益

本技术资金投入主要集中在前期软硬件建设

上,运营期内只产生日常运营费用。从长期来看,软硬件建设投入的费用远小于服务期内环境治理费用,线上监管的模式也节省了人力资源、燃油及交通通行费用,环境、经济效益显著,具有良好的推广应用潜力。以连云港港口粉尘在线监测系统为例,投资额925.88万元,投资回收期3年,将产生经济效益2700万元。

## 5 总结

本技术实现了一个基于智能传感、物联网、云计算等技术的港口粉尘在线监测管理系统,在监测分析污染物时空分布和区域分布特点的同时,从表象到内在,再到区域范围,全方位分析港口粉尘污染,同时为颗粒物源解析、精细化预警预报平台等提供数据支持服务,极大地提升环境监测部门技术人员的业务能力和港口环境监测能力,为港口的生态环境建设和高质量发展作出贡献。

# 普通国省道工程建设智慧工地管理云平台

（江苏东交智控科技集团股份有限公司）

## 0 引言

智慧工地是通过高精度传感设备和相应算法，针对施工全过程管理，建立互联协同、智能生产、科学管理、智能监测与检测的项目信息化生态圈，为工程建设提供智能化监管及决策。结合公路工程建设管理需求，本技术所支撑的普通国省道工程建设智慧工地管理云平台，打造了“1+8”的建设模式，即通过1个智慧工地云平台，综合管理“项目管理、质量管理、安全管理、人员管理、物料管理、设备管理、环境管理、BIM管理”8个模块，实现在建工程人员、材料、安全、试验检测、工艺监控、施工监测、检验评定等环节可视化、智慧化控制，全面提升工程项目建设的技术和管理水平。

## 1 技术概况

普通国省道工程建设智慧工地管理云平台综合利用云计算、物联网、移动互联、人工智能等信息技术，实现对工程施工现场的人、机、料、法、环等各要素进行统一调配和管理，实现工地的“现场可视、数据可查、进度可知、质量可控、安全可防、违规可纠、预警可报、全程可溯、效益可增、模式可行”管理模式。实现了工程建设的数字化、精细化、智慧化管理，减少了人力成本及资源消耗，保护了生态环境，社会经济效益显著，适合作为一种经济、高效、环保的管理工具应用于工程建设管理。

## 2 技术分析

### 2.1 技术实现

（1）顶层设计

根据交通运输行业相关发展要求，对工程建设过程中的各关键要素梳理分析，借助信息化手段和人工智慧、传感技术、虚拟现实等技术，对道路、桥梁、隧道工地的建设方面进行“智慧工地”的顶层设计。

（2）平台搭建

从系统架构设计，平台数据集中、实时、可视化展示，平台数据接口、数据库建设三个方面展开，构建基于“互联网+”的信息化综合管理平台，通过对普通国省道工程的智慧工地管理平台建设，实现所有采集数据实时动态展现，便于各参建单位实时了解工程建设状况。

### 2.2 架构建立、功能建设及可视化展示

#### 2.2.1 架构建立

智慧工地管理平台涉及多系统应用功能整合、数据整合，统一身份认证，根据平台功能模块设置，以及现有子系统的情况，公路工程智慧工地管理平台的初步设计由感知层、通信层、数据层、应用层，以及用户层组成，如图1所示。

#### 2.2.2 功能建设

智慧工地管理平台的建设要从项目管理、人员管理、设备管理、物料管理、质量管理、安全管理、环境管理、BIM管理等方面进行综合建设，其中人员管理、设备管理、物料管理、质量管理、环境管理应紧紧围绕人、机、料、法、环五大要素，全面提升工程质量。利用项目管理整体提升五大要素管理的效率，实现参建单位工程管理互联协同。安全管理要参考平安工地建设要求，杜绝人为因素、设备故障、材料质量、工艺工法、环境因素等造成的安全隐患。最后可通过BIM实现工程建设数据的可视化展示。智慧工地综合管理体系如图2所示。

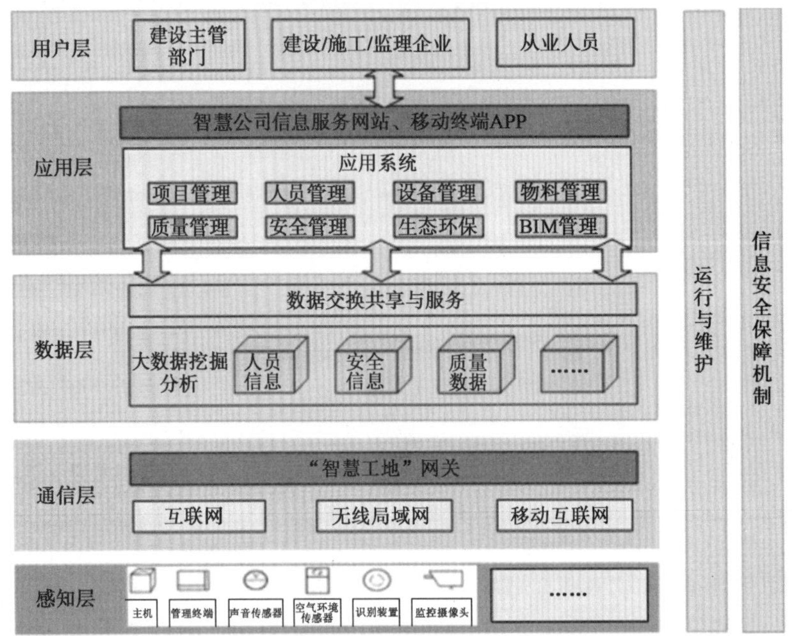


图1 智慧工地管理平台架构

图2 智慧工地综合管理体系

#### 2.2.3 可视化展示

将智慧工地复杂数据、集中数据进行多维度、多层次、多角度分析、开发、展示，利用图形、图像处理、计算机视觉及用户界面，对构造物立体、表面、属性进行动画展示，开发数字大屏，无缝对接海量实时数据。发掘数据中蕴含的规律和特征，从而实现对数据进行深入分析，为工地智能化管理提供助力。

## 3 技术应用情况

### 3.1 应用项目介绍

以420省道金湖段项目施工为例，智慧工地设计侧重于路基路面施工质量过程监管，设计了“1个平台+8个子系统”的模式，总功能模块为44个，实现了工程建设管理的信息化，使道路工程施工现场进入“智慧工地”时代。

### 3.2 实施方案及流程

(1)平台功能

420 省道金湖段建设工程智慧工地智慧中心不仅可以直观展示生产管理、人员管理、设备管理、物料管理、质量管理、环境管理、安全管理等信息,还可以实时动态反馈项目管理目标的执行情况。如图 3 所示。

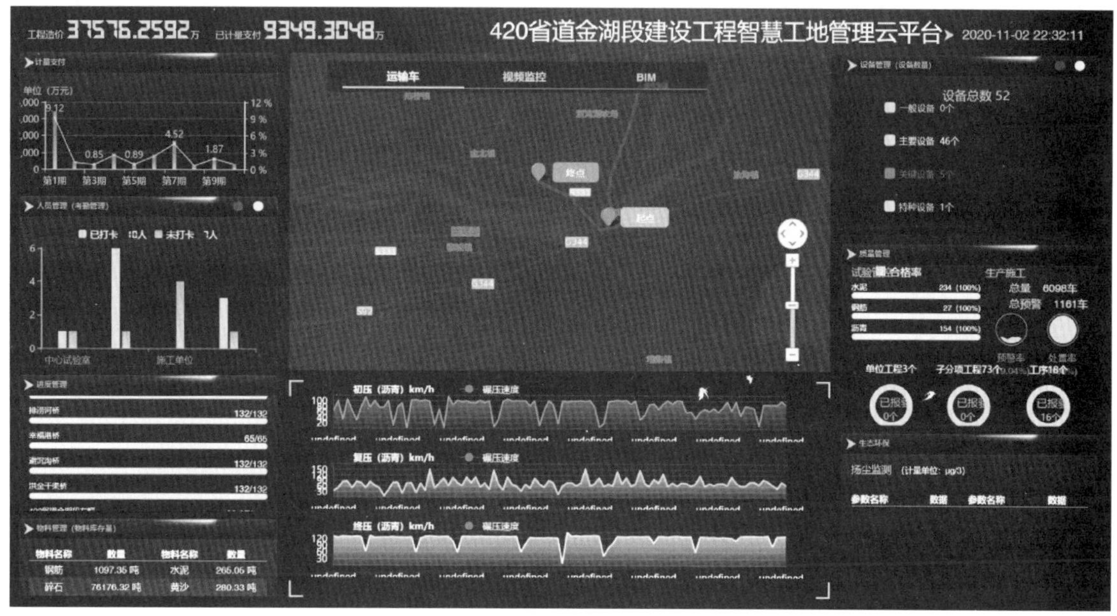


图 3　420 省道金湖段建设工程智慧工地智慧中心

(2)应用效果

智慧工地技术在 420 省道金湖段建设工程中的应用,全面提升了工程建设的质量和安全管理水平。具体如下:

①公文管理方面。共发文 39 份,传阅 908 次。

②人员管理方面。档案信息,施工录入 58 份、监理录入 7 份、业主录入 5 份、中心试验室录入 2 份。

③设备管理方面。系统记录了进场设备 52 个、出场设备 28 个,实现了现场设备的统一管理,做到进出场有序,设备在案监管。

④安全管理方面。系统通过 App 拍照巡查、在线提交、线下整改、线上审批完成日常安全的巡检,总共巡查 250 次,有效地消除了现场的安全隐患;开展安全大检查 19 次,发现问题数 54 个,安全大检查达到了对施工作业区安全工作摸底的目的,提高了管理人员的安全意识。

⑤物料管理方面。累计出水泥库存 265.05t、黄沙库存 280.33t、外加剂库存 75.45t、碎石库存 20928.01t、钢筋库存 1097.35t。

⑥质量管理方面。沥青路面上面层总产量 1.19万 t,总盘数 2995,预警盘数 57,预警率1.9%;下面层总产量 4.55 万 t,总盘数 11432,预警盘数 1745,预警率 15.26%。

⑦试验管理方面。对施工单位与监理单位的力学试验机包括水泥抗压抗折试验机、万能机、压力机进行试验管控,各试验合格率为 100%。

## 4　效益情况

### 4.1　社会效益

在工程质量提升方面,可以实时对施工过程数据进行分析、评价、预警,对施工过程中存在的问题做到 100% 及时处置,使工程整体质量合格率提升 2% ~3%。

在安全提升方面,通过安全智能抓拍、一键呼救、风险源管控等功能,有效保证了现场安全,使安全事故率下降 20% ~25%。

在工程管理效能方面。通过智慧化手段可以自动实现项目资料的采集、整理、分析等工作,促进了各管理流程的顺利推进。

通过实施智能化的施工管控技术,各工程项目建设可节约用水 40%、降低碳排放 552kg/km。

### 4.2　经济效益

通过普通国省道工程建设智慧工地管理云平台的应用,可以大大降低人工成本,使建设工程节约人工费用32360元/(年·km),机械利用率提高30%,无纸化会议每年可节约纸张约0.06t/(年·km)。

## 5 总结

以“施工质量可知可控、施工过程可视智能、工程管理协同高效、施工数据实时共享”为目标,普通国省道工程建设智慧工地管理云平台打造了“1+8”的建设模式,推动了工程信息化建设。通过对工程建设过程中的各关键要素的梳理分析,明确智慧工地的顶层设计,实现了智慧工地的数字化、精细化、智慧化,提升了工程项目建设管理水平,提升了信息价值深度融合应用,并已形成产业化模式,为智慧工地的推广应用,为助力智慧交通发展奠定了坚实基础。

# 小鹿学车机动车驾驶人计时培训终端

（内蒙古豪德天沐科技有限公司）

## 0 引言

小鹿学车机动车驾驶人计时培训终端响应国家绿色产业建设号召，在国家驾驶员培训系统产业链条上进行了一次深层次和全方位的创新改革，建立了一整套“驾校+互联网”的解决方案。产品管理实现了低成本、高标准、高效率的运作模式，较好地解决了交通驾培行业各方面的问题，降低了驾培全生命周期能耗。

## 1 技术概况

近年来，驾培行业发展迅猛，但管理相对滞后，即使安装计时管理系统的驾校，由于产品技术落后，效果已不能满足实际要求。此外，以往的计时设备系统维护成本极高，技术陈旧，故障率高，易作弊，不能满足行业的发展需求，导致驾校运营成本增加，学员培训体验不佳。

根据交通运输部发布的《机动车驾驶员计时培训系统计时终端技术规范》（交办运函【2016】460号）的文件要求，本产品是为驾培计时系统量身打造，推出的一款具备视频监控、二维码认证和蓝牙通信功能的车载驾培系统终端。

本产品具有卫星定位，分类计时（理论培训学时、驾驶操作培训学时、驾驶模拟操作学时），违规防范，培训监控，数据存储和通信，信息发布，身份核对及行为控制（驾校、教练员、教练车、学员等），电子围栏，学时审核等功能，能将学时等信息上传至驾驶培训信息系统，并与道路运输管理机构和公安机关交通管理部门相关系统对接，实现信息共享。

## 2 技术分析

### 2.1 技术作用

为管理部门防止培训作弊和自动审核提供更多的数据分析。方便学员学车，不浪费学员的宝贵时间，提供更多周到的服务。辅助驾校管理，帮助优质驾校提高竞争力，为行业实现良性循环助力。

### 2.2 关键技术及主要设备

终端采用ARM Cortex-A53 64-bit 4核处理器；集成2G/EDGE/CDMA/WCDMA/LTE MODE，集成WIFI/BT/GPS/Glonass/Beidou基带；独立的GPU提供强大的音视频采集处理能力。Android8.1操作系统，3.5寸（约12cm）TFT触控液晶显示屏，支持全网通无线通信，支持GPS、北斗双模定位，支持语音唤醒、语音控制、语音播报，内置双路红外高清摄像头，可提供拍照、远程视频、人脸检测及人脸识别功能，丰富的接口（串口、USB、发动机转速、仪表速度检测口等）为指纹仪、读卡器、蓝牙OBD等外围设备提供支持。人脸/二维码/信息卡/身份证/指纹仪等身份认证，学时采集、学习拍照、视频监控、语音处理等功能与上层应用结合，成功实现驾培过程中的计时计费、身份认证、4G实时通信、定位与轨迹记录、语音播报等丰富多样的应用。

## 3 技术创新点

建立了一整套“驾校+互联网”的解决方案。产品包含“计时培训系统云平台”“驾驶员培训机构管理平台”“智能培训计时终端”“移动端App”及“数据分析平台”，并在实际实施过程中，先后推出了“走进驾校”“先培后付”“预约培训”“驾校智能管理”等一系列产品。

## 4 技术应用情况

### 4.1 应用项目介绍

小鹿学车机动车驾驶人计时培训终端目前在全国多个城市驾校使用。

### 4.2 实施方案及流程

产品终端安装在驾培车辆上，终端可以通过配置远程升级服务,实现终端的远程升级功能,方便后期运维服务工作,同时无需维护人员现场升级,升级后无需再次配置,方便后期程序更新,修改终端配置。远程升级程序部署后,只要终端重新启动,自动下载升级程序,完成升级后可以继续教学,不影响驾校正常练车。

产品配套的小鹿学车驾校约车管理平台,主要包含5个功能模块,即培训管理、驾校管理、车辆监控、培训大纲、监督评价。培训管理通过学员报名登记、学员信息管理、培训过程查询、学员学时管理、阶段学时管理和学员结业管理,实现对学员报名、学员计时、学员培训情况和学员结业情况的管理。

## 5 效益情况

### 5.1 社会效益

针对规范市场准入管理、提供多样化培训服务、提高培训考试质量,实现培训考试信息有效衔接。保证了计时数据采集终端、计时学车应用平台,政府监管平台、全国公共服务平台多方数据交互的完整性和安全性。

### 5.2 环保效益

终端免维护,设备远程升级,学员远程预约练车,为管理部门防止培训作弊,自动审核,提供科学全面的数据分析,低成本高效率,降低了驾培全生命周期能耗。

### 5.3 经济效益

平台对大数据的分析和科学管理可以让驾校管理人员高效全面地了解驾校日常报名情况、培训情况和运营盈亏。可以直观地看到需要改进的地方,让驾培行业更好地良性发展,降低管理运营成本,提高经济效益。

# 公路隧道低碳自适应控制照明系统关键技术

(甘肃省交通规划勘察设计院股份有限公司)

## 0 引言

公路隧道低碳自适应控制照明技术,对隧道洞外亮度、洞内亮度、交通量、经纬度坐标天气、车辆定位、车速等控制参数进行实时检测,依据各参数之间的相互关系,形成照明亮度需求的权重关系库,以专家经验阈值系统和神经网络算法融合计算实现隧道各段的按需照明及输出控制。该技术以核心算法和多种控制策略实现隧道本地自适应照明控制,避免了由于照明方式不足带来的“白洞效应”和“黑洞效应”;避免了过度照明和无效照明,降低电力消耗;以数据算法解决洞外亮度数据采集不准确导致的自动调光系统建而不用的现实困境;以科学合理的控制策略避免过度依赖主观经验“一刀切”式管理模式带来的安全隐患。

## 1 技术概况

公路隧道低碳自适应控制照明系统关键技术通过分析实际洞外亮度变化曲线,获得加强照明和基本照明的数学模型。分析定时调光和分级调光的缺陷、碳排放组成和危险因素,提出低碳设计理念和发光二极管(LED)无极调光的理论可靠性,并建立数学分析模型,形成满足隧道各段亮度需求的照明算法。研究洞外亮度、洞内亮度、交通量、经纬度天气数据的采集、转换和信号传输技术,以核心控制芯片计算隧道入口段、过渡段、中间段、出口段的亮度理论需求,并以归一化处理的输出控制信号控制照明回路的LED灯具输出功率百分比。

## 2 技术分析

### 2.1 技术原理

(1)公路隧道照明调光理论模型和按需照明算法

通过分析现有公路隧道照明方式存在的不足,以《公路隧道照明设计细则》(JTG/T D70/2-01—2014)为调光理论基础,并分析实际洞外亮度变化曲线,获得加强照明和基本照明的数学模型。通过分析定时调光和分级调光的缺陷和不足,分析碳排放组成和危险因素,提出低碳设计理念和LED无极调光的理论可靠性,并建立数学分析模型,形成满足隧道各段亮度需求的照明算法。

(2)LED无极调光控制技术及数据融合相关算法

通过分析不同的LED无极调光技术手段,选用最能匹配调光曲线和保障系统安全的调光技术。研究洞外亮度、洞内亮度、交通量、经纬度天气数据的采集、转换和信号传输技术,以核心控制芯片计算隧道入口段、过渡段、中间段、出口段的亮度理论需求,并以归一化处理的输出控制信号控制照明回路的LED灯具输出功率百分比。硬件系统包括高精度ADC、数字信号处理、时钟电路、通信接口等核心控制器件。调光系统能够以自动和手动控制方式调整关键阈值和参数。研究前置神经网络算法利用权重系数计算实际亮度需求,通过“isolationforest”或DBSCAN等异常数据剔除方法消除不准确的亮度检测数据,以补偿算法解决灯效衰减和线路损耗问题,形成适合各种工况条件下的调光控制策略库。

(3)“车来灯亮、车走灯暗”衍生应用系统

系统能够在无极调光基础上,配套车检器和定位器相关设备,满足车来灯亮,车走灯暗的实际应用需求。随着车辆到来时依次进入各照明段,在车辆前方至少有1~2个照明段依次调亮;如无车辆继续驶来则车辆后方的照明段相继变暗。当车辆全部驶出隧道后,整个隧道全部进入最暗亮度。洞内亮度补偿方案,并据此补充控制器硬件系统,更新控制器算法和监测软件。

### 2.2 关键技术及主要设备

(1)按需照明。通过对隧道洞外亮度、洞内亮度、交通量、经纬度坐标天气、车辆定位、车速等控制参数进行实时检测,通过研究各参数之间的相互关系,形成照明亮度需求的权重关系库,以专家经验阈值系统和神经网络算法融合计算实现隧道各段的按需照明及输出控制。

(2)自适应控制策略和远程监控系统。调光控制系统部署在隧道本地,能够自动接收洞外亮度、车流量等控制数据,实时计算和调用自动控制策略库,即使出现电力或网络故障或异常数据干扰,依然能够自动运行和自动甄别。远程监控系统输出亮度曲线、车流量统计、输出功率曲线、调光曲线等监控信息。

(3)针对车流量少的地区,无效照明造成电力浪费的现实问题,实现"车来灯亮、车走灯暗"应用场景下的衍生应用系统。

## 3 技术应用情况

### 3.1 应用项目介绍

S38 王格尔塘—夏河高速公路是《甘肃省省道网规划(2013—2030 年)》规划的联络线之一,是实现甘肃省县县通高速的重要目标路段,也是甘肃省委省政府确定的 2018 年重点建设项目。路线起点位于夏河县王格尔塘镇汪塘村,与 G1816 临合高速王格尔塘枢纽立交出口相接,之后沿 S312 线大夏河阶地两岸布设,终点位于桑科乡桑科村,路线全长 41.595km。全线采用双向四车道高速公路标准建设,设计速度 80km/h。主线共设桥梁 11992.35 m/37 座,设隧道 14367.445m/9 座,桥隧比为 63.3%,设置互通式立交 3 处,主线收费站 1 处,停车区 1 处,养护工区 1 处。

### 3.2 实施方案及流程

本技术在 S38 王格尔塘—夏河高速公路隧道应用中,自适应智能调光控制,将洞内外信息如天气工况、车流量、时间控制、洞内外亮度、洞内应急情况等各种信息进行采集加以分析。采用系统的智能检测器将检测到的隧道外部信息,通过网络传送至系统平台并将数据反馈给智能照明主控器,设置隧道内的智能照明系统控制器根据洞内外亮度及车流量信息分别计算出入口各段加强照明和基本照明相应调光功率,通过无线信号控制加强照明灯具和基本原明灯具的输出功率,而灯具输出功率的变化,又会引起灯具输出光通量发生变化,从而达到控制被照场所亮度的目的。设于系统平台的上位机通过以太网光端机与现场的隧道智能照明系统控制器实现通信。上位机利用自适应智能调光监控管理软件,实现相关参数的设定、指令下达、实时信号读取和储存。以此营造出较好的视觉环境,在车辆穿越高速公路隧道时,帮助驾驶员更好地适应隧道内外的照明环境,达到减少安全隐患的目的。

## 4 效益情况

### 4.1 社会效益

公路隧道低碳自适应控制照明系统关键技术有助于公路隧道照明节能,提升安全领域的设计和管理水平,为公路隧道照明实现科学、合理、安全、节能的设计与运营管理提供强有力的技术支撑。更好地保障和提升人民群众的出行安全和舒适度,减少因照明不当而引起的交通事故。

### 4.2 经济效益

通过计算 1km 隧道两种照明调光方式的单洞电缆用量,LED 无级调光较 LED 分级调光节省 60% 的电缆费用。钠灯维护费用按每 2 年更换一次光源,每盏 200 元/次,10 年共计 37.8 万元;每年的维护费用为 3.8 万元。恒定亮度 LED 灯按 10 年更换 3 次,减去初期建设一次,后续需更换 2 次,每次更换劳务费 100 元,则每年维护费均摊约 30 万元。无级调光 LED 灯一次投资可使用 10 年,但其间也会存在少量故障灯具,故按每盏每年 50 元的维护费用计算,每年的维护费用约 2.7 万元。

## 5 总结

(1)公路隧道低碳自适应控制照明系统以亮度采集、车流量采集、经纬度坐标、天气数据等多源数据融合算法程序为基础,实现隧道照明按需控制与本地控制的要求。

(2)公路隧道低碳自适应控制照明系统采用自适应反馈补偿技术,通过自适应反馈补偿技术解决因灯具光衰造成的隧道内照明环境不达标问题,提高调光的准确度保证隧道照明安全运行。

(3)公路隧道低碳自适应控制照明系统采用异常干扰数据甄别剔除算法,通过甄别算法剔除异常数据,提高隧道调光的可靠性与准确性。

# 黑龙江交投集团多源互补智慧供暖系统示范项目

（黑龙江省龙通数字科技有限公司）

## 0 引言

本项目依据国家关于清洁能源方面的建设要求，以高速公路相关服务为例验证可再生清洁能源参与供暖的技术可行性、投资经济性，并形成可复制推广的技术解决方案，依托多源互补智慧供暖系统逐步降低能耗成本，同时促进清洁能源消纳，达到降低碳排放的目的。

## 1 技术概况

多源互补智慧供暖系统主要包括电锅炉技术、空气源热泵技术、地源热泵技术、太阳能集热技术四种能源供暖类型。

（1）电锅炉技术。电热锅炉技术是将电能转换为热能，使水加热以产生具有一定温度的热水或一定压力的蒸汽的电热技术。

（2）空气源热泵技术。空气源热泵是一种利用高位能使热量从低位热源空气流向高位热源的节能装置，是热泵的一种形式。热泵可以把不能直接利用的低位热能（如空气、土壤、水中所含的热量）转换为可以利用的高位热能，从而达到节约部分高位能（如煤、燃气、油、电能等）的目的。

（3）地源热泵技术。地源热泵是在冬季将土壤中的低位热能提出来，通过机组转化为高位热能供给建筑物，夏季将建筑物中的热能续存给土壤。

（4）太阳能集热技术。太阳能供热主要是通过不同种类的集热器，将辐射的光热进行采集。利用反射器、透镜或其他光学器件将投向集热器采光板的太阳光线改变方向，使其聚集照射到管路上进行光热转换，热量经由散热部件传至室内进行供暖，热源循环控制策略使储水箱中的热量以最优方式传递到末端设备，根据热源供水温度具体分为直接供热、联合供热及辅助热源三种模式。

## 2 技术分析

### 2.1 技术原理

聚焦可再生能源与“电锅炉 + 蓄能水箱”的多源控供暖模式研究，充分整合利用原有设施，创新服务管理模式，减少建设投资费用，降低冬季供暖成本。分别选择黑河无人自动驾驶测试场、兴源服务区、拉林河服务区 3 个不同纬度、不同气候特点、不同供暖面积的真实供暖场景作为系统应用示范点。

### 2.2 关键技术及主要设备

（1）研发基于 PLC 控制的智慧供暖系统，实现电锅炉、空气源热泵、水源热泵、太阳能集热器智能化联控、自动控制。

（2）实现室内外温度实时监测、监控，进出水温、水箱温度监控，区域功能分控，循环水流智能变频控制等功能。

（3）依托大数据技术，实现多源互补智慧供暖系统可视化管理、实时在线分析，供暖设施启动智慧化管理。

（4）验证多源最优组合方式和条件因素，基于电锅炉 + 蓄能水箱供暖系统，分别加入空气源热泵、水源热泵、太阳能供暖热源，验证各供暖源对电锅炉的用电影响，形成各热源与电锅炉的组合方式和效果分析。

（5）测算多源互补供暖投资收益率情况。依据真实环境的供暖数据采集，初步形成各种模式的供暖费用，并依托每种供暖方式改造投资成本，建立多源互补投资收益分析模型。

## 3 技术应用情况

### 3.1 应用项目介绍

多源互补智慧供暖系统示范项目在黑龙江省交

投资产经营有限公司拉林河服务区(出省侧)、绥满高速兴源服务区(南区)的煤改电品质提升工程,黑龙江省交投智能网联汽车产业创新有限公司黑河无人自动驾驶测试场的供暖建设工程中进行了应用。

### 3.2 实施方案及流程

(1)拉林河服务区(出省侧)

拉林河服务区供暖面积约为2100m$^2$,现有供暖方式为快热电锅炉+谷电蓄能供暖。供暖采用315kV·A专用变压器,2台120kW电锅炉,96t蓄能水箱。供暖末端散热方式为“暖气片+水循环风机空调”,变压器容量充足,年供暖费用较高。

实施方案在原供暖方案基础上,在热源上增加“空气源热泵+水源热泵”,同时开发PLC智能供暖控制系统,利用空气源热泵一级提热,后进水箱用水源热泵二级提热,再利用PLC智能供暖控制系统根据服务区室内温度管控电磁锅炉、空气源热泵、水源热泵的运行时间,降低运行成本。

(2)兴源服务区(南区)

兴源服务区供暖面积约为490m$^2$,现有供暖方式为电磁锅炉直热方式。供暖配有供暖专用变压器,容量为200kV·A,电锅炉为电热水锅炉,额定功率为150kW,设备间空间充足。供暖末端为散热片。

本解决方案在原供暖方案基础上,增加空气源热泵与蓄能水箱,同时开发PLC智能供暖控制系统,在供暖初、末期夜间采用“空气源+电锅炉”模式进行蓄能,白天采用“空气源直供暖+避峰”模式。在空气源不满足运行条件时,采用“电锅炉+谷电蓄能”方式供暖,结合PLC智能供暖控制系统合理分配用能,降低运行成本。

(3)黑河无人自动驾驶测试场

黑河无人驾驶测试场为新建建筑,2022年10月份开始供暖,分为办公楼、车库等4个供暖单体,供暖面积约为12000m$^2$,供暖专用变压器容量1000kV·A,原设计采用电磁锅炉+谷电蓄能供暖,水箱容量100t,电磁锅炉额定功率为900kW,供暖末端为散热片。

实施方案采用新建热源方式,增加空气源热泵、水源热泵、缓冲水箱、太阳能集热器等热源,并通过PLC智能供暖控制系统,结合黑河当地天气,平衡分配各能源的供热能力及二次网热量需求,实现多热源自动调用,保证发挥最大供力,节约最多电费。采用低温空气源热泵、水源热泵(与缓冲水箱耦合)、太阳能集热器以及电锅炉4种方式复合进行供暖,通过缓冲水箱提高低温空气源热泵、水源热泵耦合供暖效能等降低运行成本。

## 4 效益情况

### 4.1 社会效益

通过水源热泵、空气源热泵耦合的引入,利用其运行的高能效比COP值,更有效地提高了电能的利用率。每个采暖季预计可节约供暖运行电量127万kW·h,平均每年可节约457t标准煤,减排二氧化碳约1266t,氮氧化物19t,二氧化硫38t,粉尘345t。对于当地的环境保护、减少大气污染具有积极的作用,并有明显的节能作用和社会效益。

### 4.2 经济效益

项目实施的示范基地共3处,分别位于黑河无人驾驶测试场、拉林河服务区(出省侧)和绥满高速兴源服务区(南区)。通过示范基地连续监测供暖季的运行费用及供暖指标显示,依据收费站及服务区现有煤改电后单一锅炉供暖的运行模式,每个采暖季的运行费用约为100元/平方米,通过多源互补智慧供暖系统的改造,预计每个采暖季的运行费用为50~55元/平方米,经济效益良好。

## 5 总结

在保障供热均衡的同时,兼顾节能减排、安全高效,通过多源互补智慧供暖平台技术与传统供热行业融合发展新路径,在黑龙江进行了先行探索。基于物联网、大数据、人工智能技术对原供热系统进行全流程改进,供热企业可以感知用户室温,AI能力可以助力调节供热各环节阈值,进而让供热效率大幅提升。同时节约了人力成本,系统运维业务数据化、信息化、智能化、移动化,运维工作流程标准化,全面提升运维服务满意度。

(1)通过PLC智能供暖系统收集客户需求调整供暖温度,如在客流量小或非办公时间通过PLC系统对流量的控制维持需求温度,降低供热负荷,节省供暖运行费用。且可通过对各终端的阀门开度控制,实现对不同供暖对象的分区温度调节。

(2)依据各种热源在各个阶段的出力特点及室内外温度,通过算法自动控制和分配各种热源间的启停。尽可能提高供暖效率值,达到供暖效能的最大化。

# 交通领域生态类项目环保管家数字化信息系统

(招商局生态环保科技有限公司)

## 0 引言

交通领域生态类项目环保管家数字化信息系统通过有效运用多学科环境保护知识和技能,结合现代科学技术和管理方法,为政府及生态类项目建设单位提供环境信息管理、环境咨询、监测、监理、环保设施建设运营、污染治理等一体化环保服务和解决方案。通过环保管家数字化信息系统服务,生态类项目建设可以更好地践行绿色公路建设理念,提高环境管理效率,避免环境污染及环境破坏风险。

## 1 技术概况

本系统为项目提供全生命周期的生态环境服务,参与项目设计、施工、试运营的生态环境保护管理及服务。主要通过在项目现场安装摄像头监控、扬尘噪声监测设备、GPS定位仪等设备与系统服务器连接,传输至系统PC端后台管理系统及手机端App,项目建设相关参与单位人员均可通过App实时查看项目相关情况,并进行环保管理相关事项审批。

## 2 技术分析

### 2.1 技术原理

本系统采用Openresty + Docker架构,解决单体应用架构更新技术、更新框架时面临的困难或阻碍。对于微服务架构系统,由于其服务粒度小,模块化清晰,因此首先要对系统整体进行功能、服务规划,优先考虑如何在交付过程中,从工程实践出发,组织好代码结构、配置、测试、部署、运维、监控的整个过程,从而有效体现微服务的独立性与可部署性。

### 2.2 关键技术及主要设备

环保云管家分为Web端和App端,Web端主要用于对App进行信息管理,如文字、图片、影音、和其他日常使用文件的发布、更新、删除等操作。简单来说就是对环保云管家的数据库和文件进行快速操作和管理,以使得App内容能够得到及时更新和调整。Web端主要面向系统管理员,对整个系统进行日常的数据维护。App主要面向环保管家、施工单位和建设单位,让施工单位能随时随地查看系统授权的数据,以及对整改任务的实时审批查阅等。

## 3 技术应用情况

### 3.1 应用项目介绍

本系统应用于德昌至会理高速公路环保咨询服务项目。项目全线跨河、沿河路段较长,桥梁桩基础施工泥浆对沿线地表水体水质影响风险较大;项目沿线分布有生态公益林,所经老碾河流域等分布有国家Ⅱ级重点保护野生植物红椿树,根据德昌至会理高速公路工程天然原生珍贵树种红椿移栽保护方案,施工红线范围内受影响的206株保护树种拟采取就近移栽,并连续8年实施管护和监测。

### 3.2 实施方案及流程

根据德昌至会理高速公路现场情况,本次生态类项目环保管家数字化信息系统的运用首先对K48综合场站、K63综合场站安装摄像头:K48综合场站主要监控生活污水排放,关注益门河水质影响;K63综合场站主要监控桥梁桩基础施工泥浆排放,关注城河水质影响。对沿线两处群落分布的红椿树群安装GPS定位仪。环保咨询单位人员可以通过环保云管家App随时发起整改通知单,及时通知各标段施工方环保负责人,施工方整改完成后可以通过 App 上传照片回复,环保云管家验证通过即完成审批闭环。

## 4 低碳环保效益情况

### 4.1 社会效益

通过交通领域生态类环保管家数字化信息系统,加强了重点区域环保监控,特别是对偏远施工点位的实时监控,减少了现场巡检次数,达到了低碳减排效果,提高了高速公路施工环保管理效率。项目建设可以更好地践行绿色公路建设理念,提高环境管理效率,避免环境污染及环境破坏风险,促进生态文明建设。

### 4.2 经济效益

本系统开发完成后,受到使用单位的良好反馈。作为技术创新参加多个项目投标工作,最终获得德昌至会理高速公路环境保护咨询(含验收调查)及监测项目订单,合同额达到 343.14 万元。2020 年,环保管家类项目新签合同 703 万元,相较于 2019 年增长了 108%。

## 5 总结

通过构建交通领域生态类项目环保管家数字化信息系统,采用数据整合、地理信息技术、遥感技术、在线监控技术、移动互联、大数据、云数据等先进技术手段建立支持系统,对生态类项目环境保护管理数字化、结构化、可视化,更好地实现建设企业的环境保护主体责任,提高建设项目环境管理数据的高效利用及精细化管控水平提供助力,同时实现环境预警功能,进而实现建设项目全生命周期的环境管理。本系统能提高环境保护从业人员工作效率,同时提高建设单位环境保护管理效率,有效避免环境风险事故的发生。

# 工程废弃渣土资源化高效利用技术及应用

（北京中德建基路桥工程技术有限公司；北京广建工程渣土处置技术中心有限公司；北京交通大学）

## 0 引言

本项目结合我国在开展基础设施建设中产生的大量工程废弃渣土占用土地资源、造成环境污染，甚至发生安全问题的现状，对环保型固化剂及渣土相关技术体系进行研究，研发了环保型系列高强固化剂，构建了环保型道路固化技术体系，实现了渣土资源化就地高效利用。经过多个现场验证，研发的固化剂效果优于市面指标，固化剂应用体系技术成熟，减少了渣土弃置产生的环境污染问题，节约施工成本，应用前景广泛。

## 1 技术概况

针对现有固化剂性能较差，缺乏固化土专用施工技术及装备，渣土利用率较低等问题，进行了以下改进：

（1）研发了环保型系列高强固化剂，开发了基于环氧树脂的环保型高强固化剂，探明了环保型高强固化剂不同掺量对固化渣土性能的影响规律。

（2）构建了环保型道路固化技术体系，研发了利用渣土修筑道路路基及面层的高强固化技术，提出了淤泥质地基原位改良技术。

（3）开发了流态固化土基槽高效回填技术，研发了基于环保型渣土固化剂的流态固化土，研制了流态固化土生产施工设备，提出了流态固化土基槽自密实回填技术及工艺。

（4）研发了渣土构件制造技术，建立了渣土构件“材料-结构”性能平衡设计方法，提出了适用不同渣土构件的材料配合比，开发了渣土构件绿色高效制造技术。

## 2 技术分析

### 2.1 技术原理

“有机-无机”复合型固化剂的固化机理分为化学作用和物理作用两部分，化学作用是有机高分子聚合物的聚合作用，物理作用是无机复合矿物提供的胶结、骨架和互穿网络连接作用，如图1所示。在外部机械压实和各种物质的聚合作用、火山灰等反应下，通过各类生成物的填充、挤密、胶结等作用，内部结构呈分散状态的土颗粒逐渐形成一个较紧密的整体，宏观上表现为固化土的孔隙率降低、密度增大、强度增强，进而使土体的工程技术性能得以改善。

a)

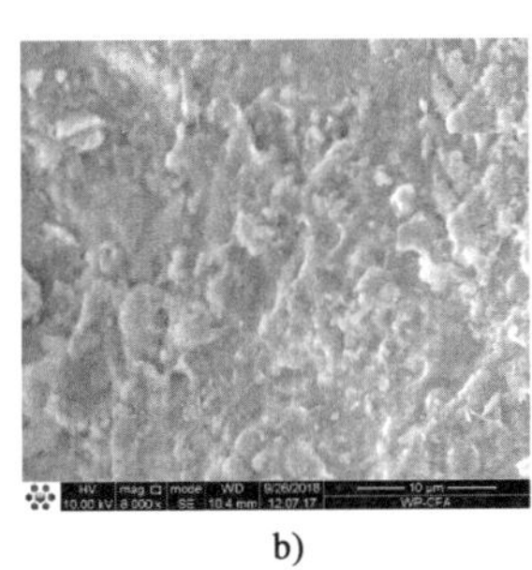

b)

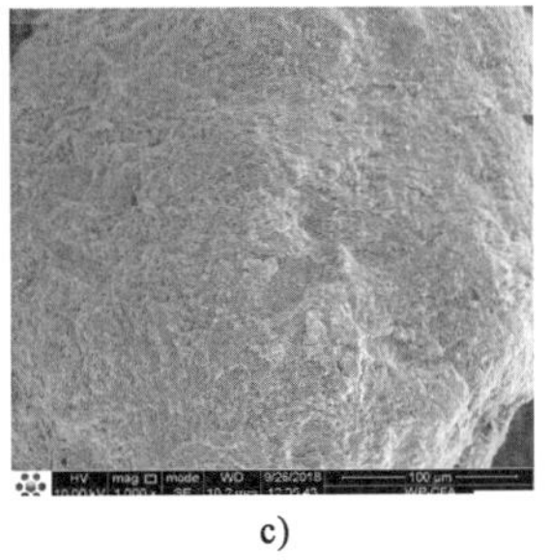

c)

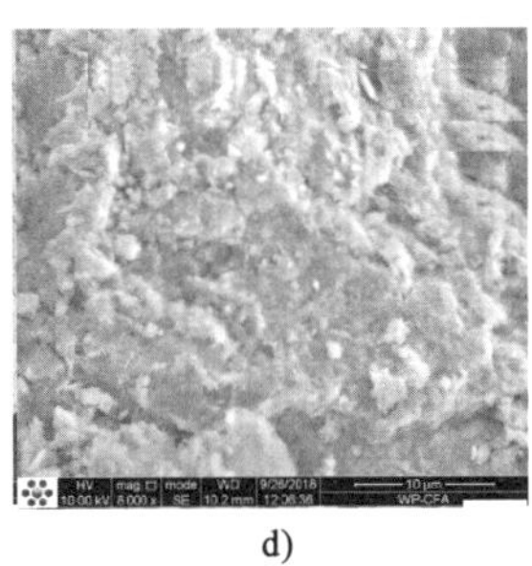

d)

图1 环保型土壤固化剂固化龄期微观图像

## 2.2 关键技术、工艺流程及主要设备

(1)利用渣土修筑道路路基及面层的高强固化技术

针对常规填料路基施工方法在高含水率、高液塑限土质压实时土体“反弹”严重、压实度难以达到设计要求等问题,提出了基于CGJ-1型高强固化剂的道路基层及面层最佳固化配合比,固化土回弹模量可达600~1600MPa,远超相关规范设计值。建立了基于理论计算与现场干密度测试结合的水泥质量估算公式,提出了依据实测含水率指标的分步分层排压方法,建立了覆盖保湿养生技术,开发了基层及面层环保固化工艺(图2),开发了修筑道路路基及面层的高强固化技术。

(2)淤泥质地基原位改良技术

针对淤泥质地基换填工程量大、成本高、进度慢等问题,提出了基于CGJ-3型降水固化剂的软弱地基改良最佳固化配合比,7d无侧限抗压强度达0.45MPa,14d无侧限抗压强度达0.86MPa,28d无侧限抗压强度为1.05MPa,渗透系数小于$10^{-7}$cm/s。开发了淤泥质地基快速改良技术,其中通过软基杂物格栅预处理技术,提升贮泥池内渣土的流动性。采用振动拌和固化设备双螺管高压搅拌器将淤泥质地基土和降水固化剂充分混合,可连续性或间歇性进行混合料摊铺(图3),保证了地基的强度、水稳定性和压实度等性能。

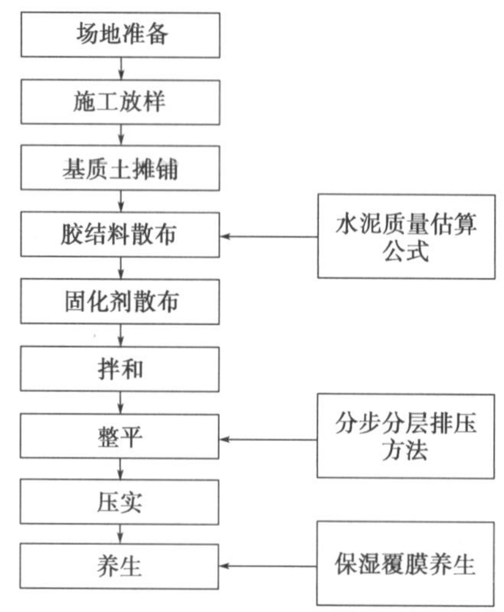


图2 基层及面层环保固化工艺

图3 淤泥质地基改良

(3)主要设备

①破碎设备。针对含有大粒径颗粒物,不符合流态固化土需求的基质材料,研发了破碎设备(图4)。拌和设备具有低转速、高扭矩、大剪切力、高稳定性、使用寿命长等优点。进料尺寸大、通过性强、破碎效率高、粉尘少,可以有效解决大件材料

处置过程中占用空间大、运输困难、人工拆解效率低、作业环境脏乱差等问题;配备成套拌和装备,实现厂区内一体化破碎。

②拌和设备。针对流态固化土厂办设备可移动性差、建拌和厂成本高的问题,研发了现场可移动式连续预拌流态固化土拌和设备。

(4)施工流程

为了明确合理的固化土浇筑时间和单次浇筑高度等关键施工参数,建立了基槽回填施工工艺模型。依托多项工程,验证了流态固化土用于基槽回填的技术可行性,构建了一套完整的振动拌和设备施工工艺及质量验收标准,工艺流程如图5所示。

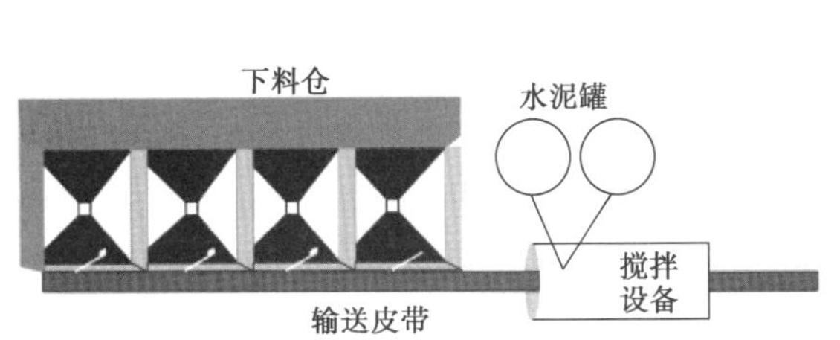

图4　拌和设备示意图及实物图

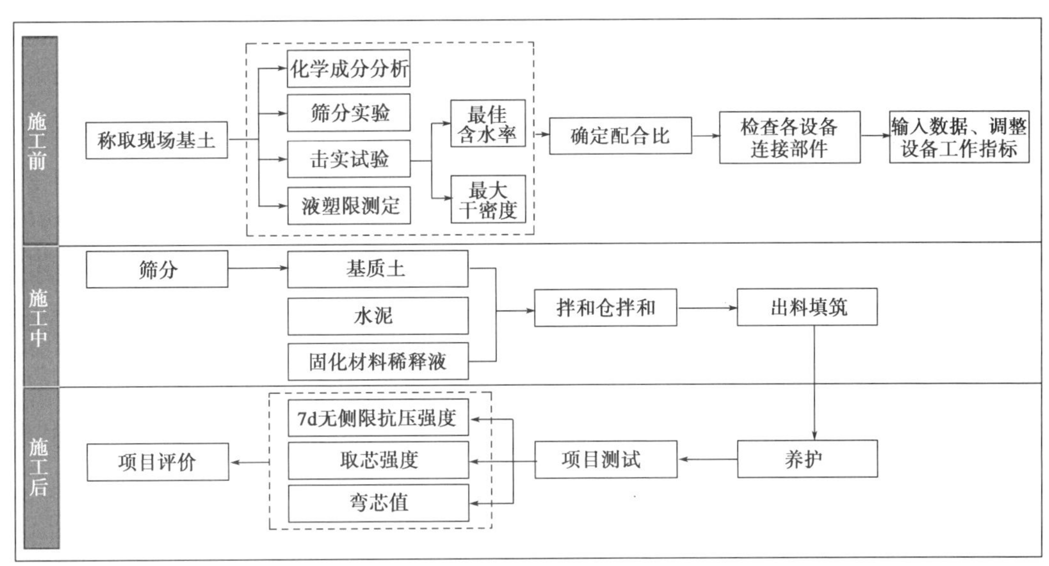


图5　拌和设备施工工艺流程

## 3　技术应用情况

绕城高速施工便道项目采用渣土修筑道路路基及面层技术,施工流程如下:

(1)路床处理

路床整平压实。调整高差,按预先设定高程压实。施工过程中做好抑尘处置。

(2)水泥布设

按设计要求(土壤质量比)均匀撒布水泥,人工或机械喷洒(推荐机械喷洒),确保水泥充分覆盖。

(3)固化剂配备

按照试验室配合比取一次施工土体质量计算出环保型土壤固化剂用量,再按照1∶100或1∶200将环保型土壤固化剂加入水容器中进行稀释,先确保固化剂的足量,再适当补水。

(4)拌和

可以采用灰土拌和,将稀释后的土壤固化剂稀释液喷洒在需拌和的土质和水泥的混合料上,使用灰土拌和机进行拌和,拌和一遍后进行压路机碾压后再进行第二遍拌和，切不可出现局部过干或过湿的现象。也可采用冷再生拌和，将稀释后的土壤固化剂稀释液与冷再生设备配合，直接进行拌和，拌和一遍后进行压路机碾压后再进行第二遍冷再生拌和，施工时要控制出水量均匀一致，切不可出现局部过干或过湿的现象，冷再生设备停止拌和时一定要关闭出水设备直至均匀。

(5)排压、整形

拌和均匀后，立即用履带式推土机进行排压，平地机刮平整形，对局部低洼处，应用齿耙将其表面耙松 5 ~ 8cm，并用复合固结土混合料进行填补找平，然后排压，高处料直接刮出路外，防止形成薄层贴补现象。

(6)碾压

根据路宽、压路机参数等制定碾压方案，使路面各部分碾压次数相同。压路机按先轻后重、先快后慢、先两边后中间进行碾压，直至达到规定压实度。振动压路机碾压结束后，视情况是否进行表面补水，后使用胶轮压路机收面。

(7)养生

碾压完成后，采用覆盖洒水保湿养生，养生期控制在 7d 为宜。

## 4 效益情况

### 4.1 社会效益

传统建筑材料要消耗大量的石灰、碎石、水泥等。炸山碎石、挖河采砂会破坏生态环境；如果全国每年增加 30% 的碎石用量，将使 2000$hm^2$ 的植被遭到破坏；每增加 1t 的石灰用量，将多消耗石灰石 1.8t、标准煤 0.3t，增排 0.8t $CO_2$；每增加 1t 水泥的用量，将多消耗石灰石 1.2t、标准煤 0.24t，增排 0.52t $CO_2$；每增加 1 万 $m^3$ 材料汽油运输(按 200km 运距计算)消耗燃料约 70t；每增加 1 万 $m^3$ 筑路材料，减少场站用地约 1000$m^2$。采用渣土作为道路基层、基槽回填材料以及建筑构件，可以大大减少石灰、水泥的用量，减少传统材料开发、施工、运输过程中有害气体和温室气体的排放量，同时就地取材，环境效益十分明显。

### 4.2 经济效益

新型固化剂材料稳定土单位造价低于传统水泥稳定碎石，以厚度 25cm 为例，面层每平方米材料费用约为 34 元，基层每平方米材料费用约为 25 元，并减少渣土弃置费用，同时能够减少工序，缩短工期，降低工程造价。

## 5 总结

本技术为工程废弃渣土资源化高效利用提供了环保型渣土系列高强固化剂，固化剂本身无毒、无害、无污染，是一种环保型固土材料。此外，固化剂具有高浓缩、用量少、成本低、运输费用低、供应半径大的特点，一般情况下用量只占被固化渣土质量的 1/10000 ~ 3/10000，可广泛用于各类场景与地区。优化了破碎拌和设备、振动拌和设备，为新技术的支撑提供了设备支持，提出了利用渣土修筑道路路基及面层、淤泥质地基原位改良技术等多项技术，有力推动了行业科技进步，为我国重大基础设施建设及废弃渣土资源化高效利用提供了技术保障。

# 山东省高速公路噪声在线监测站点分布研究

（山东省交通科学研究院）

## 0 引言

本研究分析了山东省高速公路噪声污染现状及分布特点，进行了高速公路在线监测点布局研究，取得主要研究成果如下：(1)提出了高速公路噪声在线自动监测选点的基本原则；(2)采用快速聚类分析和GIS技术，优化了山东省高速公路噪声在线监测点位布局。

## 1 技术概况

本研究对山东省高速公路交通噪声现状进行监测，分析其噪声影响分布特点，提出可行的噪声在线监测方案和科学合理的监测点布局分布，切实掌握山东省高速公路交通噪声污染现状，以便道路管理部门能够及时采取减缓措施。对提高山东省高速公路运输业的服务水平和行业管理水平具有积极的意义。

根据我国交通运输行业环境保护工作发展方向，建设交通运输行业环境在线监测站点，提高行业环境保护水平在今后一段时间内将成为交通人工作的重要内容。

## 2 技术分析

### 2.1 技术原理

本研究主要采取调研监测和计算机模拟分析的形式，对山东省高速公路噪声污染进行调查，分析得出山东省高速公路噪声污染现状及分布特点，利用GIS技术，提出合理的高速公路在线监测点布局分布，使其建设完成后能够给管理部门实时提供高速公路交通噪声影响情况，以便及时采取减缓措施。

### 2.2 技术创新

(1)通过调研、监测的方式，掌握山东省高速公路噪声污染现状特点。目前山东省高速公路车流量较大，行驶的车辆中大型车辆所占的比重越来越大；山东省高速公路通行车辆中，大型车辆在各个时段始终保持较高的车流量，故大型车对交通噪声值的贡献量占据主导作用；根据山东省高速公路交通噪声频谱监测及等效频率计算，由于大型车辆噪声占交通噪声比重较大，导致交通噪声等效频率出现下降，即交通噪声呈现出向中低频声变化的趋势；夜间的交通噪声监测值均高于昼间且超标明显。

(2)噪声在线监测具有众多优点，可以克服传统人工监测的缺陷，是噪声监测的发展方向之一。

(3)交通噪声监测布点均要充分考虑声音三要素，针对山东省高速公路，其交通噪声的监测方案应包括敏感点监测、噪声传播规律监测、声屏障降噪效果监测及附属监测。

(4)提出了合理的高速公路在线监测点布局分布，山东省高速公路噪声在线监测站点拟设在济青高速(自济南)K23+100等共49处。

## 3 技术应用情况

### 3.1 应用项目介绍

济青高速公路，是国家高速公路网规划的一条东西横向线，编号为G20青银高速公路，是山东青岛—宁夏银川高速公路的东段。

### 3.2 实施方案及流程

积极响应国家政策，如《环境噪声污染防治法》和《“十四五”噪声污染防治行动计划》，强调加强噪声污染监测和管理的重要性。对相关人员进行技术培训，确保他们能够熟练操作和维护监测设备。通过媒体宣传和社区活动,提高公众对噪声污染的认识和支持。定期统计和分析监测数据,评估噪声污染治理效果。收集用户反馈,不断优化系统功能和用户体验。通过以上步骤,可以有效地推广和实施噪声在线监测项目,提升高速公路噪声管理水平,促进绿色公路的建设。

## 4 效益情况

### 4.1 社会效益

开展山东省高速公路噪声在线监测站点分布研究,将对山东省的交通运输在线监测点建设工作起到极大的促进作用,同时也为今后在线环境噪声监测逐步向二级、三级道路扩展提供有效的借鉴,进一步完善山东省交通运输环境监测网络建设,提升山东省交通运输行业的环保水平和服务水平。

### 4.2 经济效益

噪声污染是由不同噪声源发出的声能瞬间叠加所引起的,具有时间上的瞬时性和空间上的不连续性,只有通过增加监测点位和提高监测频次,才能较为真实的反应一个区域噪声污染情况。如果靠传统的人为手工操作,工作效率不易提高,还易人力物力浪费。而且人工监测得到的数据是散乱的,使用时需要进行额外的人工整理和分析。因此,建立噪声在线自动监测系统可以提高监测数据准确性,并节约大量的人力物力。与传统抽样的监测方法相比,自动监测可以摆脱抽样监测引发的数据误差,最大限度地提高数据科学性、真实性,准确反映声环境质量状况,为环境规划、环境管理提供技术依据。在无特殊噪声污染情况发生的情况下,可以将数据用于指导交通噪声预测。如果将噪声自动监测系统与地理系统相结合,更能实现空间上的噪声预测。因此,单一系统带来多样功能,项目费效比显著降低。

## 5 总结

本研究采取全面调研、监测的方式,掌握山东省高速公路噪声污染现状特点,分析其噪声影响分布特点,在现场人工监测的基础上,提出适合山东省高速公路噪声污染特点的在线监测方案。在此基础上布设噪声在线监测系统,将准确快速地提供高速公路运营期噪声污染数据。开展了山东省高速公路噪声在线监测站点分布研究,可为环保验收提供尽可能多的监测点,在保证经济性的前提下,准确地评价被验收公路沿线的噪声水平。提出了适合我省高速公路噪声污染特点的在线监测方案,推广噪声在线自动监测,必将为高速公路建设项目的环境影响后评价的顺利进行提供必要保证。

目前,我国尚未建立高速公路施工期环境噪声监测体系,在实际工作中监测单位缺乏指导和监督,标准体系的建立是监测体系建立的前提,技术方法、质量控制等均以标准体系为基础和依据。建议逐步提出我国高速公路施工期环境噪声监测体系基本结构及应涵盖的主要内容。

# 山东省交通运输行业污染源特性分析研究

（山东省交通科学研究院）

## 0 引言

本项目对交通运输行业环境污染源进行了系统分类，并明确了行业关注的重点；对公路交通污染源污染特性进行了系统研究与总结，同时对内河航道污染特性、沿海港口污染特性进行了分类研究；从行业环境保护管理内容、管理模式及职责以及管理奖惩等方面对行业污染源控制管理办法进行研究，并提出了相应的管理办法，同时对污染源控制技术进行了相应的探讨。

## 1 技术概况

本项目主要对山东省交通环境污染源进行调查，并对其特性进行监测，创新性地对交通运输行业环境污染源进行了系统的分类和污染源特征因子的筛选，并对其特性进行了分类研究。另外，从行业环境保护管理内容、管理模式及职责、管理奖惩等方面对行业污染源控制管理办法进行研究和探讨，并提出了相应的管理办法和控制技术。项目研究成果总体达到了国内领先水平。

## 2 技术分析

### 2.1 技术原理

项目研究的技术路线图见图1。

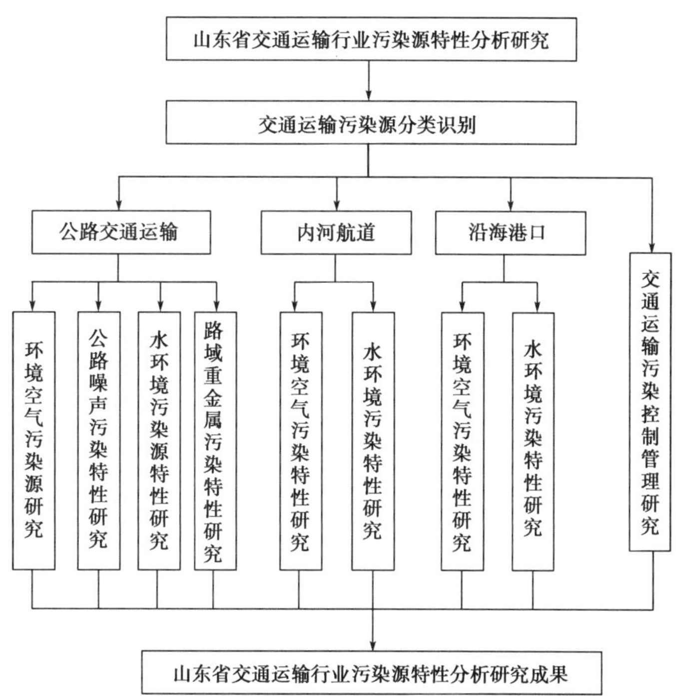


图1 项目研究技术路线图

### 2.2 关键技术

本项目对交通运输行业环境污染源进行了系统分类,并明确了行业污染源关注的重点;对公路交通污染源的环境空气、交通噪声、水环境以及路域重金属污染特性及规律进行了系统的研究及总结,同时对内河航道污染特性、沿海港口污染特性及规律进行了分类研究及总结;就行业环境管理方式,污染源控制等行业管理办法进行了研究和探讨,并对污染源控制技术进行了相应的论述。

## 3 技术应用情况

### 3.1 应用项目介绍

东营黄河大桥按照高速公路特大桥标准建设,全长2742m,设计行车速度为100km/h。其中主桥长852m,南引桥长294m,北引桥长1596m,双向四车道,桥面宽26m,路桥同宽,全线采用沥青混凝土路面。2002年8月21日开工建设,2005年7月8日建成通车。应用项目的建设内容主要涉及工程沿线敏感目标二选村、新立村等两村庄运营中期交通噪声后评估,新增声屏障设计和安装。

### 3.2 实施方案及流程

在本次后评估工作中,项目组借鉴了课题组的研究成果,利用公路交通噪声特性研究中提出的大型车辆占比较大造成交通噪声频率相对偏低,对环评技术导则推荐的模型中大型车辆的源强值进行了相应的修正研究。修正后的大型车源强进行2020年噪声预测值计算,同时采用导则预测模型中提供的大型车源强进行2020年噪声预测计算,并对现状监测值进行比较。结果表明,采用修正后公式预测值与现状值差别较小,差值为0.9dB,而利用导则公式差值为2.2dB,且偏差均为同向,即均比现状值偏小。上述研究后期的声屏障设计计算提供了相对精确的预测数据。

## 4 效益情况

### 4.1 社会效益

在实际的工程应用中,对课题中交通噪声特性及变化规律研究成果,在噪声预测计算、声屏障优化设计中进行了采纳,取得了较好的效果。同时其他研究成果也在交通建设项目竣工环保验收调查工作中得到了相应的应用。因此本课题的研究成果在交通运输行业环境保护工作中具有较好的推广应用价值,具有良好的社会效益。

### 4.2 经济效益

目前在山东省乃至全国的交通运输行业中,交通环境保护均不同程度地缺乏基础资料和数据支撑,客观依据不足,行业环境保护监管和统计手段单一,定量化监管和统计能力也明显不足。山东省交通运输环境问题主要有高速公路运营带来的交通噪声和环境空气污染,内陆航运带来的地表水质污染,港口码头的水质、生态污染等。

## 5 总结

开展环境污染源特性分析研究,可以及时、准确、全面的掌握山东省交通环境问题的特点及污染水平变化规律,为行业决策者制定交通环境保护政策、编制交通环保发展规划提供科学依据,为山东省和国家交通运输行业环保监管、环境统计和环保科研提供必要的基础数据。对提高山东省交通运输业的服务水平和行业管理水平具有积极的意义。

# 生态敏感区公路水污染处理与环境风险控制关键技术

（交通运输部公路科学研究所）

## 0 引言

本项目针对公路运营过程中生态敏感区对服务区污水长效治理技术和突发事件径流识别与管控技术的迫切需求，优化建立了基于多元逐步回归方法的服务区污水处理能耗评估模型，研发了公路服务区低能耗污水处理技术，突破公路服务区污水处理的高能耗氧难题，为服务区污水处理设备的长效稳定运行提供技术参考；提出了基于 FBA 流动分析技术和微型光谱仪连续光谱分析方法的水质监测系统实用化样机新结构，极大地提升了水源环境敏感区突发事件径流识别与管控技术的精确性，在广东省惠清高速公路流溪河特大桥进行了成功示范应用。

## 1 技术概况

生态敏感区公路水污染处理与环境风险控制关键技术由公路服务区污水处理耗能环节识别与低能耗工艺改进和环境敏感区突发事件径流识别与管控技术组成。其中处理耗能环节识别方面，优化建立了基于多元逐步回归方法的服务区污水处理能耗评估模型，解决原有模型仅能以单一工艺测算污水处理的弊端。低能耗工艺改进部分，突破公路服务区污水处理的高能耗氧难题，研发单向膜曝气装置，颠覆原有服务区污水处理的气泡供氧模式，解决原有分散型污水处理设施的曝气能耗偏高缺陷，优化了高效水/氧含量界面技术，极大地降低了传统工艺供氧所需的能耗。环境敏感区突发事件径流识别方面，集成化多功能样品检测室、光谱检测、系统自检、远程监测、系统清洗、控制与数据处理系统及应用软件等关键技术，完成了水质监测系统的设计。

## 2 技术分析

### 2.1 技术原理

（1）公路服务区低能耗污水处理技术

为了解决公路服务区污水处理高能耗低效率的问题，构建了以能源消耗为因变量，以 COD 去除量、BOD5 去除量、氨氮去除量、COD 去除率、BOD5 去除率、氨氮去除率和进水流量（Q）作为自变量的公路服务区污水处理能耗模型，识别了 AAO 工艺、AO 工艺及接触氧化法 SBR 工艺 3 种典型污水处理工艺下影响能耗变化的关键变量，实现了污水处理工艺的能耗测算。在此基础上，进一步探究了基于氧调控的节能策略，在常用 AO 工艺中考虑加入 MBR 膜生物反应器来降低对溶氧的要求，减少投药量。在新型技术工艺研究方面，为改进分散型小型化污水处理设备的能耗大、曝气效率低的问题，研究设置了低能耗生物滤塔技术的工艺试验，并对污染物去除效果、运行能耗进行了对比分析。

（2）生态敏感区突发事件径流识别与管控技术

融合现场径流收集工程、监测处理设备与水环境监测预警系统于一体的技术，成套装备由远端综合环境管控平台、前端在线检测系统、前端智能监控系统、视频图像识别系统等组成。当前端在线检测系统柜检测到雨水水质超标时，径流系统自动切换雨水隔油池进出水阀门状态，同时打开事故池进水阀门，使污染水源截留到事故池，从而保护周边生态环境，并在远端信息平台做出告警提示。

### 2.2 关键技术及主要设备

（1）现场径流收集工程

根据危化品运输事故应急蓄纳设施与路桥面

径流处理设施要求,实施时将两者作为两个不同的功能单元。危化品运输事故泄漏物或事故水与路桥面雨水径流分别收集的可行性较小,事故情况下两者混合后通过收集系统经收集并输送至应急蓄纳设施与路桥面径流处理设施。

(2)监测处理设备

危化品运输事故径流与雨水混合后,一般会引起径流的 pH 值、浊度、电导率等水质指标的变化,在三通阀前设置集水井,通过自动测定集水井中径流的水质情况,当水质指标发生异常时,自动触发事故阀与雨水阀之间的转换功能。

(3)公路水环境监测预警分系统

该系统由危化品运输车辆视频监视、前端径流收集监控和监控分中心三部分组成。

## 3 技术应用情况

### 3.1 应用项目介绍

惠清高速公路是交通运输部科技示范、绿色公路示范、品质工程试点项目,全长 125.28km,桥隧比为 48.8%,流溪河特大桥是惠清项目控制性工程,桥梁跨越的流溪河被誉为“广州母亲河”,也是唯一一条全流域位于广州境内的战略备用水源地,为有效保护流溪河水环境安全,应用公路径流智能管控成套装备部署于大桥两侧。

### 3.2 实施方案及流程

(1)路面径流收集处理设计

面向危化品的水质在线监测研发的系统由取水系统、配水系统、水质监测仪、自控系统所组成。

(2)路面径流远程监控设计

公路水环境监测预警分系统采取二级监控管理体制,即监控分中心监管和外场设备测控。

## 4 效益情况

### 4.1 社会效益

研发的公路服务区低能耗污水处理技术更适用于我国公路行业的运维难、运费高的行业痛点,有利于污水处理设备的长效稳定运行。研发的生态敏感区突发事件径流识别与管控技术,极大地提高了水质在线监测的准确性,延长了技术设备寿命,降低了突发性环境污染事故对生态系统和人类社会造成的危害。

### 4.2 经济效益

对比现行服务区污水处理工艺的调研情况,低能耗工艺吨水电耗 0.4kW·h,按日处理量 150$m^3$ 污水,80% 负荷运行,年电耗 17520kW·h,按电费 1.5 元/(kW·h)计算,运行费用为 2.6 万,传统工艺正常运行吨水电耗为 1.5kW·h,年电耗接近低能耗工艺的 4 倍;仅电费成本,年节约成本 9.86 万元。着眼全寿命周期,按照设计运行寿命 15 年,对比传统运行模式污水设备近期(2 年内)总投资(含初期设备投资 + 运行费)可以节省 18 万元,每年节省的直接运行成本约为 11.5 万元,如果累积初期投资和 15 年的运行费用,单向膜曝气材料的低能耗污水处理关键技术共节省约 135 万元。

## 5 总结

生态敏感区公路水污染处理与环境风险控制关键技术优化建立了基于多元逐步回归方法的服务区污水处理能耗评估模型,为服务区用能、污水处理设计提供科学依据。在此基础上,进一步创新 MABR 无气泡充氧技术,研发了公路服务区低能耗污水处理技术,突破公路服务区污水处理的高能耗氧难题。提出了基于 FBA 流动分析技术和微型光谱仪连续光谱分析方法的水质监测系统实用化样机新结构,提高了多个水质参数在线监测的高效性与准确性,极大地提升了水源环境敏感区突发事件径流识别与管控技术的精确性,为高速公路水环境安全保障关键技术的实施提供了技术依据。

# NAMF 颗粒岩低碳吸隔声技术

（西安上禹佳盛生态环保科技有限公司）

## 0 引言

NAMF（Naturally Adapted to Multiple Frequencies，自然适应多种频率）颗粒岩低碳吸隔声技术，创新了一种永久吸隔声、适应多种频率的低碳声学材料，目前应用于公路领域的声屏障建设，是一项公路建设的碳减排新材料，与传统声屏障相比，减排比例高达 90.70%，同时解决了传统声屏障吸隔声效果逐年衰减的功能性缺陷。此外，在遵循绿色环保理念条件下，产品以其极强的可塑性，在道路景观设计方面比传统产品有不可比拟的优越性。目前已在河南、陕西的多个项目中应用，均取得良好的效果。

## 1 技术概况

NAMF 颗粒岩低碳吸隔声技术由西安上禹佳盛生态环保科技有限公司研发团队与国家生态安全屏障区交通网管控及循环修复技术交通运输行业重点实验室共同研制，经过多年反复测试和技术创新所取得的最新成果。

NAMF 颗粒岩低碳吸隔声技术采用天然沙砾（沙漠沙、河流沙、海沙、石英沙）与无机硅基聚合剂聚合而成，常温拌和、室温成型。从取材到生产全过程不费水、不费电、无排放，是一款无污染的节能环保材料，集吸声、隔声、防水和防火特点于一体，其自身微结构还可适应高、中、低不同频段噪声。其噪声治理效果显著，安装便捷，维护简单，是一种绿色低碳的新型环保材料。

## 2 技术原理

### 2.1 技术原理

采用改性双组分硅基聚合物，利用聚合物分子链的非对称结构，使聚合物与沙砾接触，从而让沙砾表面的二氧化硅发生聚合反应，最终形成网状结构，此时沙砾向相互靠近的方向发生聚合，当沙砾相互接触挤压时，二氧化硅发生相互融合渗透。聚合物反应完成时，沙砾牢固凝聚为聚合砂。因聚合过程中沙砾之间的缝隙一直存在，可形成良好的多孔性，使声波在孔道内部不断消耗达到隔声降噪的目的。

### 2.2 关键技术及主要设备

NAMF 颗粒岩低碳吸隔声技术采用改性双组分硅基聚合物，将沙砾聚合起来，通过模具成型的方式制成各种形状，自然风干即可完成产品定型。引入自动化生产线设备，一体化成型，日生产量 1500$m^2$。生产过程使用设备有料仓、数控拌和机、自动振动导台、烘干窑等。

## 3 技术应用情况

目前 NAMF 颗粒岩低碳吸隔声技术已在全国范围的高速公路声屏障建设中投入使用，凭借材料的永久吸隔声等优异性能叠加道路景观融合设计特点，附加国家级重点实验室的减排报告认证，在业内取得良好的反响。自 2021 年公司投产以来，主要应用项目见表 1。

**主要应用项目表** 表 1

| 序号 | 项目名称 | 应用面积（$m^2$） | 年份（年） |
|---|---|---|---|
| 1 | 西安外环高速南段 | 4000 | 2021、2022 |
| 2 | 韦庄至罗敷高速公路 | 10300 | 2022 |
| 3 | 宁陕至石泉高速公路 | 4000 | 2022 |
| 4 | 上蔡至罗山高速公路 | 86000 | 2022 |
| 5 | 京昆改扩建蒲城至涝峪口段 | 18900 | 2023 |

## 4 效益情况

### 4.1 社会效益

（1）隔声效果持久。相较于传统声屏障，NAMF 颗粒岩低碳吸隔声技术对噪声敏感区起到了长效的隔声降噪效果，极大保护了噪声敏感点人群的声环境，同时也起到良好的巩固效果，提升了公路建设运营方的形象。

（2）减少养护工程的道路影响。NAMF 颗粒岩低碳吸隔声技术的持久吸隔声效果最大限度避免了道路通车后的大面积维保作业，大大减少了养护工作对道路通行的影响。

## 4.2 经济效益

在高速公路建管养运全过程中，NAMF 颗粒岩低碳吸隔声技术有着很高的性价比。常用的金属板声屏障有效吸音年限大致为 3 ~ 5 年，由于吸音材料的风化、朽坏导致屏体隔声性能大幅下降，从而面临更换吸音材料的高额费用。金属壳体也会在 5 ~ 10 年间因生锈腐蚀丧失性能。NAMF 颗粒岩低碳吸隔声技术隔声效果稳定持久，经久耐用，大大降低了装备后期的各种费用。相关经济性对比详见表 2。

**NAMF 颗粒岩低碳吸隔声材料与金属材料经济性对比** 表 2

| 类别 | 颗粒岩 | 金属板 | 减量 |
|---|---|---|---|
| 全寿命碳排放值（$kg/m^2$） | 6.97 | 74.91 | 67.94 |
| 绿色公路 | 符合，低碳环保材料 | 不符合，金属制品产业链污染严重 | — |
| 使用寿命 | 30 年 | 主体 15 年，吸音材料 3 ~ 5 年 | — |
| 投资运营成本（万元/$1000m^2$，15 年） | 107.70 | 187.10 | 74.90 |
| 碳排放总额（$t/1000m^2$） | 6.97 | 74.91 | 67.94 |

# 5 总结

NAMF 颗粒岩低碳吸隔声技术是一项应对传统吸隔声材料的性能缺点，研发的一种性能更加优异、碳排放更低的新型材料技术。其永久性吸隔声性能，自然环境下与道路同寿命；满足室内应用的环保、防火等性能要求；全寿命碳排放值仅为 6.97$kg/m^2$，较传统金属吸音板减排高达 90.70%。在道路声屏障、声学空间、工业降噪等多场所均起到重要作用。

# 高速公路服务区抗冲击负荷的分散式污水处理设备

（招商局生态环保科技有限公司）

## 0 引言

高速公路服务区抗冲击负荷的分散式污水处理设备采用“A/O + MBBR + 模块式高效吸磷填料”核心工艺技术，针对农村生活污水的水质特征（低 COD，高 NH3-N），优化了传统生化工艺参数，选用优质 MBBR 填料及模块式高效吸磷填料，配合轻便主体设计和低能耗水力提升工艺，使得该污水处理系统具备比传统一体化设备更强的抗冲击性能和经济性。

## 1 技术概述

抗冲击负荷的分散式污水处理设备采用“A/O + MBBR + 模块式高效吸磷填料”核心工艺技术，全系列产品主打“高品质、低费用、低维护”的设计理念，运行成本低，设备出水水质可稳定达到《城镇污水处理厂污染物排放标准》（GB 18918—2002）一级 A 标准，适用于高速公路服务区、收费站等建筑设施污水处理工程，以及农村分散式生活污水处理工程等。

## 2 技术分析

### 2.1 技术原理

在市面上已有的“活性污泥 + MBBR”工艺设备的基础上，根据项目实际进水水质条件，优化水力停留时间、MBBR 填料投配比、联合了化学除磷和填料吸附除磷、配合高滤速过滤器等重要工艺进行改进，抗冲击负荷的分散式污水处理设备 V1.1 的抗冲击负荷能力达到了设备 V1.0 的 1.5 倍。

### 2.2 关键技术及主要设备

设备整体采用“A/O + MBBR + 吸附除磷 + 化学除磷 + 纤维球过滤”工艺。其中，吸附除磷填料采用以石灰石颗粒为主，粒径 10 ~ 30mm。单元化多滤柱形式的吸附除磷填料，增大过滤断面，显著降低过滤水头损失，提高填料的使用周期，降低了后期填料更换的难度，设计空床接触时间为 30min。填料饱和吸附容量 0.2%，填料理论更换周期为 43.2d；采用高滤速纤维球过滤器，设计滤速 10m/h，滤层高度 1m，反冲洗周期 24h（累计进水时间）。经第三方水质检测单位的取样检测，设备出水水质满足 GB 18918—2002 的一级 A 标准。

## 3 技术应用情况

### 3.1 应用项目介绍

本产品应用于贵州平塘至罗甸高速公路平塘特大桥观光服务区中的收费站生活污水处理，抗冲击负荷能力可达 1.5 倍，设备出水水质可稳定达到 GB 18918—2002 一级 A 标准。本产品设计处理规模为 10t/d，可以完全处理收费站生活污水，出水达标后排入附近天然沟渠，有效降低了对周边生态环境的影响。

### 3.2 实施方案及流程

污水处理设备运行流程：①设计每天 9:00—21:00 自动开机运行，避免噪声扰民。设备连续进水运行 5h 后，休息 1h；②停止进水的时间段，风机间隙运行，保持反应区溶解氧，同时可搅拌污泥和 MBBR 填料；③缺氧池脉冲搅拌周期 5min，每个周期搅拌 1min；④沉淀池污泥回流周期 60min，每个周期回流 5min；⑤剩余污泥排放周期2d，每个周期排放 5min；⑥除磷剂（PAC）投加浓度 80 ~ 100mg/L；⑦过滤器反洗周期 2d，反洗时先气洗，后水洗，气洗 5min，水洗 1min。

经过调试运行正常后（包含设备、自控程序、活性污泥及生物膜等指标），先按正常负荷（$Q$ =

20t/d)运行 10d 左右,再调节阀门将进水流量增加至 30t/d,在冲击负荷下运行 2d,分别取样检测冲击负荷前后的出水水质,设备出水水质可稳定达到 GB 18918—2002 一级 A 标准。

## 4 效益情况

### 4.1 社会效益

设备适用于处理农村污水处理,既可以提高水资源的重复利用率、解决水资源供需矛盾、促进农业生产的发展,又可改善农村地区的生态环境条件、减少城市的人口压力、促进社会的和谐发展,对社会经济的健康持续发展具有积极的作用。

### 4.2 经济效益

一方面,通过代工的方式,实现设备的加工,厘清了设备加工重难点、关键部件和成本控制关键点,直接制造成本可控制在 10 万元/套内。另一方面,该设备抗冲击负荷能力为传统设备的 1 ~ 1.5 倍,可应对一般性的进水冲击负荷。与采用传统生化处理设备相比,采用抗冲击负荷污水处理设备可以减少污水处理站的占地、投资及运行成本。

## 5 总结

该设备采用单元化多滤柱形式的除磷填料,增大过滤断面面积,显著降低过滤水头损失,提高填料的使用周期。模块化的组装结构设计,大大降低了后期填料更换的难度。

与传统生化处理设备相比,采用抗冲击负荷污水处理设备,不仅可以有效解决现阶段一体化污水处理设备在实际应用中存在的技术问题,还能减少污水处理站的土地使用、投资及运行成本,极大程度解决了业主在土地使用、投资成本与环境保护风险方面的问题。

# 公路周边重金属污染耕地原位快速修复技术

（招商局生态环保科技有限公司）

## 0 引言

公路周边重金属污染耕地原位快速修复技术适用于镉、砷、铅等单一或复合重金属污染耕地的治理与安全利用。该技术能够显著降低土壤中多种有效态重金属的含量，减少农作物对重金属的吸收，另具有一定的增产作用，能够实现重金属污染耕地的安全利用和农产品增产双重效益。该技术创新性地解决了镉、砷复合污染耕地治理难题，已在重庆市南川区某镉、砷污染区域开展了技术示范，取得良好应用效果。

## 1 技术概况

本技术解决了镉、砷、铅复合污染耕地治理难题，能够实现重金属污染耕地的安全利用和农产品增产双重效益。适用于镉、砷、铅等重金属污染耕地的治理与安全利用，适用于轻度或中度污染耕地。

## 2 技术分析

### 2.1 技术原理

本技术以“长（短）时淹灌 + 低累积品种 + pH 调节 + 钝化调理 + 叶面阻控”为核心，参数可根据耕地污染因子及程度进行适时调节，能够适用于镉、砷、铅污染耕地的治理与安全利用。自研的 CMEE-Soil Guard 系列土壤调理剂通过改性、复配等手段强化药剂对镉、砷、铅的钝化效果，同时复合药剂中含有的腐殖酸、生物炭、钙、铁等成分可在一定程度上优化土壤营养结构，促进农作物生长。

### 2.2 关键技术及主要设备

公路周边重金属污染耕地原位快速修复技术是以自研 CMEE-Soil Guard 系列土壤调理剂为核心，并以水分管理、低累积作物品种替代、叶面阻控等为辅助手段，形成的能降低稻米中重金属含量的污染耕地治理技术。

技术主要参数如下：①水分管理：优选为长时淹灌，条件不允许的情况下选用短时淹灌；②低累积作物品种：针对镉单一污染土壤，选用镉低累积作物品种；镉、砷复合污染土壤，选用主要污染重金属低累积作物品种；③pH 调节：根据耕地土壤酸碱程度，用 pH 调节剂对土壤进行调节；④钝化调理：针对镉单一污染土壤，用 CMEE-Soil Guard Cd 钝化调理；针对镉、砷复合污染土壤，用 CMEE-Soil Guard Cd & As 钝化调理。土壤调理剂在插秧前 1 周前均匀施入待处理耕地，施入后翻耕均匀即可。施用量根据耕地污染情况及程度，一般为 200 ~ 400kg/亩（1 亩 ≈ 666.67$m^2$）；⑤叶面阻控：喷施含硅、硒等有益元素叶面阻控剂 1 ~ 2 次，施用量为 500mL/亩。

## 3 技术应用情况

### 3.1 应用项目介绍

2021 年 3 月至 2021 年 8 月，本技术在南川区水江镇某镉、砷污染区域开展技术示范，应用项目名称为《“双超”重金属镉、砷污染耕地土壤快速原位修复关键技术研究与应用示范》，示范区域耕地面积约 73334$m^2$（110 亩）。

### 3.2 实施方案及流程

应用项目工艺流程主要包括土壤钝化调理、低累积品种种植、叶面阻控及水稻种植中的水肥管控。插秧前，组织人员投加 CMEE-Soil Guard 土壤调理剂，药剂投加完成后翻耕均匀；药剂养护 10d 后，种植低累积作物；水稻生长过程中，长期淹灌，收获前 5d 落干；在水稻灌浆期，连续晴天的午后喷施叶面阻控剂2次,叶面阻控剂中硅含量≥100g/L、硒含量≥0.5g/L。

## 4 效益情况

### 4.1 社会效益

该技术有助于解决我国耕地镉、砷污染问题,实现耕地原位快速治理修复与安全利用,保障农产品安全和人体健康;有助于推动污染耕地的治理修复与安全利用,对打好污染防治攻坚战、落实生态文明和乡村振兴战略具有推动作用;提升土壤污染防治能力,满足我国重金属污染耕地修复治理技术需求。

实施该技术可在不增加环境碳排放量的同时,通过恢复农业生产活动,实现污染耕地的重新利用,利用农作物的光合作用将二氧化碳固定为有机物,从而实现减碳作用。该技术能实现作物增产10%以上。农作物每增产1kg,可以吸收1.47kg二氧化碳,同时释放1.07kg氧气。

### 4.2 经济效益

本技术与药剂可促使我国中轻微、轻度和中度污染耕地实现安全利用,如全面实施,每年可增产粮食94.3亿kg,按平均每500g粮食1.2元计算,每年可创造226亿元收益。另一方面,公司利用技术相关研究成果开展相关调查评估项目3项(合同金额52.86万元),利用相关技术开展农用地土壤污染治理与修复项目1项(合同金额513.57万元),合计产生经济效益566.43万元。

## 5 总结

公路周边重金属污染耕地原位快速修复技术解决了镉、砷、铅复合污染耕地治理难题,能够显著降低土壤中有效态重金属含量,减少农作物对重金属的吸收,适用于镉、砷、铅复合污染耕地的修复治理与安全利用,不产生二次污染和“烧苗”现象,另具有一定的增产作用,能够实现重金属污染耕地的安全利用和农产品增产双重效益。

# SJP 新型生态加固材料及脆弱区创面修复成套技术

（成都理工大学）

## 0 引言

针对生态脆弱区的工程建设扰损环境生态修复难题，创新研发了 SJP 环境适应性生态固土修复系列材料，形成了融合“结构补强-土壤改良-生物诱导-群落调控”于一体的植生层重构成套技术，解决了复杂气候环境下土地沙化治理、硬质景观绿化设计、挖填创面生态修复等难题。

## 1 技术概况

本技术以青藏高原及其东南缘重大基础工程设施建设为依托，针对极端气候环境下工程扰损区修复中存在的表土冲刷、冻融破坏、风蚀破坏、控水保墒难、后期养护困难等生态修复难题，创新研发了固土保水新型生态护坡加固材料与改性糯米灰浆生态加固材料，具有适宜的强度保持能力和优良的保水能力；研发了“矿物微量元素＋有机质＋微生物菌群”的三维缓释菌肥，改善土壤品质，增强植物抗逆性；构建了“工程措施-生态固土-生物调控-植物演替”于一体的硬质陡立面植生层重构技术体系、工艺与装备，具有修复效果好、生态固碳增汇、抗冲刷、抗冻融、抗风蚀、安全耐久、工程造价合理等优势，可广泛应用于与交通工程建设相关的生态治理与修复工作。

## 2 技术分析

### 2.1 技术原理

（1）基于改性新型纤维素类材料的“固土-保水-增效”生态修复原理

改性新型纤维素类材料通过物理团聚和化学黏合作用，影响着土壤营养元素的富集，持水性增强，控制土壤侵蚀、减缓土壤养分流失。材料的“长分子链交织土颗粒-极性官能团吸附水分子”具有增持减蒸作用，进行宾汉流体向牛顿流体的改性处理，让材料自由深渗固土，最终实现“人工干预-自然恢复”长期修复。

（2）基于改性糯米灰浆支链淀粉加速诱导石灰华沉积与方解石形成的生态加固原理

在传统糯米灰浆中加入外加剂、硅灰、石膏改善其流变性，提高流动度，降低凝结时间，形成环境友好、流动性可调、强度高、抗渗性能优良及耐久性好的生态加固材料。具体机理为：改性糯米灰浆材料进入岩土体后，支链淀粉的羟基官能团在碱性条件下与 $Ca^{2+}$ 反应控制方解石结晶体的位置、大小和形貌，最终形成稳定有序的碳酸钙结晶体提升强度。

（3）基于功能微生物调控的生物修复机理

采用“黏土矿-凹凸棒”和有机肥等为原料，加入功能微生物菌剂，通过生物发酵技术和绿色环保工艺制作而成。其中，凹凸棒比表面积大、吸附性、可交换性强，菌剂包含高效解磷解钾固碳等功能微生物。菌肥增加了土壤中的微生物种类、促进解磷、解钾功效改良土壤，通过分泌吲哚乙酸等增强植物抗逆性并促进植物生长。

### 2.2 关键技术、工艺流程及主要设备

（1）关键技术

①“基质改良-生物屏障-生境营造”植生层重构技术：针对荒漠化、沙化等脆弱区水分短缺、自然植被恢复困难等难题，融合基质改良材料减蒸保水和减渗增持功能和植物结构优化技术，建立了“基质改良-水肥转换-植物演替-生境营造-智慧管护”耦合调控的植生层重构联合修复技术。②“工程防护-结构补强-生态固土-生物诱导-群落调

控-智慧管护”一体化工程创面生态修复技术：针对受损创面生态修复过程中创面土壤“固土、保水、保墒、保肥”的技术难题，融合“渗析-吸附”胶结材料及凹凸缓释肥材料及植生层重构技术，形成了融合“工程防护-结构补强-生态固土-生物诱导-群落调控”于一体的受损创面生态修复成套技术，解决了传统技术表土冲刷、控水保肥的技术难题。

(2)工艺流程

施工准备→植入锚固钢筋→挂网安装→生态改良表土现场调试→浇筑固化材料与混合浆土→草籽混合喷播→移栽灌木→覆膜管养→喷灌系统→补植、监测与管护。

(3)主要装备

SJP新型生态加固材料是通过糯米在反应釜中进行糊化反应后，运用诱导剂改变糯米浆生成改性糯米胶，而后加入凹凸缓释肥等其他材料配置而成。相关材料生产和应用装备：SJP新型生态加固材料室内加工装置；凹凸缓释肥材料制作装置；SJP新型生态加固材料快速溶融装置；土壤基质搅拌混合装置；高压力喷播机。

## 3 技术应用情况

### 3.1 应用项目介绍

(1)九寨沟世界自然遗产地震后保育修复

“8·8”地震后，九寨沟景区火花海钙华坝严重受损，形成了长40m、宽12m、深15m的溃口；景区内89处地质灾害隐患点可视范围内存在24处治理工程的64段挡墙立面；流域震后出现大面积植被破坏和水土流失次生灾害问题，严重影响了九寨沟世界自然遗产地景观。

(2)高寒区线性交通工程开挖高陡边坡生态修复

汪布曲草原塔如隧道进口挖方边坡原位剥离草皮在高寒冻融、昼夜大温差、强蒸发作用下，根系快速退化，自我恢复能力低，自然修复效果差。

### 3.2 实施方案及流程

(1)针对溃决湖泊景观

利用“振冲碎石固基、糯米灰浆筑坝、竹锚加筋护坡、生态材料防渗、分形景观设计以及本土植物绿化”的修复技术体系，实现坝体的近自然修复。

(2)针对灾害治理工程可视化修复

采用“改性糯米基生态材料加固+浆土草籽喷播植草+墙前植树绿化+水肥自动化调控”措施，实现治理工程生态修复。

(3)针对河湖修复

采用“工程措施-功能材料-生物技术”联合体系，通过“粗细分离-流态浆材-长距输送-回灌压脚”的工艺流程，稳固物源，减少泥沙入湖。

(4)针对高寒边坡

采用“轻度沙化剥离草皮直接回铺+中度沙化剥离草皮修复后回铺+重度沙化剥离草皮重构(预制块回铺或拌和喷播)。

## 4 效益情况

### 4.1 社会效益

成果推广应用改善了生态脆弱区生境质量，新增固碳150t以上，新增释放氧气280t以上，保障了青藏高原及周缘重要生态功能保护区水源涵养、物种多样性保护、防风固沙、固碳增汇等，提高当地人民生活质量，保障地方经济可持续稳定发展。

### 4.2 经济效益

成果自2012年开始投入工程应用，新型生态护坡加固材料产品已注册2个国家商标(“SJP”和“双聚”)，并进行规模化生产。十余年来应用辐射全国13个省(市、自治区)，先后有40余家单位使用该成果，工程应用范围涉及水利水电、公路、铁路、矿山和市政等100余项工程，解决了“8.8”九寨沟地震灾区生态化地质灾害防治、土地沙化治理、硬质陡立面边坡生态修复、青藏高原旱寒区受损创面生态修复等难题。据不完全统计，为企业累计新增产值20.5亿，新增利润约3.5亿。

## 5 总结

基于吸附胶结-包裹连接相互作用的固沙(土)保水机制理论，研发了新型生态护坡加固材料；利用糯米浆中支链淀粉对碳酸钙结晶的调控作用，研发了改性糯米灰浆绿色修复材料，解决了环境友好材料动水条件下凝结困难的问题；基于“矿物微量元素+有机质+微生物菌群”的三维理论，研发了凹凸缓释肥,有效解决了土壤中的矿物微量元素、有机质和微生物比例失调的问题,满足作物生长发育的需要;构建"工程措施-生态固土-生物调控-植物演替"的植生层重构成套技术,解决了植生层表土冲刷、冻融破坏、风蚀破坏、控水保墒难、后期养护困难的难题。成功应用于生态扰损区的高陡岩质边坡修复、大型弃渣场修复、窑洞遗址修复以及震后自然遗产地修复。

# WHZS500 水泥二灰稳定土一体机

(吉林省公路机械有限公司)

## 0 引言

WHZS500 水泥二灰稳定土一体机(以下简称一体机)整合传统式商混搅拌设备和二灰稳定土搅拌设备的使用性能,将两种产品功能融为一体,通过功能快速切换,即可生产商品混凝土,也可生产稳定土。相比传统两站式设备,可节省一个场站的土地占用和用电设备,降低建站成本,节约资源,节能环保。同时通过改变施工工艺,采用强制拌和水稳以及间歇式计量水稳代替传统连续式生产工艺,改善稳定土的搅拌匀质性,提升二灰稳定土质量同时降低水泥使用量。

## 1 技术概况

市场现有水稳搅拌站普遍采用连续式搅拌,搅拌时间短,匀质性差,各种物料计量采用流量计量方式,且由于露天生产,粉尘排放量大,故无法满足目前高等级公路的质量要求和绿色环保要求,且设备造价不菲,如果在建水稳搅拌站的同时考虑融入混凝土搅拌功能,将成为现阶段商混企业的新增利润点。

研发出的一体机是集生产强制间歇拌和稳定土、混凝土,冷再生等多种功能于一身的多功能搅拌站,可实现深度定制化,匹配独立计量的骨料配料系统、粉料计量系统和水液剂计量系统,达到水稳、商品混凝土快速切换生产,且操作简单快捷。降低了土地使用量、设备费用和人工成本。一体机与原传统水稳搅拌站相比,搅拌匀质性和计量精度都大幅度提高,满足高等级公路建设质量要求。

## 2 技术分析

### 2.1 技术原理

一体机是将混凝土或稳定土按预先设定好的配合比,将骨料、水泥、粉煤灰等粉料及水分别各自计量。按设定好的先后顺序投入搅拌机中搅拌,之后卸到输送车中完成一个循环。

### 2.2 关键技术及主要设备

(1)一体机将生产商品混凝土和强制间歇拌和稳定土两种产品功能融为一体,满足生产企业的生产要求,操作简捷,相互切换方便。节省土地占用和用电设备,实现一次投资多项用途。

(2)一体机在生产强制间歇拌和稳定土时,可通过配料、集料斗控制、程序控制等实现“二次投料”功能,达到“砂裹石”的搅拌要求,搅拌出更高质量的稳定土,节约了水泥用量。

(3)一体机搅拌采用强制间歇式双卧轴强制式螺带搅拌主机,搅拌匀质性好,生产的混凝土或稳定土质量高,且相比传统连续式生产的稳定土有很大提高。

(4)一体机计量精度高,所采用电子秤计量,每种物料均采用单独计量方式,配有专用的传感器和称量斗,计量更精确、快速,每种物料可根据配合比灵活调配。

(5)一体机配有彩板外封装,存储、输送、投放整个运行环境密闭,系统达到环保要求。

(6)一体机属于搅拌设备技术领域,拥有自主知识产权,应用《间隙式水稳-混凝土一体站》(ZL201610287524.2)等发明专利技术,是国内外首台间歇式水稳/混凝土一体型设备。

### 2.3 工艺流程

一体机通过改变施工工艺,减少水泥用量,可满足设计强度要求。此外,如采用同样水泥用量,可达到更高一级强度要求,而不是单纯通过增加水泥用量来提高材料强度。一体机生产混凝土工艺流程如图 1 所示,一体机生产稳定土工艺流程如图 2所示。

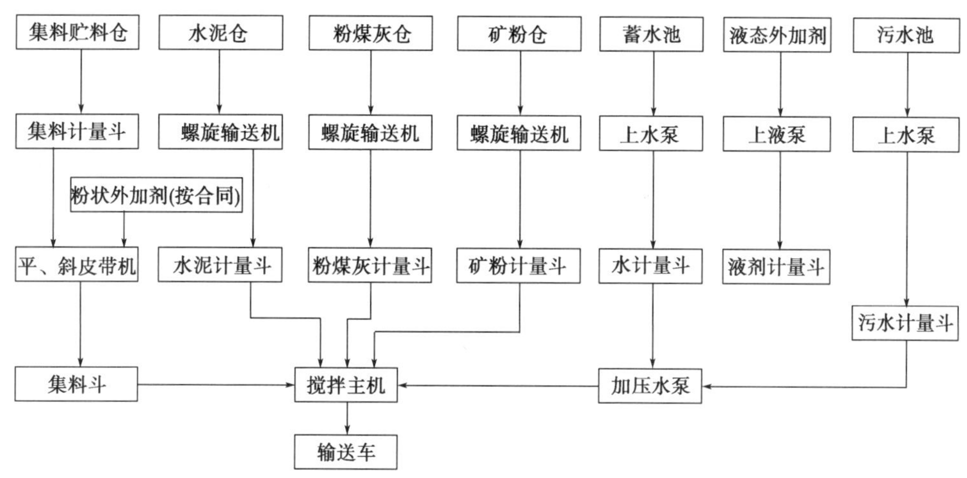


图1 一体站工艺流程(混凝土)

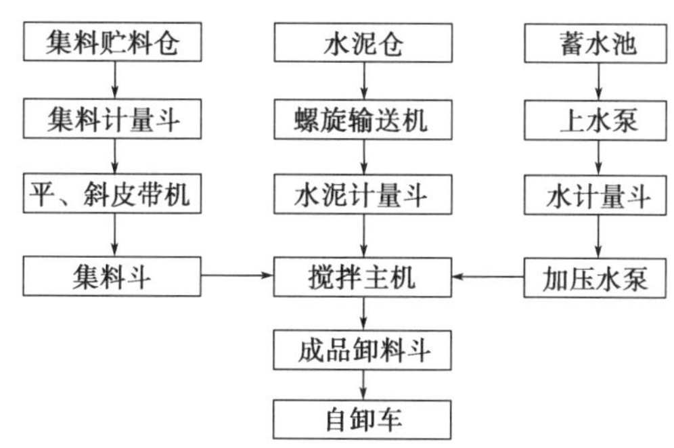


图2 一体站工艺流程(稳定土)

## 3 技术应用情况

### 3.1 应用项目介绍

一体机成功应用于焦作市武陟县黄河大道工程、焦作市武陟县木栾大道工程、张北县油娄沟乡村村通道路工程、松原市前郭县江源路提升工程和眉山市坛罐窑村道路改造项目,共计出料 10 余万吨。

### 3.2 实施方案及流程

(1)确立项目,根据用户需求明确项目要求。其中包括设备主要功能参数、项目周期确认、具体实施方案拟定等。

(2)施工场地确认。确认场地具体情况是否符合设备安装要求,其中包括场地是否平整,用电是否方便,交通是否便利。运输道路应保证设备运输车辆能顺利通过。

(3)备货准备。场内自制件的加工制造、质量检验和入库。外购件型号确认及签订订购合同。

(4)设备运输及安装。确认发货通知,了解运输过程细节,准备运输车辆,现场确认收货,检验设备基础是否具备安装条件。满足以上条件后由专业设备安装人员对设备进行组装。

(5)设备调试运行。设备整体安装完毕后,进行通电准备、机械润滑,确定各个系统一切正常之后进行设备单机调试。单机调试包括电机正反转调试,气缸及电磁阀动作是否正常,各个料门开关是否顺畅等。单机调试完成之后进行整机运行,准备各种物料以备生产。

(6)操作培训及设备验收。对操作人员进行系统培训,使其了解操作界面的各个窗口功能及使用方法,明确应对突发事件的处理措施。设备正式生产运行稳定之后,对设备进行检验接收。

## 4 效益情况

### 4.1 社会效益

(1)一体机属国内首台拥有完全自主知识产权的生产强制间歇拌和稳定土-混凝土的二合一设备,其推广有利于提高我国公路筑路机械行业的整体技术水平。通过规模化生产从而实现推动整个产业的快速发展，为振兴东北老工业基地、优化吉林省工业布局提供助力。项目的实施可更大限度地节约土地资源和保护环境，促进高新技术迅速向现实生产力转化，有效推动产业发展。通过项目实施，产能得到扩大，促进就业从而带动地方经济，实现技术资源向现实生产力的转化。

(2)在环保效益方面，水泥、粉煤灰、矿粉从上料、配料、计量、投料到搅拌出料都在密闭状态下进行。搅拌站配有彩板外封装，并采用优化除尘系统设计，合理布置收尘管路，增加密封措施等降低粉尘排放量，降低粉尘排放、降低设备噪声；设计有砂石分离系统和污水再利用的独立污水称量系统，可实现搅拌站的零排放。

### 4.2 经济效益

(1)一体机集生产强制间歇拌和稳定土-混凝土两种产品于一体，可实现快速切换生产，节省土地占用量和用电设备。采用高效节能螺带式搅拌主机等先进技术，生产效率比传统设备提高15%，节能10%以上。由于采用砂浆裹石法及强制拌和工艺，大大提高稳定土强度，经过试验及测算可以节约水泥20%，效益可观。

(2)单机功率比传统商混搅拌和连续式二灰稳定土搅拌站的双机功率小150kW，从用电成本上可大大节约能耗。

(3)搅拌主机采用的螺带为搅拌叶，搅拌效率高，耐磨性好，可大大延长整机的使用寿命，比传统二灰稳定土搅拌设备使用寿命长3～5年。

## 5 总结

一体机作为传统混凝土拌和设备的更新换代产品，强制间歇式拌和相较连续式生产工艺优势明显，可在不同的应用上满足用户需求。该设备集节能环保、经济耐用、工艺先进、高质降耗于一体，其成功推广，可推动产业的快速发展，提升行业的技术水平。

# 分散型污水生物耦合化学侧流脱氮除磷强化技术

（北京市高速公路交通工程有限公司）

## 0 引言

基于“一碳两用”和“内源反硝化”原理，研发了针对低碳氮比生活污水的生物耦合化学侧流脱氮除磷强化技术处理工艺。通过相对独立的多个工艺单元和回流系统形成主工艺，为解决低碳氮比污水在实际运行中有机物过度消耗、溶解氧干扰和碳源争夺等问题提供了设计依据；建立了侧流除磷工艺单元来降低主工艺除磷压力，为保障在高总磷进水浓度下，系统总磷出水浓度低于 0.2mg/L 提供了有效准备。该工艺在首都高速公路进行了示范应用，效果显著。

## 1 技术概况

首都高速公路污水站呈现点源式分布，水质水量变化大，在日常运行和运维中逐渐暴露出常规工艺实用性差，抗冲击负荷差，低碳氮比的现状导致氮、磷处理效果差，在高出水标准下，工艺出水指标差，碳源和除磷药剂使用量大等问题。分散型污水生物耦合化学侧流脱氮除磷强化技术充分考虑高速公路等分散式、小型化生活污水现状，生活污水无外加碳源可稳定实现碳氮比大于 3.48，满足《水污染物综合排放标准》（DB 11/307—2013）中 A 排放限值要求。全工艺无外加碳源，不使用除磷药剂，实现无系统外化学药剂投加的“低碳运行”。

## 2 技术分析

### 2.1 技术原理

（1）通过建设独立的功能单元来解决聚磷菌和反硝化菌对碳源的竞争、泥龄及回流污泥的硝酸盐过高影响厌氧放磷等问题，形成满足分散型点源污水水质特点的适应性工艺，并强化反硝化除磷菌等专项微生物，使得活性污泥系统的有机物降解效率、脱氮除磷能力得到提升，同时降低对外来碳氮和除磷药剂的依赖，来实现活性污泥的深度脱氮除磷。

（2）就总磷进水浓度超出设计值的污水站达标排放问题，采用侧流化学除磷与主工艺相耦合的方式，实现全流程的总磷达标。侧流除磷工艺是对厌氧池分流出来的侧流除磷系统进行化学除磷，以提升系统总除磷效果。其除磷原理见下式，通过外源 $Mg^{2+}$ 与侧流除磷系统中的 $PO_4^{3-}$ 和 $NH_4^+$ 反应生成鸟粪石（$MgNH_4PO_4$），从而去除污水中的 $PO_4^{3-}$。因此侧流除磷系统既可利用化学法去除部分磷，又可以减轻活性污泥系统生物除磷的压力，从而增强总磷的去除效率，使出水总磷达到排放标准。

$$Mg^{2+} + NH^{4+} + PO_4^{3-} = MgNH_4PO_4$$

### 2.2 关键技术、工艺流程及主要设备

为解决高速公路服务区、驻地、管理所等生活污水水质量波动大，氮、磷含量高难去除，出水指标严格等问题，同时满足低碳节能等政策要求，从水质特点及现有工艺适应性进行分析，从不依赖 MBR 和强化活性污泥系统的角度出发进行研究和开发，提出了研究观点和解决了以下问题：

（1）针对脱氮除磷效果提升的研究，通过提升活性污泥系统的活性和强化分区、强化功能单元独立性来强化脱氮除磷效果，形成满足出水要求的综合型工艺技术。

（2）针对同时提升脱氮、除磷效果的研究，通过驯化反硝化除磷菌来提升除磷效果和脱氮效果来解决脱氮、除磷及硝化之间泥龄之间的矛盾，提升各指标的处理效果。

（3）针对服务区生活污水高总磷进水的除磷研究，以通过增设主工艺外的系统来控制进入后续

系统的总磷浓度，以减少总磷负荷来实现总磷出水达标。

根据上述问题，通过试验获得工艺参数并形成工况运行设备，跟踪工况试验获得优化的工艺参数，并对系统运行3个月左右的进出水水质变化趋势进行分析，如图1所示。由图可见，该工艺对某服务区的生活污水的处理效果已经趋于稳定，并且各项指标均达到DB 11/307—2013中A排放标准（COD≤20mg/L，$NH_4^+$ - N≤1mg/L，TN≤10mg/L，TP≤0.2mg/L）。

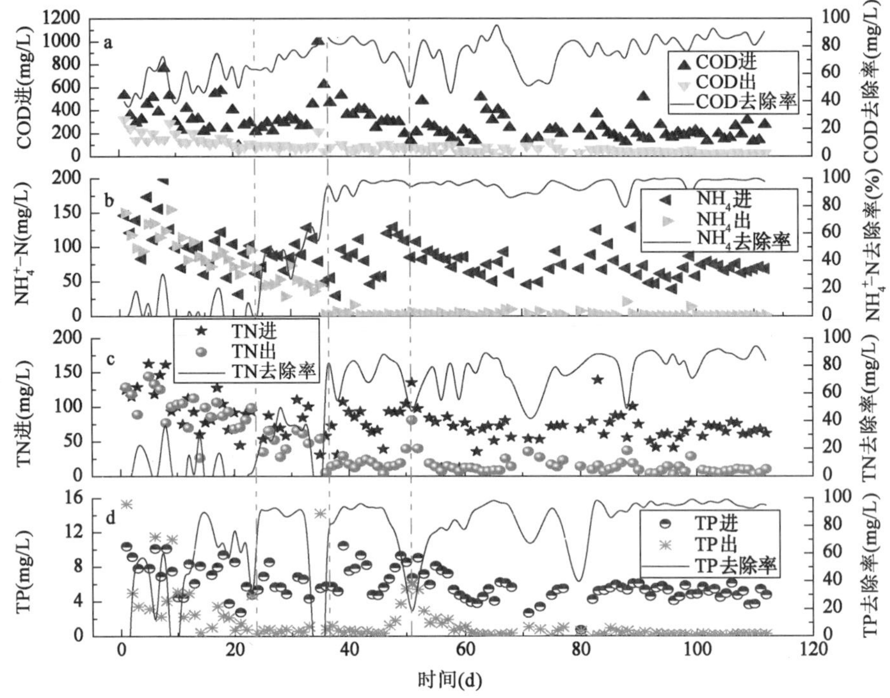


图1 工艺进出水水质情况

由图1中各指标的出水曲线可知，从运行的第85d开始，各项指标的出水浓度均处于较稳定的状态，均达到了预计的出水标准。该工艺对于提升低碳氮比生活污水的脱氮除磷效果有较好的作用。

同时，在进水总磷大于8mg/L时开启侧流，一周后总氮、总磷处理效果如图2所示，TP和TN出水浓度分别为0.19mg/L和7mg/L，较开启前均有明显降低。

分散型污水生物耦合化学侧流脱氮除磷强化技术设备是由主工艺和侧流除磷工艺组成的，工艺设备以一体化污水处理设备（地埋式、地上式）或全地埋式或半地埋、地上式混凝土结构为主；处理规模小于500t/d以下可使用一体化设备形式；大于500t/d可建设为钢混结构。

该工艺设备可应用于低碳氮比、分散式的生活污水处理，或有深度脱氮除磷要求或高磷的生活污水处理。可依据使用区域（南方或北方）不同建设为全地上式污水站或全地埋花园式污水站。

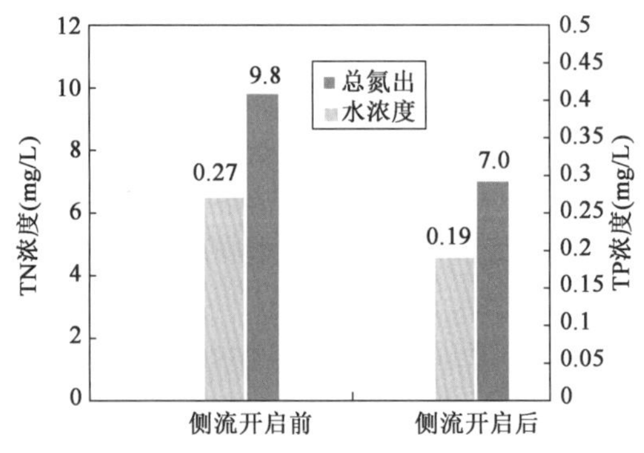


图2 侧流除磷系统启动前后氮磷去除效果

## 3 技术应用情况

### 3.1 应用项目介绍

（1）本技术于2019起在首都高速公路服务区污水、驻地和管理所污水处理站建设、改造中得到应用，污水站出水持续、稳定达标。到目前为止已在12个污水站中得到应用，显著提升了污水站处理效果和抗冲击负荷能力。典型应用案例有青云店驻地、机场北线、延崇高速山区隧道管理所等污水站改造项目。

此外，据2021年8月至2022年10月的统计数据显示，以青云店驻地污水站为例，产水量为27383$m^3$，绿化和道路喷洒回用率达到66%，为业主节省水费9.07万元，节省除磷药剂和外加碳源4979kg。实现了水资源再利用、缓解了驻地污水站用水压力，实现减污降碳。

(2)实施方案及流程。青云店驻地污水处理站建设于2016年，污水来源于管理所内300余人的生活用水，建设规模为150t/d，自建成后长期处于不达标状态。2021年采用“分散型污水生物耦合化学侧流脱氮除磷强化技术”工艺对该站进行改造，处理量仍为150t/d，采用钢混结构的建设模式，总占地面积100$m^2$，同时考虑业主有中水回用需求，故在工艺后端接入稳压回用装置，自移交后，出水长期处于稳定达到状态。

## 4 效益情况

### 4.1 社会效益

分散型污水生物耦合化学侧流脱氮除磷强化技术能够使碳氮比大于3.48的生活污水站稳定达标的同时，无需投加碳源和除磷药剂即可实现出水满足DB 11/307—2013中A排放限值要求。

从工艺角度来讲，本工艺是主工艺和侧流除磷工艺的耦合，强化了脱氮除磷效果，提升了处理现状，改变了对MBR工艺依赖的现状。从能源消耗角度来讲，系统降低风机鼓风量引起的电能过量消耗、避免了MBR膜维护和膜污染。从污染物排放角度来看，强化的活性污泥系统对有机物的利用和降解更为彻底，对氮、磷物质的去除得到了有效提升，减少污染物的排放总量，造福环境。从外部药剂使用来讲，无外加碳源和除磷药剂的使用，从工艺的源头实现了降碳。从运维角度来讲，工艺的抗冲击负荷能力更强，无膜片的清洗和药物投加，减少了运维人员工作量。从节能角度来讲，中水有效回用促进了水资源的再利用，在生态文明建设上具有重要示范意义。

### 4.2 经济效益

以100t/d的污水站为例，该技术的装机功率为8.91kW，实际运行功率为4.979kW；碳氮比大于3.48的生活污水站运行费用为：2.53元/吨水；碳氮比小于3.48的生活污水站运行费用为：3.20元/吨水。相对同吨位的MBR工艺，能耗可节省30%左右，药剂运行成本节省50%左右，污泥产量减少10%以上。

## 5 总结

本项目首次基于“一碳两用”和“内源反硝化”原理，研发了生物耦合化学侧流脱氮除磷强化技术（BCFD工艺）。本技术作为高标准脱氮除磷的BCFD技术工艺体系，由5个功能相对专一的独立反应器（厌氧池、选择池、缺氧池、好氧池/脱氧池、好氧池）及3路循环系统构成。该技术的应用使得高速公路服务区污水处理满足DB 11/307—2013 A排放限值要求。相对于传统的$A^2O$ + MBR工艺，污水处理能耗降低10%，节省碳源投加量20%。该该技术抗冲击性能强，在±50%范围的流量冲击下保障出水稳定达标，能够实现碳氮比大于3.48时，无外加碳源投入即可达标。全工艺无外加碳源、除磷药剂使用，实现无系统外化学药剂投加的“低碳运行”。

# 一种用于建筑废砖打碎后筛分的装置

(东北林业大学)

## 0 引言

本项目优化了传统筛分装置,为解决废砖回收利用需对其进行破碎筛分处理提供一种高效快捷的方式,解决了目前筛分装置筛分废砖集料大小比较单一,只能筛分出两种规格粒径的缺陷。通过多个不同孔径的筛网,并配合联动转动臂转动的方式,将不同粒径的废砖集料充分地筛分。筛分后的废砖集料能被直接输送到对应的储料仓中,省去了人工运输过程,减少人工成本,极大地提高筛分效率。

## 1 技术概况

国内外对废弃红砖的回收利用进行了比较全面的研究,研究人员在回收利用过程中,对破碎后的集料粒径提出了越来越多的要求。然而,从传统筛分装置取得的成效来看,筛分出的废砖集料粒径比较单一,只能筛分出两种规格的粒径,即小于筛孔粒径和大于筛孔粒径的两种规格,不能筛分出多种不同粒径大小的废砖集料,无法满足目前的研究需要。因此,为解决目前存在的技术问题,本项目提供了一种筛分出不同粒径大小废砖集料,并利用出料槽导入到对应的储料仓的废砖集料筛分装置。该装置集成多孔径筛网与联动转动臂。其优点有筛网布局精密,实现高效精确筛分;联动转动臂协调筛网旋转,确保粒径精细分类。废砖集料进入系统后,经筛网旋转分离,直接输送至对应储料仓,实现筛分与储存自动化,省去人工装载与搬运,提升工作效率,降低成本。该装置为废砖再利用提供高效、环保的解决方案,促进了技术进步,创造了经济效益。

## 2 技术分析

### 2.1 技术原理

装置的基座固定两根固定杆的下端,4 个筛分槽从上向下依次排列设置,4 个筛分槽一端部的两侧分别与位于其两侧的固定杆转动连接,从上向下数的第 3 个筛分槽另一端部两侧分别与一个联动转动臂转动连接,而其余筛分槽另一端部均设置有长孔,长孔分别与联动转动臂上对应设置的转轴滑动连接,4 个筛分槽朝向另一端部倾斜设置,4 个筛分槽筛网的网孔从上至下依次变小,每个联动转动臂下端与一个主动臂铰接,每个主动臂分别固定连接电机减速机的双侧输轴,4 个筛分槽分别连接一个出料槽,每个出料槽端部、从上向下数的 4 个筛分槽下端均设置一个储料仓。通过一次筛分,筛分出 5 种粒径的废砖集料。

### 2.2 关键技术、工艺流程

#### 2.2.1 关键技术

(1)同时筛分出多种不同粒径的废砖集料

将 4 个不同粒径筛分槽固定于杆上,筛分槽的一端与杆转动连接。从上向下数的第三个筛分槽的另一端通过联动臂转动连接,其余筛分槽设长孔,长孔与对应联动臂的转轴滑动连接。每个联动臂下端铰接主动臂,主动臂连接电机减速机输轴。联动臂转动实现废砖集料多粒径筛分。

(2)筛分好集料直接运输到对应的储料仓

4 个不同粒径的筛分槽从一端部向另一端部呈现高度变低的倾斜设置,并分别通过可变形橡胶槽连接不同长度的出料槽的上端,出料槽下端分别连接不同的储料仓,利用集料自身的重力可以达到使筛分好的集料自动运输到对应的储料仓的效果,大大减少了人工工作,提高工作效率。

#### 2.2.2 工艺流程

破碎后的废弃红砖筛分并自动存料的流程见图 1。

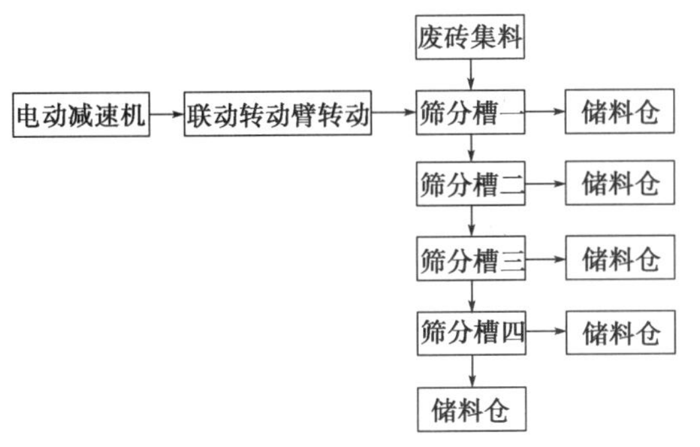


图1 筛分装置工艺流程图

## 3 效益情况

### 3.1 社会效益

我国城镇一体化快速发展产生了大量的建筑垃圾,废弃红砖是建筑垃圾中占比较高的一种。将废弃红砖经过破碎筛分后,不同粒径的集料可以有不同的用处,大粒径可以用来修路代替粗集料,小粒径和粉末则可以作为制备免烧砖的主要原材料。建筑垃圾的回收利用标志了建筑垃圾填埋、焚烧处理历史的结束。将建筑垃圾变废为宝回收利用,可以达到节能减排、节约土地、节约资源,具有良好的社会效益,与社会文明进步相协调,符合当前绿色发展的社会主题。

### 3.2 经济效益

该装置的应用,不仅减轻了工人劳动强度,还能产生明显的经济效益。传统的废料需要运输到指定地方堆积放置,直接将废料在现场破碎筛分进行再生利用,降低了处理废料过程中长距离运输带来的成本,同时节约了砂石集料,降低工程成本。

工作效率提高了6%左右,按厂月产量800t计算,每月提高再生集料产量48t,每年提高再生集料产量为576t,按市场价0.2万元/t(利润0.05万元/t)计算,正常新增年平均利润总额为28.8万元,所得税为4.9万元,税后净利润为23.9万元。综合成本降低100元/t,每年产出(800×12+576)t再生混凝土集料,可节约费用101.76万元。合计每年新增利润23.9+101.76=125.66万元。

## 4 总结

(1)本装置可根据实际工程需要设置多种孔径筛网,通过筛网灵活组合可筛分多种不同粒径的废砖集料,使废砖集料能够全粒径充分利用,满足不同工程实际需求。

(2)筛分的废砖集料能够直接运输到对应的储料仓中,省去人工装卸集料的过程,减少了人工作业,节约成本。

(3)采用联动转动臂转动方式,使废砖集料得到充分筛选,同时提高了筛分装置的筛分效率。

# 道路运输驾驶员心理适宜性测评系统

（云南交通职业技术学院；昆明索弗拓科技有限公司）

## 0 引言

道路运输驾驶员心理适宜性测评系统（以下简称测评系统）为道路运输企业提供了驾驶员心理测评工具，筛查事故倾向性驾驶员，给驾驶员管理、岗位分配、教育培训和选拔录用提供心理学依据，降低驾驶员因素导致的交通事故发生率。本系统创新了3D仿真模拟深度知觉、速度知觉、选择反应、注意广度、暗适应测试仪等多个测试系统；创建和完善了驾驶员心理适宜性检测指标、测评方法和评价体系。测评系统已在全国30多家交通运输企业推广，测评了12万余名客货运输驾驶员，用户根据测评结果对问题驾驶员进行了转岗、建议就医、心理关爱、安全培训等相应处理后，全部用户行车事故率显著下降。

## 1 技术概况

本测评系统由云南交通职业技术学院与昆明索弗拓科技有限公司联合开发，具有良好的重测信度和可靠性，是国内目前唯一能实现远程、无限量测评和大数据管理的驾驶员心理适宜性测评系统，创新性地突破了测评技术瓶颈，可以快速准确地筛查出事故倾向性驾驶员，有效预防道路交通事故的发生。

本测评系统以现代心理学和行为科学为基础，通过心理测验、3D场景模拟等科学方法对驾驶员的价值观、性格特征、心理特征等进行客观的测量与科学评价。测评系统已取得国家发明专利2项，获得软件著作权登记证3项。本测评系统得到了用户的一致好评，帮助其取得了良好的社会效益和经济效益。

## 2 技术分析

### 2.1 技术内容

（1）云平台和大数据管理

本测评系统部署在云平台上，终端通过连接互联网登入系统实现远程测评；同时具有极强的数据收集能力，匹配几乎无限量的存储能力，具有可靠的数据综合分析能力，能够在测评完成时立即得到测评报告和数据报表，建立驾驶员心理适宜性档案。

（2）交通心理专业量表测评

主要包括驾驶员人格因素、安全驾驶态度、安全驾驶行为、亲社会与攻击性驾驶行为、多维度驾驶风格等量表，具有很强的专业性和针对性。

（3）感知与反应虚拟仿真测评

测评系统利用3D虚拟引擎技术，参考交通运输行业标准《道路运输驾驶员适宜性检测评价方法》（JT/T 442—2014）研发了速度知觉、深度知觉、选择反应、注意广度、夜视力等计算机检测技术，具有很强的科学性、趣味性和直观性。

### 2.2 关键技术及主要设备

（1）本测评系统主要创新性技术成果

①建立了道路运输驾驶员心理适宜性测评指标常模和公交驾驶员心理适宜性测评指标常模。

②对驾驶员人格、交通心理、感知与反应等综合素质进行测评，实现了驾驶员心理适宜性的远程、无限量测评和大数据管理。

③研发了基于云平台的道路运输驾驶员心理适宜性测评系统，利用3D虚拟仿真技术，开发仿真模拟深度知觉、速度知觉、选择反应、注意广度、模拟暗适应测试仪和危险知觉测试系统。

（2）创新了道路运输驾驶员心理适宜性测评指标及评价标准

驾驶员人格和安全驾驶心理部分使用心理学量表测评，主要量表测评指标有：《驾驶行为量表》测评亲社会和攻击性驾驶行为；《驾驶员性格问卷》测评驾驶急躁、驾驶粗心、驾驶冒险、驾驶分心、驾驶好胜；《安全驾驶态度问卷》测评对安全、超速、交通规则、疲劳、生命、饮酒驾驶的态度；驾驶员 16PF 人格量表测评稳定性、忧虑性、自律性、紧张性、乐群性、有恒性和心理健康;为了检测驾驶员是否认真诚实回答问卷,补充了掩饰性测评。

驾驶员感知及反应主要测评指标包括深度知觉误差绝对值均值(mm)、速度知觉误差绝对值均值(s)、选择反应错误次数(次)、选择反应时间均值(s)、注意广度正确率(%)、注意广度反应时间均值(s)和夜视力等级等 8 个指标。

以上主要指标评价等级分为适宜性优、适宜性正常、适宜性一般、适宜性差 4 级。

## 3 技术应用情况

### 3.1 应用项目介绍

本系统自 2019 年 4 月开始在全国推广,已经为云南、北京、贵州、湖北、浙江、江苏等省 30 多家交通运输企业提供了测评服务。

### 3.2 实施方案及流程

本系统部署在云平台上,可实现远程测评及大数据管理,推广应用范围广、成本低、使用方便,驾驶员可通过电脑浏览器网页端和手机微信小程序进行测评。本测评系统也为每一个单位用户开设了一个独立的账户,用户单位需要安排专人对账户进行管理,管理人员可以通过本单位账户下载激活码、查看测评人员测评报告。

①受测单位与测评系统使用权所属单位签订合作协议,支付测评费用,选择测评方案。

②受测单位确定测评人数、时间、场地;主测单位培训受测单位测评负责人,提供配套设备;系统管理单位开通测评流程,并授予相应数量的激活码。

③受测单位组织参测人员进行测评,完成全部测评项目。

④测评完成后,系统自动出具测评报告;受测单位管理员登录测评系统后台,下载受测者报告、测评统计表、对出现问题的驾驶员进行心理健康筛查;撰写统计分析报告,对驾驶员心理问题提出处理意见;指导客户处理驾驶员心理问题,可对驾驶员心理危机预防与干预工作提出指导意见。

⑤受测单位可根据测评结果,结合本单位工作需要,向主测单位申请提供远程心理培训、心理辅导、心理咨询等服务。

## 4 效益情况

### 4.1 社会效益

交通事故的发生不仅会带来直接的人员伤亡和财产损失,还会对交通工具造成损耗和增加维护成本,同时也会导致不必要的能源浪费和环境污染。本测评系统的推广和应用,可以有效地降低交通事故的发生率,根据不同驾驶员的心理适宜性特征还可以安排合适的交通路线,减少交通工具的损耗和维护成本,延长交通工具的使用寿命,降低交通行业的碳排放量,减少交通噪声和污染,从而起到积极的低碳环保效果。

### 4.2 经济效益

根据主要用户应用证明提供的数据,用户在组织驾驶员心理适宜性测评,并根据测评结果进行相应处理后,行车事故率明显下降,事故处理费用比例和金额也随之下降,可取得显著的间接经济效益。虽然事故率下降是多种因素导致的结果,但组织测评是主要的变量之一。如果能够完成全国客货运输驾驶员的普及性测评,不仅可以大幅度降低交通事故发生率,还可取得显著的社会经济效益。

## 5 总结

驾驶员心理适宜性测评是降低交通事故发生率的有效方法,但多年来国内缺乏满足行业需要的测评技术和工具。本测评系统突破了测评技术瓶颈,以现代心理学和行为科学为基础,研发出对驾驶员人格特征、驾驶心理特征、感知反应特征等进行综合测评的技术方案,具有良好的重测信度和稳定性。并充分发挥云平台和利用互联网的优势,与计算机云及 3D 虚拟技术相结合,实现远程无限量测评和大数据管理的目的。

本测评系统是一种高度智能化和自适应的评估工具,其应用可以有效地预防交通事故,降低交通工具损耗,提高行车安全性,实现低碳环保的目标。此外,该系统的测评技术也是一种低碳技术,具有广泛的应用前景和市场潜力。

# 基于实际运行环境的电动公交车性能评价技术

（交通运输部科学研究院；招商局检测车辆技术研究院有限公司；北京理工大学）

## 0 引言

近年来，我国将发展新能源汽车提升为国家战略，并将城市公交领域作为新能源汽车推广应用的主阵地。各地电动公交车快速增长的同时，也出现产品质量良莠不齐，产品公告中的性能信息与实际应用效果差别较大等问题，城市公交行业对如何选购电动公交车产品，如何提升电动公交车能效的技术需求越来越强烈。

## 1 技术概况

本技术以帮助公交企业科学选择低碳客车产品，促进客车企业低碳技术进步为目标，实现了基于实际运行环境的电动公交车性能精准评价，具体技术内容如下：

（1）面向运营的电动公交车性能评价体系

涵盖电动公交车性能评价指标、评价数据、评价标准、评价机制四个方面。

（2）电动公交车性能评价指标体系设计

基于公交车辆运营特点与电动汽车特性，结合面向运营的电动公交车性能评价需求，设计提出评价指标体系。

（3）电动公交车性能评价指标定义与测算方法

指标主要包括提速时间、爬坡时间、能量消耗量、登乘便利性、平顺性、噪声强度等。

（4）性能评价技术应用

基于数百种车型、数十万台电动公交车的实际运行监测数据的实证，提出了实际道路环境的车辆性能测试方法。

## 2 技术原理

既考虑公交车的运营特性，体现公交行业特色，还考虑电动汽车的技术特点，保障车辆性能与公交运营需求相契合。在指标设计中体现了公交车辆运营对安全性、经济性、环保性的要求，也对电动汽车续驶里程较短、能源补给较慢、动力电池占用空间多等特点进行了针对性评价。电动公交车运营性能评价指标体系详见表1。

**电动公交车运营性能评价指标体系　　表1**

| 序号 | 准则层 | 指标内容 |
|---|---|---|
| 1 | 动力性 | 提速时间 |
| 2 | | 爬坡时间 |
| 3 | 经济性 | 能量消耗量 |
| 4 | | 适宜温度下实际续驶里程 |
| 5 | | 低温续驶里程下降率 |
| 6 | | 高温续驶里程下降率 |
| 7 | | 万公里续驶里程衰退率 |
| 8 | | 单位车长的乘客区有效面积 |
| 9 | | 千公里维保成本 |
| 10 | 安全性 | 万公里当量故障率 |
| 11 | 便捷性 | 登乘便利性 |
| 12 | | 电能充满最短时长 |
| 13 | 舒适性 | 平顺性 |
| 14 | | 噪声强度 |

## 3 技术应用情况

EB-PAC全国新能源公交车性能评价赛在交通运输部指导下，由交通运输部科学研究院、中国公路学会客车分会、中国道路运输协会城市客运分会、招商局检测车辆技术有限公司等单位共同主办。截至 2021 年 12 月,该赛事共举办了 3 届。本技术在赛事场景中得应用,并广受好评。

## 4 效益情况

### 4.1 社会效益

本技术有效促进了电动公交车技术水平的提升,提高了电动公交车的运营效率,保障了运营安全,降低了运营成本,对支撑新能源汽车产业发展能够发挥重要作用,还通过提升公交车乘坐体验,引导公众绿色出行,缓解了城市拥堵。

在节能减排方面,根据客车企业反馈和 EB-PAC 全国新能源公交车性能评价赛 3 年的实测数据,电动公交车平均电耗节约了 16%,大幅减少了公交行业的温室气体排放。

### 4.2 经济效益

降低电动公交车能耗带来明显的经济效益。按照上述,每辆公交车年均节能达 0.8 万 kW · h,如以 20 万辆电动公交车均达到此节能水平推算,则年节约电能 16 亿 kW · h,折合经济价值约 16 亿人民币。

## 5 总结

本技术结合电动汽车技术特点和公交行业运输需求,提出了电动公交车运营性能评价指标体系,包括动力性、经济性、安全性、便捷性与舒适性 5 个方面的 14 个指标项。基于数百种车型、数十万台电动公交车实际运行监测数据,建立了基于全样本运行监测数据与标准化测试数据的电动公交车真实道路环境下运营性能评价方法。本技术在 EB-PAC 全国新能源公交车性能评价赛中等场景中得到应用,有效促进了电动公交车技术水平提升,降低了城市公交行业温室气体排放,为交通运输行业低碳发展提供了技术支撑。

# 公路装配式桥梁工程应用关键技术

（辽宁丰赢建设工程有限公司；沈阳建筑大学；辽宁大通公路工程有限公司）

## 0 引言

本技术提出了一种新型装配式桥墩与盖梁的连接结构，通过凸块、嵌槽、装配孔和灌浆料对盖梁与桥墩进行连接；提出了一种装配式管桩与承台的连接结构，其内部设有剪力槽、钢筋架和砂浆对管桩与承台进行连接；提出了一种预制管桩间焊接加固结构，其包括弧形钢板、溶液槽、外层叠加连接结构和内层叠加连接结构。本技术在辽宁省公路桥梁改造工程中进行应用，起到了一定的示范作用。

## 1 技术概况

装配式桥梁大多是现场直接进行部件拼装，可减少环境污染，符合绿色、环保、低碳、节能的发展思想，响应了国家提倡绿色施工的号召。装配式水泥混凝土桥梁具有诸多优势的同时，也存在着一些问题，如预制构件间连接方法和工艺等，以及装配式水泥混凝土桥梁技术仍需进一步研究和完善。

鉴于此，本技术主要针对新型装配式桥墩与盖梁的连接结构、装配式管桩与承台的连接结构和预制管桩间焊接加固结构进行了研发。本技术的实施可以有效推动桥梁建造的产业化升级；对桥梁施工的全过程做到可视化管理，提高桥梁的建造质量；大幅提升施工效率；使辽宁省桥梁建造实现快速装配化，助力经济、社会和环境可持续发展。

## 2 技术分析

### 2.1 技术原理

（1）新型装配式桥墩与盖梁连接结构的技术原理为：盖梁装配于桥墩上侧，桥墩上表面凸块嵌入于嵌槽内，桥墩和凸块的上端面内均嵌有预埋钢筋，盖梁和嵌槽下端均开设有插孔和预埋钢筋，插孔内部嵌入有灌浆套筒，灌浆套筒内可灌入砂浆。通过将桥墩和盖梁的接触面错开，在完成桥墩和盖梁接触面的凿毛处理及盖梁的吊装后进行灌浆处理，避免平面的接触面会导致灌浆套筒处于同一水平面上，增强结构使用安全性的问题。

（2）装配式管桩与承台连接结构的技术原理为：预制承台的内部均匀开设有装配孔，装配孔内部预埋有钢筋网，预制管桩内部预埋有连接钢筋，预制管桩插接于装配孔内，连接钢筋穿插于钢筋网内，并通过灌注于装配孔内的砂浆固定，预制管桩与基坑地面的内壁间填充有砂浆。

（3）预制管桩间焊接加固的技术原理为：在完成管桩的焊接工作后，在焊缝处的外部包裹焊接加固件，再从焊接加固件的上侧进行熔焊焊接，将其与管桩的金属焊接端焊接为一体。在熔焊过程中，金属融液会沿着融液槽向下流淌，将弧形钢板的内壁与金属焊接端连接为一体，对金属焊接端的焊缝处进行约束。在增加其外部强度的同时，融液槽内的熔融钢冷却过程中产生的收缩过程中向外牵引的应力，能够中和焊缝处熔融钢冷却中纵向拉拽的内应力。

### 2.2 关键技术

主要关键技术为：（1）新型装配式桥墩与盖梁的连接结构。（2）装配式管桩与承台的链接结构。（3）预制管桩间焊接加固结构。

## 3 技术应用情况

### 3.1 应用项目介绍

（1）沈阳郭大桥改建工程施工。郭大桥改建工程桥梁全长69m，孔径4～16m。

（2）2021年沈阳经济技术开发区农村公路险桥改造工程。大兀拉桥长43m。

### 3.2 实施方案及流程

（1）沈阳郭大桥改建工程施工。郭大桥上部采用装配式预应力混凝土简支空心板，下部结构采用柱式墩和肋板台,墩身采用预制空心墩,桩基础采用 PHC 空心管锤击打入施工,采用本技术提出的连接结构进行桩间连接。

(2)2021 年沈阳经济技术开发区农村公路险桥改造工程。大兀拉桥上部采用预应力混凝土简支空心板,下部桥墩采用装配式盖梁及柱式墩、灌注桩基础,桥台采用现浇柱式台、灌注桩基础。上述装配式桥梁工程中柱式墩采用本技术提出的连接结构进行连接。

## 4 效益情况

### 4.1 社会效益

装配式桥梁是一种通过预制构件在工地进行快速拼装的建造方式,相较于传统现浇桥梁施工,它在多个方面具有显著的社会效益。

(1)绿色施工。装配式桥梁施工避免了大量的现场混凝土浇筑作业,减少了施工过程中产生的噪声、粉尘和废弃物排放,对周边环境的破坏较小。特别是在生态敏感区域,如河流、湿地附近,装配式施工可以有效降低施工对自然生态系统的干扰。

(2)节能降碳。装配式桥梁预制构件在工厂内制作,生产工艺更精细,原材料利用率更高,避免了现场施工中常见的材料浪费问题。工厂化生产的能源利用效率高,运输和施工过程中减少了传统施工设备的使用,从而降低了二氧化碳和其他温室气体的排放。装配式桥梁可更好地融合绿色建材,如高强度轻质混凝土、再生材料等,进一步推动建筑行业的可持续发展。

(3)提升安全。装配式桥梁通过预制构件的拼装显著降低了高空和复杂作业的比例,减少了因施工导致的安全事故。工厂预制构件的标准化生产提高了构件质量的可控性,减少了因施工质量问题导致的隐患。装配式施工技术更多依赖机械设备完成拼装作业,降低了对人工施工的依赖,从而减少了因人为失误导致的安全风险。

(4)缩短工期。预制构件的工厂化生产与现场准备工作可以同步进行,现场拼装所需时间大大缩短,相较传统现浇施工方式,工期可缩短 20% ~ 50%。在交通繁忙区域或对通行时间要求较高的项目中,装配式施工减少了对交通的影响,提高了社会运行效率。装配式施工对天气条件的依赖较小,即使在雨季等不利条件下,也能顺利推进施工进度。

### 4.2 经济效益

(1)油耗计算。假定桥梁长度为 100m,双向 2 车道,普通桥梁施工工期为 2 个月,采用本技术施工工期为 1 个月,平均日交通量 ADT 为 3500 辆,其中货车比例 15%,客车比例为 85%,桥梁关闭使用时的最短交通绕行距离为 20km。为简化计算,假定客车均为小客车,货车为中货车,客车采用 92 号汽油价格为 8.4 元/L,货车采用柴油价格为 8.2 元/L,通过计算,则油耗费用差别为 $89500 \times 8.4 + 40\,980 \times 8.2 = 108.78$ 万元。

(2)时间延误计算。工期差异造成的用户时间差别为:客车 $3500 \times 0.85 \times 30 \times 20/70 = 25500h$;货车:$3500 \times 0.15 \times 30 \times 20/70 = 4500h$。取 1 位旅客时间价值为 15 元/h,客车平均载客数为 4 人,则客车延误费用为:$25500 \times 4 \times 15 = 153$ 万元。1t 货物运输时间价值为 40 元/h,货车平均运载量为 20t,则货车延误费用为:$4500 \times 40 \times 20 = 360$ 万元。工期差异造成的用户时间费用差别为:$153 + 360 = 513$ 万元。

## 5 总结

本技术提出了新型装配式桥墩与盖梁的连接结构、装配式管桩与承台的连接结构和一种预制管桩间焊接加固结构。装配式桥墩与盖梁的连接结构通过凸块、嵌槽、装配孔和灌浆料对盖梁与桥墩进行连接。装配式管桩与承台的连接结构内部设有剪力槽、钢筋架和砂浆对管桩与承台进行连接。预制管桩间焊接加固结构其包括弧形钢板、融液槽、外层叠加连接结构和内层叠加连接结构,通过融液槽内的融溶钢产生的内应力和弧形钢板间的焊接力来提升预制管桩间的连接性能。采用上述技术方案,能够显著提升装配式桥梁节点连接性能,提高装配式桥梁服役性能和寿命,具有显著的技术优势和经济社会效益。

# 低温升抗裂耐蚀大体积混凝土制备及其无冷却水管施工技术

(四川精益达工程检测有限责任公司;四川公路桥梁建设集团有限公司)

## 0 引言

大体积混凝土在桥梁工程建设中应用广泛,但大体积混凝土温度裂缝发生率较高,易影响结构承载力及耐久性。目前国内外大体积混凝土施工中存在中低热特种水泥采购困难、布设冷却水管成本较高、新型相变储能材料应用难度较大等问题。针对以上问题,进行了低温升抗裂耐蚀大体积混凝土制备技术及其无冷却水管施工方法研究。相比传统大体积混凝土,低温升抗裂耐蚀大体积混凝土可采用普通水泥实现混凝土具备低温升、高抗裂及优异耐久性能,在无冷却水管情况下,降低开裂风险,避免温度裂缝。特别是解决了缺水、高侵蚀及其他恶劣环境下大体积混凝土难以布设冷却水管、耐久性能较差等难题,并成功应用于多项工程实例。

## 1 技术概况

针对国内外大体积混凝土常用温度裂缝控制技术措施的不足,本项目经 20 余年的研究与大量工程应用,研究了低温升抗裂耐蚀大体积混凝土制备技术及其无冷却水管施工方法。

与传统布设冷却水管施工的大体积混凝土相比,本项目可采用普通水泥取代中、低水化热特种水泥制备大体积混凝土,使桥梁工程 C20 ~ C80 及以上的大体积混凝土具有低温升、高抗裂及优异耐久性能。在取消大体积混凝土冷却水管情况下,降低开裂风险,避免温度裂缝,提高了大体积混凝土工程耐久性,并加快施工工期,降低工程造价。

## 2 技术分析

### 2.1 技术原理

(1)低温升抗裂 C20 ~ C60 大体积混凝土配制技术

基于密实骨架堆积原理,使用普通水泥取代中、低水化热水泥,利用开发的专用复合外加剂及水化温升抑制剂,使矿物掺合料取代水泥用量 40% 以上,并减小收缩,抑制温升。

(2)C60 ~ C80 及以上大体积混凝土抗裂性能提升技术

对于高强度大体积混凝土或有特殊抗裂要求的部位,在以上基础上,需采用 Ⅰ 级及以上粉煤灰、硅灰等矿物掺合料,并掺入随温度升高而收缩的温升收缩型纤维,其除增韧、强化、阻裂作用外,还可在混凝土受热膨胀时,纤维反向收缩,部分或全部抵消大体积混凝土因内外温差产生的拉应力,以提升混凝土在升/降温阶段的抗裂性能。

(3)有害离子环境下的耐蚀性能提升技术

除采取上述技术措施外,还可掺入侵蚀性离子传输抑制剂,形成疏水特性,且还能与 $Ca^{2+}$ 产生络合反应,析出不溶于水的络合物以堵塞毛细孔,防止水分与侵蚀离子的进入,增强密实性,提高混凝土的耐久性能和力学性能。

(4)低温升抗裂大体积混凝土的施工控裂技术

对无冷却水管施工的大体积混凝土专用的施工质量控制指标进行量化。

### 2.2 关键技术、工艺流程及主要设备

(1)关键技术

①低温升抗裂 C20 ~ C60 大体积混凝土配制技术;②C60 ~ C80 及以上大体积混凝土抗裂性能提升技术;③耐蚀抗渗性能提升技术;④低温升抗裂大体积混凝土的施工控裂技术。

(2)工艺流程(图 1)

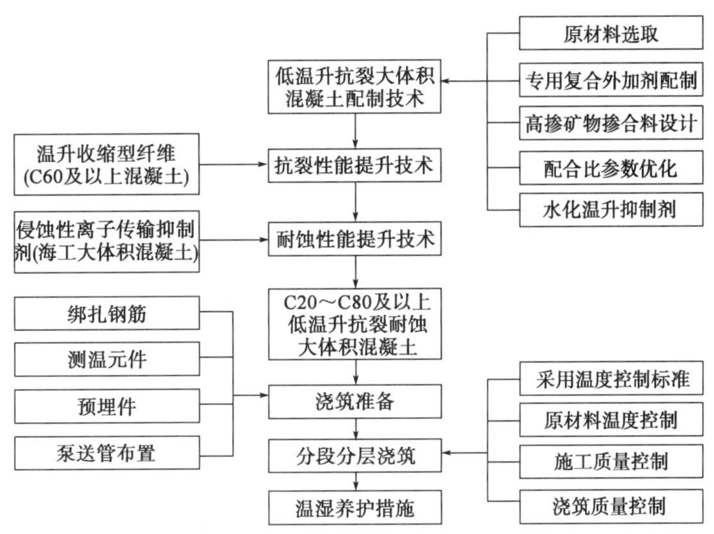

图1 施工工艺流程图

## 3 技术应用情况

### 3.1 应用项目介绍

技术应用于:①位于西藏自治区波密县通麦镇的通麦特大桥;②位于四川省甘孜藏族自治州泸定县的泸定大渡河特大桥;③位于四川省泸州市合江县的合江长江二桥;④位于四川省泸州市古蔺县的水落河特大桥,主桥跨径335m,为上承式公路悬臂浇筑钢筋混凝土拱桥,建成后其跨径位居世界同类型桥梁第一。

以上项目特点均为昼夜温差大、极端气温低,在采用本技术后,其大体积混凝土工程取消了冷却水管降温措施,无裂缝发生。

### 3.2 实施方案及流程

相关应用项目采取以下技术进行实施:

(1)低温升抗裂C20～C60大体积混凝土配制技术

①选取低温原材料;②超分散水泥颗粒、高效减水、缓释保坍、收缩抑制型专用复合外加剂配制;③高掺矿物掺合料配合比设计(采用最大密实骨架堆积法,调整矿物掺合料掺量在40%及以上);④配合比参数优化(水胶比、砂率、粗细集料粒径和级配、胶凝材料用量、外加剂掺量等);⑤水化温升抑制技术(掺入胶凝材料用量0.1%～0.3%的水化温升抑制剂)。

(2)C60～C80及以上的大体积混凝土抗裂性能提升技术

需采用超微粉体材料以降低水泥用量,并掺入1～5kg/m$^3$温升收缩型有机抗裂纤维增强混凝土抗裂性能、耐久性能。

(3)耐蚀抗渗性能提升技术

掺入胶凝材料用量3%～8%的侵蚀性离子传输抑制剂。

(4)专项施工控裂技术

包括大体积混凝土施工温度控制标准、原材料温度控制措施及指标、混凝土施工质量控制、混凝土浇筑质量和温湿养护措施。

## 4 效益情况

### 4.1 社会效益

(1)与传统工艺相比,本工法制备的低温升高抗裂高耐蚀大体积混凝土水泥用量低,可采用普通水泥取代中、低热特种水泥,减少普通及特种水泥生产导致的环境污染。

(2)无需布设冷却水管,显著减少了施工周期及钢材消耗,节约了大量人力物力资源,减少工程对地区的不利影响。

### 4.2 经济效益

由表1可见,采用本技术成果制备的低温升抗裂耐蚀大体积混凝土无需布设冷却水管,显著降低施工工期,节约人工费用,减免冷却水管钢材消耗及相关冷却水管设备费用,参考相应工程应用实例,根据大体积混凝土工程量可节约575010～2137239元。

**四川公路桥梁建设集团有限公司、四川精益达工程检测有限责任公司承建项目经济效益对比**(单位:元)

表1

| 应用项目 | 技术类别 | 工期 | 材料费 | 设备费 | 人工费 | 措施费 | 成本节约 |
|---|---|---|---|---|---|---|---|
| 合江长江二桥主桥C40承台 | 本成果 | 3个月 | 3891100 | 271400 | 773800 | 20000 | 828800 |
| | 常规大体积混凝土施工技术 | 3.5个月 | 4543700 | 315100 | 898300 | 28000 | |
| 通麦特大桥C30重力式锚碇 | 本成果 | 5个月 | 8016800 | 684500 | 1874600 | 20000 | 1218500 |
| | 常规大体积混凝土施工技术 | 6个月 | 8838400 | 750800 | 2175200 | 32000 | |
| 泸定大渡河特大桥C30重力式锚碇 | 本成果 | 6个月 | 16151568 | 1055880 | 3312000 | 30000 | 2137239 |
| | 常规大体积混凝土施工技术 | 7个月 | 17947807 | 1100880 | 3588000 | 50000 | |
| 水落河特大桥C80拱圈 | 本成果 | 6个月 | 11040000 | 816000 | 2729000 | 30000 | 1053000 |
| | 常规大体积混凝土施工技术 | 7个月 | 11680000 | 921000 | 3017000 | 50000 | |
| 水落河特大桥C50拱座 | 本成果 | 2.5个月 | 3133750 | 233100 | 768700 | 20000 | 575010 |
| | 常规大体积混凝土施工技术 | 3个月 | 3592500 | 255800 | 852260 | 30000 | |

## 5 总结

本文通过提出四个关键技术:(1)低温升抗裂C20~C60大体积混凝土配制技术;(2)C60~C80及以上大体积混凝土抗裂性能提升技术;(3)耐蚀抗渗性能提升技术;(4)施工控裂技术。集成上述技术,形成了低温升抗裂耐蚀大体积混凝土制备技术及其无冷却水管施工方法。相比传统大体积混凝土,可采用普通水泥实现C20~C80及以上桥梁工程大体积混凝土具备低温升、高抗裂及优异耐久性能,在无冷却水管情况下,降低开裂风险,避免温度裂缝。在多项工程得以成功应用,具有良好的工程应用前景。

# 刚性自锁式预应力碳纤维板锚固系统

（江苏高速公路工程养护有限公司；江苏东部高速公路管理有限公司）

## 0 引言

粘贴预应力碳纤维板是一种处置桥梁裂缝病害常见的施工方法，为解决预应力碳纤维板阶段粘贴工艺受国外技术限制，并克服国内外市场主要张拉设备的技术缺陷，团队研发了刚性自锁式预应力碳纤维板锚固系统，为今后此类工程提供施工参考。本技术优化传统预应力碳纤维板锚固系统中夹片需要预先组装、使用结构胶封装等工艺，减少了施工工序，优化锚具的尺寸与结构，锚固系统安装仅需人工即可完成，降低机械使用成本，降低现场对大型机械的管理难度。

## 1 技术概况

在以往的桥梁加固过程中，一般采用预应力碳纤维板阶段粘贴法及 StressHead 技术，此类技术的知识产权大多被外国公司掌握，国内的桥梁加固应用该技术，必须从国外购买碳纤维板及成套产品，价格昂贵，且此类技术也存在众多缺陷，导致施工工艺复杂、施工难度较大。团队研发的无粘结楔形预应力碳纤维锚固系统以带齿纹的楔形夹片和开有楔形孔道的锚块为主体，与锚框、反力块等部件配合使用，具有锚固效率高、耐久性好、安装灵活、施工便捷等特点，与高强Ⅰ级碳纤维板配合使用，能够有效发挥碳纤维板的抗拉性能。

## 2 技术分析

### 2.1 技术原理

无粘结楔形预应力碳纤维锚固系统对碳纤维板的锚固是通过楔形锚片及开有楔形孔道的锚块完成的，楔形锚片对碳纤维板带的加持力随着碳纤维板承受拉力的增大而增大，从而形成一种越拉越紧的受力体系。另一方面，上下夹片上的齿纹与碳纤维板带形成机械咬合，无需依靠化学胶黏剂，即可保证碳纤维板不会从锚具中滑脱。

### 2.2 关键技术及主要设备

无粘结楔形预应力碳纤维锚固系统楔形夹片锚无需预装、无需胶封，现场可以灵活组装，相比于需要预组装的波形锚、楔形胶封锚、一体成型锚和缠绕成型锚具有明显的优势；且锚固系统中的楔形夹片具有经过特殊设计的切片角度和齿纹，与普通的楔形夹片锚相比，具有更好的锚固效率，张拉吨位更高。能够进一步减小开槽面积和开槽深度，减轻对原结构的损伤。

无粘结楔形预应力碳纤维锚固系统具有如下技术特点：①系统锚固效率高，张拉吨位达到 40t 以上；②耐久性好，楔形锚片与开有楔形孔道的锚块在拉力作用下压紧碳纤维板，锚片与碳纤维板之间无需使用胶粘剂，整体系统耐久性能好；③安装方便，锚具整体体积较小、质量较轻，施工现场可仅采用人工方式进行施工，锚框上长椭圆的螺栓孔位便于现场根据结构配筋情况灵活调整，施工更为便捷。

## 3 技术应用情况

### 3.1 应用项目介绍

江苏东部高速公路管理有限公司在 2022 年桥梁维修加固施工项目及 2021 年桥梁维修加固设计施工总承包项目工程中应用了无粘结楔形预应力碳纤维锚固系统，基于该系统所采用的平截面模型计算理论及相应碳纤维加固系统的增强模型，对项目开展了详细的设计和分析。结果表明，该系统加固效果优异，施工方便快捷，施工过程无需大型机械入场，方便现场管理。对确保结构的正常使用状态及延长使用寿命提供了很好的支撑作用，为该项目创造了约 300 万元的经济效益。

### 3.2 实施方案及流程

施工准备→加固部位表面处理→钻孔植筋→安装锚固系统→加固部位涂刷底胶→张拉和粘贴预应力碳纤维板→表面防护。

## 4 效益情况

### 4.1 社会效益

工程应用表明,楔形夹片锚的加工工艺成熟,加工措施较为简单,整体的生产成本可控;楔形夹片锚整体尺寸适中,现场施工仅需人力即可安装到位,无需起吊装置,减少了施工污染。同时,楔形夹片锚无需胶封,避免了结构胶粘剂老化带来的耐久性问题,避免了后期因耐久问题需对结构进行多次加固的问题,减少了资源的浪费。

### 4.2 经济效益

以跨度20m结构加固项目为例,采用无粘结楔形预应力碳纤维锚固系统材料及施工费用约为5000元,与同样作为主动加固手段的体外预应力钢绞线加固相比可节省约1000元,且无粘结楔形预应力碳纤维锚固系统后期无需进行预应力补张拉,无运行费用,相比于体外钢绞线加固可节大幅降低维修费用。综合而言,采用无粘结楔形预应力碳纤维锚固系统加固施工费用低,后期维护费用少,投资效益显著。

## 5 总结

大量工程应用表明:刚性自锁式预应力碳纤维板锚固系统,技术创新性高、实用性强、效果显著,施工工艺简便,综合成本较低且对交通影响小,可助力于公路桥梁服役性能提升。

# 焊接式索夹

（中交一公局重庆万州高速公路有限公司）

## 0 引言

为实现大跨度悬索桥索夹加工制造工艺的升级换代，团队对索夹合理结构进行研究，设计出一种焊接式索夹结构。通过理论分析和试验研究，验证了这种索夹具有非常高的抗疲劳性能。经研究比较，焊接式索夹可克服传统铸造式索夹的不足之处，提高索夹的受力性能和经济性。

## 1 技术概况

长期以来，索夹通常采用铸造结构，在满足造型方面确实有较多的优点，但是也存在许多劣势。

通过结构设计、理论分析、数值模拟、工厂试制和试验室模型试验，设计了一种带挡雨板的箱形肋板螺栓座和连接块匀顺传力的焊接式索夹结构，并通过理论分析和试验研究验证了这种焊接式索夹具有非常高的抗疲劳性能。

## 2 技术分析

### 2.1 技术原理

通过文献调研及前期研究成果，提出了不同的焊接式索夹设计方案，通过数值模拟计算及加工工艺对比，确定索夹的合理结构形式。最终以满足结构受力要求、加工工艺简单、使用寿命长的焊接式索夹方案作为推荐方案。

### 2.2 关键技术、工艺流程及主要设备

（1）关键技术

①焊接式索夹的合理结构形式研究。建立了索夹应力状态的简化分析方法，利用其与有限元法，针对不同的焊接式索夹设计方案，分析表明所设计的索夹结构受力合理，具有较好的螺杆防腐能力。

②焊接式索夹制造工艺研究。钢板通过下料、成型、装配、焊接等工序完成焊接式索夹的制造。

③焊接式索夹疲劳荷载研究。通过对比各国规范和随机车流分析结果确定最不利疲劳荷载谱，分析了焊接式索夹在恒载作用下和最不利疲劳荷载作用下静力工况。通过将 BS 7608 规范、IIW 标准规范、美国 ASME 标准和有限元数值模拟计算结果相互对比，得出焊接式索夹焊缝处疲劳寿命。

（2）工艺流程

针对焊接式索夹结构特点，首先对单半索夹的中分面及承压台面进行精加工，满足设计图纸尺寸要求；将两半索夹组对，中分面根据设计的预留间隙要求等进行处理，将上下半索夹组合成一个整圆并连接固定；在立车或者落地镗床上粗、精加工索夹内孔，满足图纸要求的内孔直径及圆度；针对带耳板的索夹，在数控落地镗床上精加工耳板销孔；在摇臂钻床或数控龙门钻上加工螺栓座的索夹螺栓连接孔。

（3）主要设备

主要施工设备包括数控落地镗铣床、索夹专用镗孔机、焊机、喷涂机、探伤仪等。

## 3 技术应用情况

### 3.1 应用项目介绍

该成果已在恩施至广元国家高速公路重庆新田至高峰段新田长江大桥进行应用。新田长江大桥共有 170 套索夹，边跨全部 48 套、中跨 8 套索夹采用焊接式索夹。

### 3.2 实施方案及流程

（1）确定焊接式索夹合理的结构形式

①索夹构造形式。索夹可以通过调整材料强度与壁厚来满足刚度与强度的要求，根据焊接的位置及受力要求，可进行上下对合与左右对合的分析，研究适用于焊接式索夹的合理结构形式。

②抗滑需求下索夹强度与刚度要求分析。通过改变焊接式索夹的壁厚，并结合螺栓座的结构和强度需求，研究焊接式索夹的刚度需求，最终建立起索夹直径、索夹长度及索夹厚度与索夹刚度的关系曲线，为根据刚度需求选择索夹直径、厚度与长度提供基础支撑。

③耳板及连接的构造形式。通过计算分析，从应力集中、疲劳强度估算、加工工艺、制作难度、经济性等方面，比较各方案的优劣，选择合理的耳板与索夹的连接方案。

④螺栓座的构造形式。从设计、加工、安装和耐久等方面比选螺栓座的结构形式。

(2)焊接式索夹制造工艺研究

①索夹材质的选择。焊接式索夹的材质，需要满足索夹在所处桥位自然环境下的各种受力要求，需满足强度、抗滑移、刚度及加工焊接性能要求，应当具有一定的耐腐蚀和抗疲劳性能以满足结构的耐久性要求。

②焊接方式的选择。通过焊接工艺试验确定焊接式索夹宜采用 $CO_2$ 气体保护焊，焊接材料选用了焊接低合金高强度钢常用的 ER55-G(Q345D 钢板焊接)焊丝，直径 $\phi1.2$mm 的实芯焊丝。所有使用的焊材必须要有质量证明书和合格证书，并对所使用的焊材进行复检。

③各焊接细节的焊接工艺设计。通过对各焊接细节的理论与工艺分析，确定各焊接细节的焊接工艺，以保证索夹焊接质量和提高焊接式索夹的疲劳强度。

④焊接工艺评价及操作规程设计。完成焊接式索夹制造工艺的研究，在加工制作出实际使用的焊接式索夹的基础上，制订相应的设计、加工规程。

(3)基于随机车流理论的焊接式索夹疲劳荷载研究

通过荷载计算程序计算疲劳荷载，结构有限元模型计算时，将索夹所受应力谱输入至应力功率谱函数及其统计特性，根据线性累积损伤理论和 S-N 曲线进行疲劳损伤度的计算。

(4)焊接式索夹疲劳应力评估方法研究

参考 AASHTO、Eurocode 3 和 BS 5400 等国外规范对桥梁设计疲劳荷载的规定，通过荷载历程计算分析，可得 100 年设计寿命内的疲劳荷载值。运用累积损伤准则，设计足尺模型，进行疲劳荷载试验，检测疲劳强度。

## 4　效益情况

### 4.1　社会效益

成果构造合理，节约钢材，可充分利用成品板材加工制造，能够应用现有的钢结构加工制造工艺设备提高产品加工的标准化程度，结构抗疲劳性能优异。

成果符合新形势下的工业发展趋势，对加工制作技术升级、技术创新有较大促进作用。积极响应安全环保政策，形成工厂化生产，有利于保证工人的职业健康，推广应用前景广阔。

### 4.2　经济效益

与同样技术参数设计的铸造式索夹相比，典型有吊索的焊接式索夹设计质量可以减轻 17%，毛坯质量可以减轻 23%。焊接式索夹可比铸造索夹节省费用约 21%。

## 5　总结

与铸造加工的索夹相比，焊接式索夹具有承载能力大、环境污染小、绿色环保、性价比高结构安全可靠和能满足低温环境使用要求等方面的优势，在满足同样耐久性要求的设计条件下，其经济性更优。

开发了一种合理的上下对合型销铰式焊接式索夹结构，形成了焊接式索夹加工制造成套工艺。

建立了可考虑螺栓力偏心弯矩作用和吊索力作用的索夹体应力计算简化方法。可用该方法评估索夹体在各种工况下的应力状态，为设计时索夹壁厚的选择提供依据。

# 耐候钢成套应用技术

（河南交院工程技术集团有限公司）

## 0 引言

目前应用于高速公路附属设施的钢结构多采用传统防腐技术，需要进行抛丸除锈、镀锌等处理，存在严重的污染环境问题。针对此情况，本项目开发了一种适用于高速公路附属设施的免涂装耐候钢材料，推动了新技术和新材料在传统领域中的应用，降低了采用热镀锌处理的普通低碳钢产生的噪声、高温及热辐射、锌及氧化锌烟、铬酸和有机溶剂等危害，践行了绿色环保可循环的建筑理念，符合当今节能环保政策导向，对打造交通运输领域的品质工程，推动钢铁企业产业结构升级，均具有重要的现实意义。

## 1 技术概况

本项目开发了免涂装耐候钢材料，开展了高速公路大气环境对耐候钢腐蚀性能的影响、不同气候环境下开展耐候钢应用技术、耐候钢焊接材料及关键焊接技术、新型环保耐候钢表面稳定化预处理技术、无混凝土耐候钢基础技术等方面研究。该成套技术可以充分发挥耐候钢强度高、结构自重轻、耐腐蚀性良好、免涂装和免维护等优势，通过标准化设计、工厂化预制、装配式施工、免维护使用，在高速公路附属设施、交通运输装备方面替代普通钢材。据测算，耐候钢成本比普通镀锌钢构件初期成本要节约5%，每公里节省防腐工艺成本42.3万元。耐候钢构件免涂装，既可减少酸、碱、锌、铬对人的危害和环境的污染，又能降低后期维护费用，可节约的涂装费可达建设投资总额的30%以上。

## 2 技术分析

### 2.1 技术原理

耐候钢成套应用技术主要基于耐候钢的耐腐蚀特性开展研究。

耐候钢的耐腐蚀主要得益于钢中加入的磷、铜、铬、镍等微量元素。这些元素使钢材表面形成一层致密和附着性很强的保护膜，阻碍锈蚀往里扩散和发展，保护锈层下面的基体，以减缓其腐蚀速度。

在锈层和基体之间形成约50～100μm厚的非晶态尖晶石型氧化物致密层且与基体金属黏附性好。这层致密氧化物膜阻止了大气中氧和水向钢铁基体渗入，减缓了锈蚀向钢铁材料纵深发展，大大提高了钢铁材料的耐大气腐蚀能力。

耐候钢可以减薄使用、暴露使用或简化涂装，使得制品抗蚀延寿、省工降耗、升级换代。同时，耐候钢也是可融入现代冶金新机制、新技术、新工艺，使其持续发展和不断创新。

### 2.2 关键技术

（1）耐候钢焊接材料及焊接关键技术

由于耐候钢中加入了较多的合金元素，对焊接材料、焊接参数、保护气体等的选择有着更高的要求，使用的焊接材料也必须与钢材的耐候性相匹配，焊接操作与非耐候钢也有所不同。为此，开发研制了新型的耐候钢结构焊接材料，使其具有较好的焊接工艺性能、抗裂性能及耐腐蚀性能，焊缝对冷裂纹及热裂纹均不敏感且对管材、型材均有较好的适应能力。同时，研发团队还将开展焊接工艺评定试验研究，开发与研制新型焊接材料及与之相匹配的焊接技术，给出一揽子解决方案。

（2）新型环保耐候钢表面稳定化预处理技术

尽管耐候钢具有较好的耐大气腐蚀性能，但在自然环境中完成表面锈层的稳定化过程需要相当长的时间，一般需要2～10年。在形成稳定化锈层之前,常出现早期锈液流挂与飞散,污染周围环境。若在稳定锈层形成之前受环境影响,氯离子和水侵入了锈层,则耐候钢结构的安全性和寿命将受到严重影响。为解决这类问题,国外学者和技术人员做了大量的研发工作,提出的表面稳定化处理技术有:耐候性涂膜处理、氧化物涂膜处理、带锈涂层氮化处理和新型表面处理剂处理等。以上处理技术是否适用于我国的环境和地区特点,目前我国的学者和技术人员开展的研究还极其有限。为此,在本项目的研究中,拟结合我国特有的资源优势和技术储备,开发一种新型环保耐候钢表面稳定化预处理技术,为耐候钢材在建筑上的应用推广提供技术支撑。

(3)微型耐候钢钢-组合门架基础设计技术

高速公路装配式门架一般采用明挖扩大基础。现浇混凝土基座存在以下问题:基坑位于边坡或中央分隔带,难以使用大型机械,人工开挖费工费时,高速公路车流量巨大,现场保通特别困难,会引起交通堵塞,存在安全隐患。基坑开挖会扰动路基,易出现道路沉陷或水毁病害。现浇混凝土基座需要养护,施工周期长。研究采用耐候钢材料制作钢管桩,作为门架下部基础,可以减轻保通压力,降低交通安全风险,而且抗腐蚀,延长钢管桩使用寿命。施工作业区面积小,现场易于管理。具体研究内容包括微型耐候钢钢-砼基础设计、氯离子对钢管桩混凝土承台基础的影响范围分析、桩基础与浅基础的力学性能与经济性比较等。

(4)微型耐候钢钢-组合门架基础施工关键技术

基于研究成果,开展不同地质条件及不同路基形式下微型耐候钢钢-组合门架基础的施工关键技术研究,解决这类新型基础的实际应用问题,便于其推广应用。

## 3 技术应用情况

### 3.1 应用项目介绍

河南省栾卢高速公路建设有限公司主要负责高速公路工程建筑与养护机械设备租赁与维修、高速公路自有产权广告牌租赁服务等业务,其建设及管理的栾卢高速公路卢氏段全长24km,占地2600余亩(1亩≈666.67$m^2$),栾卢高速公路建成后,将连通三淅、洛栾、二广、郑西高速公路,构成区域较为完善的高效运输系统,可以协助建造第一座耐候钢门架。

### 3.2 实施方案及流程

在栾卢高速公路上采用了耐候钢装配式门架,每吨降低使用成本1000元左右。采用耐候钢绿色材料,降低了采用热镀锌工艺处理的普通低碳钢产生的噪声、高温及热辐射、锌及氧化锌烟、铬酸和有机溶剂等危害。

## 4 效益情况

### 4.1 社会效益

将耐候钢这种绿色、节约型钢材引入公路交通领域,推动新技术和新材料在传统领域中的应用,符合国家绿色发展和可持续发展战略。耐候钢材的生产和应用将会催生若干个新型企业,创造若干个就业岗位,为推动地方经济发展做出贡献。

### 4.2 经济效益

据统计,我国的高速公路每个门架需用钢材约7t,以郑州为例,钢材进行酸洗、镀锌以及镀锌运输,成本按0.2万元/t来计算,每个门架直接节省支出1.4万元。据调查,河南高速公路每40km就有10个门架,按照《国家公路网规划》,截至2035年底,我国高速公路将净增里程约2.6万km。若在新建的高速公路采用耐候钢材料,仅门架一项便可直接节省投资$1.4\times10\times650=9100$万元。另外每公里4mm厚度两波护栏板的质量是16.4t,也可直接节省投资$1000\times16.4\times26000=42640$万元。由此可见,在道路交通安全设施中采用耐候钢具有显著的经济效益。

## 5 总结

(1)研究耐候钢微合金元素配比对其强度、韧性和耐腐蚀性的影响,分析其潜在的规律,便于针对不同的使用环境,配制生产特定的耐候钢材,提高其使用价值和经济价值。

(2)结合我国特有的资源优势和技术储备开发一种新型环保耐候钢表面稳定化预处理技术,缩短耐候钢材表面锈层达到稳定的时间,保证其使用效果,进一步降低后期的维护成本。

（3）钢-组合轻型基础设计技术研究。研究不同类型土层中微型钢管桩的选型、桩土相互作用、混凝土承台对路面渗透下来的氯离子的隔离作用，以便更好地应用耐候钢管桩-混凝土承台基础取代现浇混凝土基础。

# 锚碇低水化热大体积混凝土施工技术

（中交一公局重庆万州高速公路有限公司）

## 0 引言

本项目通过采用水化热抑制方法替代传统通冷却水物理降温方法，对锚碇大体积混凝土温控技术进行研究，可实现削减混凝土7d水化放热峰值30%，降低混凝土绝热温升10℃以上的效果，减少了钢材的投入，控制了施工成本，从根本上降低了锚碇大体积混凝土的水化温升，减少混凝土由于温度不均匀导致的裂缝。通过实践证明，其效益显著。

## 1 技术概况

为预防大体积混凝土开裂病害，现行有效的温控措施是采用冷却水管和低热水泥的方式。

本技术通过在混凝土中掺加水化热抑制，降低水泥的最大温升，延长放热时间，同时提出水化热抑制剂大体积混凝土配合比设计及施工控制一体化技术，形成低热锚碇大体积混凝土温控与抗裂成套技术，为大体积混凝土温控技术提供借鉴。

## 2 技术分析

### 2.1 技术原理

本技术是采用掺入水化热抑制材料代替传统冷却水降温的方式进行锚碇大体积混凝土的温控设计，水化热抑制剂中主要有效成分为多元醇酯，可在碱性环境中不断溶解并吸附于水泥颗粒表面，待水泥中$C_3A$反应完成后，明显抑制水泥颗粒中$C_3S$ 1～2d的水化速率，有效调控水泥加速期的水化历程，避免了集中放热，并降低早期放热速率。施工阶段通过梯度掺入方法控制各层整体与不同混凝土层位水化速度，达到整体结构温度均化，从根本上降低各层位混凝土温度差异产生的温度应力，有效避免混凝土开裂风险。

### 2.2 关键技术、工艺流程及主要设备

(1)关键技术

在大体积混凝土施工中，从混凝土的原材料选择、配比设计以及混凝土的施工等全过程进行控制，以达到控制其混凝土质量、混凝土内部最高温度、混凝土内表温差及表面约束，从而控制温度裂缝的形成及发展。

(2)工艺流程

与传统的通水冷却或风管冷却现场控温措施相比，水化热抑制大体积混凝土只需控制好核心温度，无需外部干预即可自行调节内表温差、内外温差，实现降低温度应力、消除干缩裂缝。施工省去了冷却水管布设、浇筑后长时间的温度监控和通水冷却、工后还要冷却管内灌浆以提高混凝土的整体性等工艺步骤，其他的工艺与普通钢筋混凝土施工工艺基本相同。

(3)主要设备

大体积混凝土浇筑采用连续式浇筑，尽量缩短浇筑时间，选用泵送施工工艺。主要施工设备如下：

①混凝土拌和站：拌和站为强制式搅拌机，根据一次性浇筑方量确定拌和站的规格。

②混凝土原材料水冷设备：为满足大体积混凝土浇筑的入模温度要求，配备水冷设备，冷却水生产能力不低于20t/h，可实现冷却水温度控制在5℃以下的冷却效果。

③混凝土泵车：泵车以天泵为主、地泵为辅。

## 3 技术应用情况

### 3.1 应用项目介绍

恩广高速公路重庆新田至高峰段新田长江大桥为主跨1020m双塔单跨钢箱梁悬索桥，两岸锚碇均为扩大基础结构形式。锚碇为分层多次浇筑施工，单次浇筑最大方量约4000$m^3$，采用本技术

后，施工过程中现场混凝土状态良好，经长期观察混凝土没有出现裂缝，达到了预期效果。

### 3.2 实施方案及流程

（1）施工准备

大体积水化热抑制混凝土施工前先进行专项方案编制，在设计资料基础上提前对大体积混凝土温度控制方案进行研究，制定关键部位的施工作业指导书和完善的技术交底资料。

（2）配合比设计

①水化热抑制大体积混凝土的胶凝材料中应内掺抑制剂，抑制剂的掺量需通过配合比合理设计，粉煤灰掺量控制在35%～50%为宜。

②宜选用水泥P·O42.5低碱水泥。

③混凝土水化抑制剂应满足现行《混凝土水化温升抑制剂》（JC/T 2608）的相关指标要求。

（3）首件施工

首件施工安排专人监测其各项性能指标及温控数据，包括强度增长、绝热温升、温峰出现时刻、温度应力、安全系数等，进一步分析计算模型与首件获取的参数，形成技术总结。

（4）结构物钢筋安装

①钢筋采用集中加工，钢筋一次性安装高度根据混凝土分层浇筑厚度以及循环的次数，并根据钢筋定尺长度进行控制，减少接头数量。

②钢筋安装前应根据结构物轮廓进行准确放样，重点控制混凝土保护层厚度。

（5）预埋件施工

预埋件根据设计文件和施工方案形成预埋清单进行控制，并及时封闭和涂装处理。

（6）结构物模板安装

模板分节高度根据分层浇筑厚度进行控制，宜采用作业平台的液压模板系统。

（7）低热大体积混凝土拌和

拌和的混凝土应具有良好的匀质性及黏聚性，确保混凝土入模后不分层、不离析，应采取措施确保混凝土出机温度不大于25℃。

（8）混凝土运输

在运输混凝土过程中，必须保证混凝土罐车罐体处于低速转动状态，确保混凝土的匀质性，且应采取适当的措施使混凝土到达现场后入模温度不大于28℃。

（9）混凝土浇筑

①运至现场的混凝土，先检查混凝土工作性能如塌落度损失、扩散度等是否满足浇筑要求，混凝土浇筑时应严格落实分层布料要求，分层浇筑厚度控制在30～50cm，每层浇筑间隔时间不大于24h，并在下层混凝土充分塑化之前完成上层混凝土的覆盖浇筑。

②为防止混凝土离析现象，根据混凝土浇筑面积和规模配置布料杆等进行布料浇筑。

（10）混凝土拆模、养生

①宜在浇筑完成4d后拆模，拆模前需确认混凝土内表温差小于15℃、混凝土表面温度与环境温度之差小于20℃，宜选择一天中较高温度的时段拆模。

②加强混凝土保温养护，降低混凝土内表温差；通过加强混凝土保湿养护，减少混凝土收缩引起的表面应力。

## 4 效益情况

### 4.1 社会效益

本技术采用掺加水化热抑制剂的方法代替传统通冷却水工艺，是一种省时高效、更环保的技术方法，实践中可减少钢材投入，节约水资源，且本技术适用范围广，效益显著。

### 4.2 经济效益

以新田长江大桥锚碇大体积混凝土实体计算，对于全线10.4万$m^3$混凝土节省的直接经济成本为179.4万元；节省了冷却水控温装备与设备操作人工，且因省去冷却水管布设和后续管内灌浆工序，从而提高施工效率，降低裂缝开裂几率，估算间接节省费用200多万元。

## 5 总结

（1）设计并制备了一种低热大体积混凝土，在工程实体中，取代了传统冷却水管布设的降温措施，可实现从根本上降低锚碇等大体积混凝土的水化温升，提高了混凝土的耐久性。

（2）提出了水化热抑制剂梯度掺量设计方法，建立了水化热抑制大体积混凝土的温控新方法。

# 海上超大直径桩基首盘料灌注平台

（交通运输部公路科学研究院；宁德三都澳高速公路有限责任公司；
中铁五局集团机械化工程有限责任公司）

## 0 引言

与国内同类成果对比，本成果解决了传统混凝土灌注时，无法保证大方量首盘料因灌注速度、混凝土下落力量导致的桩基质量问题；同时也减少了传统混凝土灌注过程多人指挥不同设备，施工人员协调效率低下的问题。本成果适用于首灌方量较大的桩基础施工。

## 1 技术概况

本成果采用创新式施工构件，将原灌注料斗以整体灌注平台形式进行替代。施工灌注时可保证大方量灌注连贯，冲击力大，无堵管现象；施工过程易控制，操作简单，后续材料回收后可继续利用。

## 2 技术分析

### 2.1 技术原理

本成果所述超大直径桩基首盘料灌注平台使用型钢、钢板、角钢、钢管、工字钢、溜槽等构件组成一个料斗施工平台，可一次性存储大方量混凝土，加大灌注过程重力势能，在短时间内灌注完成封底混凝土，保证桩基封底质量。利用灌注的混凝土拌和物将其底部实施埋置，利用落差压力，使混凝土桩身具有一定的持续密实性。

### 2.2 关键技术、工艺流程及主要设备

超大直径桩基首盘料灌注平台设计图见图1。灌注平台由钢材构建而成，上部结构主要为容积为$18m^3$的混凝土储料斗。在储料斗的一侧固定有混凝土泵管，用于将混凝土从混凝土运输罐车泵送到储料斗中。在储料斗的外侧、混凝土泵管对应位置处设置有操作平台，用于施工人员进行混凝土的泵送工作，操作平台布置有满足安全高度的安全护栏，保证施工过程中的工作性。在储料斗的下部布置有附着式振动器，在混凝土灌注过程中起到振动作用，防止混凝土出现离析现象，并助于混凝土灌注过程的连续性。储料斗的出料口处连接有可进行角度调节的溜槽装置，用于将混凝土运输进钻孔灌注桩桩位上的灌注料斗内，出料口处设置施工平台，用于施工人员进行混凝土灌注过程的流量控制。灌注平台的下部由钢制立柱和剪刀撑构成的整体框架进行支撑，下方布置有分配梁，使灌注平台的荷载较为均匀地传递给钻孔灌注桩施工平台。

灌注平台用于钻孔灌注桩混凝土灌注作业的工艺流程为：作业准备→材料计量→混凝土泵送至储料斗→灌注首盘料→拔管→继续浇筑混凝土。

主要设备为：灌注平台、混凝土搅拌车。

## 3 技术应用情况

### 3.1 应用项目介绍

G1514宁德至上饶国家高速公路霞浦至福安段A2合同段关门江水道大桥位于福建省霞浦县溪南镇，桥中心桩号为K8 + 235.00，桥梁交角为90°。桥梁全长862m，采用4 × 40.5m + 2 × (3 × 40.5)m + (77 + 138 + 77)m + (3 × 40 + 35)m PC连续/刚构T梁、PC变截面悬浇箱梁。上部结构采用预应力混凝土连续刚构以及预应力混凝土简支转连续T梁，下部采用薄壁墩、柱式墩，基础采用钻孔灌注桩基础。

### 3.2 实施方案及流程

本成果在关门江水道大桥的钻孔灌注桩施工中进行应用。

实施流程为：①进行作业准备，首批混凝土灌注时，孔内沉渣应清理干净，灌注平台内部及混凝

土泵管应进行清理。②进行材料计算与准备，将混凝土的施工用量进行计算复核后，进行混凝土的制备和运输。③混凝土运输到施工现场后，使用混凝土泵管将混凝土泵送至储料斗内。④施工人员与施工机具就绪后，进行钻孔灌注桩首盘料的灌注，平台料斗到灌注口处设置有溜槽，可以控制灌料的流速和流量，流速不大于35m/min。混凝土自由下落的高度即出料口到灌注口的距离不超过2m。灌注导管下端底口需要距离孔底约30～50cm，本次工程中为40cm。⑤在首次实施完成混凝土灌注后，应保证导管被埋深度不少于1m，本项工程中为1.5m。在后续的灌注施工中，应通过拔管操作使埋置导管深度始终保持在2～6m。拔管时，要上下抽动几次，使已浇的混凝土密实。

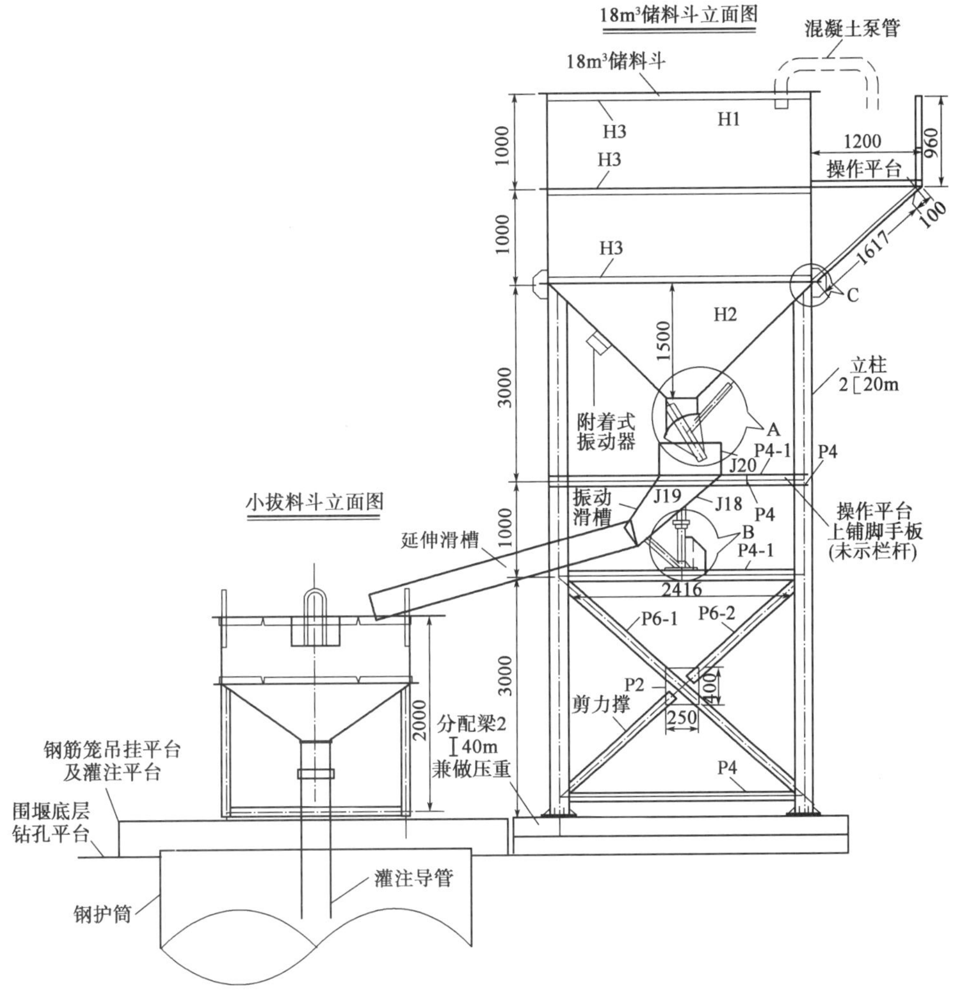


图1 灌注平台设计图(单位:mm)

## 4 效益情况

### 4.1 社会效益

施工人员站于人工通道平台内，下层有剪刀撑保护临边，上层设计防护栏杆，消除高处坠落安全隐患，施工过程中使用工班和项目现场管理人员都评价效果良好，具有显著的实用价值。

### 4.2 环保效益

该灌注平台可以有效降低人力成本，去除老旧构件，调整部分结构后可以重复利用，使得资源利用最大化，同时可实现材料的高效利用，避免浪费。

### 4.3 经济效益

运用此种方法，保守估计，每次使用此工装结构灌注混凝土可节省1人，如施工超长桩基80根，按1人1天300元进行计算，80(根)×300(元)×1(天)×1(人)可以节约大致24000元，装配式结构安装后可拆除利用，去除老旧构件，调整部分结构可利用至下一处工点，节省大量材料开支。

## 5 总结

本成果所述灌注平台具有灌注流量大、施工速度快的优点，可保证在合理时间内灌注首盘封底混凝土所用方量，也几乎不会造成堵塞现象。施工过程中罐车需要4人进行协调指挥车辆和灌注过程，灌注平台只需要2人对振动器、阀门进行控制，简单便利。灌注平台结构仅侵占钢栈桥平台上大约4m×4m面积，型钢结构自重轻，用完后可通过吊装至其他部位继续使用，适用于首灌方量较大的桩基础施工。

# 一种超大直径桩基钢筋笼可调节式孔口固定台座

（交通运输部公路科学研究所；宁德三都澳高速公路有限责任公司；中铁五局集团机械化工程有限责任公司）

## 0 引言

国内传统的钢筋笼施工应用中，钢筋笼下放时往往采用“穿棒”，穿过钢筋笼支撑在护筒上，一方面会割伤钢筋笼，另一方面当钢筋笼过重时会压沉护筒，不能保证钢筋笼的垂直悬吊，从而无法进行套筒连接，既造成了钢筋的大量浪费，又增加了人工成本，施工过程耗时耗力。目前国内外针对这一问题有相应的创新成果，同时也在工程上应用验证了这些成果的可行性，但在实际应用过程中存在若干技术问题，例如结构复杂，制作成本较高，且有的成果应用场景单一，造成制作材浪费严重等。而本结构的制作应用经受力模拟计算、实物加工及现场应用的验证，具有良好的效果且完全能满足工程应用。

## 1 技术概况

本技术所述的海上超大直径钻孔灌注桩钢筋笼可调节式孔口固定台座结构。本结构为对称结构，在吊装钢筋时，钢筋对结构施加的荷载为正对称荷载，受力时结构较为稳定。支撑架的纵横梁底部与施工平台相连，在吊装钢筋时支撑架将全部荷载传递给施工平台，钢护筒不受施工荷载作用，避免了钢筋笼吊装过程中出现钢护筒受力变形的情况。

## 2 技术原理

### 2.1 技术原理

海上超大直径钻孔灌注桩钢筋笼可调节式孔口固定台座结构图如图1所示，根据钢筋笼的尺寸在孔口设置一个支撑架，支撑架的每一个角点处设置可调节的挑梁装置，用于支撑和固定钢筋笼。当一节钢筋笼下放至一定高度时，推动4个挑梁装置，将钢筋笼卡在合理的孔口位置，然后起吊另一节钢筋笼，与上一节钢筋笼精准对接，套筒连接完毕后，松开4个挑梁装置，将连接好的两节钢筋笼下放，下放至一定位置后再重新利用挑梁固定。依次循环，可实现钢筋笼的快速、精准下放，节约施工周期的同时提高了钢筋笼下放的效率和质量。

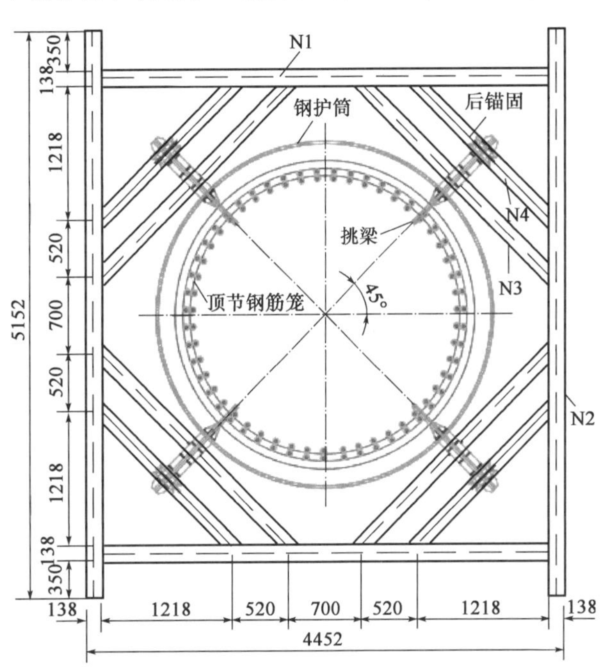


图1 海上超大直径钻孔灌注桩钢筋笼可调节式孔口固定台座结构图（单位：mm）

### 2.2 关键技术、工艺流程及主要设备

本装置的挑梁（图2）两端均设置凸起限制挑梁装置的位移，后端凸起给挑梁装置一个后约束，防止受荷过大时挑梁装置向前位移发生脱空；前端凸起对钢筋笼起到约束作用，可以防止钢筋笼因受力变形过大而脱落。挑梁装置工字钢内每间隔一定距离设置的竖向支撑，防止挑梁装置因受力过大产生严重变形，从而影响施工。

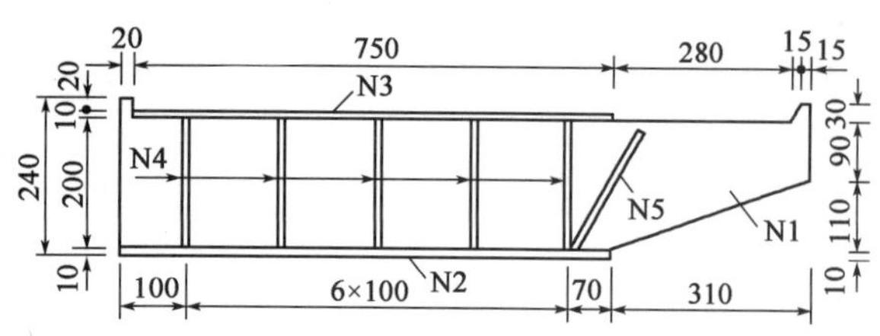


图2 挑梁装置结构图(单位:mm)

后锚固结构平面图见图3,后锚固主要约束挑梁,在吊装钢筋笼时给挑梁后端一个向下的约束力,同时将荷载传递给支撑架。

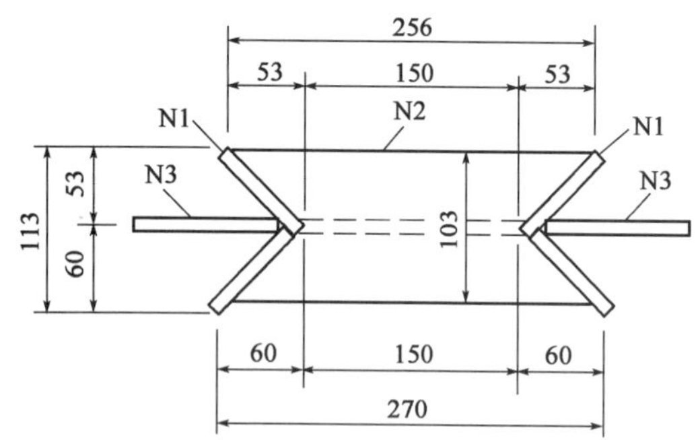


图3 后锚固结构平面图(单位:mm)

应用本装置后钻孔灌注桩钢筋笼安装施工的工艺流程见图4。

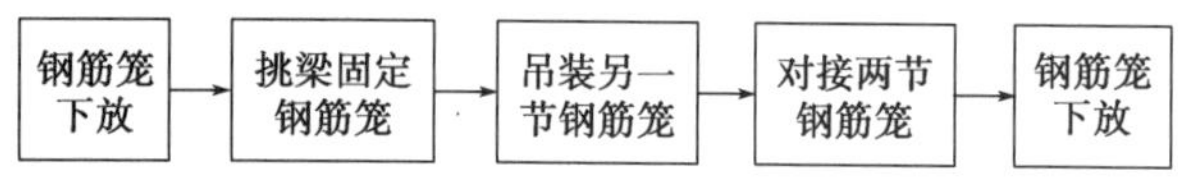


图4 工艺流程

主要设备为钢筋笼固定台座、起重机、钢筋笼吊具、钢丝绳、钢丝绳夹头。

## 3 技术应用情况

### 3.1 应用项目介绍

G1514 宁德至上饶国家高速公路霞浦至福安段 A2 合同段关门江水道大桥位于福建省霞浦县溪南镇,桥中心桩号为 K8 + 235.00,桥梁交角为 90°。桥梁全长 862m,采用 4 × 40.5m + 2 × (3 × 40.5)m + (77 + 138 + 77)m + (3 × 40 + 35)m PC 连续/刚构 T 梁、PC 变截面悬浇箱梁。上部结构采用预应力混凝土连续刚构以及预应力混凝土简支转连续 T 梁,下部采用薄壁墩、柱式墩,基础采用钻孔灌注桩基础。

### 3.2 实施方案及流程

本结构在关门江水道大桥的钻孔灌注桩钢筋笼安装施工进行应用。具体流程为:①取用施工现场材料完成固定台座的制作与安装。②把第一节钢筋笼吊装至钻孔灌注桩桩孔位置并进行下放。③待钢筋笼下放至合适位置后,使用挑梁装置对钢筋笼进行固定,见图5。④将下一节钢筋笼吊装至桩位,与上一节钢筋笼进行对接与连接,见图6。⑤收回对钢筋笼进行固定的挑梁装置,将连接后的钢筋笼进行下放完成一个施工循环。⑥将下放至合适位置的钢筋笼再次固定,吊装下一节钢筋笼,进入下一个施工循环。⑦依次对接好钢筋笼,逐级下放,直至第一节钢筋笼到达桩位底部。

图5 钢筋笼固定

图6 钢筋笼对接

## 4 效益情况

### 4.1 社会效益

配置该装置后,钢筋笼的焊接更为方便快速,可以加快施工速度并节省人力成本,该装置可以循环使用,显著提升施工效率和工程质量。

### 4.2 环保效益

本结构制作采用材料均为现场施工应用钢材，施工现场即可获得，取材方便。此吊具可循环使用，使用过程中几乎不需要维护，有利于节约资源，减少环境污染。

### 4.3 经济效益

工程实践中制作了两个装置，材料总成本为3500元左右，两名焊工3个工时完成。此台座可循环使用，使用过程中几乎无维护成本，极具推广价值。

## 5 总结

本技术所述钢筋笼可调节式孔口固定台座是一种四点受力的大吨位钢筋笼固定装置，但不限于四点受力，可根据实际情况增加受力点。台座使用型钢、工字钢、角钢等组合加工而成，利用构件设置角点调节装置，以及整体结构连接钢栈桥体系受力支承，通过调节移动型钢四角位置来进行钢筋笼的固定和支承。

本结构的制作应用经受力模拟计算、实物加工及现场应用的验证，具有良好的效果且完全能满足工程应用，同时还可以重复利用，可以适用于不同直径的钢筋笼吊装。装置的制作工艺以及应用方法较为简单，便于现场施工人员理解。

本装置解决了钢筋笼在安装过程中的固定和垂直悬吊问题，能保证套筒快速、精准连接。适用于受到平台空间以及钢筋笼长度、质量的限制，需要分段吊装拼接的超大超长直径桩基钢筋笼的孔口固定。

# 一种海上超大直径钻孔灌注桩钢筋笼吊具

（交通运输部公路科学研究所；宁德三都澳高速公路有限责任公司；中铁五局集团机械化工程有限责任公司）

## 0 引言

目前国内关于质量较大的大直径钢筋笼吊具改进较为多样化，主要针对不同施工环境需求以及钢筋笼的起吊方式等。在这些不同的吊具结构中，有的在结构设计上为了适应不同直径钢筋笼的吊装配置了滚轴，但这种结构不适用于超长且质量较大的钢筋笼吊装。本文所述吊具装置载荷大，降低了吊具需要的刚度，减少了起吊过程中高低变化造成的动荷载，能够保证吊装过程中整体结构的稳定。

## 1 技术概况

本文所述吊具装置是一种四点受力的大吨位钢筋笼吊装装置。吊具以挑应力原理作为基础，通过吊点中心支垫平衡4个分力支点，降低了吊具需要的刚度，减小运动使用过程中高低变化引起的动荷载，提高吊装过程平衡性与稳定性。

## 2 技术分析

### 2.1 技术原理

本文所述的海上超大直径钻孔灌注桩钢筋笼吊具结构见图1，包括主梁的十字横撑、斜撑以及吊耳（图2），主梁的十字横撑由工字钢焊接而成，斜撑与主梁横撑的端部焊接连接，吊耳位于十字横撑末端与焊接在主梁的上下两侧，吊耳上开孔方便钢索或吊绳穿过。

本结构为对称结构，在吊装钢筋时，钢筋以及起重机对结构施加的荷载为正对称荷载，受力时结构较为稳定。本结构的受力特点为四点受力，主梁及横撑主要以受压和受弯为主。

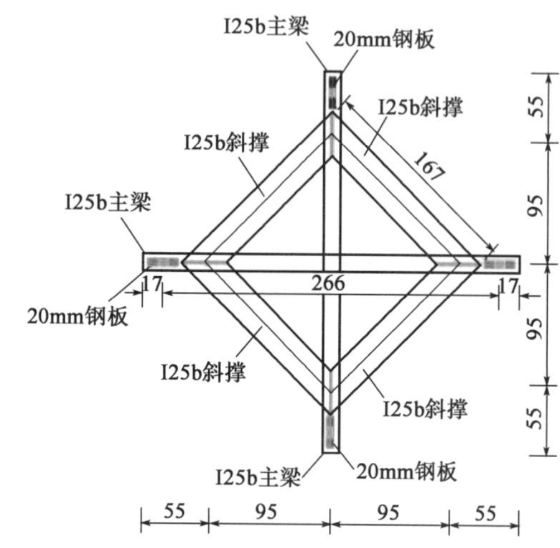


图1 海上超大直径钻孔灌注桩钢筋笼吊具结构（单位：mm）

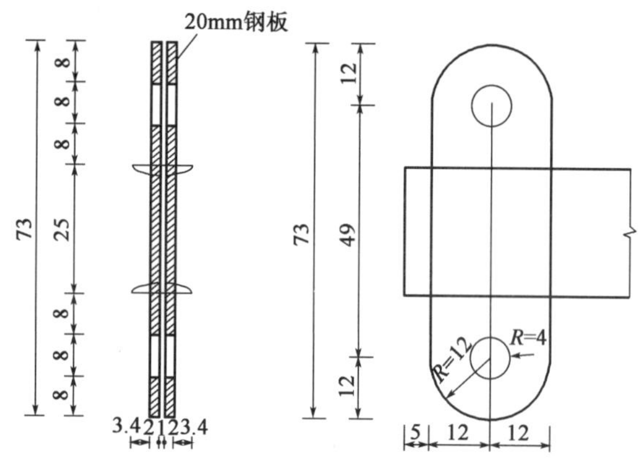


图2 吊耳大样图（单位：mm）

### 2.2 关键技术、工艺流程及主要设备

吊装钢筋笼时，如图3所示，钢筋笼通过钢索悬挂，荷载主要集中在吊具四端的吊耳上，吊耳的另一端通过钢索与吊车相连，形成一个简单的力传递结构，使得吊具的应变在大荷载下相对较小。

使用本钢筋笼吊具进行钻孔灌注桩钢筋笼吊装施工的工艺流程见图4。

主要设备为起重机、钢筋笼吊具、钢丝绳、钢丝绳夹头。

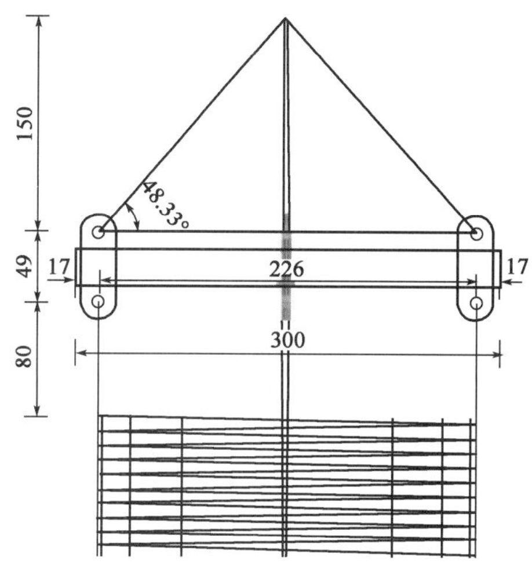


图3 钢筋笼吊装示意图(单位:mm)

图4 工艺流程

## 3 技术应用情况

### 3.1 应用项目介绍

G1514 宁德至上饶国家高速公路霞浦至福安段 A2 合同段关门江水道大桥位于福建省霞浦县溪南镇,桥中心桩号为 K8 + 235.00,桥梁交角为 90°。桥梁全长 862m,采用 4 × 40.5m + 2 × (3 × 40.5)m + (77 + 138 + 77)m + (3 × 40 + 35)m PC 连续/刚构 T 梁、PC 变截面悬浇箱梁。上部结构采用预应力混凝土连续刚构以及预应力混凝土简支转连续 T 梁,下部采用薄壁墩、柱式墩,基础采用钻孔灌注桩基础。

### 3.2 实施方案及流程

本结构在关门江水道大桥的钻孔灌注桩钢筋笼吊装施工进行应用。详细的流程步骤为:①连接吊具与第一节钢筋笼,并起吊,见图 5。②把第一节钢筋笼吊装至钻孔灌注桩桩孔位置并进行下放。③拆除吊具与第一节钢筋笼的连接。④连接吊具与第二节钢筋笼,并起吊。⑤把第二节钢筋笼吊放于第一节钢筋笼上方,对接。⑥吊起对接好的钢筋笼下放至预设的第一级深度。⑦拆除吊具与第二节钢筋笼主筋的连接,完成一个施工循环。⑧连接吊具与第三节钢筋笼,并起吊,进入下一施工循环。⑨依次对接好钢筋笼,逐级下放,直至第一节钢筋笼到达桩位底部。

a)起吊

b)翻转

图5 钢筋笼吊装示意图

## 4 效益情况

### 4.1 社会效益

配置该装置后,钢筋笼的焊接更为方便快速,显著提升钢筋笼装配效率,并提高钢筋笼吊装施工的安全性与稳定性,对加快工程建设和提高施工质量有显著效果。

### 4.2 环保效益

本装置可减少钢筋笼安装过程中出现的变形、扭曲、错位等诸多问题,减少工程建设中的材料损耗,且方法简单而有效,使用灵活,达到节能减耗的效果。

### 4.3 经济效益

本装置简单有效,制作方便,无需定制增加成本。单个吊具制作材料成本为 1500 元,人工费为 80 元,产品可循环使用,运行成本极低计,极具推广价值。

## 5 总结

本结构通过吊点中心支垫平衡 4 个分力支点,结构载荷大,降低了吊具需要的刚度,减少了起吊过程中因高底变化造成的动荷载,能够保证吊装过程中整体结构稳定。吊具吊装钢筋笼时,安放高程可以精准控制。安放高程误差可控制在 ± 10mm 内,钢筋笼垂直偏差不大于 1/300。钢筋笼下放时,孔位中心偏差可控制在 ± 10mm 内。

本结构适用于超大直径钻孔灌注桩钢筋笼的吊装,适用于海上桥梁桩基钢筋笼起吊下放全过程,也可用于其他建筑领域大桩径桩基钢筋笼入孔施工。

# UHPC 桥面板在海上钢栈桥中的应用技术

(交通运输部公路科学研究所;宁德三都澳高速公路有限责任公司;中交一公局集团有限公司)

## 0 引言

超高性能混凝土(UHPC)桥面板依据细料致密法的理论,通过剔除粗集料,采用超细颗粒填充水泥颗粒堆积体系的空隙,提升了水泥基体的强度,从而大幅提高了与钢纤维的黏结力,优化了混凝土的抗拉、抗裂性能,成品桥面板质量轻,强度得到很大改良。UHPC 桥面板具有良好的力学性能和耐久性,可有效提升桥面刚度,降低桥面应力,延长抗疲劳寿命,可有效解决传统钢桥面板易疲劳开裂以及沥青混凝土铺装层使用寿命短、易开裂、车辙等典型病害问题。

## 1 技术概况

目前关于高性能混凝土已经颁布了完整系列的 UHPC 材料、设计和施工标准,同时广泛应用于一些建筑结构,其最大强度可达到 C200 以上。目前 UHPC 仍是中国水泥基材料研究、应用、创新、发展最具活力的领域,UHPC 预制桥面板应用技术已被试验证实其本身的优越性,本技术通过改善细集料的级配,减小材料间的空隙,增大了集料的密实度;降低用水量,采用超细级粉料来降低水灰比,增加强度;掺加纤维来改善混凝土的韧性,增强抗弯、抗拉能力,成品桥面板质量轻,强度得到很大改良。

## 2 技术分析

### 2.1 技术原理

UHPC 的受力模式不同于传统的混凝土,其是钢和混凝土共同工作的新模式。首先 UHPC 是依据细料致密法的理论,剔除粗集料,采用超细颗粒填充水泥颗粒堆积体系的空隙,以达到最大密实度,从而配置出高强度的水泥基体。其次,高密实度的水泥基体大幅提高了与钢纤维的黏结力,使得纤维的抗拉强度能够充分发挥,从而提高了混凝土的抗拉,抗裂性能。

### 2.2 关键技术及工艺流程

(1)材料选用及配合比

为保证良好的工作性能,UHPC 桥面板材料本身的颗粒形态和堆积状态对工作性能与抗压强度有重要影响,经试验研究,适用于强度等级 C100 的配合比见表 1。

**高性能混凝土原材料及特性** 表 1

| 材料 | 材料性能 |
|---|---|
| 水泥 | 海螺 P. I52.5R 水泥 |
| 硅灰 | 比表面积 18000$m^2$/kg,$SiO_2$ 含量 93.8% |
| 石英砂 | 粒径为 0.075 ~ 2.360mm,连续级配 |
| 钢纤维 | 平直型镀铜钢纤维,长度 13mm,直径 0.2mm,抗拉强度大于 2850MPa |
| 减水剂 | 含固量为 33%,减水率为 34.6% |

UHPC 预制桥面板设计强度等级为 C100,设计要求的钢纤维掺量较高,因此应严格控制施工配合比,避免钢纤维加入过量。具体配合比见表 2。

**高性能混凝土配合比** 表 2

| 水泥 | 硅灰 | 复合掺合料 | 石英粉 | 石英砂 | 钢纤维 | 水 | 减水剂 | 内养护剂 |
|---|---|---|---|---|---|---|---|---|
| 850 | 240 | 100 | 35 | 850 | 235 | 153 | 45 | 5 |

(2)钢筋骨架

对 UHPC 桥面板钢筋骨架进行设计及优化,在满足各项受力指标的前提下,减轻了桥面板钢筋骨架的质量,节约了材料,减少了周转费用。如图 1 所示。

图1 UHPC 桥面板钢筋骨架

(3)掺加钢纤维

在钢纤维投料和拌和工作中,钢纤维混凝土施工成败的关键是钢纤维(图2)能否均匀分散到混凝土中,因此钢纤维的投料和拌和工序要严格控制。桥面板未掺入钢纤维时,试件内部存在较多孔隙和其他缺陷,受压过程中为压剪破坏,当有钢纤维加入试件中时,具有约束变形、产生“环箍效应”和抑制微裂纹发展的双重作用。在此过程中,钢纤维与基体不断发生黏结滑移,钢纤维与基体间良好的黏结力使其消耗了大量能量,因此试件抗压能力提高。

(4)结构优化

在桥面板制作及应用中,桥面板边缘在行车荷载作用下易被压坏造成面板边缘混凝土脱落,针对此问题对 UHPC 桥面板进行了包钢处理。采用钢板对 UHPC 桥面板进行包边处理后,面板边缘不再损坏。在吊装过程中,开始时采用的是螺纹螺栓吊点(图 3a)以及在桥面板侧部设置的吊点,经施工发现,此方法吊装时安装挂钩较为复杂且装卸时间较长,针对此,对吊点进行了如图 3b)所示的结构优化。

(5)工艺流程

UHPC 桥面板施工工艺流程见图4。

图2 钢纤维

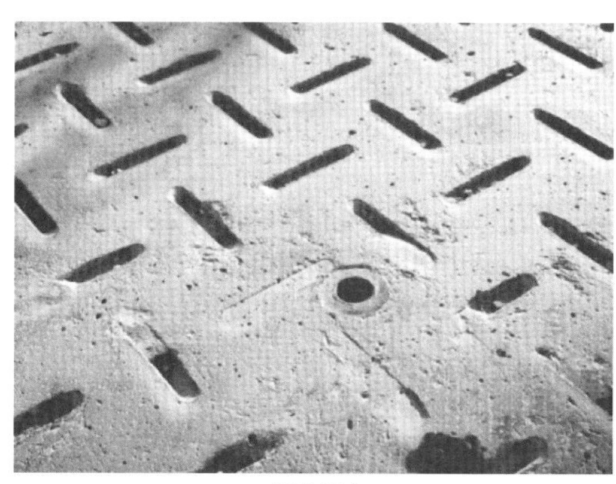

a)螺纹吊点

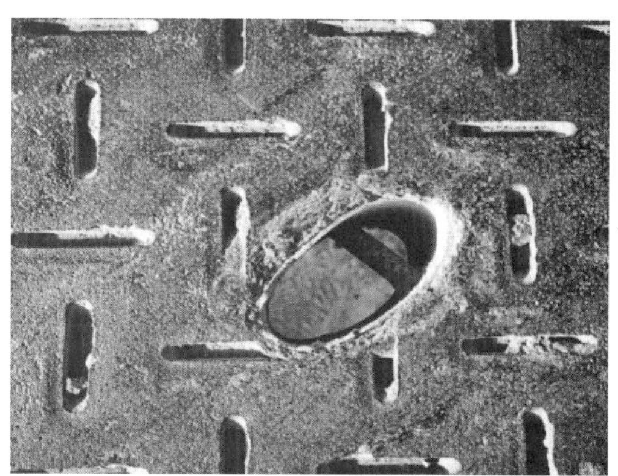

b)优化后的吊点结构

图3 吊点结构图

图4 UHPC桥面板施工工艺流程

## 3 技术应用情况

### 3.1 应用项目介绍

本项目应用于G1514宁德至上饶国家高速霞浦至福安段路基施工，项目起点位于福建省宁德市霞浦县溪南镇傅竹村，终点位于宁德市霞浦县盐田乡水升村，起讫桩号K24+462.219(A3标终点桩号)~K30+570(A6标起点桩号)，项目线路全长6.078km，按设计速度100km/h、双向四车道高速公路标准建设，桥梁宽度12.75m，路线沿南北走向依次设门岐大桥457m/1座，浒屿特大桥1998m/1座，小屿大桥262m/1座，浒屿隧道1054.5m/1座，路基长度2.3km，共计挖方106.91万$m^3$，路基填方61.86万$m^3$。

### 3.2 实施方案及流程

①对混凝土材料进行塌落度试验确定材料配合比，进行UHPC桥面板钢筋骨架设计及优化，减轻桥面板钢筋骨架的质量。

②掺加钢纤维。先将钢纤维及粗集料投入拌和机搅拌30s，使钢纤维均匀分散至石子中，不致结团；再将砂和水泥等投入拌和机中进行30s干搅拌，再在转动着的搅拌机中加水湿拌，总的搅拌时间要较普通混凝土的搅拌时间延长30~60s以上。

③预制过程中，选取UHPC材料合适的振动频率，减少混凝土气泡，使材料密实度更高，保证桥面板质量。

④本工程所预制混凝土桥面板无粗集料浇筑，养护不到位很容易出现收缩裂纹，桥面板浇筑完成后采用篷布对成品进行全覆盖并静置，到达强度拆模完成后通过水养7d，再通过模板小车将桥面板与底模整体运输至高温蒸养棚进行恒温恒湿蒸汽养护。

⑤UHPC桥面板结构优化。在桥面板制作及应用中，对UHPC桥面板进行包钢处理，避免桥面板边缘在行车荷载作用下易被压坏，造成面板边缘混凝土脱落。

### 3.3 应用效果

本成果依托G1514宁德至上饶国家高速公路福建省霞浦至福安段路基土建工程A5合同段浒屿特大桥钢栈桥预制高性能UHPC桥面板，目前该项目高性能桥面板800块已全部预制完成，综合试验结果显示，UHPC桥面板平均板厚度100cm，抗压、抗拉能力均为传统混凝土板的2~3倍，强度最大可达到C120，且安装后桥面整体效果美观、耐用。应用效果图及抗压强度见图5、图6。

图5 UHPC桥面板在钢栈桥上的应用

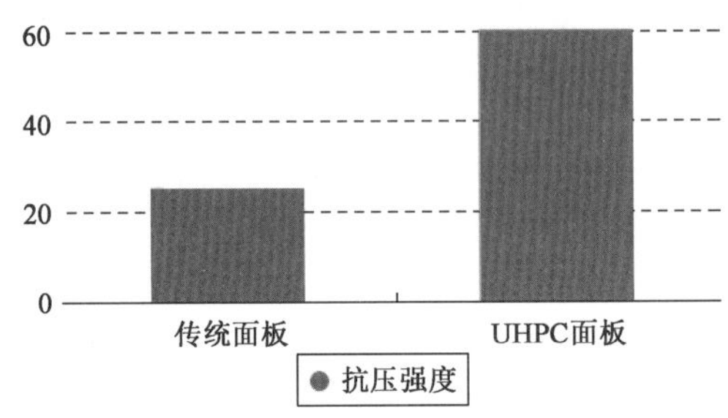


图6 UHPC桥面板抗压强度(单位:MPa)

## 4 效益情况

### 4.1 社会效益

UHPC桥面板通过提高胶凝材料性能及掺比，掺加纤维来改善混凝土的韧性，增强抗弯、抗拉性能，成品桥面板质量轻、强度得到很大改良，提高了施工过程中的安全与质量。UHPC桥面板的成功应用可为国内同类型产品使用提供借鉴，有着重要的参考价值，同时也对推动行业向高质量、环境生态友好方向发展，对水泥制品和工程结构升级换代具有重要意义。

### 4.2 环保效益

该桥面板减少了混凝土的使用量，减少了制作的水泥投入，符合节能减排政府要求，有着重要的推广价值。

### 4.3 经济效益

UHPC桥面板采用0.4mm钢纤维，成本约为12000元/t，每吨可制作4片面板，平均单个桥面板造价在 3000 元,相较普通混凝土面板成本较高,但桥面板重复利用率高,同时节省了工期和设备成本,长远来看经济效益更高。

## 5 总结

UHPC 桥面板具有良好的力学性能和耐久性,可以有效提升桥面刚度,降低桥面应力,延长抗疲劳寿命,能够解决传统钢桥面板易疲劳开裂以及沥青混凝土铺装层使用寿命短、易开裂、车辙等典型病害问题。高密实度的水泥基体大幅提高了与钢纤维的黏结力,使得钢纤维的抗拉强度能够充分发挥,从而提高了混凝土的抗拉、抗裂性能。

# 超高混凝土桥塔工业化建造技术

(中交武汉港湾工程设计研究院有限公司)

## 0 引言

混凝土桥塔大都采用原位施工的方式进行建造,现场浇筑混凝土和原位绑扎钢筋,存在钢筋绑扎及混凝土浇筑劳动力需求大、桥塔成品质量不高、安全风险突出等问题。国内外混凝土桥塔大部分采用爬模系统,少量采用滑模、顶模系统,存在大断面人工布料、振捣质量控制难度大,劳动强度高,高空施工难遮蔽,保温保湿养护困难等问题。传统的液压爬模系统很少采用集中控制,以分布式控制为主,且极少集成监控系统,存在信息难采集,施工难监管等问题。

## 1 技术概况

本项目以"工厂化生产、装配化施工、智能化控制"为总体思路,首次提出将桥塔高空现场施工打造为多功能一体化的竖向移动工厂,研发了桥塔钢筋网片自动化立体制造成型生产线、钢筋部品快速装配、一体化智能筑塔成套技术及装备,显著解决了传统建造方法存在的效率、品质、安全等难题。

## 2 技术分析

### 2.1 技术原理

本项目在国内外首次提出竖向移动工厂混凝土桥塔建造方法,研发了桥塔钢筋部品快速装配化和一体化智能筑塔施工技术,保障了塔柱钢筋间距合格率高于规范优良标准,在提升工效的情况下保证了7d保护时间,提高了混凝土的耐久性,保证了施工品质,保障了人员的安全。本项目研制了集大承载能力架体低位爬升、钢筋部品安装、混凝土布料、辅助振捣、智能养护、应急避险等功能于一体的智能筑塔机,实现了塔柱的工厂化建造,将传统爬模系统单节塔柱施工进度0.6m/d、浇筑现场需要工人15名,提升到单节塔柱施工进度1.2m/d、浇筑现场需要工人6名。本项目研发了适用于桥塔建造的自动化控制与智能监控系统,集成自动化、机械化部件代替人工,实现了机械化减人、自动化换人,并将施工过程数据进行集中化可视化管理,提高了筑塔机的自动化水平,实现了桥塔高空作业平台施工危险源自动识别并预警,保障了施工过程安全。

### 2.2 关键技术及主要设备

(1)提出了超高混凝土桥塔竖向移动工厂建造方法,研发了桥塔钢筋网片自动化立体制造成型及钢筋部品快速装配施工成套技术

(2)研制了集大承载能力架体低位爬升、钢筋部品安装、混凝土布料、辅助振捣、智能养护、应急避险等功能于一体的智能筑塔装备。

(3)研发了超高混凝土桥塔的自动化控制与智能监控系统。

## 3 技术应用情况

### 3.1 应用项目介绍

深中通道跨越珠江口,西至中山马鞍岛,在深圳、中山及广州南沙登陆。项目全长约24.03km,其中跨海段长22.39km,采用100km/h设计速度、双向八车道高速公路标准,是集"桥、岛、隧、地下互通"为一体的系统集群工程。

### 3.2 实施方案及流程

本项目借鉴工业化制造思路,将复杂或特殊建设环境下的混凝土结构现场施工打造为移动工厂,打通与混凝土、钢筋两大原材料供应系统的联系,实现从原材料(钢筋、水泥)到半成品(钢筋部品化、混凝土)再到成品(塔柱)的工厂化施工,针对传统施工设备存在的问题,开发具有钢筋部品调位、混凝土自动辅助布料及振捣、智能养护和应急逃生功能的一体化智能筑塔机,构建类工厂固定工位塔上作业条件,实现移动工厂化建造,从而提高

建造品质、提升施工效率、保证施工安全。

## 4 效益情况

### 4.1 社会效益

本成果显著提高了交通工程品质、建造工厂化及智能化水平，满足本质安全要求，得到央视新闻频道、学习强国、广东、江苏及湖北多家媒体的宣传报道，影响广泛，具有显著的工程应用价值和社会效益。

### 4.2 经济效益

将传统爬模系统单节塔柱施工进度0.6m/d、浇筑现场需要工人15名，提升到单节塔柱施工进度1.2m/d、浇筑现场需要工人6名。通过技术研发和服务、产品销售，为申报单位新增产值3800万元，新增利润1140万元，研究成果已成功应用于深中通道和南京龙潭长江大桥，为项目产生经济效益1864万元，具有显著的经济效益。

## 5 总结

本成果基本实现了智能建造及精细化管理的目标，在一体化智能筑塔机施工过程中，结构形式的优化与安装模块化，适用的广泛性，功能集成的多样化、智能化以及施工全过程信息化进一步地升级与提升，开创了超高大跨桥梁混凝土桥塔工厂化、装配化、智能化建造的先河，推动了行业的技术进步，可用于指导类似工程建设，对于提高超高大跨桥梁工程品质，达到本质安全，提升建造工厂化、智能化水平，促进桥梁建造技术发展，具有显著的工程应用价值、重要的社会经济意义以及广阔的市场前景。

# 基于太阳能利用的隧道消防水防冻技术

（中交第一公路勘察设计研究院有限公司）

## 0　引言

随着我国隧道工程建设数量逐步增多，隧道消防安全管理问题日益凸显。特别是在我国陕西、甘肃、新疆、西藏等寒冷地区，由于冬季气温较低、冬季水源河流结冰，极易发生消防管道内水结冻等诸多问题，在突发火灾情况下消防系统如无法正常使用，会给隧道消防系统正常运作带来极大隐患。本项目结合绿色环保太阳能热水技术，提出了太阳能隧道消防水防冻保温系统，首次创新性提出"管中管"内加热微循环保温新技术理念，为解决冬季条件消防管道防冻保温问题提供新途径，充分利用了太阳能绿色资源，提高消防系统全天候适用性。

## 1　技术概况

采用隧道消防管道内加热方式，通过"管中管"太阳能微循环加热保温系统，利用太阳能集热器，将外部水加热至设计温度，通过循环泵将太阳能热水泵送至消防管道内加热管，在消防管道内形成加热循环，经过一定周期的热循环使水温度升高，保证消防管道内水不冻结。本技术主要由太阳能集热器系统、太阳能储热系统、太阳能热水泵送系统、太阳能智能控制系统、管道内加热系统、太阳能辅助系统组成。研究成果在传统技术基础上，形成更加节能环保、经济可靠的隧道消防管道保温技术系统，可直接为寒冷地区隧道冬季消防系统设计、施工、运营提供科学依据，保障其顺利建设及安全运营，同时填补了国内外消防系统防冻保温研究的相关技术空白。

## 2　技术分析

### 2.1　技术原理

太阳能隧道消防水加热系统，将一定尺寸加热管放置于隧道消防管道内部，通过热水流动进行加热保温。在高效合理利用太阳能的情况下，借助外部太阳能集热系统，将外部储水箱的常温水从基础水温加热至设计温度（不同环境条件下温度要求不同），通过热水管道循环泵将太阳能热水泵送至隧道消防管道内的加热管中，并在隧道消防管道内形成加热回路，经过一定周期的热循环来有效加热消防管道内的冷水，与消防管道内低温消防水进行换热，温度降低后回流至太阳能加热系统中，从而保证冬季低温环境下消防管道内热水不发生冻结。

### 2.2　关键技术和工艺流程

（1）关键技术

从评价指标、计算方法、优化设计、工程应用等多方面开展技术研究，形成太阳能集热、储热、隧道消防水换热一体化的太阳能隧道消防水设计、施工成套关键技术。

①提出了隧道内易冻区分布情况以及温度变化规律，确定了合理的太阳能资源利用（可靠性）评价指标及方法。

②基于传热学理论，揭示了隧道内易冻区不同工况下消防管道的热工规律特性，明确了太阳能内加热系统与消防系统的热量传递规律及关键影响因素，为太阳能系统热负荷计算提供基础数据。

③根据热平衡原理，提出了太阳能热水系统的热负荷计算指标及方法，为太阳能热水循环加热保温系统设计提供关键参数；在陕西省黄延高速公路扩能工程成功示范应用，节能效果显著。

（2）工艺流程

通过计算消防管道防冻耗热量及太阳能资源利用分析，提出了太阳热水保温系统设计流程及方法，明确了集热器面积、蓄热水箱容积、辅助加热设备功率等系统关键设计参数。

## 3 技术应用情况

### 3.1 应用项目介绍

府村川隧道处于国道 G65 线黄陵至延安高速公路扩能工程段，位于陕西省延安市甘泉县，隧道左线（ZK82 + 712 ~ ZK84 + 416）长 1704m，右线（K83 + 409 ~ K84 + 400）长 991m，双向六车道，设计时速 100km/h。项目所在区域，属于太阳能Ⅱ类资源区，年平均日照时数为 2478.7h，平均日照 6.8h；年水平面总辐照量（GHR）值为 5029.97MJ/m$^2$，冬季月总辐射最高也可达到600MJ/m$^2$，为 C 级地区；太阳能资源稳定度等级为 B 级；太阳能资源直射比等级属于 A 级，以直接辐射为主导。隧址区太阳能资源丰富且稳定，适宜采用太阳能作为热源对公路隧道消防管道进行防冻。通过对府村川隧道冬季洞外自然环境温度监测发现，隧址区冬季温度最大值为 6.9℃，温度最小值为 −17.4℃，温度平均值为 −4.6℃，低于 0℃，消防管道易发生爆裂等冻害，一旦发生紧急情况，无法正常发挥作用。

### 3.2 实施方案及流程

依托府村川隧道上行线工程开展太阳能隧道消防水系统现场试验，洞口 700m 范围内采用外设保温层处理，200m 范围内消防管道内单向输送加热管道 200m，闭合环路总长 400m。试验段共布设 3.8m$^2$ ×30 个集热器，集热面积共 114m$^2$，蓄热水箱容积为 5.7m$^3$。

## 4 效益情况

### 4.1 社会效益

2023 年末公路里程达 543.68 万 km，公路运营期碳排放规模巨大。公路走廊有规模较大的安装场所，是自然能资源利用的优势场地。结合太阳能、风能、地热能、水利能等自然能资源的时空分布特征，进行多源互补技术融合与集成，实现公路运营期自然能资源持续稳定供应，从而降低高速运营期能耗，实现经济与环保效益双赢，对我国交通运输行业绿色发展、循环发展、低碳发展有重要的推动作用。本项目对陕西乃至全国其他寒冷地区隧道消防管道防冻系统设计及应用具有很强的针对性和适用性，社会效益显著。

### 4.2 环保效益

太阳能热水系统水泵功率为 5kW，水箱电加热功率 22kW，太阳能热水系统功率总计 27kW。其中水泵 24h 运作，水箱电加热设备为辅助加热，保证太阳能热水系统在连续雨雪天气下的温度要求，电加热启动控制温度为 30℃，经监测，一个冬季周期水箱加热设备共启用 178h。太阳能热水系统测试阶段（2016 年 11 月 27 日—2017 年 3 月 21 日）总功率能耗为 4 月 ×30d ×24h ×5kW + 22kW × 178h = 18316kW · h，为 18316kW · h ×0.6 元/kW · h = 10989.6 元。

隧道电伴热系统总功率约 124kW，电伴热系统启动温度为 10℃，高于 15℃停止，平均每天启动时长为 8h。电伴热系统测试阶段（2016 年 11 月 27 日—2017 年 3 月 21 日）总功率能耗为 4 月 ×30d × 8h ×124kW = 119040kW · h，为 119040kW · h ×0.6 元/kW · h = 71424 元。

通过对比，太阳能热水系统总功率能耗比隧道电伴热系统总功率能耗共节省 100724kW · h，共节省人民币 60434.4 元；可减少二氧化碳排放量 = 100724 ×0.4512（排放系数）= 45446kg ≈ 45t，即可节约 45t$CO_2$/年，节能减排效果显著。

### 4.3 经济效益

太阳能隧道消防水系统工程造价主要包括集热器、水箱、加热管道、辅料配件等材料费、人工费、运输费用等。根据试验工程可知，府村川隧道共设置两套 4t 规模热水系统，每套系统可完全满足 2km 长度隧道的消防防冻保温要求，共计投入 65 万元。根据试验段可知，隧道长度每增加 1km，增加 1t 热水系统即可满足冬季条件下消防防冻保温要求。同时，由于太阳能隧道消防水系统为首次实体工程应用，无借鉴工程经验，试验工程方案经过多次变更，导致成本投入较大。后期工程将根据前期研究成果，进行方案优化与调整，可进一步降低工程造价。

隧道电伴热工程造价主要包括伴热电缆、温控器、配电箱、供电电缆、上位机控制软件等材料设备费及施工安装费等。两个隧道总长度为 2900m，经过测算，洞内电伴热系统造价约为 180.52 万元（不包括洞外部分电伴热系统）。

综上所述，太阳能隧道消防水系统仅为传统电伴热系统的 36%，建设费用大幅降低；同时，运营期间成本可节约费用为6.04万元/年。因此，采用太阳能隧道消防水系统，具有十分显著的经济效益与推广应用前景。

## 5 总结

太阳能利用隧道消防水防冻技术，基于太阳能热水系统，创新性采用“管中管”内加热保温方式，于消防管道内设置加热管道，形成消防管道水内部加热闭合循环回路，增强保温效果，提出了隧道消防管道太阳能热水保温系统设计、施工等成套技术，并在陕西省黄延高速公路扩能工程成功示范应用，效果良好。该技术的应用，有效降低了传统保温技术能耗与消防安全管理成本，实现降碳节能，对未来寒冷地区隧道消防防冻保温技术改造起到重要的参考作用，为隧道消防管道防冻保温工程研究及应用提供新思路。

# 一种新型超高性能隧道电缆沟盖板

（江西龙正科技发展有限公司）

## 0 引言

本项目针对隧道传统混凝土电缆沟盖板体积大、质量重、易破损等缺陷，创新研发出了一种轻质高强、高耐久性、体积稳定性良好的复合无机材料——新型超高性能隧道电缆沟盖板。传统混凝土盖板厚度在 80～150mm 之间，本项目产品厚度在15～30mm 之间，厚度减少的同时增加施工的便利性，缩短工期，在施工过程中可反复搬运不掉角、破损，耐腐蚀，使用寿命长，减少后期运营成本，具有良好的经济效益。

## 1 技术概况

活性粉末混凝土（RPC）作为超高强度、高韧性、高耐久性、体积稳定性良好的新型材料，主要应用于公路、桥梁等建筑工程。活性粉末混凝土（RPC）隧道电缆沟盖板（以下简称 RPC 盖板）相比传统混凝土盖板具有自重轻、安装方便、美观大方的特点。

## 2 技术分析

### 2.1 技术原理

根据最大密实性原理，剔除粗集料，采用最大粒径为 630μm 的细砂为集料，通过最优化级配设计，超细粒聚密材料与纤维增强技术相结合，提高材料的细度与活性，减少材料内部的孔隙与微裂缝，从而提高产品的耐久性、抗压强度、抗折强度及耐久性，并辅以适当的养护。

### 2.2 关键技术、工艺流程及主要设备

（1）关键技术

①RPC 盖板性能增强机理分析。RPC 表现出的超高力学性能源于各组成材料之间复杂的交互作用，耦合火山灰效应等化学反应的复杂强化机理，性能增强机理复杂。因此，通过对 RPC 组织结构的研究，分析匀质性、堆积密度、火山灰效应、纤维等方面对 RPC 增强机理的作用，为针对性地制备适合国内高速公路隧道的 RPC 盖板奠定理论基础。

②RPC 盖板宏观裂缝与微观结构关系观测。盖板在使用过程中的主要失效形式是破裂失效，破裂失效的主要原因是 RPC 盖板裂缝从微观到宏观的产生及扩展，而微观组织结构是决定裂纹产生数量及扩展速度的关键。通过利用扫描电子显微镜（SEM）对所制备的 RPC 盖板在加载状态下的微观结构进行研究，分析不同养护工艺下水泥水化产物、石英砂、钢纤维等的分布及占比对裂缝数量与扩展速率的影响，从本质上获得盖板宏观裂纹的扩展机理。

③RPC 盖板原料基准配合比优化研究。RPC 盖板原料的基准配合比是决定盖板强度、韧性、耐腐蚀及使用寿命的关键。基于最紧密堆积理论，采用正交试验设计方法，对盖板原料基准配合比进行优化研究，以获得内部缺陷（孔隙与微裂缝）的满足要求，从而预制出超高强度与高耐久性的 RPC 盖板。

④RPC 盖板的体积稳定性及耐久性研究。RPC 盖板在凝结硬化与使用过程中，因其内部温度、水分的变化及化学反应等将导致宏观体积减小，这将严重影响 RPC 盖板的现场安装、维护及使用性能。耐久性决定着 RPC 盖板的使用寿命，是其重要的性能指标。因此，本项目主要对不同养护工艺下所制 RPC 盖板的收缩行为进行研究，获得体积稳定性最小的 RPC 盖板的养护工艺；采用抗氯离子渗透性能及抗碳化性能作为 RPC 盖板耐久性的评价指标，进行试验研究，获得 RPC 盖板的耐久性能，为 RPC 盖板在高速公路隧道中的应用及示范提供技术保障。

⑤RPC 盖板与普通混凝土盖板对比试验研究。

RPC 盖板具有超高强度、高韧性、高耐久性及

轻质环保的特点，为更好地实现 RPC 盖板在高速隧道替代普通混凝土盖板，对预制的 RPC 盖板进行取样，在同样的规格及试验条件下对 RPC 盖板及普通混凝土盖的承载能力（开裂荷载、破坏荷载），体积稳定性，抗氯离子渗透性能及抗碳化性能等进行检测及对比分析，为 RPC 盖板在国内高速公路隧道中的应用及示范提供坚实可靠的数据及可行性支撑。

（2）工艺流程及主要设备

主要设备和制备工艺流程分别见图 1 和图 2。

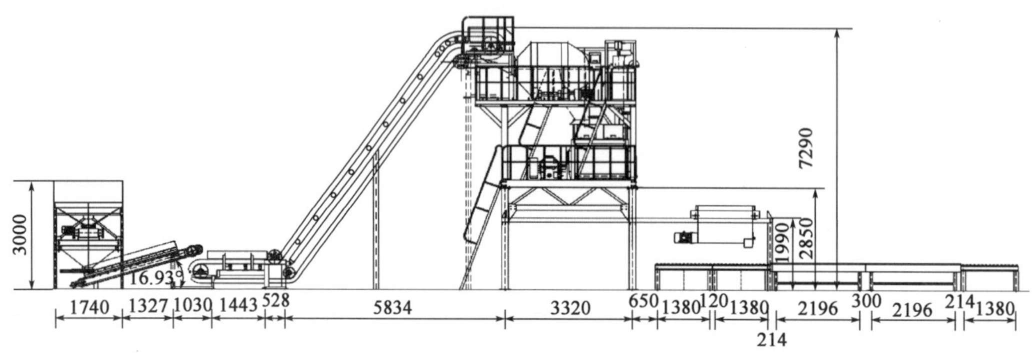


图 1　主要设备简图（单位：mm）

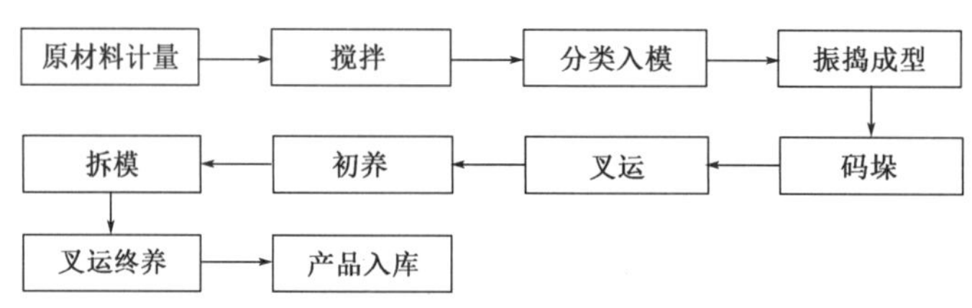


图 2　制备工艺流程图

## 3　技术应用情况

### 3.1　应用项目介绍

本项目产品在厦门海沧隧道、惠清高速、北京兴延高速、北京延崇高速、祁婺高速、池祁高速等工程广泛应用。

（1）海沧隧道项目：项目全长 9.03km，其中隧道长约 6.4km，采用钻爆法暗挖隧道形式，隧道最深处位于海平面下约 72.6m。按双向 6 车道城市快速路标准设计，设计行车速度 80km/h。

（2）惠清高速项目：惠清高速公路位于广东省中部地区，是广东省高速公路规划网“二横”线——汕湛高速公路的重要组成部分，起于惠州市龙门县龙华镇，终于清远市清新区太和镇，全长 125.28km，全线采用双向 6 车道高速公路标准，全线设置 5 个枢纽互通和 10 个（油田、南昆山、溪头、四九、三门、龙山、飞来峡、黄腾峡、凤城、太和）收费站。路基宽 33.50m，设计时速 100km。桥隧比为 48.8%。

（3）祁婺高速项目：祁婺高速起点位于赣皖界，途经婺源县沱川乡、清华镇、思口镇、紫阳镇、婺源县工业园区，终点接婺源枢纽互通，总长度约 40.747km。全线桥梁、隧道占比达 52.3%；路线走廊处于“中国最美乡村”婺源县生态旅游区，生态环境保护任务重；沿线水库、河流及地形地貌多样，地质条件复杂，施工难度大；主要桥梁采用装配化施工，设计过程应用 BIM 技术，进行交旅融合理念尝试等创新运用。

（4）池祁高速项目：池祁高速全长约 91.6km，全线采用 4 车道高速公路标准，设计速度 80km/h，路基宽 25.5m，是安徽省“五纵九横”高速公路网规划的重要组成部分。建成通车后，祁门对外交通将更加快速、便捷。

### 3.2　实施方案及流程

（1）根据我国现行的公路工程设计规范、施工技术规范、施工设计图纸选用原材料，设计配合比，使抗压强度、抗折强度、弹性模量、氯离子系数符合要求。

（2）进行模具定制时，应确保其刚度和强度以及平整度能够符合要求，合理设计模具的外形尺寸,此外,还应确保其表面的光滑和平整。对模具清洗后,应该用稀释的浓盐酸进行浸泡,然后再使用高压水枪对其表面清洗,将模具清洗完后,应该使用抹布将其污渍进行擦拭之后进行晾干处理,后码放进行备用。

(3)通过精确的分料系统,把配合好的原材料分散到相应规格的模具上,模具到达振动台后迅速填补四角,根据混凝土的状况控制好振动时间,成型的盖板依次码放整齐。码放完后,及时进行养护、脱模。

(4)运送至施工现场,安排工人进行安装。

## 4 效益情况

### 4.1 社会效益

RPC盖板凭借其高抗压强度和抗剪强度,在结构设计中可采用更薄的截面或创新的截面形状,有效减轻结构自重,减少钢筋、混凝土的用量,从而降低碳排放。以10km隧道项目为例,使用RPC盖板相较于传统混凝土盖板,可减少钢筋用量约100吨,减少混凝土用量约500立方米,相应减少二氧化碳排放约300吨。此外,RPC盖板优异的耐腐蚀性能使其使用寿命长,减少了频繁更换和维护的需求,降低了维护成本和废弃物产生,减少了能源消耗和环境污染,具有良好的环保效益。

### 4.2 经济效益

(1)损耗效益:以盖板尺寸0.93m×0.49m计算,在100km双向的隧道工程中,根据以往工程经验,传统盖板损耗率通常为30%,则需要传统盖板数量为:100000÷0.49×2×(1+30%)≈530614(块),按传统盖板单价69.32元/块计算,材料成本为530614×69.32=36782163元。而RPC盖板整体损耗仅为2%,所需RPC盖板数量为:100000÷0.49×2×(1+2%)≈416327(块),按RPC盖板单价75.21元/块计算,材料成本为416327×75.21=31311953元。通过对比,使用RPC盖板在损耗方面可节约成本:36782163-31311953=5470210元。

(2)施工安装效益:RPC盖板质量和体积仅为传统混凝土盖板的1/3,大大降低了施工过程中工人的作业强度,减少了工伤事故的发生概率,同时降低了用工量,提高了作业效率。以全程100km双向铺设为例,传统盖板铺设人工费用计算如下:按人均每天铺设100m,需100人施工,每人每天费用300元,施工天数为100000×2÷100÷100=20天,则总人工费用为100×300×20=600000元。而采用RPC盖板铺设时,按人均每天铺设300m,同样100人施工,施工天数为100000×2÷300÷100≈7天,总人工费用为100×300×7=210000元。使用RPC盖板在施工安装方面可节约人工费用:600000-210000=390000元。

(3)养护成本效益:传统钢筋混凝土沟盖板的使用年限约20年,RPC沟盖板使用年限不低于50年。以使用年限50年计算,根据统计近20年传统盖板每年每公里的养护费用为8220元,则100km传统盖板50年的养护费用为8220×100×50=41100000元,约4110余万元。而RPC盖板在正常使用情况下,50年内无需专门的养护费用,可节省大量养护成本。

综合以上各项经济效益分析,在隧道电缆沟盖板项目中使用RPC盖板,相较于传统混凝土盖板,在损耗、施工安装和养护成本等方面具有显著的成本节约优势,能为工程建设带来可观的经济效益。

## 5 总结

通过对RPC盖板的性能增强机理、性能及结构设计、原料基准配比、预制试验、宏观裂缝与微观结构关系分析以及与普通混凝土盖板对比试验等多方面进行深入研究,成功预制出适合国内高速公路隧道的RPC盖板,并实现了其在高速公路隧道中的广泛应用及示范。RPC盖板在技术性能、社会效益和经济效益等方面展现出的综合优势,为隧道建设领域提供了一种更为优质、高效、环保的电缆沟盖板解决方案,具有广阔的应用前景和推广价值。

# 地下隧道 UHPC 薄型烟道板

（江西龙正科技发展有限公司）

## 0 引言

针对传统钢筋混凝土盾构隧道烟道板存在结构开裂、破损、崩角、漏水等病害，现采用新型超高强度混凝土（UHPC）材料，研制新型地下隧道 UHPC 薄型烟道板，可降低隧道盾构烟道板的设计使用厚度，减少钢筋的总用量，节约人力，降低运输安装成本。

## 1 技术概况

UHPC 薄型烟道板具有良好的强度和耐久性指标，外形规范整齐，施工安装方便；具有超强的抗腐蚀性能，自重轻，降低了结构荷载，是传统混凝土自重的 1/3；可减少运营维护费用。

## 2 技术分析

### 2.1 技术原理

本项目针对传统钢筋混凝土盾构隧道烟道板的局限性，创新性设计 UHPC 制备技术工艺，并适应性改进烟道板生产设计工艺，以增强新拌和烟道板混凝土的密实性和烟道板成型后的抗裂性能。通过提高组分的细度和活性，不使用粗集料，使材料内部的孔隙与微裂缝减到最少，以获得超高强度与耐久性。开展针对性的新实验，构建新模型和方法，建立更为科学、合理、可靠的 UHPC 烟道板制备技术和新型烟道板结构体系、设计理论，对促进现代盾构隧道工程学科发展以及新型烟道板结构的工程实践，具有重要的工程应用价值和商业潜质。

### 2.2 关键技术

在 UHPC 薄型烟道板研制中，通过限制特制珍珠岩粉和钢粉的粒径，可以使颗粒之间更容易产生相对滑动，在低水胶比的情况下还能保证较快的流动速度和较大的扩展度，颗粒少棱角，搅拌过程中更不容易产生气泡，产生的大量气泡可以在短时间排到 UHPC 材料产品的表面，从而增加 UHPC 材料产品结构体系的密实度，进而增加其强度。

传统混凝土烟道板由于其结构和材质的局限性，在持续内应力下会开裂，如此会有杂物从隧道顶部掉落，甚至发生坍塌事故；若隧道内车辆发生爆炸，传统混凝土结构的烟道板会有碎石飞溅，产生二次事故；且传统混凝土烟道板的防火等级低，隧道内一旦发生火灾，传统烟道板耐火时间短，在长时间燃烧受热的情况下，内部钢筋容易受高温失去承载能力，导致烟道板坍塌。

通过对防火纤维长度的筛选限制，可以有效的防止微裂缝的产生，防止 UHPC 材料产品结构层在高温下发生爆裂，使得 UHPC 烟道板在高温环境下，具有强防爆、高耐火性能。在高温环境中它能够稳定工作并保持良好的结构完整性，解决了现有烟道板在火灾中耐火和防爆裂性能较差的缺陷，能够有效防止高温环境下二次事故的发生。其次烟道板的设计具有特殊的通道和结构通过这些结构引导烟气进行特定的路径流动在这个过程中会对烟气中的有害物质进行吸附和过滤，保障生命财产安全。

## 3 技术应用情况

### 3.1 应用项目介绍

北京东六环路线总长 16km，直接加宽长度约 6.84km（京哈高速—京津公路）、（潞苑二街—潞苑北大街），隧道长度约 9.16km（京津公路—潞苑二街），隧道采用盾构与明挖结合工法。全线设立交 4 座（京哈高速立交、环球影城立交、京津公路立交、潞苑北大街立交）。全线需加宽桥梁共 9 座，其中中桥 4 座，小桥 1 座，通道 4 座，加宽桥梁面积 4409m$^2$；新建桥梁 6 座，桥梁面积 1755m$^2$；拆除桥梁 8 座,拆除桥梁面积 7959m$^2$。

隧道全长 9160m,其中盾构隧道全长 7346m,设南、北盾构井各一处,同时根据通风排烟需要,中部设竖井一处。隧道设置排水泵房 9 座、隧道管理区 2 处、通风排烟竖井 3 处、空气净化站 2 处、人行横通道 14 处、车行横通道 4 处。

### 3.2 实施方案

根据烟道板的规格及参数,考虑隧道空间的局限性,最终选取合力 CPCD160-YC-09Il 叉车对烟道板进行拼装。为满足拼装要求,对叉车进行了改装(图 1),具体如下:

(1)为满足起吊要求,将叉车改装为双反叉吊臂用于起吊构件,吊臂设计 4 处吊点,两两分别位于 600mm、1200mm 处,在载荷中心 900mm 时,通过计算得出其最大载重。

(2)为保证烟道板拼装的精度要求,所配置双起重臂安装在滑架上的托架上(上端通过挂钩挂在托架上,下端采用螺栓连接撬装在托架上),便于起重臂左右侧移(调距 900 ~ 2800mm,配置吊臂侧移左、右 200mm)。

(3)为防止货物起吊过程中的摇摆,保证起吊安全,在吊点与吊架之间采用销轴链接。

(4)为防止在起吊过程中前倾,特在叉车下方安装放倾斜装置用于加重底盘。

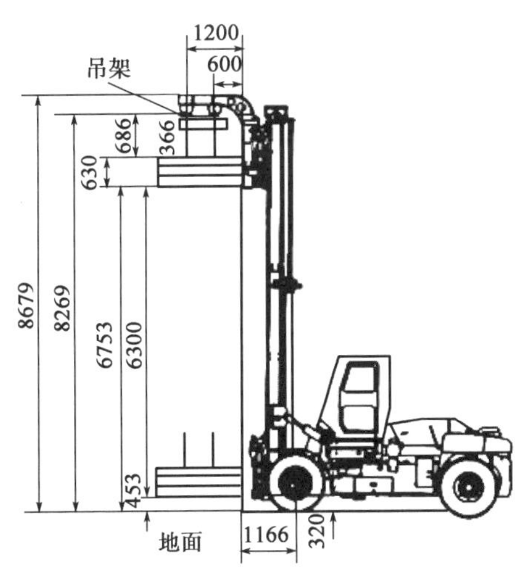


图 1 叉车示意图(单位:mm)

结合项目特点,改装的叉车更具灵活性。在隧道内部施工的情况下,难免会有交叉工作存在,在满足拼装的前提下叉车也加强了安全性能的改装。

## 4 效益情况

### 4.1 社会效益

UHPC 生产所需的材料几乎都是可再生材料,属于全新的绿色建筑材料。其超高性能使得在结构、装饰等方面相较其他混凝土材料更节约材料用量,减轻构件自重,从而减少二氧化碳的排放,增产降耗。经测算,使用 UHPC 薄型烟道板相较于传统钢筋混凝土烟道板,每平方米可减少材料用量约 30%,二氧化碳排放量降低 40kg。

UHPC 材料采用预制生产,不用现场浇筑,提高了施工场地安全性,缩短了工期。其优异的耐久性和超高强度能够减少烟道板构件的维护返修次数,延长烟道板的使用周期。据统计,采用 UHPC 薄型烟道板后,施工工期平均缩短了 20 天,维护返修次数在使用周期内减少了 5 次。

### 4.2 经济效益

(1)传统的预制钢筋混凝土材料烟道板,预算造价约是 3000 ~ 5000 元/m$^2$,原设计厚度是 250mm。UHPC 预制材料造价约 8000 ~ 12000 元/m$^2$,当 UHPC 薄型烟道板厚度减低至 60mm 时,经详细成本核算,测算综合成本与原预算造价持平。在实际项目中,以北京东六环隧道工程为例,使用 UHPC 薄型烟道板在材料采购方面虽单价较高,但因厚度减薄,总体材料费用并未增加。

(2)传统的预制钢筋混凝土材料烟道板,表面需要做表面防腐处理防止腐蚀、脏污,预算造价成本 100 元/m$^2$。UHPC 新材料表面光洁、密实性大、结构稳定,外界有害物质难以侵入,无需做表面处理。以北京东六环隧道 5000m$^2$ 的烟道板应用为例,传统烟道板表面防腐处理每平方米造价 100 元,每年需进行一次维护。采用 UHPC 薄型烟道板后无需此项处理,每年可节省表面处理费用 5000 × 100 = 500000 元。

(3)传统的预制钢筋混凝土材料烟道板,受隧道复杂环境影响,容易腐蚀、吸污、老化、开裂、漏水等,使用寿命短,维护保养成本极高。对过去 10 年中不同地区使用传统预制钢筋混凝土材料烟道板的多个隧道项目进行调研,统计其每年的维护保养成本,平均约为 200 元/m$^2$。UHPC 材料使用寿命长且运营区间无需养护成本。以 50 年使用周期计算,使用 UHPC 薄型烟道板相较于传统烟道板可节省维护保养成本 200 × 50 = 10000 元/$m^2$。

(4)传统的预制钢筋混凝土材料烟道板,厚度 250 ~ 350mm,占用空间巨大,无法保证盾构隧道空间的最大利用。UHPC 薄型烟道板新材料,厚度是传统混凝土材料的 1/4,较好地保证了地下盾构隧道的空间利用率。例如,在满足相同通风排烟需求的情况下,采用传统烟道板时隧道内设备布置空间有限,仅能安装基本的通风设备。采用 UHPC 薄型烟道板后,因厚度减薄,可额外增加 20% 的空间用于增设设备。

## 5 总结

UHPC 具有超高强度、高韧性和高耐久性,其强度高、抗冲击性能好,使用寿命长。对比传统钢筋混凝土盾构隧道烟道板,新型 UHPC 薄型烟道板:①强度高、抗冲击性能好,减少了厚度,可以减少结构构件尺寸,获得更多的使用空间,同时能够更好地抵抗烟道结构自重的长期挠度问题;②抗压抗折强度高、结构耐久性均高于传统的钢筋混凝土的 3 倍,抗压强度达到 130MPa,抗折强度达到 12MPa 以上;③防火性能好,不易受热开裂,有效减少火灾二次事故的发生;④施工可工厂预制或现浇,省人工、省材料、省工期,对于城市的发展和建设具有重要意义。

# 隧道跟随式照明智能调光节能系统

（广州博路电子设备有限公司；广东云茂高速公路有限公司）

## 0 引言

本文以云茂高速公路8座隧道的示范应用为例，介绍了隧道跟随式照明智能调光节能系统。该系统以先进的雷达感知器和数据处理技术为核心，集车辆识别、车辆跟踪、轨迹跟踪、状态识别等多项业界领先技术于一体，能够实现隧道全场景下的信息采集和调光策略分析。同时，该系统可以对影响行车安全的突发事件进行区分、记录和报警，确保行车安全。通过改善原有隧道的照明模式，该系统可以更加智能地做出合理的调光方案，避免数据、路面亮度和照明资源的浪费，从而大大降低了能源消耗和运营成本。

## 1 技术概况

随着我国高速公路建设事业的快速发展，隧道的数量剧增。隧道照明是保证隧道内车辆通行安全的重要环节，而照明费用已成为公路运营单位的沉重负担。传统的隧道照明系统普遍存在着能源浪费、配光设计不合理等问题，已不能适应现阶段车辆驾驶安全和节能降耗的需要。因此，需要探索一种既能为驾驶员提供舒适的行车环境，又能确保行车安全，同时能够降低能源消耗、节约运营成本的隧道照明控制系统方案。

隧道跟随式照明智能调光节能系统综合考虑隧道的安全照明和需求照明等方面实际需求，借助先进的雷达感知器和数据处理技术，对驶入隧道的车辆进行精准定位和状态判断，通过自适应调光技术调节隧道内照明强度，从而使现有的隧道照明实现自动化、智能化和信息化。

## 2 技术分析

### 2.1 技术原理

为了实现隧道运营安全与照明节能的和谐统一，隧道跟随式照明智能调光节能系统对洞外亮度、来车实时变化等因素进行检测，提供有效数据，对隧道照明进行实时运行管理：通过分段独立控制，无车通行时，系统通过改变调光电压/485信号等方式，使照明度降低至低限水平；当车辆通行时，系统根据洞外亮度、实时的车流量，恢复照明亮度至相应车流量的标准亮度水平，从而降低照明能耗。系统工作原理图见图1。

在应急情况下，隧道现场应急控制系统会启动。当设备发生故障或隧道内发生车辆事故时，应急控制系统会立即获取中断或异常信号，将照明系统的工作状态调整为灯具全开状态，以保障行车安全。

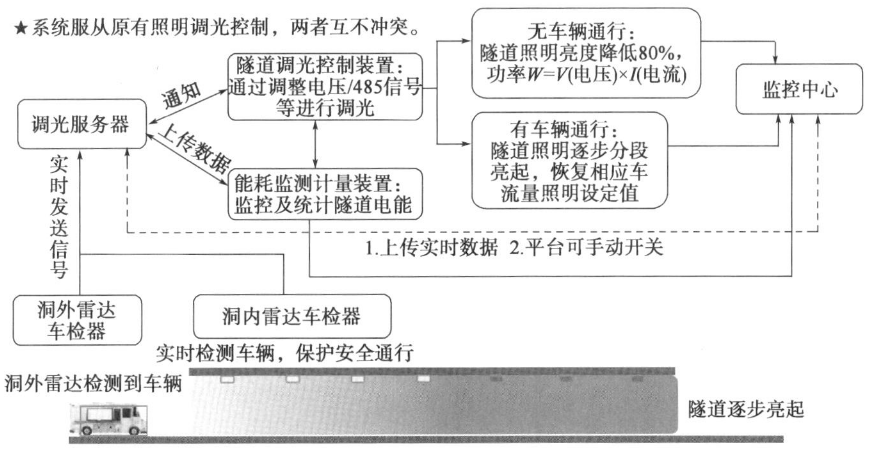


图1 系统工作原理图

系统调光策略设置的原则、标准满足《公路隧道照明设计细则》(JTG/T D70/2-01—2014)(简称《细则》)要求。

车辆通行时,在符合规范的前提下,入口段以及出口段照明亮度按外界自然光线动态调整,过渡段以及基本段亮度符合《细则》的要求,如图2所示。

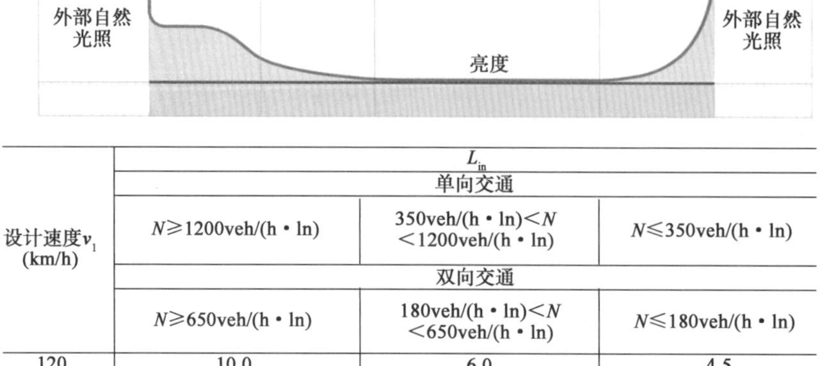


| 设计速度$v_1$(km/h) | $L_{in}$ | | |
|---|---|---|---|
| | 单向交通 | | |
| | $N \geq 1200$veh/(h·ln) | 350veh/(h·ln)$<N<$1200veh/(h·ln) | $N \leq 350$veh/(h·ln) |
| | 双向交通 | | |
| | $N \geq 650$veh/(h·ln) | 180veh/(h·ln)$<N<$650veh/(h·ln) | $N \leq 180$veh/(h·ln) |
| 120 | 10.0 | 6.0 | 4.5 |
| 100 | 6.5 | 4.5 | 3.0 |
| 80 | 3.5 | 2.5 | 1.5 |
| 60 | 2.0 | 1.5 | 1.0 |
| 20～40 | 1.0 | 1.0 | 1.0 |

图2　隧道亮度标准

无车辆通过时,其实时的交通量为0,系统通过改变调光电压/485信号等方式进行调光,使照明亮度降低至《细则》要求最低照度。

## 2.2　关键技术、工艺流程及主要设备

### 2.2.1　关键技术

(1)隧道安全照明调光技术

系统是基于隧道自动化照明和运营安全为前提,对驶入隧道的车辆进行定位并做状态判断,根据获得的数据信息调节隧道照明灯具亮度,在安全与照明节能和谐统一的基础上实现照明调节自动化、智能化。

系统具有自我检测能力:系统的设备通信时伴随握手信号的传递,每秒进行10次握手信号,超过1s无握手信号,将触发应急措施,隧道内照明恢复全亮模式直至信号恢复。设备自检模拟如图3所示。

系统通过洞内车辆检测器,持续检测跟随车辆的实时位置与行驶情况,如出现严重拥堵、故障停车时,恢复隧道照明亮度。安全性检测模拟如图4所示。

图3　设备自检模拟

a)车辆出现拥堵时

b)车辆发生故障时

图4　安全性检测模拟

(2)车辆精准检测和定位技术

系统通过雷达感知设备,实时采集隧道内的车辆信息,同时统计数据作为依据;系统根据统计的数据,运用基于深度学习的车辆检测算法,对道路上的车辆进行精准的检测和定位。

(3)分段调光控制技术

系统通过对隧道内车辆的实时检测与跟踪,将长隧道的灯光分段独立控制,软件算法结合雷达数据,实现“分段来车灯亮,车离开自动降低灯光亮度”的跟随式照明,有效节约能源。隧道调光示意如图5所示。

2.2.2 工艺流程

隧道洞外雷达车检器检测车辆是否进入隧道→洞内雷达车辆检测器检测隧道内车辆状况→通过机房/配电所的调光服务器判断隧道内车辆行驶状况→由调光服务器进行命令传输以及调光操作。隧道调光流程如图6所示。

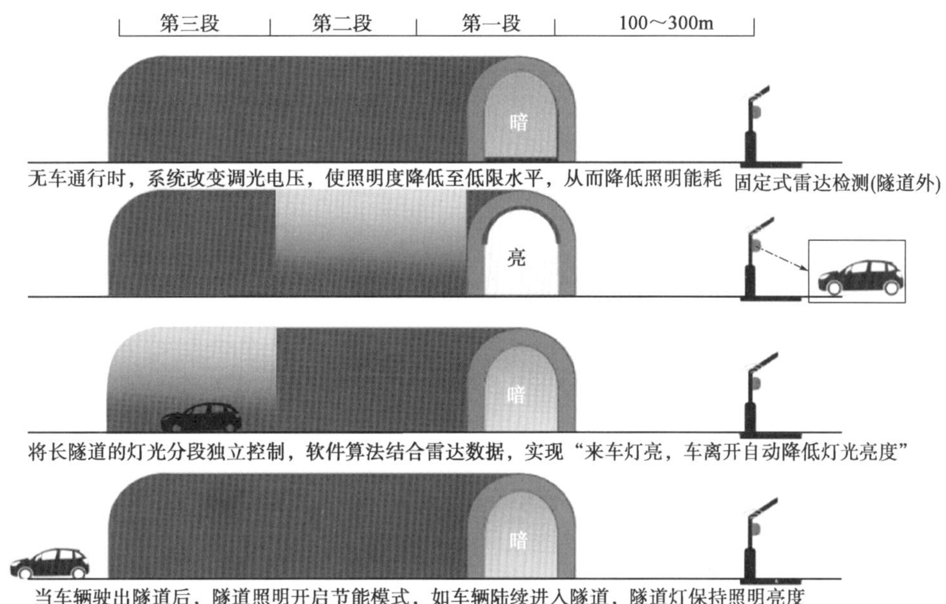


图5 隧道调光示意图

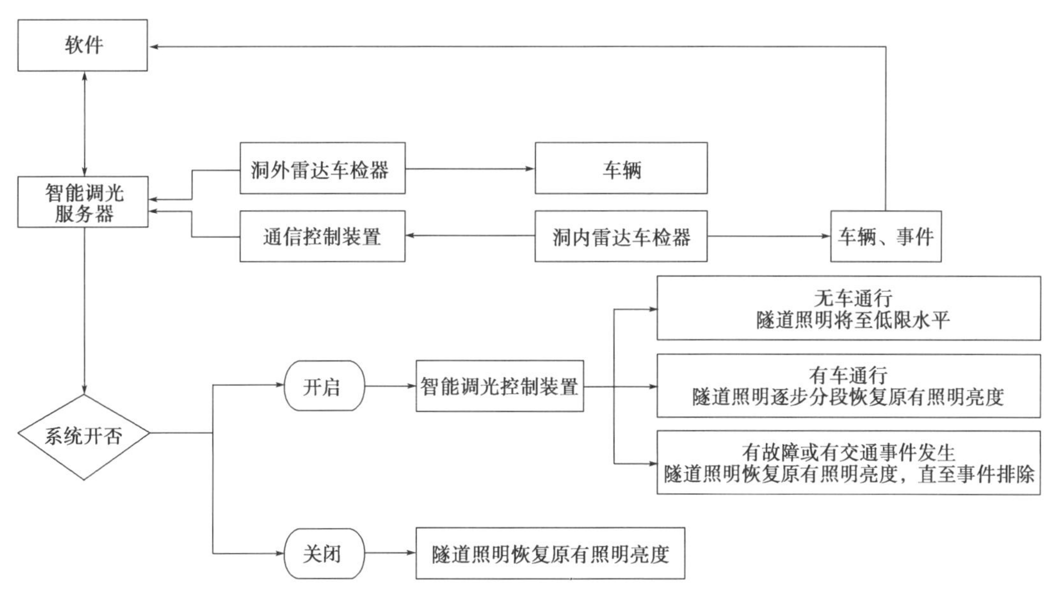


图6 隧道调光流程图

2.2.3 主要设备

系统主要包括硬件系统和软件系统。

(1)硬件系统

包括洞外雷达车检器,洞内雷达车检器,调光控制装置、调光服务器、能耗监测装置等设备。硬件系统辅佐于软件系统,对车流量等实时变化因素进行检测及计算,提供有效数据。

(2)软件系统

基于硬件系统的数据支持,在国家隧道照明相关规范的基础上,对隧道照明进行实时运行管理,保障安全节能。系统拥有独立软件,可支撑实现的功能有:远程操控系统、实时监控跟踪车辆、数据的统计分析、设备的远程设置等。

## 3 技术应用情况

### 3.1 应用项目介绍

本项目应用实施点为云茂高速公路8座隧道:竹瓦岭隧道、黄楼隧道、南寨隧道、茶山岭隧道、新屋隧道、金林隧道、夏黄山隧道和金山径隧道。据统计,8座隧道运用该系统后,隧道照明在原有的分级调光节能60%的基础上,可再次节能,其再节能的综合节能效率约26.92%,年节约用电约100万kV·W,节能效果显著。

### 3.2 实施方案及流程

实施方案:选取了8座隧道实施,在原有的分级调光控灯模式上添加隧道跟随式照明智能调光节能系统。系统调光策略的制定是按照最大交通量和行驶速度对照明进行有级控制:无车通行时,系统改变调光电压,使照明度降低至20%;当车辆通行时,系统逐渐恢复照明度至标准水平,从而降低照明能耗。

实施流程如图7所示。

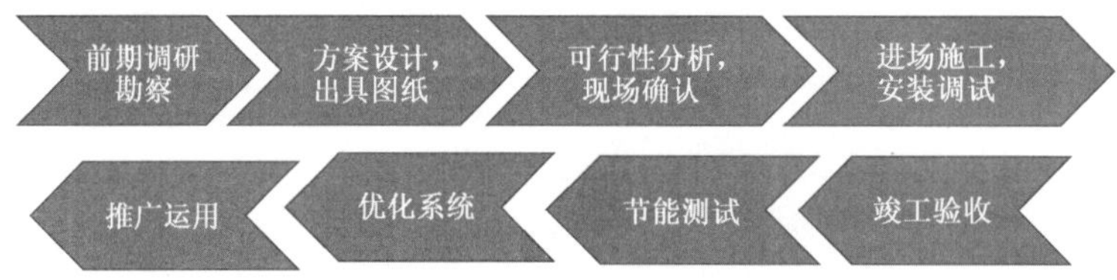


图7 实施流程图

## 4 效益情况

### 4.1 社会效益

①研究成果将确定“跟随式照明”的理念化设计,保障隧道节能效果的可行性和可持续性,协助全国范围内其他适合隧道进行节能。

②改善原有隧道照明模式,使其具备数据采集、处理分析和应用的能力,做出更智能化的方案,解决了数据浪费、路面亮度过高、照明浪费和能源浪费等问题。

③通过本项目研究,在理论研究的基础上提出适用于高速公路隧道节能目标的探测设备、监控软件等创新产品的应用方向。

④提升运营单位的自动化、智能化、可视化、精细化程度和管理水平。

⑤通过该系统的应用,构建了一个绿色隧道照明设计与评价体系。这个体系从驾驶员视觉需求和交通事故预防角度出发,量化评估隧道光环境质量,为道路隧道绿色节能照明设计提供了指导。这有助于推动隧道运营安全与智慧节能发展,提高隧道照明设计水平。

### 4.2 经济效益

①隧道跟随式照明智能调光节能系统实施,将能及时了解隧道内车辆行驶情况,减少隧道运营安全事故,进而减少了车辆拥堵经济成本和隧道环境下车辆事故财产损失。

②隧道跟随式照明智能调光节能系统,可降低照明能耗,从而减少了高速公路的能耗成本,缩短了照明设备的折旧周期,降低了设备维护成本。

## 5 总结

现有的隧道照明控制模式,属于24h硬性开启状态,其隧道照明调光控制主要是采用根据洞外的亮度变化,按照最大交通量来进行控制的调光控制方案。该调光控制方案下,各段照明的亮度始终处于最大规定值状态,照明控制系统对车流量等实时变化因素没有考虑。在实际运行中,车流量较小路段隧道照明存在相当大的电能浪费。隧道跟随式照明智能调光节能系统综合考虑运营隧道关于安全照明和需求照明等方面实际需求,对驶入隧道的车辆进行精准定位和状态判断,根据获得的数据信

息,调节隧道内照明强度,使现有的隧道照明自动化、智能化和信息化。该系统主要优势和科技创新点如下:

①实时雷达数据感知与处理,“车来灯亮,车走灯暗”伴随式智能调光。

②全场景信息采集与调光辅助分析。

③隧道照明安全性调光:自动报警与通知。

④延长隧道照明寿命。

# 喷射混凝土晶胶改性聚合物

（四川农业大学；西南交通大学；天津如米基业新材料有限公司）

## 0 引言

为推动隧道与地下工程安全、经济、高效、低碳施工建造，坚持高起点、高标准、高质量推进工程建设质量，研发出一种低碳节能环保的新型纳米材料——喷射混凝土晶胶改性聚合物。该产品基于纳米新材料的有机/无机杂化改性技术，是由多种高分子有机材料和纳米材料组成的一种水性羟-羧基纳米改性聚合物，有效解决了喷射混凝土在施工过程中面临的喷射回弹率高、早期强度低、水泥用量大、耐久性差、综合成本高、适应性差等行业痛点问题。

## 1 技术概况

喷射混凝土晶胶改性聚合物作为一种新型纳米材料，在隧道与地下工程领域施工建设中能够提高喷射混凝土活性，增强喷射混凝土耐久性能，且其适应性强，在生产和使用全过程零排放、对人体健康无危害、对环境无污染。在满足混凝土施工技术指标要求的同时，极大地降低经济成本，是实现混凝土行业“生态、绿色、低碳”发展的核心材料，对发展循环经济、促进技术进步、推进混凝土行业结构调整具有重大意义。中国国检测试控股集团股份有限公司颁发的《温室气体减排量核证声明》证实了该产品在技术上的领先优势，混凝土拌和及喷射性能良好、适应条件广，其先进性、创新性受到工程建设单位的广泛青睐，能够大幅降低喷射回弹率、节约水泥和速凝剂用量、加快隧道施工进度，实现温室气体的减排，达到喷射混凝土施工建造“低碳、降耗、增效”目标。

## 2 技术分析

### 2.1 技术原理

喷射混凝土晶胶改性聚合物是一种基于纳米新材料的有机/无机杂化改性技术，是由多种高分子有机材料和纳米材料组成的一种水性羟-羧基纳米改性聚合物，在保证混凝土分散性和流动性的同时，对速凝剂有极强的催化增效作用，能够大幅降低喷射回弹率、减少水泥用量、提高混凝土抗折抗压强度和抗渗等级，对喷射混凝土起到增强增韧和耐久性的优势。

### 2.2 关键技术及主要设备

研发了喷射混凝土晶胶改性聚合物 A 料（减水型）和 B 料（速凝型），其中 A 料由无机纳米材料协同多羟/羧基高分子聚合物杂化的共稳定体系纳米材料，无机纳米材料具有强烈的体积效应、表面效应等特征，多羟/羧基高分子聚合物保证了胶凝材料在体系中有效分散。B 料由速凝类无机盐材料和纳米激活材料形成的液体悬浮性稳定体系组成，在湿喷机枪头处加入后，喷射过程具有凝结速度快、雾化均匀、强度增长快等特点。

向喷射混凝土中加入适量 A/B 晶胶改性聚合物，其中的无机纳米材料协同多羟/羧基高分子聚合物复配材料，可以使整体胶凝材料的级配从纳米尺度到微观尺度更加连续，提高混凝土密实度；同时，多羟/羧基高分子聚合物表面存在大量羟基/羧基，掺入胶凝材料中削弱电荷斥力影响从而缩小缝隙，提升喷射混凝土的抗渗性能。

无机纳米材料可以与多羟/羧基高分子聚合物产生交联作用，提升力学性能，进而作为喷射混凝土强化剂应用到混凝土制备中，提升喷射混凝土的强度，并在显著提高稳定性、分散性的同时，也保证了优异的流动性。在喷射过程中，A/B 料结合使用保证了喷射雾化的均匀性、喷射后的密实度和表面光滑度。

## 3 技术应用情况

### 3.1 应用项目介绍

2019 年 12 月—2020 年 11 月底，在中铁某局和重庆地铁中铁某局项目部顺利完成掺晶胶改性聚合物喷射混凝土施工任务。2021 年 6 月，在四川沿江高速项目某标段进行掺晶胶改性聚合物喷射混凝土洞内应用试验，取得非常好的效果。2021 年 7 月，四川省交通厅、沿江高速交建集团组织召开了喷射混凝土晶胶改性聚合物的现场观摩推进会，产品取得各项目部的一致认可，喷射混凝土晶胶改性聚合物在沿江高速得到大量应用。2021 年 4 月至今，在 CZ 铁路隧道喷射混凝土取得了较好试验效果，并进行了现场应用。

### 3.2 实施方案及流程

（1）掺晶胶改性聚合物的喷射混凝土配合比设计应满足以下要求：设计容重 2300～2400kg/$m^3$，控制混凝土总碱量≤3.0kg/$m^3$，胶凝材料密度 420～450kg/$m^3$，砂率 47%～57%，水灰比 0.38%～0.48%，坍落度 180～220mm。

（2）水泥应采用 P.O42.5/P.O42.5R 普通硅酸盐水泥，使用前应进行强度复查试验。水泥基本性能指标应符合现行《通用硅酸盐水泥》（GB 175—2023）中的相关规定。

（3）细集料应采用硬质、洁净的机制砂或中粗砂，细度模数 2.5～3.2。粗集料应采用坚硬而耐久的碎石或卵石，粒径 5～10mm，级配良好。

（4）水应采用不含有影响水泥凝固及硬化的有害物质的水。基本性能指标应符合现行《混凝土用水标准》（JGJ 63—2006）中相关规定。

（5）根据原材料情况设计优化最佳配合比，经室内试验检验验证后，组织现场试喷，测量回弹率、喷射大板强度，达到现场施工要求。

## 4 效益情况

### 4.1 社会效益

始终坚持以“节约资源、绿色生态、可持续发展”的理念来创新研发新材料，以坚持“科学施工、安全施工、绿色施工”，高起点高标准高质量推进工程质量。喷射混凝土晶胶改性聚合物在生产和使用中全过程零排放、对人体健康无危害、对环境无污染，在满足混凝土施工技术指标要求的同时，极大降低经济成本，是实现混凝土行业“生态、绿色、低碳”发展的核心材料，对发展循环经济，促进技术进步，推进混凝土行业结构调整具有重大意义。

### 4.2 经济效益

添加喷射混凝土晶胶改性聚合物后，每立方喷射混凝土可节约水泥用量 50～80kg，减少速凝剂用量 4～6kg；添加喷射混凝土晶胶改性聚合物后，把传统喷射混凝土在无水区的回弹率由 20% 以上降低至 3% 以内，富水区由 40% 以上降低至 5% 以内；综合成本计算得出，每百公里隧道按预算总价可降低成本近 1.2 亿元。

## 5 总结

在全球可持续发展战略的要求下，科学发展深入人心，整个工程建设行业对节能减排、绿色环保以及人体健康意识与日剧增。喷射混凝土晶胶改性聚合物作为一种新型纳米材料，在隧道施工领域中可以节省水泥、降低喷射回弹率、提高混凝土活性、增强混凝土耐久性。其技术的先进性、创新性、适用性有效解决了喷射混凝土在施工应用中所面临的痛点、难点问题，极大降低经济成本，为基础设施建设高质量发展赋能，为行业碳减排目标提供助力。

# 一种基于自然能源的隧道绿色智能无电通风系统

（西安公路研究院有限公司）

## 0 引言

改革开放四十多年来，我国的道路交通建设发展突飞猛进，取得举世瞩目的成就。随着公路质量和等级的提升，公路长大和特长隧道数量也在急剧上升，因此对于公路隧道质量和运营安全要求也逐渐提高，隧道的通风系统已成为整个隧道建设运营重点之一。为了满足公路隧道的通风要求，隧道通风方案和建设技术一直是业界学者和建设者研究的重点。目前，公路隧道通风主要采用机械通风方式。在隧道建设过程中通风系统存在建设规模大、造价高等特点，所以通风方式的选择成为了影响建设难度和建设投资的直接因素。在隧道运营过程中，存在通风系统能耗高、运营管养成本大、维护技术难度高等突出问题；且隧道发生火灾时极易烧毁通风设备和供电电缆，造成重大灾难和人员伤亡。近年来，随着绿色公路建设工程的实施，如何在公路隧道通风中节约能源，高效利用自然资源，成为公路隧道通风领域的重要研究方向之一。

## 1 技术概况

本研究项目通过对太阳能、风能、隧道内地热能、汽车行驶动能和汽车排放热能等能量进行综合利用，以达到隧道自然通风的目的。太阳能在利用的过程中主要是根据“烟囱效应”的原理，通过利用太阳能烟囱装置将太阳辐射产生的热能转化为空气动能，使与隧道内集风管路相连接的太阳能烟囱内空气不断从烟囱中排出，从而起到为隧道通风换气的作用。风能的利用主要是根据负压抽风的原理，利用负压抽风装置在太阳能烟囱顶部产生负压，通过负压的压差作用，提高烟囱内空气的流出速度。其他能量的利用是通过其专用装置，改善收集隧道内废热气以提高“烟囱效应”效果。智能控制系统可以实时控制隧道通风量的大小，防止火灾状况下“烟囱效应”失控。将综合利用多种能量的智能无电通风技术应用到公路隧道通风，有效解决了公路隧道在建设及运营过程中的节能和安全问题。

## 2 技术分析

### 2.1 技术原理

太阳能烟囱是一种利用太阳辐射，将热能转化为动能、加速空气流动的装置，将太阳能烟囱应用到公路隧道通风中，可以有效地强化公路隧道内污染空气的排出、提高隧道通风效率、节约资源、安全环保。

太阳能烟囱一般主要由两个部分构成：烟囱和集热装置。烟囱的主要作用是为空气提供流通的通道，集热装置的主要作用是利用太阳辐射对集热装置内的空气进行加热。太阳能烟囱系统简图如图1所示。

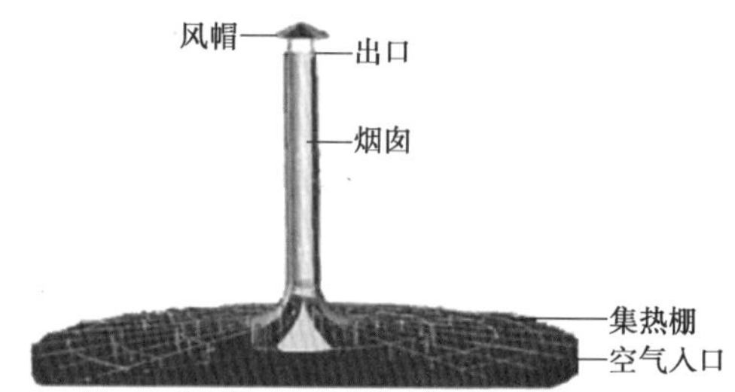


图1 太阳能烟囱系统简图

太阳能烟囱的利用可以有效地提高自然通风效率，改善空气品质。本研究项目通过对太阳能烟囱结构的分析研究，给出了一种适用于公路隧道通风的太阳能烟囱装置系统。

### 2.2 关键技术、工艺流程及主要设备

（1）通过对太阳能、风能、地热能、隧道内车辆排放能和汽车动能等多种资源的综合利用，减少了外供电能和通风机械的使用，使隧道运营成本大大

降低,节约资源、保护环境。

(2)通过相关装置,使隧道废气无需电能可实时排出,保证隧道内的空气质量,提高隧道的能见度,为司乘人员提供更加舒适、健康、安全的行车环境,达到建设隧道绿色环保示范工程的目标。

(3)在隧道外实施智能控制系统,隧道内不使用电能,故在隧道发生火灾后,相关设施不受影响仍可以正常工作,智能控制可以在火灾工况下将风速控制在理想范围,为火灾救援和人员逃生提供有效保障,减少隧道发生火灾后的人员伤亡和财产损失。

(4)太阳能烟囱装置在隧道通风中的应用示意如图2所示。

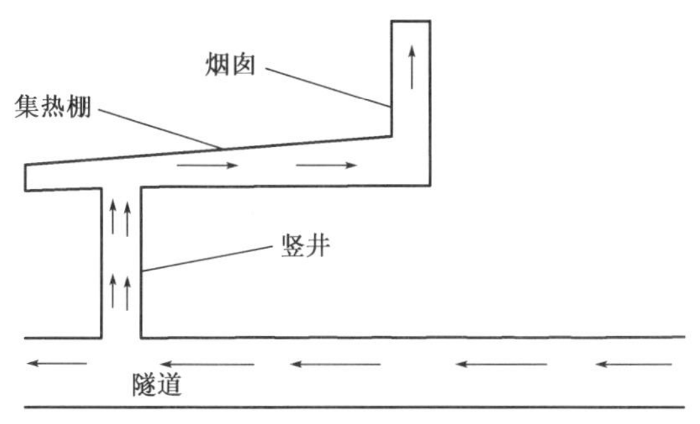


图2 太阳能烟囱隧道应用示意图

(5)主要设备为:①隧道顶部集风管;②太阳能集热棚;③智能控制系统;④排风烟囱;⑤负压抽风装置;⑥各主要设备之间连接管道。

## 3 技术应用情况

(1)陕西省咸旬高速雷家坡隧道。

为了对综合利用多种能量的公路隧道自然通风系统进行研究与实践,陕西省咸旬高速公路雷家坡一号隧道,已经建立起以利用太阳能、风能、地热能等多种能量综合利用的隧道自然通风系统,见图3。

图3 雷家坡一号隧道自然通风工程实景图

雷家坡一号隧道自然通风系统,通过搭建室外试验平台和实际工程实施,对多种能量综合利用的隧道自然通风理论进行了研究与实践,验证了其可行性与优越性。

(2)秦岭终南山隧道自然通风试验工程。

秦岭终南山隧道位于包茂高速公路陕西秦岭段,隧道全长18.02km,试验工程将2号竖井风机房两侧排风道的检修通道在风机房内连接,在连通位置加装机械控制风阀,使得隧道内受污染空气可不通过轴流风机排出,在烟囱效应和隧道内外温差作用下,隧道内受污染空气经隧道→排风通道→排风通道的检修通道→排风通道→竖井,最终排入大气,排出路径在工程模型中的展示及工程实体照片如图4、图5所示。

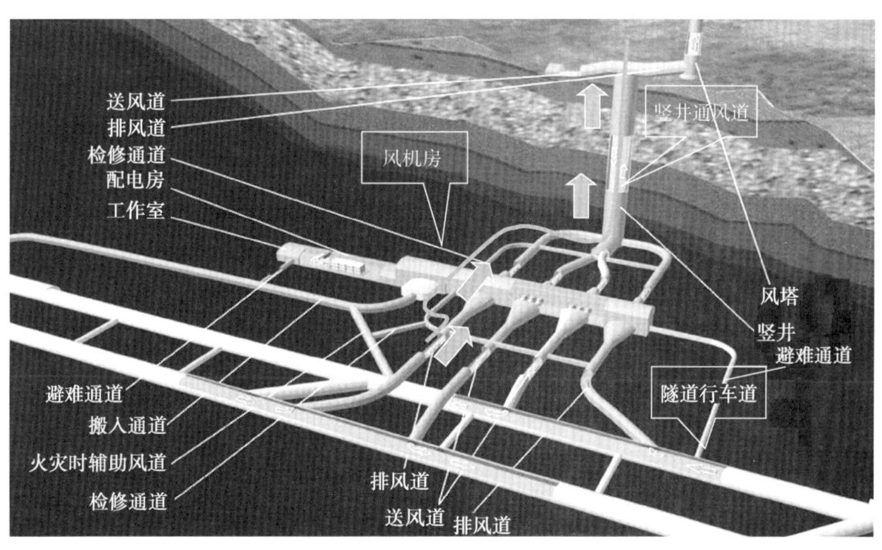


图4 秦岭终南山公路隧道2号竖井通风试验工程模型

a)

b)

c)

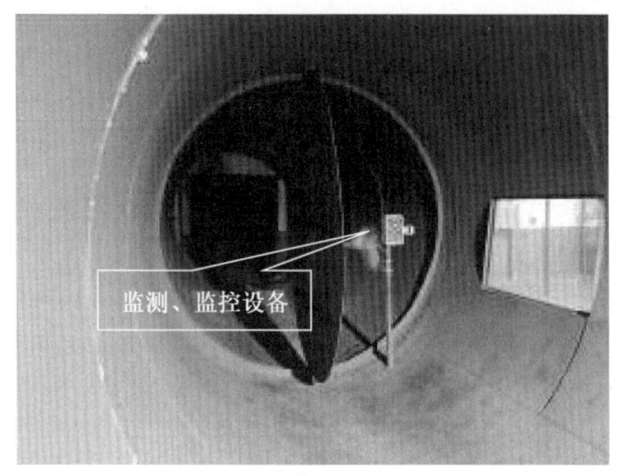


d)

图5　秦岭终南山公路隧道2号竖井自然通风试验工程照片

## 4　效益情况

### 4.1　社会效益

隧道是一个较为密闭的行车空间,洞内的粉尘、汽车尾气等不易排出,特别是特长隧道,该问题更为突出。隧道内空气质量会影响隧道内能见度和驾驶员驾驶情绪,从而影响隧道内行车安全。通过无电智能通风项目实施,隧道内实现实时的"通风、换气",可提高隧道内空气质量,减少事故,保证隧道运行安全,增加社会效益。

该系统综合利用太阳能、风能、汽车行驶排放能、汽车动能、地热能和烟囱效应,在不消耗电能的情况,实现隧道内实时通风,节约电能,减少通风设备和维修费用,实现了绿色环保发展理念。

表1为使用1度(kW·h)电的污染物排放系数。以我国最长的公路运营隧道秦岭终南山隧道为例,隧道通风设备总功率约8000kW,每天开机8h,年用电23360000kW·h,若采用此系统通风,则每年减少用电折合标准煤9344t,减少二氧化碳排放23000t。

**使用1度(kW·h)电的污染物排放系数**(单位:kg)　　表1

| 折算标准煤 | 碳排放 | 二氧化碳排放 | 二氧化硫排放 | $NO_X$排放 |
|---|---|---|---|---|
| 0.4 | 0.272 | 0.997 | 0.03 | 0.015 |

### 4.2　经济效益

若以一个3km高速公路隧道为例,使用绿色智能无电通风系统建设总投资约为300多万元。同样,3km高速公路隧道,隧道通风使用机械通风方式,建设投资大约为:风机和安装费约100万元,供电线路及设备约100万~500万元(视供电线路长度确定)。针对3km的高速公路隧道可以简单地认为,使用绿色智能无电通风系统与采用机械通风投资基本相当,对于更长的有竖(斜)井的公路隧道,绿色智能无电通风系统的建设投资将远低于常规的建设投资。

分析其节约的运营电费则更为可观,一般3km

高速公路隧道通风风机总功率约 1000kW 左右,每天开启风机时间约为 8h,3km 长的高速公路隧道年用电费和维修费约 100 万元(电价按 1 元/kW·h 均价计算);而绿色智能无电通风系统在运营期间不需要电费。

## 5 总结

目前我国对综合利用多种能量的公路隧道通风理论研究较少,在工程中应用更是屈指可数。陕西咸(阳)—旬(邑)高速公路雷家坡一号隧道已建立起综合利用太阳能、风能、地热能等多种能量的隧道自然通风系统。雷家坡一号隧道无电智能通风系统的建设和应用,为基于综合利用多种能量的公路隧道通风技术建立了示范。

为进一步促进项目成果的推广应用,建议扩大推广隧道无电智能通风技术应用试点,深化完善研究相关技术规范,真正达到公路隧道通风绿色、智能、安全、低碳的目的。

# 基于多功能蓄能发光材料的公路隧道低碳安全照明技术

（安徽中益新材料科技股份有限公司；武汉广益交通科技股份有限公司；广东云茂高速公路有限公司）

## 0 引言

混凝土类防护涂层因反射率不能满足相关照明规范要求，目前公路隧道中已逐步不再大规模应用。瓷砖品质参差不齐，且容易脱落和不耐脏，油污难清洗。搪瓷钢板、铝塑板的生产工艺往往需要在800℃以上高温下进行，而1t材料升高100℃相当于排放二氧化碳30kg，不符合当下国家低碳发展政策。针对公路隧道照明灯具和设计，目前《公路隧道照明设计细则》（JTG/T D70/2-01—2014）只规定了路面亮度和均匀度，但试验表明，公路隧道照明是动视觉状态下的空间照明理论，而不是静态状态下的平面照明理论，影响隧道照明光环境质量的因素不仅包括路面照明亮度和照明均匀度，还应包括照明光源色温与照明亮度的关系、光源光谱波长、隧道拱顶、壁面与路面亮度背景亮度。公路隧道安全照明应是以保证安全视距为前提的考虑车速、色温、光谱、背景亮度等多因素相互作用的结果，而非静止平面照明的单一因素。

## 1 技术概况

本项目利用氧化铝、氧化铕、氧化镝、氧化镨及麦饭石高温固相形成改性稀土长余辉发光粉；基于改性稀土长余辉发光粉，研发了可明显提升隧道壁面亮度与照明质量的多功能蓄能发光材料（涂料、装饰板、DFLED灯）及产业化的制备装置。建立了在机动车灯照射下既能提高人眼视觉，又可逆反射提高人眼参照系，还可在无光照射时能够延时自发光引导照明的多功能蓄能发光道路光环境诱导系统。根据隧道照明需求进行照明调节的前馈控制方法，提出了公路隧道绿色照明的设计及应用技术方法。

## 2 技术分析

### 2.1 技术原理

利用碳酸锶、氧化铝、氧化铕、氧化镝、氧化镨及麦饭石，通过晶体结构控制和纳米微电容高温固相形成改性稀土长余辉发光材料，该材料可吸收不可见电磁波，并引发原子核外空穴电子跃迁转化成人眼可见480～580nm的光谱，该光谱可弥补各种灯具光谱不连续的缺陷，有效提高驾驶员视距。

利用改性稀土长余辉发光材料耦合反光材料，形成在机动车车灯照射下可逆反射诱导、车灯离开后又能余辉自发光应急引导指示的隧道多功能蓄能发光光环境诱导系统。

### 2.2 关键技术

（1）改性稀土长余辉发光粉增亮及负氧离子释放技术

利用碳酸锶、氧化铝、氧化铕、氧化镝、氧化镨及麦饭石高温固相形成改性稀土长余辉发光粉，通过控制晶体结构只吸收不可见光、增光增亮，实现改性稀土长余辉发光粉的增亮及光谱控制；相比于传统稀土长余辉发光粉，其主峰发射峰强提升近4倍，使人眼敏感的480～580nm光谱得到极大的补充和丰富。如图1所示。

（2）多功能蓄能发光涂料制备技术

基于改性稀土长余辉发光粉，研发了以超声波混料方法为核心工艺的无机硅纳米涂层（底漆＋下面漆＋上面漆）稳定体系，形成了防火阻燃、增光增亮、延时发光、释放负氧离子、耐酸碱、耐沾污、抗菌防霉的多功能蓄能发光涂料。相比传统涂料，在隧道内使用后增光增亮率≥25%，无光源照射后延时发光12h以上，负氧离子释放量≥1000个/$cm^3$，使用寿命从6～8年增至15～20年。根据多功能蓄能发光涂料的制备工艺，自主研发了产业化的成套制备装置。如图2所示。

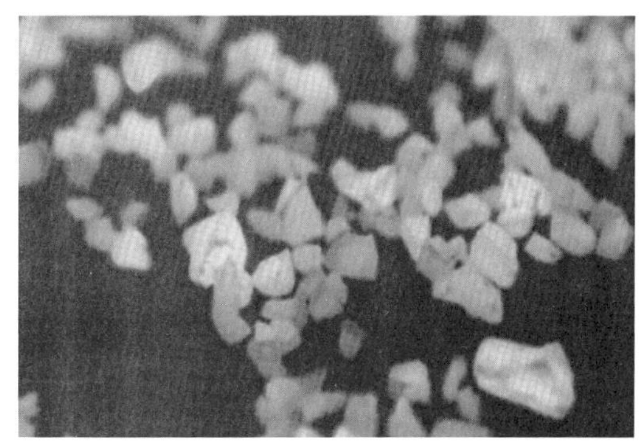

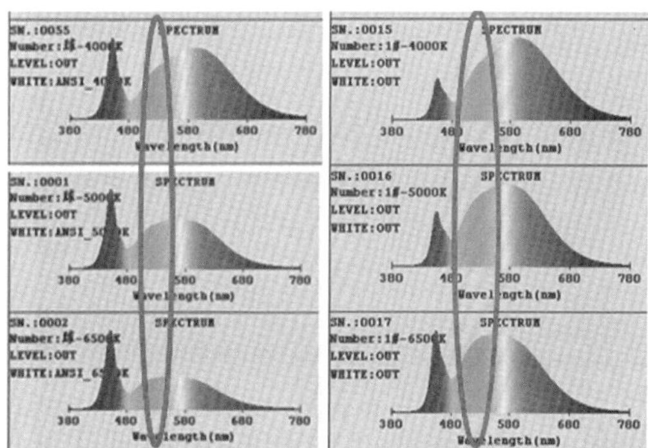

图1 改性稀土长余辉发光粉及其光谱改善

图2 多功能蓄能发光涂料及产业化制备装置

(3)延时发光的面光源DFLED灯具(以下简称DFLED灯具)制备及应用技术

以CsPbBr3量子点复配氧化锌溶胶、改性稀土长余辉发光粉，真空制备色温3500~4500K、使用寿命超50000h的延时发光面光源LED，提出其在公路隧道中的设计安装方法并在实体工程中应用，试验和实体工程应用发现，在相同功率和布设条件下，与LED灯具相比，DFLED灯具照明下可提高驾驶员大于35m的可视距离。根据延时发光面光源DFLED灯具的制备工艺，自主研发了产业化的成套制备装置。如图3所示。

(4)公路隧道多维光环境低碳照明设计技术

该项目提供了一种考虑隧道光源的色温、照明亮度与人眼视觉的舒适关系的多维度光环境照明系统，包括基于DFLED的低位照明和基于多功能隧道拱顶诱导标、多功能蓄能发光反光环、多功能蓄能发光轮廓标、多功能蓄能发光标线钉的安全诱导。该照明系统克服了传统高位照明高能耗的缺点，同时，在满足路面照明亮度、均匀度的同时，又能弥补光源光谱在480~580nm段缺失，提高背景亮度，增加视认距离，营造舒适的光环境，利于行车安全。全方位的诱导提供了适合人眼的视觉参照系，可有效消除视觉疲劳现象，二者结合，既节能又安全，实现了低碳安全照明的目的。

图3 DFLED灯具及产业化装置

## 3 技术应用情况

### 3.1 应用项目介绍

技术应用于广东云茂高速公路隧道装饰及照明工程，项目起点位于云浮罗定市围底镇，终点为茂名市荷花镇，主线全长约129.8km，按照双向四车道、时速100km的高速公路标准设计，全线设置8座隧道，双洞全长约23.19km，2021年云茂项目被广东省交通运输厅明确为第一批绿色公路建设示范项目，被中国公路学会授予“最美绿色高速”称号。

### 3.2 实施方案及流程

依托工程隧道的实施方案包括采用多功能蓄能发光涂料对隧道主洞壁面亮化装饰设计，采用多功能蓄能发光设施进行行车诱导、辅助照明、应急诱导。

(1)在隧道进出口60m以内的检修道表面至垂直3.1m高度内喷涂多功能蓄能发光涂料，检修道3.1m高处向隧道拱顶部分喷涂纳米硅负离子涂料。多功能蓄能发光涂料的外观颜色为浅黄色，黑暗中发光颜色为黄绿色。在隧道检修道向上1.5m处，沿着隧道侧壁，喷涂10cm黑色警示带。

(2)在隧道全长范围沿着隧道两侧检修道侧壁中心线安装蓄能发光反光轮廓标(有源)，设置间距10m；在隧道全长范围沿隧道断面安装15cm宽蓄能发光发光环，单环双面，进出洞口各设置一道，距进洞口每隔306.5m设置一道反光环；隧道两侧墙距检修道5m以上布置隧道拱顶亮化标，每横断面分布5个隧道拱顶亮化标，横断面布置间距12m，10行一个阵列，一阵列中心居中布置在两道反光环中心位置处。

## 4 效益情况

### 4.1 社会效益

该技术在云茂高速实体工程隧道中应用，有效消除了隧道进出口的“黑洞”“白洞”现象，明显地提高了隧道路面可视距离，视距增大≥35m，提高路面照明均匀度≥10%、提高纵向照明均匀度≥75%，保证了隧道营运行车的舒适性和安全性，并在断电情况下可提供应急指示和逃生照明。

### 4.2 环保效益

多功能蓄能发光涂料具有防火阻燃、增光增亮、延时发光、释放负氧离子、抗菌防霉、耐酸碱、耐沾污、易清洗等功能，经国家建筑材料测试中心检验，材料抗细菌性能Ⅰ级、抗霉菌性能Ⅰ级，挥发性有机物、游离甲醛、苯、甲苯、乙苯、二甲苯总和、重金属(限色漆和腻子)含量均未检出，且材料具有释放负氧离子功能，可以净化隧道内空气环境，提升隧道空气质量。

### 4.3 经济效益

根据对实际应用工程进行检测，该技术与传统设计方案对比：本项目能节约装饰材料费用863.08万元；全寿命周期内节约运营养护费用9411万元。成果在云茂高速公路应用后，综合节能达到28.3%。

## 5 总结

研发了可弥补光源光谱波长，明显提高人眼视认性的多功能蓄能发光材料，基于此，提出了可提高驾驶视觉距、减少视觉疲劳的隧道光环境诱导系统和公路隧道低碳节能的绿色照明设计及应用方法。利用该技术可使隧道路面照明的总均匀度增加大于10%、纵向均匀度增加大于75%。低碳安全照明技术的应用，提升隧道安全运营率大于95%、节约隧道照明能耗大于25%、降低养护费15%，与其他装饰材料相比，减少工程造价20%，并明显提高了隧道光环境的舒适性及隧道空间的空气环境质量。

# 隧道顺光照明和智能控制技术

(广州市北二环交通科技有限公司;北京诚达交通科技有限公司)

## 0 引言

本课题针对高速公路隧道照明能耗高、存在“黑洞效应”及眩光易引发安全风险等痛点,通过依托工程研究高速公路隧道顺光照明和智能控制技术,提出隧道顺光照明技术应用对公路行车安全的影响分析,提出影响隧道照明性能的各项参数、指标,提出多场景应用条件下的典型设计方案,为隧道顺光照明和智能控制技术配置提供理论依据。本课题可推广应用于新建或改扩建高速隧道照明设计及改造,在隧道节能领域具有很好的应用前景和指导意义。

## 1 技术概况

为避免“黑洞效应”,高速公路隧道照明存在白天用电能耗比夜间更高,晴天用电能耗比雨天更高的现象。同时隧道照明眩光也有较大的负面影响,一方面降低障碍物的可见度,另一方面会使驾驶员产生不适感从而引发交通事故,如何减少眩光也是亟需解决的问题。因此本课题的主要技术包括:

(1)结合公路隧道照明基本特点和驾驶员通过公路隧道的视觉特性,对依托项目所用灯具进行设计,通过仿真试验确定照明指标和参数性能。

(2)设计隧道智能照明控制系统,全过程测试各工况下设备运行状态,最后将测试结果与隧道改造前数据进行对比分析,验证智能控制系统对隧道节能提升的正确性。

(3)形成《隧道顺光照明技术指南》,提出隧道洞内顺光照明及智能调光控制技术规范指引和相关技术参数及指标,满足实际工程的需要。

## 2 技术分析

### 2.1 技术原理

公路隧道属特殊的半封闭空间结构,驾驶员操控车辆通过隧道时会经历“明适应”和“暗适应”过程,会造成驾驶员短暂出现“视觉滞后现象”,影响隧道内的行车安全,容易引发交通事故。根据《公路隧道照明设计细则》(JTG/T D70/2-01—2014),为保证行车安全,洞外亮度依据年户外最大亮度确定,易造成电能浪费。尤其在部分山丘地带,车流量较小,在长时间无车辆通行的时间段内,仍需开启全部灯具,过度照明。本课题重点研究隧道顺光照明技术和隧道智能控制系统,以解决隧道内行车安全和节能问题。

(1)顺光照明技术

目前公路隧道的照明方式有三种:顺光照明、逆光照明和对称照明(图1)。相比其他两种照明方式,顺光照明具有如下优势:

①缩短停车视距,增加行车安全性。停车视距是汽车安全行驶的重要保障条件之一,顺光照明在同样的亮度下能产生更好的照明效果,使驾驶员在高速行驶的过程中可以及时识别障碍物,缩短反应时间,从而缩短停车视距,增加行车安全性。

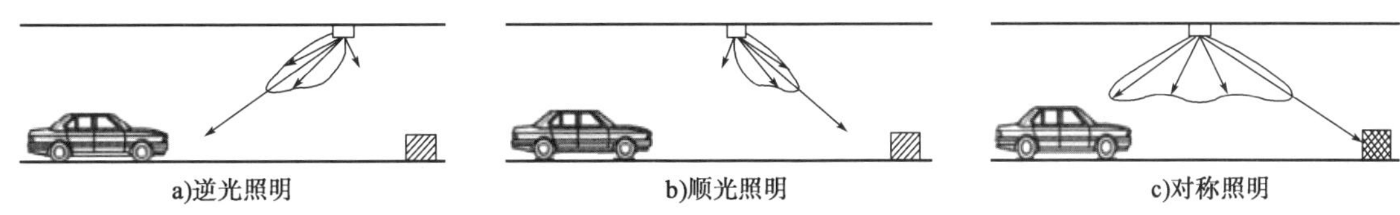


图1 公路隧道照明方式

②控制眩光。眩光可分为直接眩光和间接眩光,直接眩光就是在人的视线附近有高亮度的光源,在隧道照明中,如果人眼直接看向光源会产生这种眩光效果。直接眩光基本上都是来自与发光

体垂直线成45°～90°的光线,其中79°～90°的光线最为严重。本课题依托天鹿园隧道设计的顺光照明,其光源的倾斜角度是投向前进方向的,与隧道中线成30°角,可以避免直接眩光。

R. Hopkinson采用现象感觉法测验证实,在一定范围内,当背景亮度上升时,眩光效果降低,当背景亮度降低时,眩光等级上升。因此要减少眩光,不是单纯地提高照明亮度,而是要提高物体背景亮度。基于此,顺光照明对眩光可起到较好控制作用。

(2)隧道智能控制系统

隧道智能控制系统设计原理及核心架构,严格按照国家规范和行业标准的要求进行设计,入口加强段照明能根据洞外亮度和交通量的变化进行调光控制,中间段和出口加强段照明则能够根据进入洞内的实时交通量进行调光控制,并对洞内实际亮度进行实时检测和反馈,控制系统再根据反馈的信息自动调整洞内的亮度,形成一个动态闭环控制系统。如图2所示。安全、精准地调节隧道内照明亮度,实现隧道内灯光亮度的动态调节,从而在确保隧道行车安全的前提下实现节能减排,降低运营成本,提高隧道的智能化管理水平。

项目以合理划分LED灯回路和实时同步隧道内外光照情况为着重研究点,综合分析隧道照明的要求和特点,解决隧道照明控制系统现存问题。通过亮度传感器以及天气情况实时调控灯具工作状态,实现无极调光,提高光效利用率,节约能源和成本。

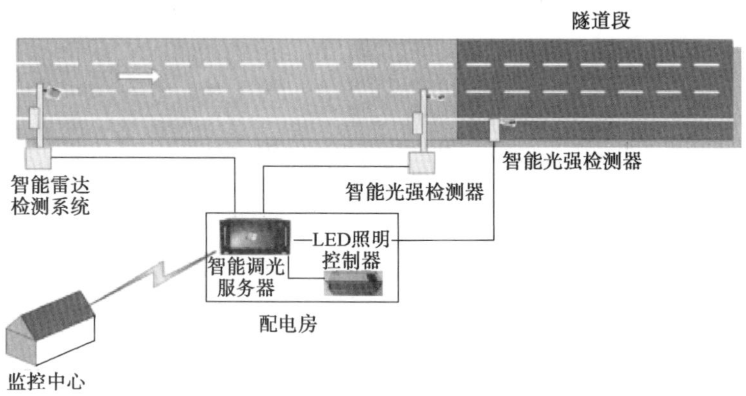


图2 隧道智能控制系统示意图

## 2.2 关键技术

(1)针对国内在建或已建隧道,调研并分析其照明灯具和智能控制系统,对课题研究提供可行性支持。广泛调研不同地区、不同产品类型的智能调光系统的运营效果,提出智能调光系统关键指标。

(2)依托工程进行仿真模拟分析和现场试验验证专题研究,包括顺光照明配光曲线、照度水平、眩光阈值增量测试,利用DIALUX等仿真模拟软件,对不同配光曲线、布灯方式等进行模拟,并在依托工程中进行现场测试验证,确定关键技术指标。

# 3 技术应用情况

本课题依托的北二环高速天鹿园隧道照明改造工程和木强隧道照明改造工程为广州北二环高速智能用电专项试点工程。项目组以隧道顺光照明和智能控制系统为主要手段,设计了全新的隧道顺光照明灯具和智能控制系统。在隧道照明灯具设计中,项目组对隧道顺光照明灯具进行了反复的测试、计算以及现场实地检验,后续应用在天鹿园隧道和木强隧道照明改造专项中。相比传统隧道照明方式,充分利用智能控制系统,显著降低电能使用和电费成本,减少碳排放量;同时智能控制系统进一步降低了项目养护人力成本。本项目充分践行构建绿色高速公路,智慧高速公路的设计理念,受到各级单位一致认可和好评。

此外,隧道照明和智能控制系统的相关技术在广州北环高速的相关隧道进行推广应用,在提升车辆安全通行和节能上取得较好效果和获得良好的社会反馈。

# 4 效益情况

## 4.1 社会效益

(1)行车舒适性提高。本课题在工程中的应用,有效保障隧道行车驾驶员视觉需求。首先应用隧道灯具顺光照明,确保驾驶员行车过程无眩光,同时提升前方车辆轮廓的质感;其次通过优化引道照明,有效避免进隧道“白洞”效应和出隧道“黑洞”效应,提高过往司乘人员行车的舒适性。

(2)行车安全性大幅提升。北二环高速天鹿园隧道东行方向顺光照明改造后,2020 年全年事故数量由 2019 年的 257 宗下降为 116 宗,同比下降54.86%。剔除全线下降 13.48% 的因数,隧道路段事故数量同比下降 41.38%,行车安全性大幅提升。如表 1 所示。

**北二环高速东行全线和天鹿园隧道路段事故对比表**

表 1

| 北二环高速东行 | 时间段 | 东行全线 | 隧道路段 |
|---|---|---|---|
| 事故数量 | 2019 年 | 1855 宗 | 257 宗 |
| | 2020 年 | 1605 宗 | 116 宗 |
| 下降比率 | | 13.48% | 54.86% |

## 4.2 经济效益

全长 302m 的北二环高速天鹿园隧道,经顺光照明与智能调光控制方案改造后,对比传统回路控制的 LED 灯照明方式,平均每天用电量由 1418.31kW·h 下降到 1131.24kW·h,可节省 20.24% 的能耗。

按北二环高速 2022 年第一季度平均电价 0.79 元/kW·h 计算,改造后每年约可节省电费 8.91 万元,减少碳排放量 8.2251t。粗略计算,应用顺光照明技术,每公里隧道每年可节省用电 35 万 kW·h,节省电费 30 万元,减少碳排放量 27t。

# 5 总结

本项目关键技术创新取得主要成果如下:

(1)本课题设计了全新的隧道顺光照明灯具,通过双透镜设计优化,找到最利于人眼识别的配光曲线,确保驾驶员行车过程不眩光,同时提升前方车辆轮廓的质感。申请并获批了一项实用新型专利《一种新型隧道灯》(专利号 ZL 2020 2 1296180.X)。

(2)本课题设计了基于车流量和洞内外亮度的智能调光控制系统,有效地降低能耗,助力高速公路绿色低碳发展。申请并获批了一项实用新型专利《一种隧道照明智能控制系统》(专利号 ZL 2020 2 1296225.3)。

(3)本课题形成基于 LED 调光和非对称配光的《隧道顺光照明技术指南》(中国交通运输协会团体标准,T/CCTAS 40—2022),填补了行业在该项技术领域的空白,对统一我国公路隧道顺光照明和智能控制技术标准,提升公路行业照明节能技术水平,保障公路工程运营安全,具有重要工程意义与实用价值。

# 水性超薄耐磨反光标线涂料及施工技术研究

（山东高速交通科技有限公司）

## 0 引言

针对传统单组分水性标线交联密度低、耐磨性差以及耐高低温性能差的问题，提出一种化学交联的双组分方案。包括：对基料采用分子杂化技术、自交联技术、快干技术等提高水性标线的附着力；提高基料的交联密度，提高水性标线涂料的固体含量；对施工参数的调整，形成一种可机械化喷涂的双组分超薄耐磨反光标线涂料，解决标线在季冻区存在的易开裂、易被融雪剂及铲雪车破坏的问题。本技术在黑龙江鹤大高速成功示范应用。

## 1 技术概况

近年来，低挥化性有机化合物（VOC）排放、低碳、环保型的水性涂料开发与应用成为道路标线涂料发展的方向与趋势。基于东北道路标线养护工程采用的热熔标线存在施工碳排放高、漆膜厚等问题，通过对现有水性单组分标线配方设计、调整及优化等，形成环保、漆膜薄（0.5～0.7mm）、耐高低温性能好、黏结力强、耐雪铲的双组分水性超薄耐磨反光标线涂料，本产品在国内属于首创。

## 2 技术分析

### 2.1 技术原理

水性超薄耐磨反光标线涂料由 A、B 两种组分组成。B 组分是反应性环氧树脂和丙烯酸树脂的杂化树脂，具有水性和油性双重特性的成膜特点；A、B 组分混合后，其中 B 组分与 A 组分发生交联（在该体系中，B 组份也会发生自交联反应），提高涂层的早期耐水性、交联密度、附着力、硬度以及耐腐蚀性能等；再配合 A 组分中的水性快干丙烯酸乳液，能够综合提高涂层的耐磨性、耐候性等性能。

### 2.2 关键技术、工艺流程及主要设备

（1）技术路线

针对季冻区的气候特征和应用要求，研究团队以进口快干丙烯酸树脂为主要成膜物质，在此基础上进行改良，具体优化调整以下内容：①不同种类的交联剂；②交联剂的添加量；③实际道路测试。

（2）关键技术指标

本产品参照《路面标线涂料》（JT/T 280—2022）进行检测，其中对黏结强度进行单独测试，强度可以达到 2.0MPa 以上或 100% 基材破坏；具有优异的耐磨性，高于标准 37.5%；耐水和耐碱性能高于标准的 2 倍；全寿命周期较长，使用期间的逆反射亮度系数高于标准的 25%。

（3）工艺流程

本标线涂料分为 A、B 两种组分，A 组分是以水性丙烯酸快干乳液为主要成膜物，配合水性胺类固化剂、分散剂、润湿剂、消泡剂、防冻剂、成膜助剂、pH 调节剂、颜填料等物质经过高速分散混合而成，B 组分为杂化树脂。施工时，以 A∶B＝6.25∶1（质量比）进行充分混合。

（4）主要设备

涂料及测试样板制备主要采用高速分散机、pH 计、数显斯托默粘度计、四面制备器等试验设备。漆膜的干燥性、机械性能及耐候性能主要采用不粘胎时间测定仪、数显拉开法附着力测试仪、全自动划圈法附着力测试仪、漆膜柔韧性测定仪、高低温交变湿热试验箱、UV 紫外加速耐候试验箱等试验设备。

## 3 技术创新点

水性超薄耐磨反光标线涂料在满足“环保、超

薄、耐寒、耐高低温”要求的同时还具有高效、机械化、冷施工等优异特点，涂覆路面的漆膜在兼具全天候可视性的前提下，还具有良好的稳定性及黏结性。针对传统水性标线薄涂不能兼顾耐久性、热熔厚涂标线不耐雪铲等问题，双组分水性超薄耐磨反光标线涂料主要通过以下方式提高薄涂性能兼顾耐久性问题。

①采用分子杂化、自交联、快干等技术提高涂料的附着力。

②通过提高基料的交联密度，提高水性涂料的固体含量。

③通过采用多种化学交联反应，提高涂层的机械性能。

④开发出一种新型双组分水性超薄耐磨反光标线涂料施工工艺，提高作业施工效率。

## 4 技术应用情况

### 4.1 应用项目介绍

自2021年研发成功以来，水性超薄耐磨反光标线涂料及施工技术已成功应用于黑龙江鹤大、哈同、哈牡以及伊春等高速公路标线工程项目中。

### 4.2 实施方案及流程

(1)准备阶段

①原路面准备；②材料准备(包括资料准备、涂料准备)。

(2)施工步骤流程

①施工准备；②清扫路面；③符合测量；④施划水线；⑤参数调整；⑥施划标线；⑦完工清理；⑧标线养护；⑨开放交通。

## 5 效益情况

该项目研究积极响应国家环保方面的政策要求，材料组成不含有机溶剂，极低的VOC和碳排放，施工方式节能、降耗、减排，不仅具备环境友好性，更体现了人文关怀，具有显著的环保效益。无论从产品材料本身，还是从施工工艺过程，水性超薄耐磨反光标线涂料都实现了质的飞跃，经实际工程应用证明，社会经济效益显著。

# 新型环保高分子彩色路面铺装技术研究

（山东高速交通科技有限公司）

## 0 引言

《中共中央制定国民经济和社会发展第十四个五年规划和二〇三五年远景目标的建议》第34条中提出“推动文化和旅游融合发展，建设一批富有文化底蕴的世界级旅游景区和度假区，打造一批文化特色鲜明的国家级旅游休闲城市和街区”。交旅融合发展是交通运输和旅游行业转型升级的有效途径之一，由此推动了彩色路面铺装技术的发展。本项目基于一系列试验测试，确定了彩色路面材料最佳性能的材料组成；基于彩色路面涂料的性能设计了用于彩色路面铺装的机械化铺装装备，降低了人工成本、提高施工效率和质量；综合研发出路用性能高、绿色环保、低碳排放的彩色路面铺装技术。

## 1 技术概况

新型环保高分子彩色路面铺装技术是采用新型环保彩色高分子胶结料、耐磨骨料以及高性能助剂等材料，经喷涂、滚涂、刮涂等方式加铺在既有道路上，固化后实现对原路面的保护及彩色化。针对现有彩色沥青路面存在的问题，本技术基于先进的分子杂化、快干、自交联等技术研制的新一代树脂，配合高耐候、高耐磨骨料、新型功能性助剂，可以形成具有各种色彩的防滑、耐磨、耐沾污和耐化学腐蚀的坚韧表面。该新型环保高分子材料配合自主研发的双组分同步封层车，可实现抗滑薄层彩色路面胶结料与骨料的同步洒（撒）布，降低人工成本，提高施工效率，保证施工质量。

## 2 技术分析

### 2.1 技术原理

（1）材料方面

项目综合考虑高分子胶黏剂、防滑粒料及胶黏剂，制备出彩色路面材料，并基于高温车辙、表面构造深度、抗滑摆值测试，试验彩色路面材料的路用性能；基于浸水、老化、化学腐蚀等不同环境条件下的磨耗试验，研究彩色路面材料的耐久性能，确定其最佳材料组成，研发出路用性能高、绿色环保的彩色路面铺装技术。

（2）施工装备方面

根据研发出的彩色路面涂料的黏度、固化时间等设计一套具有胶结料储存罐、胶结料输送装置、胶结料外混喷涂装置、骨料储存装置、骨料输送装置、骨料撒布装置、料罐清洗装置，可同步进行胶结料洒布与骨料撒布，施工宽度可调的彩色路面机械化铺装装备。该装备用于彩色路面铺装，可极大降低人工成本、提高施工效率和质量。

### 2.2 关键技术、材料组成及主要设备

（1）技术路线

针对彩色路面应用要求，通过对改性树脂及固化剂进行筛选对比，并进一步优化反应当量，优化出最佳功能性助剂的组合及用量，制备出新型环保改性防滑涂料；根据材料性能，通过对A、B组分储料罐，骨料储料罐，清洗溶剂储料罐等进行配伍优化，制备出双组分涂料自动化铺装设备。

（2）材料组成

本新型环保高分子彩色路面铺装涂料分为A、B两种组分，A组分是以改性聚氨酯材料为主要成膜物，配合颜填料、功能性助剂等物质经过高速分散混合而成，B组分为固化剂。

（3）主要设备

涂料制备主要采用高速分散机、数显斯托默黏度计；漆膜的性能主要采用不粘胎时间测定仪、高低温交变湿热试验箱、UV紫外加速耐候试验箱、摆式摩擦仪等试验设备；主要施工设备双组分混合同步封层车、彩色路面陶瓷颗粒撒

布机。

## 3 技术应用情况

### 3.1 应用项目介绍

新型环保高分子彩色路面铺装技术已成功应用于济南市莱芜雪野湖环湖路、山东高速智能交通产业园中央广场、五大连池朝阳乡朝阳山纪念馆等,累计应用 30 多万平方米。

### 3.2 实施方案及流程

彩色高分子聚合物加铺层施工前,原路应满足施工要求,施工环境温度适宜,恶劣环境状态下禁止施工。施工前清扫路面,划定施工区域。施工工序包括:底涂调制、底涂施工、骨料抛洒、清理浮粒、面涂施工、修理和撤除围护措施、开放交通。

## 4 效益情况

### 4.1 社会效益

该项目研究积极响应国家对节能降碳的政策要求,材料不含有机溶剂,生产及施工过程中挥化性有机化合物(VOC)和碳排放极低,起到很好的节能降耗减排作用。主编 1 项团体标准,为后续相关交通涂料行业标准的制修定提供技术支撑。该技术的应用有效保障了路面彩色铺装的质量及警示效果,提升了人民群众的出行安全。

### 4.2 经济效益

本项目研发的彩色路面铺装技术具有优异的耐候性、快干性以及附着力优异的特点,绿色环保,碳排放低(0.034kg/m$^2$),节能降耗;初始整体造价相对较高,但是相比较传统彩色铺装材料全寿命周期考虑,性价比较高,具有较大的经济效益。

## 5 总结

新型环保高分子彩色路面铺装技术采用先进的分子杂化技术、自交联技术、快干等技术,制备出的材料色彩保持性佳、耐候性优异、VOC 和碳排放极低、耐磨性优异、全寿命周期长。自主研发的双组分混合同步封层车施工设备,节约了成本。从材料、设计、施工、验收等方面形成新型环保高分子彩色路面的团体标准,指导及鼓励先进材料的研发及应用。本技术以优异的路用性能、广泛的应用价值及显著的创新性,总体上达到国际先进水平。

# 新型高分子材料钢护栏就地翻新技术研究

（山东高速交通科技有限公司）

## 0　引言

本项目从材料、技术两方面对钢护栏翻新技术进行研究与开发。材料方面，基于耐盐雾试验、氙灯人工老化测试、耐化学介质测试，研究不同类型钢护栏就地翻新材料的耐久性能；通过正交试验、多因素试验，确定其最佳材料组成，研发出性能高、绿色环保、低碳排放的钢护栏就地翻新材料。技术方面，研究不同基材处理方式、不同基材处理等级对其附着力、防腐性能等的影响，结合现有护栏返厂翻新热镀锌能耗大、成本高的问题，开发出整套绿色环保钢护栏就地翻新技术。

## 1　技术概况

道路、隧道、汽车、船舶、轨道等交通设施及装备涂料绿色环保化已成为当前的发展方向之一。本项目从原材料出发，结合生产、施工、设备等技术，开展新型高分子材料钢护栏就地翻新技术研究工作。该技术采用新型水性富锌涂层和高耐候水性聚氨酯面涂层，并研发了配套施工技术。

## 2　技术分析

### 2.1　技术原理

从技术原理分析，反应物经过高分子聚合以及无机络合反应最终形成涂膜。整个反应过程具有不可逆性，成膜的稳定性很强。无机富锌涂料有极高的附着力，云母氧化铁及铝粉等阻隔颜料为基材提供防腐蚀保护。此外，层状颜料使构件免受光照和氧化。

### 2.2　关键技术、工艺流程及主要设备

#### 2.2.1　技术创新点

技术方面。革新了传统护栏返厂翻新技术，大大降低了碳排放。

材料方面。新型水性富锌涂层通过采用改性后的新型水性高分子以及无机体系，具有100%水性、零挥发性有机化合物（VOC）、长效防腐的特点，可适用于腐蚀性最强环境的零VOC单涂层，清洁无需溶剂，只需水即可，单涂层可达到传统防腐涂料多层效果，同时面涂层通过高分子改性及特殊添加剂可实现自清洁。

#### 2.2.2　工艺流程

新型环保高分子材料钢护栏就地翻新材料实施方案包括底涂层及面涂层制备，具体制备步骤如下。

①制备底涂层。将分散剂、去离子水、高分子改性无机树脂、硅酸钾、消泡剂、成膜助剂、附着力促进剂和颜料、填料，充分搅拌制得待分散的漆浆。加入调色漆浆调色，补加基料及助剂，并加入水调整黏度。经检验合格的成品，经过滤器净化后，计量、包装、入库。

②制备面涂层。将分散剂、去离子水、高分子改性聚氨酯树脂、自清洁树脂、消泡剂、成膜助剂、附着力促进剂和颜料、填料，搅拌均匀后用砂磨机分散，至细度合格后输入调漆罐中用调色漆浆调色，补加基料及助剂，并加入水调整黏度。过滤包装，经检验合格的色漆成品，经过滤器净化后，计量、包装、入库。

#### 2.2.3　主要设备

主要设备包含恒温恒湿设备，可形成25℃、50%RH的养护环境；紫外线加速耐候试验机，可以加速模拟紫外线辐射；可程式高低温设备可以模拟温差大的情况下涂层的性能变化；可程式盐雾试验箱可以加速测试氯离子等对金属涂层的腐蚀。

## 3　技术应用情况

### 3.1　应用项目介绍

新型高分子材就地翻新技术已成功应用于济南市莱芜区S234省道、莱芜区雪野环湖路、东吕高

速 K149 ~ K156 段养护科技示范路。实践表明,该技术有效降低了高速公路的养护、维修等运营成本,取得了良好的经济效益和社会效益。

## 3.2 实施方案及流程

### 3.2.1 设备、人员及场地要求

配套设备包含调直设备、清洗设备、喷涂机具。

①调直设备。调直机、打桩机、拉拔机、电气焊。

②清洗设备。高压清洗机、发电机、电动打磨机、气泵、洒水车。

③喷涂机具。喷涂设备、空气压缩机、手持喷枪。

现场施工人员基本配置包含:施工负责人 1 名;调直、清洗设备负责人 1 名;调直、清洗操作手 2 名;清洗车驾驶员 1 名;封闭指挥交通人员若干;喷涂人员 2 名;辅助工人等。

车辆及材料停放场地要求:放置安全并有专人看管;涂料应放在阴凉处或遮盖,避免暴晒或进水(如雨淋等);车辆可停靠并能调试设备;有足够空间用于装料、卸料、清洗设备;接近水源,方便为车辆加水。

### 3.2.2 施工流程

(1)钢护栏维修更换并调直

①基件腐蚀严重的构件应更换维修,零部件应补全缺损;②整体或局部轻微弯曲或变形的构件:现场纠正复位,保持护栏板无明显变形、扭转等情况。

(2)钢结构缺陷处理

砂轮机将锐边(自由边)磨圆;用砂轮机或铲锤去除焊瘤,尖锐的焊豆要打磨光顺;起皮必须打磨;表面不规则或尖锐的焊缝以及过分不规则的手工气割边必须打磨。

(3)表面处理

①污染物的去除;②可溶性盐的检测和去除;③高压水处理清洗;④表面打磨。

(4)预涂

涂装前,对不易涂装部位、易流挂部位以及结构复杂部位进行刷涂。

(5)底涂

表面处理好后,进行底漆喷涂。

(6)面涂

底涂工序完成后,在 2 小时至 10 日内,确认底涂没有异常,进行面涂工序。

# 4 效益情况

## 4.1 社会效益

钢护栏在保障人民群众生命财产安全方面起到不可或缺的作用,新型高分子材料钢护栏就地翻新技术在免除拆卸、运输、安装等环节的同时,保证钢护栏品质达标,大大缩短交通封闭时间,并保障人民群众生命财产安全。

本产品科技含量高,性能优越、性价比高、附加值大,可有效辐射和带动护栏翻新企业的技术升级,将对我国交通运输行业科技发展产生积极的影响。

## 4.2 环保效益

该项目研究积极响应国家对环保的政策要求,新型高分子材料为水性涂料,零 VOC 排放,符合低碳环保理念,施工作业方式节能降耗减排,对环境保护作出积极贡献,有利于施工人员的健康,不仅具备环境友好性,更体现了人文关怀,具有显著的环保效益。

## 4.3 经济效益

(1)节约环保维护资金

本方案采用冷喷的现场施工方式,相较于钢护栏传统返厂采用高温加热的工艺进行涂装而言,施工碳排放降低了 90% 以上。

(2)节省施工成本

相较于传统的护栏返厂翻新工艺,本方案节约了二次拆除、安装、人工及运输等费用。根据具体应用场景,每米可节省约 20 ~ 50 元。

(3)节省养护成本

新型钢护栏就地翻新技术的自清洁效果使得钢护栏耐污性更佳,防腐性、耐候性更为优异,从全寿命周期来看,大大节约了养护成本。

# 波形梁合金钢护栏

(北京中交畅观科技发展有限公司;山东白燕护栏有限公司)

## 0 引言

公路护栏是公路交安设施的重要组成部分。传统公路护栏采用普通 Q235 钢材作为主材,具有高能耗、高污染、高成本的特征,已经不能满足我国公路建设低碳环保的建设标准。合金钢护栏采用优质钢材生产,则具有低能耗、高安全、经济环保低碳的特征。经多年研究,合金钢护栏于 2018 年通过国家检测机构检测,陆续完成公路护栏 A 级、SB 级、SA 级不同实车足尺撞击试验,达到了我国公路建设所需的不同防护要求。2020 年 4 月,中国工程建设标准化协会正式发布团体标准《波形梁合金钢护栏》(T/CECS 10088—2020)。

## 1 技术概况

依据我国护栏碰撞安全标准,通过波形梁合金钢护栏技术研发的强合金钢材料,抗拉强度≥750MPa、屈服强度≥700MPa、断后伸长率≥21%;按照《公路护栏安全性能评价标准》(JTG B05-01—2013)中护栏防护等级的要求,采用短流程连轧生产线生产的高合金钢带,在节能减排、降低资源占有率、提高生产效率等方面较 Q235 钢优势明显。

该技术改良了传统成型设备,采用更高精度要求的自动控制系统,整平轧辊、成型轧辊,特设侧立辊。新的设备可以保证高强波形梁合金钢护栏的外形尺寸满足有关标准的规定,实车足尺碰撞测试达到了各等级防护要求。

## 2 技术分析

### 2.1 技术原理

波形梁合金钢护栏的主要特点是高强减薄,采用高于普通低碳钢 200% 以上强度的合金级优质钢材进行研发。护栏结构与传统护栏接近,在防阻块连接件方面进行了结构优化。使护栏的缓冲性能得到提高,结合合金钢特有强度和断裂伸长率,使车辆与护栏发生撞击时,能有效地拦阻车辆,并使车辆延护栏进行缓冲减能,将车辆、乘车人员的撞击伤害降到极低。

### 2.2 关键技术、工艺流程及主要设备

波形梁合金钢护栏的钢材生产线,采用德国西门子(SIEMENS)电路系统设计、意大利阿维迪公司连续无接头轧制技术生产线,具有以下技术特征:

(1)成品公差精度高。ESP 产品成型正负公差为 0.05mm,普通炼钢技术为产品成型正负公差为 0.25mm;ESP 设备全长 193m,普通炼钢技术 1000m;ESP 设备从钢水到钢带 420s,普通炼钢技术分段轧制根据不同钢品需要 24 ~ 148h;ESP 设备比普通炼钢技术节水 60%。

(2)降低链造成本。降低单位产能造价 30%。

(3)钢材合金元素形成奥氏体结构,在热浸镀锌防腐时避免漏镀等情况。

合金钢护栏生产由以下流程组成:

(1)钢板分条,采用高强度(≥900MPa)分条机完成分条。

(2)公路护栏面板成型(分为两波板、三波板)。

(3)护栏立柱生产线激光焊接卷管。

(4)防阻块成型全自动生产线。

(5)以上主材(面板、立柱、防阻块)根据设计防腐要求进行不同工艺的金属表面防腐处理工艺。

合金钢护栏强度是主要的应力指标,是保障安全系数的重要检测参数,因此对提高强度的合金元素也提出重要检测值。对影响热脆性、冷脆性的元素进行规范。其材料的应力指标如表 1 所示。

**不同型号材料的应力指标** 表1

| 牌号 | 屈服强度(MPa) | 抗拉强度(MPa) | 断后伸长率(%) |
|---|---|---|---|
| 500HL | ≥500 | ≥550 | ≥24 |
| 550HL | ≥550 | ≥600 | ≥23 |
| 650HL | ≥650 | ≥700 | ≥21 |
| 700HL | ≥700 | ≥750 | ≥20 |

不同级别护栏与各牌号材料对应情况见表2。

**护栏与材料对应情况** 表2

| 防护等级 | 波形梁合金钢护栏构件 | | | |
|---|---|---|---|---|
| | 梁板 | 立柱 | 防阻块 | 横梁 |
| 二(B)级 | 550HL | 500HL | 500HL | — |
| 三(A)级 | 700HL | 650HL | 650HL | — |
| 四(SB)级 | 700HL | 650HL | 650HL | — |
| 五(SA)级 | 700HL | 700HL | 700HL | 650HL |

材料合金元素含量如表3所示。

**材料中合金元素情况** 表3

| 牌号 | C(碳) | Si(硅) | Mn(锰) | P(磷) | S(硫) | Al(铝) | Nb(铌)+V(钒)+Ti(钛) |
|---|---|---|---|---|---|---|---|
| 500HL~700HL | ≤0.05 | ≤0.25 | ≤1.80 | ≤0.020 | ≤0.006 | ≥0.015 | ≤0.22 |

## 3 技术应用情况

该技术相继在山东京台高速改扩建项目、嘉苏高速提升改造工程、沪杭甬路段1提升改造工程、宁波甬台温路段提升改造工程、陕西凤县生命安防工程、杭州迎亚运会高速公路改扩建等项目中进行了应用，涉及高速公路、一级公路、生命安防路。2022—2023年完成应用项目路段26条，安装里程863km。

### 3.1 应用项目介绍

山东潍莱高速试验路段安装1.5km Gra-A级护栏。潍莱高速公路是山东省重点交通工程项目之一，路线编号为S16，位于山东半岛的中东部地区。

京台高速德州段、德州—齐河、德州—禹城、德州—平原段改扩建工程安装68.2km Gra-SB梁板。京台高速德州至齐河段改扩建项目起自德州市德城区鲁冀省界收费站，止于齐河县晏城枢纽立交，主线全长93.138km，概算总投资119亿元，由双向四车道拓宽为双向八车道，设计时速120km，聚集9大科技攻关研究项目。

陕西凤县生命安防工程安装124km Gra-B级护栏。凤县至合作公路主线起点位于甘南州与定西市交界处临潭县三岔乡齐明沟口附近，设T型枢纽互通式立交与乌海至玛沁高速公路(G1816)合作至塞尔龙段连接，线路长107.687km。卓尼连接线长8.072km，木耳连接线长9.888km。

2021年G56杭徽高速护栏提升改造工程安装4km Gra-SB护栏。徽杭高速公路是黄山市重要交通建设项目。

沪杭甬杭州段提升改造工程安装68km Gra-SB护栏。沪杭甬高速公路的浙江段是浙江开建的第一条高速公路，途经嘉兴、杭州、绍兴、宁波四个地市，全长248km，于1998年底全线建成通车。

### 3.2 实施方案及流程

根据设计设定的公路防护等级，提供合金钢护栏相应等级设计方案。由项目业主与设计、施工、检测等相关单位进行技术论证，审查实施技术方案。符合项目图纸设计要求后，由设计院进行设计入图工作；生产单位根据图纸和施工单位工期进行供货工作;施工单位根据图纸要求进行产品进场检测、测量、施工工作;护栏安装完毕后,由检测单位根据标准检测要求进行检测、验收工作。

## 4 效益情况

### 4.1 社会效益

目前该项目已经在全国与多家企事业单位形成产业落地。与山西公路建设单位、广西公路建设单位、浙江公路建设单位合建“合金钢公路护栏”生产基地,实现了项目新成果转化。同时培养专业交安设施人才,为社会提供大量就业岗位。合金钢护栏安全余量更高,避免了部分可能会发生重大交通事故的伤亡情况,为社会安全稳定作出了重要贡献。此外,降低了产品造价,减少公路建设压力。

### 4.2 经济效益

依据我国交通护栏设计标准 SB 级要求,传统护栏需要 60t 材料,造价 42 万,而合金钢护栏只要 33t 材料,造价 33 万,不仅降低了综合造价,还节省了大量钢材。传统护栏利润率往往只有 3%,而新型合金钢护栏在为公路建设单位节省 15% 造价之后,依然可以实现 10% 以上的利润。目前该技术已经在全国交通单位全面推广。

## 5 总结

该技术充分体现了我国交通运输行业低碳环保的建设要求,为优质钢材开辟了新的领域,同时提高了优质钢材的市场应用范围。公路护栏是对安全要求极为严格的交安设施,合金钢护栏技术率先突破技术瓶颈,为我国交安设施升级换代提供新的契机。

该项目目前获得 2020 年度中国公路建设协会科学技术进步二等奖,2021 年度交通运输部科技司重大科技创新成果奖和第十一届中国技术市场协会“金桥奖”。

# 交通标线标志逆反射系数检测车

(四川京炜交通工程技术有限公司)

## 0 引言

本产品和技术针对标线标志的逆反射性能检测,创新开发了车载式、快速、连续测量的自动化快速检测装备,可有效提高标线标志的巡检质量与效率,避免了人工巡检花费的大量时间和人力成本以及误判、漏判造成的后续损失,也避免了长时间封闭交通造成的社会损失。其提供精确的数据分析、预测,可为管养单位的养护决策和资产管理提供科学数据支撑,避免重复、过度养护,有助于合理分配养护资金,是提升交通安全设施养护管理服务水平的可靠保障。

## 1 技术概况

交通标线标志逆反射系数检测车(以下简称检测车)基于先进的光学系统设计和机器视觉图像处理技术,可高效、快速、连续地检测车道双侧标线与道路标志的逆反射性能,在检测过程中不受速度、阳光、照明等因素影响,同时可对标线标志的图像、地理位置信息同步采集。高效的数据处理功能。搭载的交安设施养护管理平台基于地理信息系统,利用云计算技术,可将标线、标志检测数据结合卫星地图进行可视化管理与分析,便于管理者制定科学养护决策。该产品技术总体具有检测效率高、检测数据精准、安全性有保证的优势,已取得国家道桥计量站校准证书和交通产品认证。车辆改装已通过国家工信部公告,符合道路车辆管理法规。

## 2 技术分析

### 2.1 技术原理

检测车依照国际标准(欧盟 EN 1436 和美国 ASTM E1710)的 30m 几何光学测量原理进行设计与测量,测量角度满足美国 ASTM E1710 中观察角 1.05°、入射角 88.76°的要求。检测车和测量示意图分别如图 1、图 2 所示。

图 1 检测车

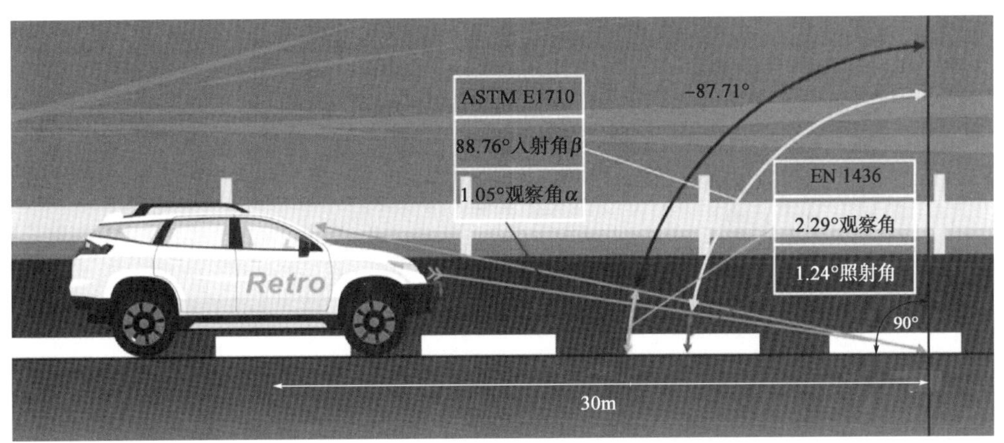


图 2 30m 几何光学测量示意图

## 2.2 关键技术及工艺流程

交通标线标志检测车是国内首台经国家道桥计量站校准的标线快速检测设备，该设备还进行了国内外逆反射设备比对试验，试验结果证明各项技术指标不逊于甚至部分优于国外同类设备，且易用性更高。具体技术指标如表1所示。

关键技术指标 表1

| 项目 | 指标 |
|---|---|
| 动态示值误差 | ±7% |
| 测量重复性 | 5% |
| 车速影响误差 | ±5% |
| 光照影响误差 | ±5% |
| 横向有效测量范围 | 1m |
| 距离测量误差 | ±0.1% |
| 工作温度 | -20～55℃ |
| 工作湿度 | ≤95%RH |
| 最大测试速度 | ≥120km/h |

主要工艺流程（部分）如图3所示。

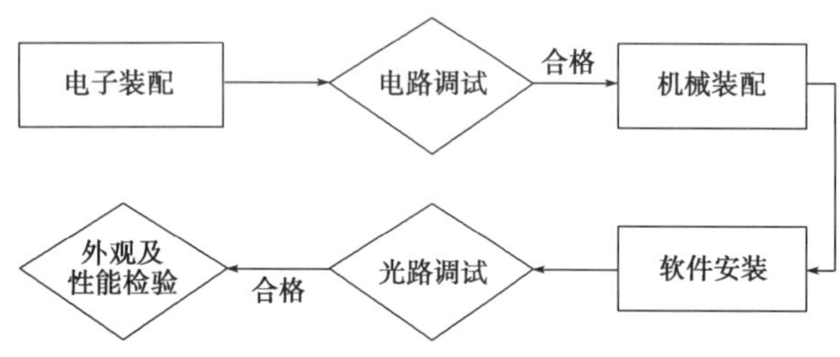


图3 主要工艺流程（部分）

## 3 技术应用情况

### 3.1 应用项目介绍

检测车自面世以来，已在四川、贵州、广东、山西、山东、湖北、江西、天津等地进行多次检测，检测里程超过80000km，其中包括参与了贵州省交通强国建设试点任务《山区公路交通安全设施品质提升实施方案》；“十三五”公路国检标线检测；四川省2021—2023年全省高速公路路面标线抽检项目；辽宁省营口市和本溪市国省道标线检测；北京至张家口5条高速路标线检测；成都绕城高速交通标线试验段长期性能监测。

### 3.2 实施方案及流程

检测车检测作为一种车载式的检测方式，实施方案和流程都比较方便。在进行检测工作时，只需要将检测单元安装于车辆前方以及上方，以正常车速行驶，即可快速检测到两侧标线和车道上方标志的逆反射系数。检测时，数据采集软件实时采集相应数值（图4）。检测完成后，用数据分析软件对采集到的逆反射值进行整合分析（图5）。最后，将处理后的数据导入GIS养护管理平台（图6），将标线、标志检测数据结合卫星地图进行可视化管理与分析。

图4 数据采集软件

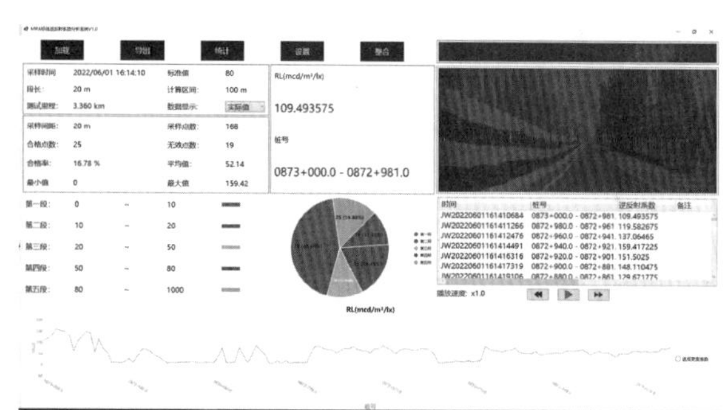

图5 数据分析软件

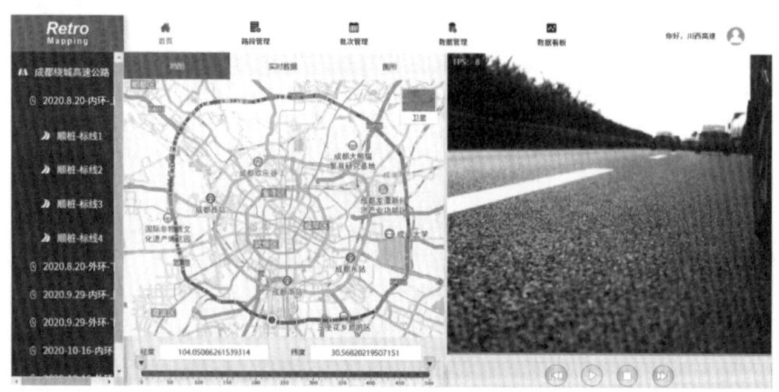


图6 GIS养护管理平台

## 4 效益情况

### 4.1 社会效益

检测车作为自动化巡检设备,一方面可以有效避免封闭交通产生的成本和社会不良影响,另一方面有助于公路交通安全设施的质量提升,降低交通事故率,保障车辆行驶交通安全及车辆驾驶员的生命财产安全。大量详实的数据有利于为管理部门提出具有针对性的公路交通安全设施养护建议与规划,是管理部门制定科学养护政策的重要依据,是提升交通安全设施养护管理服务水平的可靠保障;同时也是对国家交通设施数字化、智能化有关政策的积极响应,提高了公路交通安全设施检测的自动化、智能化水平。

在巡检工作中的大量应用检测车,可以减少人工巡检时对路面环境的破坏,且能更好地适应错综复杂的检测环境。根据检测数据可以精准规划需要重新划线的路段,可有效避免重复划线使用大量涂料对环境产生的污染。

### 4.2 经济效益

全国公路里程的增加为后续道路的养护提出了极大的挑战,运用检测车后,可有效提高巡检质量与效率,避免了人工巡检花费的大量时间和人力成本,也避免了长时间封闭交通造成的社会损失。其提供精确的数据分析、预测,可为管养单位的养护决策提供科学数据支撑,避免重复、过度养护,有助于合理分配养护资金。

## 5 总结

对于交通标线标志逆反射值的普查工作,交通标线标志检测车是有效手段之一。相比传统手持式人工逐点测量方式,可节约大量的人力、物力、财力以及时间,带来巨大的经济效益。本检测车是国内首款完全自主研发,能够快速检测道路两侧标线及车道上方标志逆反射性能的自动化检测装备。整车符合改装规范并通过3C认证,其检测系统经过国家道路桥梁计量站校准,以及高低温、湿热、机械振动、电磁兼容、IP防护等可靠性测试。产品相关技术获得27项专利及软件著作权,获得国际先进性科技成果评价,荣获中国公路建设行业协会科学技术进步奖二等奖、中国公路学会科学技术奖三等奖。科研团队参与主编中国交通运输协会团体标准《车载式道路标线逆反射测量仪》。

# 持久高亮双组分刮涂涂料

（浙江欧路德交通科技有限公司）

## 0 引言

持久高亮双组分刮涂涂料采用厚型双组分树脂生产而成，满足刮涂施工要求，获得传统热熔标线相当的涂膜厚度；利用材料本身优异的耐磨性，获得数倍于热熔标线的使用寿命，全生命周期内复涂次数减少，资源消耗减少，固废排放减少；涂料化学固化不可逆，可将玻璃珠牢牢嵌固，长久保障标线反光性能，保证识认性，提高行车安全性；施工过程无需加热，施工更安全，减少能源消耗及二氧化碳排放。

## 1 技术概况

双组分标线涂料是最新一代的道路标线材料，与传统标线涂料相比，双组分道路标线涂料拥有更好的耐候性能、耐磨性能以及玻璃珠粘附性能。自出现以来，已开发出多种不同类型的解决方案，可供不同使用场景针对性地选择使用。持久高亮双组分刮涂涂料很好地解决了传统标线耐久性差、玻璃珠易脱落的问题，大大提高了标线的持续反光性能及使用寿命。

持久高亮双组分刮涂涂料不含溶剂，固含量高，是一款厚膜型道路标线涂料。其成膜厚度在1.2～2mm，成膜过程中的交联作用极大地提高了标线涂膜的机械强度、对路面的附着力和对反光材料的黏结强度，使标线拥有持久的反光性能，使用寿命可达10年，为传统热熔标线的3～4倍。

## 2 技术分析

### 2.1 技术原理

持久高亮双组分刮涂涂料基于双组分反应型树脂，施工时加入引发剂后，采用专业的双组分标线刮涂设备涂覆于路面，同时撒播玻璃珠，涂料在引发剂作用下发生交联反应形成稳定的大分子结构粘附与路面面并将玻璃珠牢牢嵌固，从而实现持续反光性能。涂料制备时，添加改性氟硅树脂，利用氟硅树脂的超双疏性（即疏水和疏油性），使制备的道路标线涂料具有良好的自清洁效果，延长了标线的使用寿命，提高了标线的使用效果。

### 2.2 关键技术、工艺流程及主要设备

通过优化配方组份、生产工艺、施工设备和施工方法，改进了涂料的贮存稳定性、不粘胎时间等性能。经过不断地配方测试对比，为研制综合性能高的双组分抗污标线涂料提供设计思路和理论依据。

（1）持久高亮双组分涂料的配方开发

独有的双组分涂料配方，性能优越，达到了行业领先水平（表1）。

不同配方的双组分涂料的性能对比　　表1

| 涂料类别 | 耐磨性能 | 柔韧性 | 固化时间 | 气味 |
|---|---|---|---|---|
| 欧路德持久高亮双组分涂料 | P7（欧盟） | 好 | ≤35min | 一般 |
| 普通高亮双组分涂料 | ＜P6 | 差 | ＞35min | 较大 |

注：欧盟对于标线涂料的耐磨性能有严格的区分，P7是目前全球最高标准。

（2）双组分标线用玻璃珠的使用开发

优化玻璃珠的性能指标，并且提出了不同粒径的玻璃珠和最优化的玻璃珠撒播量组合。与普通持久高亮双组分标线的性能对比见表2。

**玻璃珠性能要求对比** 表2

| 标线类别 | 玻璃珠粒径(mm) | 玻璃珠成圆率 | 玻璃珠折射率 | 玻璃珠撒播量($g/m^2$) |
|---|---|---|---|---|
| 欧路德持久高亮双组分标线 | ≥0.85 | 90% | 1.5/1.7 | 700 |
| 普通持久高亮双组分标线 | <0.85 | 85% | 1.5 | 500 |

(3)持久高亮双组分标线的可视性

持久高亮双组分标线,具有超高的可视性,为驾驶安全保驾护航。不同逆反射性能标线的可视性对比见表3。

**不同逆反射性能标线的可视性对比** 表3

| 标线类别 | 逆反射系数(干燥)[$mcd/(m^2 \cdot lx)$] | 逆反射系数(潮湿)[$mcd/(m^2 \cdot lx)$] | 逆反射系数(连续降雨)[$mcd/(m^2 \cdot lx)$] | 标线的可视性 |
|---|---|---|---|---|
| 欧路德持久高亮双组分标线(白色) | 500 | 500 | 200 | 非常高 |
| 其他持久高亮双组分标线(白色) | 350 | 100 | 50 | 一般 |

(4)材料技术指标、工艺流程及施工设备

①持久刮涂标线涂料关键技术指标(表4)。

**技术指标** 表4

| 序号 | 项目名称 | | 技术要求 |
|---|---|---|---|
| 1 | 耐磨性(mg) | | ≤25 |
| 2 | 固体物含量(质量比,%) | | ≥99 |
| 3 | 白色亮度因数 | | ≥0.85 |
| 4 | 黄色亮度因数 | | ≥0.5 |
| 5 | 内混玻璃珠含量(%) | | ≥30 |
| 6 | 内混玻璃珠成圆率(%) | | ≥85 |
| 7 | 不同折射率预混玻璃珠配比(%) | 1.5 | 30 |
| | | 1.7 | 50 |
| | | 1.9 | 20 |

②面撒玻璃珠的技术要求。

持久刮涂标线采用直径0.85mm以上玻璃珠双撒工艺,分别面撒1.5折射率与1.7折射率超玻璃珠,且玻璃珠成圆率大于90%,建议面撒使用量不小于700$g/m^2$,玻璃珠撒播器应与标线斗装在同一个划线机上,否则会导致涂料表面干燥后玻璃珠无法有效黏结,严重影响标线质量。

③施工设备及流程。

持久高亮双组分刮涂标线采用98:2专用内混划线车来进行施工,推荐WINTER GUN以及霍夫曼专用设备(图1)。施工流程图见图2。

图1 98:2持久高亮双组分刮涂专用设备

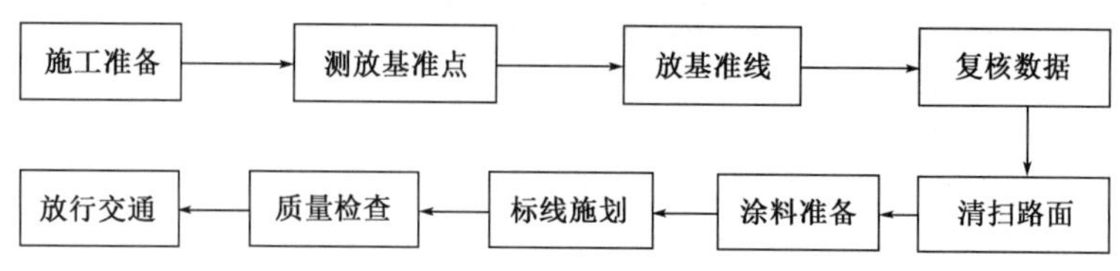

图2 施工流程图

## 3 技术应用情况

### 3.1 应用项目介绍

申嘉湖高速公路安吉孝源至唐舍段工程项目起于孝源互通区，路线经安吉县孝源街道后进入孝丰镇和杭垓镇，终于浙皖交界鹁鸪山隧道内。项目处于浙、皖交界山区，春夏季节雨水较多，秋冬季节大雾天气较多，对标线要求较高；项目处于绿水青山的发源地，对环境保护要求较高；项目地处山区，交通情况较为复杂，路面高强度复划标线会存在较多安全隐患。因此，采用持久双组分刮涂标线既符合交通安全理念，同时又符合该地绿色发展的理念。

### 3.2 实施方案及流程

持久高亮双组分刮涂设备采用乘驾式大型设备，采用98∶2 施工工艺。在每日开始施工之前，所用设备进行参数调试和确认。在施工作业中严格控制施工参数与设备调试得到的参数吻合，并确保设备自带的数据记录仪在全程过程中记录所有参数，供项目验收时检查。

检测采用干湿表面逆反射标线测试仪，每1km测3处，每处测9个点，实施前应施划100m试验段。标线的使用寿命应不小于三年，本项目中所有标线正常使用三年后，干燥状态下的逆反射亮度系数平均值不低于《公路工程质量检验评定标准》(JTG/F 80—2017)中非雨夜反光标线Ⅱ级的要求。

## 4 效益情况

### 4.1 社会效益

(1)降低碳排放

热熔标线10年内需施工4次，施工时需要将涂料加热到180~220℃，经测算，每施划1m² 热熔标线，涂料加热环节产生约0.35kg二氧化碳排放。持久高亮双组分刮涂标线常温施工，无需加热，以双向四车道高速公路计算，每100km可减少施工环节的碳排放约100×1020×0.35×4=142800kg(142.8t)。

(2)减少矿产资源消耗

热熔标线10年内需划线4次，持久高亮双组分刮涂标线10年仅划线1次。两者原料用量对此见表5。

**原料用量** 表5

| 标线类别 | 原材料 | 次数 | 单次单位用量(kg/m²) | (矿)粉料占比 | 矿产资源消耗(kg/m²) |
|---|---|---|---|---|---|
| 热熔标线 | 涂料 | 4 | 5 | 60% | 12 |
| | 玻璃珠 | 4 | 0.8 | — | 3.2 |
| 持久高亮双组分刮涂标线 | 涂料 | 1 | 5 | 50% | 2.5 |
| | 玻璃珠 | 1 | 0.8 | — | 0.8 |

以双向四车道高速公路计算，每100km可减小矿产资源消耗100×1020×(15.2-3.3)=1213800kg(1213.8t)。(其中涂料部分以重钙比例60%计算，持久高亮双组分刮涂标线按照50%计算，玻璃珠以每生成1kg消耗等重量的矿物原料计算)

(3)减少危险废弃物、粉尘排放

持久高亮双组分刮涂标线10年内无需复涂；而热熔标线复涂须清除旧线，10年3次，每次除线产生5kg/m²危险废弃物，其中部分作为粉尘进入大气，污染环境。以双向四车道高速公路计算，如采用持久高亮双组分刮涂标线，每100km可减少危险废弃物及粉尘100×1020×5×3=1530000kg(1530t)。按照处理费用每吨2500元计算，危险废弃物处理费用应计入除线成本1530×2500=3825000元。每平方危险废弃物处理成本3825000÷

102000 = 37.5 元/m²，综合除线成本 15 + 37.5 = 52.5 元/m²。

（4）降低施工及行车安全风险

持久高亮双组分刮涂标线拥有更高、更持久的反光性能，可有效保障其寿命周期内的识认性，降低交通事故的发生率，更好地保护交通参与人员的生命、财产安全。

## 4.2 经济效益

持久高亮双组分刮涂标线使用命寿命为 10 年。传统热熔标线使用寿命一般在 2～3 年，涂时需清除旧线，除线价格每次约 15 元/m²（不含危险废弃物处置费用）。两者经济效益分析见表 6。

**经济效益分析** 表 6

| 标线种类 | 首次投入（元/m²） | 养护投入 | | 10 年总费用（元/m²） |
|---|---|---|---|---|
| | | 复涂次数（次） | 复涂单价（含除线）（元/m²） | |
| 热熔标线 | 50 | 3 | 102.5 | 357.5 |
| 持久高亮双组分刮涂标线 | 250 | — | — | 250 |

以双向四车道高速公路每公里标线面积约 1020m² 计算，每 100km 可减少投入 100 × 1020 ×（357.5 − 250）= 10965000 元。

# 5 总结

持久高亮双组分刮涂涂料为厚型标线涂料，施划后具有与传统热熔标线相似的外观、相近的厚度；而其耐久性可达到热熔标线的 4 倍，10 年内无需要复涂，寿命周期内成本优势明显，且大大减少资源消耗；同时可大大降低碳排放、减少固废粉尘，是最为环保的标线涂料解决方案之一。

# 持久雨夜双组分结构型涂料

（浙江欧路德交通科技有限公司）

## 0　引言

持久雨夜双组分结构型涂料通过调整标线涂料的黏度等，使其施划成点状结构或特殊的3D突起结构，在雨天能将积水更好地排出路面，同时突起的结构可保证标线不被水膜完全覆盖，雨夜条件下仍有可靠的识认性，保障行车安全。持久雨夜双组分结构型涂料拥有较传统热熔料更优异的耐久性，寿命可达传统标线的两倍，减少资源消耗及固废排放。施工过程无需加热，可减少能能源消耗及二氧化碳排放。目前该型涂料已在国内多地成功应用。

## 1　技术概况

双组分标线涂料是最新一代的道路标线材料，与传统标线涂料相比，双组分道路标线涂料拥有更好的耐候性能、耐磨性能以及玻璃珠黏附性能。自出现以来，已开发出多种不同类型的解决方案，可供不同使用场景针对性的选择使用。持久雨夜双组分结构型涂料通过配方的优化，获得适宜的黏度，可满足点状标线或3D突起结构标线的施划要求，使标线在雨夜条件下仍具有很好的反光性能，解决了传统标线在雨夜环境下反光性能差，甚至不反光的问题，大大提升行车安全性能。

## 2　技术分析

### 2.1　技术原理

持久雨夜双组结构型涂料采用双组分活性丙烯酸树脂为主要原料，加入填料、颜料、防滑集料等辅助材料，经混合、搅拌等工序制得。通过设计和配置防堵塞内混双组分划线机和点状甩涂工艺，在道路表面形成有规律排列的点状反光标线或无规则的3D突起结构标线（图1、图2），降低材料消耗的同时实现雨夜反光，具有与路面结合力强，反光、防滑效果较好，色度准确，耐磨损和抗污性等特点。

图1　雨夜点涂示意图

图2　雨夜结构型示意图

### 2.2　关键技术、工艺流程及主要设备

通过优化配方组份、生产工艺和施工方法，改进了涂料的贮存稳定性、不粘胎时间等性能。通过长期的配方对比测试，为研制综合性能高的双组分点涂标线涂料提供设计思路和理论依据。

（1）双组分结构型涂料的配方开发

独有的双组分结构型涂料配方，性能优越，达到了行业的领先水平。不同配方的双组分涂料的性能对比见表1。

**不同配方的双组分涂料的性能对比** 表1

| 涂料类别 | 耐磨性能 | 柔韧性 | 固化时间(min) | 气味 |
|---|---|---|---|---|
| 欧路德双组分涂料 | P7(欧盟) | 好 | ≤30 | 一般 |
| 普通双组分涂料 | <P6 | 差 | <45 | 较大 |

注:欧盟对于标线涂料的耐磨性能有严格的区分,P7目前是全球最高标准。

(2)双组分标线用玻璃珠的使用开发

优化各种粒径玻璃珠的合理搭配,并且提出了不同折射率玻璃珠的组合,提升了道路标线的逆反射性能。不同的玻璃珠搭配在道路标线里的性能表现见表2。

**不同的玻璃珠搭配在道路标线里的性能表现** 表2

| 标线类别 | 玻璃珠折射率 | 玻璃珠折射率 | 玻璃珠折射率 | 逆反射性能 |
|---|---|---|---|---|
| 欧路德双组分标线 | 1.5 | 1.7 | 1.9 | 优秀 |
| 普通双组分标线 | 1.5 | 1.7 | — | 一般 |

(3)双组分结构标线的雨夜可视性

持久雨夜双组分结构型标线,具有超高超的可视性,为驾驶安全保驾护航。不同逆反射性能标线的可视性对比见表3。

**不同逆反射性能标线的可视性对比** 表3

| 标线类别 | 逆反射系数(干燥)[mcd/(m²·lx)] | 逆反射系数(潮湿)[mcd/(m²·lx)] | 逆反射系数(连续降雨)[mcd/(m²·lx)] | 标线的可视性 |
|---|---|---|---|---|
| 欧路德双组分雨夜标线(白色) | 700 | 500 | 350 | 非常高 |
| 其他雨夜标线(白色) | 350 | 100 | 50 | 一般 |

(4)材料技术指标、工艺流程及施工设备

①持久雨夜结构型标线涂料关键技术指标(表4)。

**技术指标** 表4

| 序号 | 项目名称 | | 技术要求 |
|---|---|---|---|
| 1 | 耐磨性(mg) | | ≤25 |
| 2 | 固体物含量(质量比,%) | | ≥99 |
| 3 | 白色亮度因数 | | ≥0.85 |
| 4 | 黄色亮度因数 | | ≥0.5 |
| 5 | 内混玻璃珠含量(%) | | ≥30 |
| 6 | 内混玻璃珠成圆率(%) | | ≥85 |
| 7 | 不同折射率的预混玻璃珠配比(%) | 1.5 | 30 |
| | | 1.7 | 50 |
| | | 1.9 | 20 |

②面撒玻璃珠技术要求。

持久雨夜双组分结构型标线采用直径0.4~0.85mm玻璃珠双撒工艺,分别面撒1.5折射率与1.7折射率超玻璃珠,且玻璃珠成圆率大于90%,建议面撒使用量不小于700g/m²。玻璃珠撒播器应与标线斗装在同一个划线机上使用,否则会导致涂料表面干燥后玻璃珠无法有效黏结,严重影响标线质量。

③施工设备及流程。

持久雨夜双组分结构型标线采用98∶2专用内混划线车进行施工。目前行业市场上的一般划线设备无法使用,推荐WINTER GUN以及霍夫曼专用设备。

施工专用设备和工艺流程见图3和图4。

图3　98∶2持久雨夜结构型专用设备

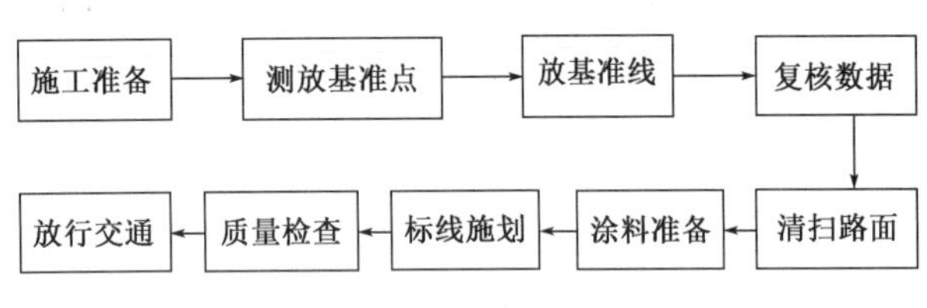


图4　工艺流程

持久雨夜双组分结构型设备采用乘驾式大型设备，在每天开始工作之前，都应对所用设备进行参数调试和确认。在每天的施工作业中严格控制施工参数与设备调试得到的参数相符，并确保设备自带的数据记录仪在全过程记录所有参数，供项目验收时检查。

## 3　技术应用情况

### 3.1　应用项目介绍

遂宁至广安高速位于四川省遂宁市及广安市境内，路线起于与绵遂高速相交的过军坝枢纽互通，止于南广邻高速红土地互通式立交。遂宁与广安遂宁市处于四川盆地中东部，属于亚热带湿润季风气候。该地区年降水量1129.1～1489.6mm，雨水较多，对标线排水功能以及雨夜反光要求较高。其次，部分路面地处山区，交通情况较为复杂，路面高强度复划标线会存在较多安全隐患。因此，采用持久雨夜结构型标线既符合交通安全理念，同时又符合该地项目的实际应用情况。

### 3.2　实施方案及流程

标线磨耗需符合欧盟P7标准。结构型标线的厚度要求：2.5～4mm。结构型标线的涂布率：不小于60%。检测采用干湿表面逆反射标线测试仪每1km测3处，每处测9个点，实施前应施划100m试验段。标线的使用寿命不应小于3年，本项目中所有标线正常使用3年后，干燥状态下的逆反射亮度系数平均值不低于《公路工程质量检验评定标准》（JTG/F80—2017）中雨夜反光标线Ⅱ级的要求。

## 4　效益情况

### 4.1　社会效益

（1）碳排放对比

热熔标线10年内4次施工，施工时需要将涂料加热到180～220℃，经测算，每施划1m$^2$热熔标线，涂料加热环节产生约0.35kg二氧化碳排放。持久雨夜双组分结构型标线常温施工，无需加热，以双向四车道高速公路计算，每100km可减少施工环节的碳排放约100×1020×0.35×4＝142800kg（142.8t）。

（2）减少矿产资源消耗

热熔标线10年内划线4次，持久雨夜双组分结构型标线10年内划线2次。两者厚料用量见表5。

原料用量　　表5

| 标线类别 | 原材料 | 次数 | 单次单位用量（kg/m$^2$） | （矿）粉料占比 | 矿产资源消耗（kg/m$^2$） |
|---|---|---|---|---|---|
| 热熔标线 | 涂料 | 4 | 5 | 60% | 12 |
| | 玻璃珠 | 4 | 0.8 | — | 3.2 |
| 持久雨夜双组分结构型标线 | 涂料 | 2 | 5 | 50% | 5 |
| | 玻璃珠 | 2 | 0.8 | — | 1.6 |

以双向四车道高速公路计算，每100km可减少矿产资源消耗100×1020×（15.2－6.6）＝8772000kg（877.2t）（其中热熔涂料部分以重钙比例60%计算，持久双组分涂料玻璃珠以每生1公

斤消耗等重量的矿物原料计算)。

(3)减少危险废弃物、粉尘排放

持久雨夜双组分结构型标线复涂无须除线;而热熔标线复涂须清除旧线,10 年除线 3 次,每次除线产生 5kg/$m^2$危险废弃物,其中部分作为粉尘进入大气,污染环境。以双向四车道高速公路计算,如采用持久高亮双组分刮涂标线,每 100km 可减少危险废弃物及粉尘 100 × 1020 × 5 × 3 = 1530000kg (1530t)。按照每吨处理 2500 元计算,危险废弃物处理费用应计入除线成本 1530 ×2500 =3825000 元。每平方危险废弃物处理成本 3825000 ÷ 102000 = 37.5 元/$m^2$,综合除线成本 15 + 37.5 = 52.5 元/$m^2$。

## 4.2 经济效益

降低寿命周期综合成本,持久雨夜双组分结构型标线使用命寿命为 5 年。传统热熔标线使用寿命一般在 2 年,且复涂时须清除旧线。两者经济效益分析见表 6。

经济效益分析　表 6

| 标线种类 | 首次投入(元/$m^2$) | 养护投入 | | 10 年总费用(元/$m^2$) |
|---|---|---|---|---|
| | | 复涂次数(次) | 复涂单价(元/$m^2$) | |
| 热熔标线 | 50 | 3 | 107.5 | 357.5 |
| 持久雨夜双组分结构型标线 | 120 | 1 | 120 | 240 |

以双向四车道高速公路每公里标线面积约 1020$m^2$ 计算,每 100km 可减少投入 100 × 1020 × (357.5 - 240) = 11985000 元。

# 6 总结

持久雨夜双组分标线涂料可显著提升道路标线在雨夜条件下的反光性能,保证标线具有良好的识认性,给驾驶人员清晰的导行指引,降低在雨天夜间行车的事故发生率,保障人民群众的生命和财产安全。

# 一种新型组合式波形梁中央分隔带护栏

(宜春市公路事业发展中心;宜春公路勘察设计院;江西省宜春市政交通建设有限公司)

## 0 引言

宜春公路部门为探索适用于普通国省干线公路的中央分隔带护栏,研究出一款新型组合式波形梁中央分隔带护栏。该护栏可达到SAm级防撞能力,满足现行的标准、规范要求,适用于普通国省干线公路。新型组合式波形梁中央分隔带护栏外形优美,经济适用,同时可有效消除普通国省干线公路的安全隐患,对我国普通国省干线公路中央分隔带的设置形式进行了补充。该护栏已应用于宜春市百余公里一级公路中央分隔带的建设中,且运行良好。

## 1 技术概况

当前,我国护栏的设计和开发都是根据行业标准《公路交通安全设施设计规范》(JTG/T D81—2017)进行,性能评价则根据《公路护栏安全性能评价标准》(JTG B05-01—2013)进行。我国交通规模的扩大对交通安全提出了更高的要求,对于中央分隔带较窄的公路,需设置类型更加合理的护栏以确保交通安全。当前相关规范对此类公路中央分隔带护栏的设置和防护等级没有涉及,存在交通安全隐患。据此,宜春公路部门设计开发出一种满足现有规范的适用于较窄中央分隔带的新型组合式护栏。该护栏适用于普通国省干线公路中央分隔带,通过建立4种有限元模型,从导向性、加速度、车辆-护栏横向动态偏移量3个指标入手,分别利用小型客车、中型客车、中型货车对该护栏防撞等级进行了实体试验。经实体碰撞性能试验显示,该护栏可达到SAm级防撞能力,满足现行的标准、规范要求,适用于普通国省干线一级公路。

## 2 技术分析

### 2.1 技术原理

本技术采用有限元方法对混凝土-波形梁钢护栏组合式中央分隔带护栏进行结构设计,并对其安全性能进行研究,然后运用多目标稳健性设计方法对护栏结构进行优化设计。

(1)混凝土-波形梁钢护栏组合式中央分隔带护栏结构设计研究

运用静力学方法求出护栏的横向最大碰撞力,根据混凝土结构所承受的最大碰撞力计算配筋面积,进而对混凝土结构进行预配筋。并建立车辆-混凝土-波形梁护栏组合式中央分隔带护栏耦合有限元模型,运用LS-DYNA软件进行仿真试验,得出碰撞过程中护栏的应变、应力情况,根据仿真结果对护栏配筋进行调整。

车辆碰撞组合式护栏是个瞬时的非线性大变形过程,属于瞬时、高速、大变形的非线性问题,包含材料非线性、几何非线性和应变率效应等难题。动态显式有限元方法能够有效地解决上述难题,而在仿真分析中使用的LS-DYNA则是功能强大的显式非线性有限元软件。

(2)混凝土-波形梁钢护栏组合式中央分隔带护栏结构优化研究

为减小护栏在设计过程中受到不确定因素影响引起的波动,运用田口稳健性优化设计方法对护栏进行田口稳健性设计。本项目采取单因素敏感性分析方法,初步选取波形梁厚度、混凝土高度、混凝土顶度、混凝土间距、护栏离地高度作为设计变量。

(3)混凝土-波形梁钢护栏组合式中央分隔带护栏评价标准研究

利用有限元仿真技术分别对Cm、Bm、Am、SBm、SAm 5个防撞等级的混凝土-波形梁钢护栏组合式中央分隔带护栏进行设计,分别得出各个防撞等级的混凝土截面参数、配筋率及波形梁钢护栏的结构参数。通过实体碰撞试验检测组合式波形梁护栏的防护等级,从组成、结构尺寸及分类、技术要求、检验规则、标志、包装、运输、储存形成混凝土-波形两护栏组合式中央分隔带护栏的设计标准。

### 2.2 关键技术

(1)护栏混凝土强度设计

考虑护栏的应力、应变情况,对混凝土结构进行配筋处理。选取混凝土的横向碰撞力最大值作为混凝土结构配筋计算的设计值,保证护栏在碰撞力作用下结构的强度,避免在碰撞过程中发生断裂。

(2)车辆与护栏的有限元碰撞分析

建立适宜于我国道路交通特点的汽车-波形梁护栏-加强混凝土地基的碰撞仿真模型;利用动态显式有限元方法分析护栏的安全性能,对波形梁护栏结构及加强混凝土地基结构的结构参数与护栏的抗撞强度、缓冲性能及导向性能进行相关性分析。

(3)护栏结构参数敏感性分析

通过对护栏波形梁结构和混凝土结构的参数进行单因素敏感性分析,找出对护栏安全性能影响较大的参数。

(4)进行多目标稳健性优化设计

对护栏的多目标优化问题的定义,选取噪声因子和设计变量,试验设计以及优化流程设计,以及对优化结果的讨论分析。

## 3 技术应用情况

本成果已在宜春市袁州区、万载县、上高县、丰城市、高安市、奉新市、靖安县、宜丰县等百余公里一级公路中央分隔带中进行应用,现已全部投入使用,运行良好。与此同时,该护栏具有施工工艺简单、安装快捷、施工工期短、造价相对较低、外形简约美观等独特优势,已成为宜春市一级公路一条靓丽风景线,更是筑牢安全防护的“生命线”,并纳入了交通运输部公路安全生命防护典型案例,并在全国推广应用,在中国公路学会举办的第三届微创新大赛中获得铜奖。

## 4 效益情况

### 4.1 社会效益

普通国省干线一级公路新型组合式中央分隔护栏具有施工工艺简单、安装快捷、施工工期短,外形优美,经济适用、便于后期养护等优势,并能有效降低交通事故发生率。同时,丰富了我国护栏的品种,有利于缓解驾驶员审美疲劳;通过研究这种护栏的防护机理、施工工艺及所能达到的防护效果,为其他种类护栏的研究提供借鉴。波形梁护栏不污染环境且具有良好的自洁能力和装饰效果。综上所述,社会效益显著。

### 4.2 经济效益

据测算,相同防护等级的混凝土护栏造价为1200元/m,而本项目研制的波形梁钢护栏组合式中央分隔带护栏造价900元/m,每公里节约工程造价约30万元,具有显著的经济效益。

## 5 总结

本项目设计开发了一种适用于较窄中央分隔带的新型组合式护栏。这种新型护栏结构采用了新的材料、结构形式和安装方式,以确保交通安全。解决了中央分隔带较窄公路护栏设置和防护等级缺乏的问题,具有潜在的应用价值和市场竞争力。通过对现行规范内的材料组合应用,新型组合式波形梁中央分隔带护栏不仅能满足现行标准、规范技术等级要求,且外形优美,经济适用,对我国普通国省干线公路中央分隔带的设置形式进行了补充。

# 玻璃钢防眩板生产技术研发及应用

(固安县日新月异交通设施有限公司)

## 0 引言

随着交通事业的蓬勃发展及社会对交通安全、人身安全意识和观念的日益增强,防眩板等高速公路交通安全设施的研发备受关注。玻璃钢防眩板是片状模塑料(SMC)在高温高压下成型的玻璃钢模压制品,具备稳定的物理化学性能、良好的耐候性能与较强的可塑性。此外,喷塑工艺进一步提升产品耐候性能、丰富产品颜色,显著提升玻璃钢防眩板使用寿命。现有玻璃钢防眩板已在多地得到应用。

## 1 技术概况

防眩板是安装在高速公路的一种交通安全产品,目的在于解决对向车灯眩光问题,多设置于高速公路中央分隔带护栏上或护栏中间,也有一些设置在道路中央开口活动护栏上。从材质上可分为钢制防眩板、塑料防眩板、玻璃钢防眩板。

由于防眩板暴露在自然界中,除直接受到汽车风载及油气污染外,还直接受到阳光、雨雾、冰雪、风沙侵袭。因此要求防眩板具备良好的耐候性能。通过引入喷塑这一新工艺,可有效地抵御上述不良因素的影响。经过喷塑处理的玻璃钢防眩板在7～10年内基本不褪色、不老化、不出现大的变形,而普通防眩板单片的使用寿命一般在2～3年。同时喷塑防眩板具备一定“自洁”功能,经雨水冲刷可自动刷洗表面灰尘污垢,使外观鲜艳如新,能够降低养护成本,实现经济效益与生态效益。如图1所示,玻璃钢防眩板相较普通防眩板,颜色更为鲜艳,表面更加平滑直顺。

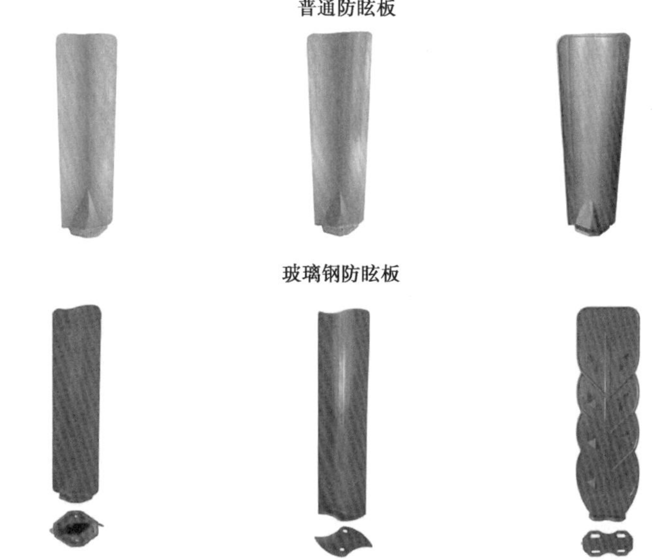


图1 普通防眩板与玻璃钢防眩板外观对比(尺寸单位:mm)

由于SMC主要由玻璃纤维、石油树脂和钙粉等高温模压制成。玻璃纤维不易着色,而染色后的石油树脂等材料在紫外线的长期照射容易产生褪色、花斑、翘曲、剥皮等现象。喷塑玻璃钢采用非金属表面处理技术,如同给SMC产品穿上了一层“防护服”,可以有效解决上述产品缺陷;另一方面喷塑使得防眩板的色彩选择更为多样,可以通过各种颜色的搭配,美化公路环境。图2所示为多种颜色的玻璃钢防眩板应用场景。

图2 不同颜色玻璃钢防眩板应用场景

## 2 技术分析

玻璃钢防眩板模型压成料的几个阶段:

第一阶段,模型压成料受热塑化,活动并填满模腔,得到制品所要求的外形。

第二阶段,树脂与交联单体发生交联反应,形成部分网状结构,模型压成料黏度大,活动性下降,表现出一定的弹性。

第三阶段,交联反应继续进行,树脂与交联单体之间的共聚反应更为活跃,模型压成料活动性降低,硬度大幅度增加。

成型后的玻璃钢防眩板可进行喷塑工艺处理,喷塑工艺主要通过压缩空气,将容器内的粉末涂料送至喷枪口,同时在喷枪口的前端产生高压静电,形成静电场。当涂料粉末经过静电场时,粉末颗粒变为带电的涂料离子,在静电力的作用下,被吸引至极性相反的产品,从而吸附在产品表面。

## 3 主要设备及工艺流程

### 3.1 主要设备

玻璃钢防眩板的生产需要天锻油压机、片材机、磨浆机、搅拌机、切割机、冲床、剪板机等设备,同时针对不同形状规格的玻璃钢防眩板需要相应模具,因此要求厂房具备一定的模具储备。表1所示为玻璃钢防眩板生产设备参数。

玻璃钢防眩板生产设备参数 表1

| 序号 | 设备名称 | 类型 | 技术参数 |
|---|---|---|---|
| 1 | 天锻油压机 | 315 | 500 |
| 2 | 模具 | — | — |
| 3 | 片材机 | 9S-J11 | 50m/h |
| 4 | 磨浆机 | 66-10 | — |
| 5 | 搅拌机 | — | — |
| 6 | 切割机 | 420 | 320 |
| 7 | 冲床 | 65T | — |
| 8 | 剪板机 | — | 3.5m |

### 3.2 工艺流程

玻璃钢防眩板的生产流程为备料→压制→脱模定型→磨边打孔→表面处理(可选)→品质检测→包装出厂,如图3所示。

玻璃钢防眩板的压制过程包括加料、加压、卸压排气、保温4个步骤。加料方式应维持相对一致,加料位置不偏移。应精准施加压力,迅速加压至成型压力并卸压排气,重复4次并去除模型压成料挥发产生的蒸汽以及夹带的空气,以防止缺料、砂眼等问题。

保温结束后开模取出产品,进行喷塑等表面处理工艺。喷塑处理前对产品进行检查,去除产品表面存在的灰尘、油污、脱模剂等,同时挑拣出存在缺料等问题的产品。

喷塑工艺完成后,取下产品,进一步检查制品有无缺料、砂眼、裂纹、翘曲变型等欠缺,检查制品外观、外形是否符合要求,表面经过化学试剂测试有无气泡、裂纹、分解的现象。

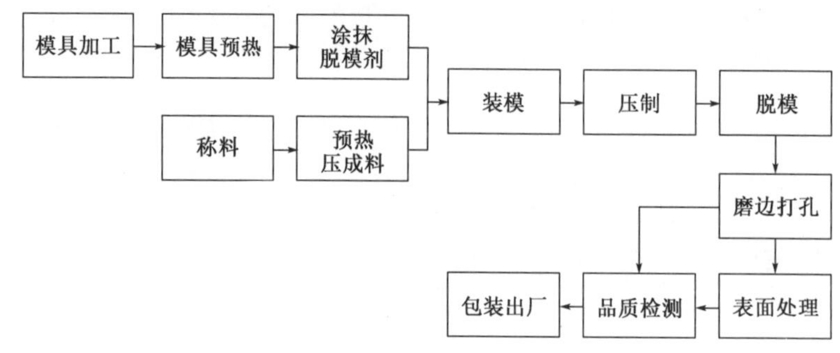


图3 玻璃钢防眩板的生产流程图

### 3.3 工艺参量

玻璃钢防眩板的出产工艺有3个主要参量，即成型压力、压制温度和保温时间。成型压力的作用是克服物料中挥发物所产生的蒸汽压，防止制品产生气泡、结构疏散等欠缺，同时增加物料的活动性，便于物料布满模腔的各个部位，使制品的结构紧密，机械强度得到进一步提升。压制温度的作用是增进模型压成料的塑化和固化。保温时间的作用是使制品充分固化并去除应力。

## 4 技术创新点

### 4.1 制造工艺

玻璃钢防眩板是采用不饱和聚酯树脂为基体材料，玻璃纤维作增强材料的复合材料经模压一次成型的，其将纤维的强度与树脂的柔韧性完美结合，使抗风荷载、抗变形量及抗冲击性能卓越，其强度是PVC防眩板的10倍。

### 4.2 耐腐蚀性

玻璃钢材质是良好的耐腐材料，对大气、水和一般浓度的酸、碱、盐以及多种油类和溶剂都有较好的抵抗能力，因此玻璃钢防眩板的耐溶剂、耐水及环境适应性能，尤其是耐候性能远超其他材质防眩板。

### 4.3 喷塑处理

玻璃钢防眩板外表可以进行喷塑处理，处理后不仅能够抵御强烈紫外线，抗高温，还能完全解决经历数年后氧化褪色、变色的问题，产品寿命大大提高，从而降低维护保养费用。

## 5 技术应用情况

### 5.1 应用项目介绍

玻璃钢防眩板作为高速公路交通安全设施，相继在大广高速、遵秦高速、寻龙高速、长春经济圈环线高速、郑(州)西(峡)高速、上(蔡)罗(山)高速投入使用。2022年完成应用项目路段130条，安装里程12000km。研究团队在玻璃钢防眩板的外形上进行了多样化的探索，研发持有城门型、麦穗型、火炬型等外观专利(图4)，具有较强的外观设计与定制化生产能力。

图4 不同样式的玻璃钢防眩板

### 5.2 实施方案及流程

根据现场需要确定防眩板形制颜色，同时根据公路状况确定防眩板的安装间隔，并确定最终供货量。生产单位根据产品要求完成模具打造、产品生产、装车发货等工作。施工单位根据预先规划，进行产品的复检、施工工作。防眩板安装完成后，由检测单位根据图纸要求，进行验收。

## 6 效益情况

### 6.1 社会效益

玻璃钢防眩板通过喷塑工艺可以实现多种颜色，对于环境具有一定的美化价值，同时浓淡相宜的绿色玻璃钢防眩板也可以起到缓解驾驶疲劳的作用。玻璃钢防眩板还可采用S型的横截面，抗风沙的能力显著增强，可预防防眩板折断带来的交通事故。

玻璃钢的相对密度在 1.5 ~2.0 之间,只有碳钢的 1/4 ~1/5,但拉伸强度却接近,甚至超过碳素钢,其强度可以与高级合金钢相比。相比笨重的钢结构,玻璃钢防眩板可以降低运输成本与运输过程带来的环境污染。

## 6.2 经济效益

玻璃钢防眩板材质轻便,安装、运输便捷且节约成本。防眩板外表进行喷塑处理后完全解决褪色和变色的问题,同时具备“自洁”功能,经雨水冲刷可自动刷洗表面灰尘污垢,恢复如新,减少了日常养护工作,延长了产品的使用寿命,降低了资源耗费。

# 循环加热型高效热熔划线车

（南通威而多专用汽车制造有限公司）

## 0 引言

为了解决道路划线能耗高、效率低、熔料质量差、施工安全性差等问题，研究团队研发出循环加热型高效热熔划线车，该产品通过使涂料的总受热面积增加数倍且受热均匀，可使所加热涂料的融化速度和质量显著提高。通过强制涂料快速循环加热提高热量传导效率，从而大大提高了能效。具备存储粉料、快速熔料、预热路面、多方式划线等功能。实现不间断加料、熔料、划线，可以6km/h连续不间断划线，从而提高划线效率、划线质量，节省能源，减少人力，无需配套车辆。施工人员无需到路面上即可完成施工，提高了施工安全性。

## 1 技术概况

因受国内传统划线施工工艺及国内大型划线装备产业长期空白限制，国内等级以上公路划线市场始终没有推广欧美主流施工方式——采用划线车施工，而是普遍使用欧美国家用于停车场、社区等小型场所划线施工的手推式划线机械。

近年来开始进入中国市场的乘驾式划线机，以及国内市场非法改装的车载式划线设备，均采用普通行业使用的直燃式热熔釜熔料，即直接加热单层釜或直接加热导热油夹层。其中，单层釜保温性差且由于局部温度过高，易造成熔料焦化，严重影响标线质量；导热油夹层虽对熔料质量有所改善，但熔料效率不高、温度难以恒定。上述两种熔料方式都是由于受热面积有限，导致热熔料融化速度慢，且排出大量热量无法利用。此外，开放式熔料输送方式会导致大量热能损耗及大量废气排放，造成较为严重的能源浪费和环境污染。同时，因开发式输料槽易导致熔料温度快速下降，致使所施划标线的黏接力明显减低。

为解决这些问题，研发团队自主开发了专利产品——循环加热型高效热熔划线车。该产品采用发明专利28项，其能效超过欧洲同类产品一倍以上。

## 2 技术分析

### 2.1 技术原理

该产品由底盘，存储与上料系统，熔料系统（包含多段式热熔釜、涂料泵送系统、涂料循环加热器等），液压系统，气动控制系统，导热油加热系统，多功能划线装置，智能控制系统，低速行走系统等组成。该产品以汽车底盘为载体，加装存储及上料系统把涂料输送到熔料系统中，加装导热油加热系统快速融化熔料系统里的粉料，通过加装的液压系统、气动控制系统、智能电气控制系统控制各种动力元件及控制元件的动作，通过多功能划线装置施划各种标线。

### 2.2 关键技术

（1）涂料在热熔釜中熔化后，用涂料泵将熔料从热熔釜底部抽出，并将其压送至加热器内完成循环升温。熔料在加热器内进一步升温后，再将其泵送至热熔釜腔内上部，与釜内刚投入的粉料快速混合促使其变为熔融状态并流入釜腔下部。如此不断循环，确保釜底始终有足够多的合格熔料以满足划线需求。

（2）该车采用能准确控制温度的导热油炉加热导热油。然后通过导热油泵，将加热后的导热油泵送至涂料循环加热器、热熔釜外侧加热层及其他需要加热及保温部位。釜内涂料在高达200多摄氏度的环境下快速加热并循环，较之于只有100多摄氏度的传统划线设备所采用的火焰直接加热方式，该车所采用导热油间接加热方式，可有效避免涂料被裂解乃至被焦化，显著提高了熔料的速度与质量。

（3）该车完成了从载运粉体涂料到最终多功能划线的整个作业流程的智慧化运行，实现了一台车可以 6km/h 的速度不间断划线，划线过程无需频繁停车补料，施工现场无需其他配套车辆，施工效率是欧洲同类产品的 2～3 倍。

## 3 技术应用情况

### 3.1 应用项目介绍

产品应用于江苏南通通州湾海防大堤堤顶路的热熔棋子状标线施工。该道路长度 3.3km，双向 4 车道，边线采用热熔棋子状标线，标线具有很好的疏水性及雨夜反光性能，并具有胎噪提示功能。此外，施工工期极短，对交通影响小。

### 3.2 实施方案及流程

上述施工道路，普遍因车流量大不宜封闭施工等原因，基本均采用不封闭路段的施工方式，划线速度因路面不同基本保持在 3.5～6.0km/h 之内。同时，为保证划线现场的施工安全，划线车后面均跟随防撞缓冲车，以有效警示、分流后方车辆并确保前方施工安全。

## 4 效益情况

### 4.1 社会效益

近年来国内引进的欧洲品牌乘驾式划线机，其最高划线速度为 3.5km/h，因该划线机自身无法熔料，故需额外为其配备两个预熔料双缸热熔釜和一个划线保温釜（含 4 个 10 万 Cal/h 燃烧机用于熔料，1 个 5 万 Cal/h 燃烧机用于划线保温，1Cal = 4.1868J），且热熔釜给划线车加料时无法划线，造成约 60% 的时间浪费。实际折合划线速度只有 1.4km/h。能量消耗量巨大，划线效率很低。再加上预熔料热熔釜和划线机分别需要一辆载货汽车运输，更是增加了额外的车辆配套成本、燃油消耗成本和辅助人力成本。综合计算每吨热熔料标线消耗燃油 30～60kg。

研发团队研发的循环加热型高效热熔划线车，具有数倍于国外同类产品的受热面积，一车多能，可不间断快速施工。其效率相当于 4 台乘驾式划线机 +8 台双缸热熔釜 +8 台运输载货汽车。综合计算每吨热熔料标线消耗燃油 15～20kg，且连续施工量越大，能效越高。相同的划线施工量，该划线车消耗的能源不到欧洲品牌乘驾式划线机的 50%，需要的工人数量不到其 50%。

### 4.2 经济效益

支出计算：

（1）车辆费用：单价 420 万/台；

（2）燃油等费用：按每天施工 10h，每天消耗燃油 400～600kg，取中位 500kg，费用约 4350 元/天，如果每年工作 280d，燃油费用为 122.5 万元，其他消耗性费用（尿素、机油、易损件更换及维修）按 10%，即 12.25 万元，总消耗 134.75 万元；

（3）人工成本：按驾驶员 1 人 8000 元/月、上料工人 1 人 8000 元/月划线操作工人 1 人 8000 元/月、辅助人员 1 人 5000 元/月计算，一年总费用 34.8 万；在外住宿按 200d 计算，每人每天 100 元，一年住宿总费用 8 万元。合计一年人工成本 42.8 万元。

合计总支出 469.55 万元。

收入计算：

每天有效划线时间 8h，划线速度按 5km/h，每天划线 40km，线宽按 200mm，每天划线 $8000m^2$，每平方按 8 元收费，每天收入 6.4 万元。一年按 280d 有效工作日，一年收入 1792 万元。

毛利润：

1792 − 134.75 − 469.55 = 1202.45 万元/年。

由此可见，投资效益显著。

## 5 总结

拥有多项专利技术的循环加热型高效热熔划线车，具有熔料效率高，一车多能，划线质量高，不间断施工，节能环保（整袋熔融、现场无废袋、无粉尘、无废气）等特点，每天施工量相当于 4 个乘驾式划线施工队，能在大幅提高划线效益的同时，大幅节省燃油成本、车辆配套成本及人工成本，且管理成本低、智能化程度高。

# 道路标线高压水清洗/清除车

（南通威而多专用汽车制造有限公司）

## 0 引言

近年来，随着我国机动车保有量的快速增长，行驶车辆对道路标线造成的污染及磨损日趋严重，标线的反光性和视认性呈快速下降趋势。及时对污染标线进行清洗，对失光标线进行清除重划，已成为保障标线基本功能的必要措施。

研发团队所研发的道路标线高压水清洗/清除车，通过高压水射流产生的强大动能，可将需要清除的标线彻底击碎脱落，也能将需要清洗的标线彻底去除表面顽污。

为了避免所清洗、清除废水废渣对环境造成污染，本车还配备了负压式回收装置。该装置通过固液分离技术，同步对所回收废水进行渣水分类处理，进一步降低了传统废水废渣高污染、高成本的处理弊端。

本车采用了高集成化、高智能化的平台技术，仅使用一人即可进行所有作业任务，有效减低了作业成本，提高了作业效率。

## 1 技术概况

本车所配备高压水泵能将清水加压到120～280MPa。加压后的水射流，通过作业端所安装分流盘上的喷嘴喷出。所喷出水射流在压力和流量的双重作用下，形成强大的冲击动能。该动能既可快速去除标线上附着的油渍、车痕等表面顽污，以达到彻底清洗效果；也能将磨损失光的不合格标线彻底击碎脱落，以达到完美清除除线的效果。

在上述作业过程中，作业者根据标线表面的污染程度或标线本身的牢固程度，将水射流压力及车辆行驶速度调节到合适状态，以达到既清除了标线表面的顽污或不合格标线，还不会对标线本身或所清除标线的路面造成损伤的清洗、清除目的。同时，该车所配备负压式回收装置，能够同步将作业后的废水废渣回收到渣水箱，在进行固液分离后进行分类处理。

## 2 技术分析

### 2.1 技术原理

本车所采用的主要技术为超高压水射流装置。超高压水射流技术，是通过高压水泵将过滤后的清水加压到千余兆帕，然后通过分流盘上安装的喷嘴微孔将高压水喷出。所射出水流速度在亚音速和超音速之间波动，对于目标物有着极强的破坏力。

本车所采用的超高压水射流技术，能快速对道路标线进行清洗或清除。为避免水射流损坏路面，安装高压水喷嘴的分流盘需要高速旋转，而高速旋转的分流盘极易因密封系统破损而降低射流强度，这就需要分流盘在高压、高速旋转的环境下保证足够的密封效果。

本项目采用高分子复合材料作为密封件，并通过合理的咬合结构设计，利用密封件在过盈配合条件下变形量增大的特性，确保其始终能紧紧贴合旋转轴，从而保证了分流盘具有良好的密封效果。

### 2.2 关键技术及主要设备

本车的技术难点之一在于如何在高速高压工况下保证分流盘的密封效果。研发团队通过验证多种密封材料和密封结构，并借鉴国内外最新先进密封技术，最终研制出“复合材料＋过盈结构”的新型密封工艺，原创性解决了本车关键部件的密封难题。该技术能够在分流盘2000r/min转速、280MPa高压环境下，实现整体结构的平稳运行及高速旋转部位的完美密封。

另一个关键难点在于如何保证车辆以极低的速度匀速行驶，因为车辆能否低速平稳匀速行驶直接影响标线清洗或者清除的效果。研发团队运用自变量控制原理，通过合理的分动装置确保该车能在0.05～1.4m/s范围内定速行驶。该项技术的核心在于安装在驱动装置上的大通量液压泵阀装置和先进的算法控制。

## 3 技术应用情况

### 3.1 应用项目介绍

江苏宿迁某交通服务公司、上海浦东某市政公司等市政服务机构,以及郑州、洛阳、烟台等交警部门,根据市内标线清洗、清除需要,采购了研发团队研制的 WRD5182GQX 清洗车,通过其购车后较长时间的标线清洗、清除作业验证,使用该车达到了既能高效、彻底完成标线清洗和清除的作业任务,还能达到节省水资源使用量,节省燃油消耗量及减低作业现场废渣、废水、噪声等污染的效果。

### 3.2 实施方案及流程

结合实际应用,本车清洗、清除后回收的废水中,废渣的含量不得超过 20%,否则会影响废水回收并极易导致废渣堵塞。为有效解决废渣堵塞问题,研发团队对车辆上渣水回收箱的排水结构进行了优化设计,在废水排放口设置了专门的过滤装置,确保较大的固体废渣不能通过滤网进入箱内。同时,随车还配备了中压清洗装置,以便及时对滤网进行清洗,避免长时间使用后出现滤网堵塞。

用户按照合理的渣水比例进行清洗、清除,不仅提高了清洗、清除效率,且作业用水量仅为未使用本车作业的 30%,且还能将回收的废水废渣分类排放,有效避免了环境污染。

## 4 效益情况

### 4.1 社会效益

在清洗标线方面,本车能够快速清洗标线表面的油渍、车痕等顽污,能将标线的综合视认性恢复到新标线的 70% 以上,进而有效提高驾车行驶的安全性,降低交通事故的发生率。在清除标线方面,本车能根据不合格标线的牢固程度适当调整水射流的压力和流量,较之于传统机械除线方式,大幅降低水资源及燃料损耗,显现出其卓越的节能降耗效果。

在洗线/除线过程中,本车能够将废水、废渣进行同步收集,较之于传统机械除线方式,彻底避免了作业现场的粉尘污染及废水污染。同时,本车所设计的固液分离技术,做到了废水、废渣分类排放,避免了因渣水混合乱排乱放所造成的环境污染。

### 4.2 经济效益

使用本车清洗、清除标线,因节省水资源及燃料使用量,以及减少清洗、清除耗材用量及人员使用量,可减低 50% 的洗线、除线成本。此外,除线后再施划标线能有效提高标线与路面之间的附着力,进而延长所施划标线 30% 的使用寿命。

## 5 总结

本道路标线高压水清洗/清除车作为一款填补国内行业空白的首款道路标线高压水清洗/清除专用车,一经推出便展示出传统标线清洗、清除设备所不具备的高施工效率、高清理质量、高环保性、低施工成本等诸多差异化优势,且本车所拥有的填补国内乃至全球行业空白的 3 项发明专利(CN2017113270498N、CN2019111278371、CN201911127090X),大幅提升了我国标线清洗/清除设备在全球市场的竞争力。

# 全寿命周期长效雨夜标线的研究与应用

（山东省高速养护集团有限公司）

## 0　引言

为解决道路标线涂料使用寿命短、雨天及夜晚反光效果差、重复施工养护成本高、环境污染等经济社会问题，在高亮持久Ⅲ级反光标线的研究基础上，开展研发与应用研究。通过改进配方设计，优化玻璃珠等材料的级配和掺量，提升标线整体性能，通过模拟施工，升级施工工艺，并经试验段跟踪监测，形成本产品及其施工技术指南。结果表明，全寿命周期长效雨夜标线的应用在降本增效、环境保护等方面具有重要作用。

## 1　技术概况

全寿命周期长效雨夜标线是在高亮持久Ⅲ级反光标线的研究基础上进行技术升级与应用研究，是一款自施划到路面直至自然磨耗完成止，在干燥、潮湿及连续降雨等恶劣天气下均符合逆反射要求的高性能标线。

## 2　技术分析

### 2.1　技术原理

优选生物基材料与传统基材复配进行标线成膜物质配方设计，完成掺量优化；优化高性能玻璃珠与常用玻璃珠复配；试制标线样品并进行室内性能测定，开发可模拟雨天车载重复作用的室外测试装置进行性能测定；通过试验及跟踪监测结果，调整设计方案。

### 2.2　关键技术及主要设备

#### 2.2.1　关键技术及工艺流程

（1）基于质谱色谱分析、相容性测试等手段进行配伍性分析实现基材的优选，基于多掺量组合下标线涂料的制备与力学性能及路用测试，形成优化配方与制备工艺。

（2）开发重复车载作用下雨夜标线室外加速加载模拟测试装置，实现真实有效的标线涂料路用性能的检测。

（3）提出长视距长效雨夜标线涂料的生产方案及施工工艺流程与质量控制标准。

#### 2.2.2　技术指标

研发所得全寿命周期长效雨夜标线已由山东高速工程检测有限公司进行多批次检测并出具检测报告，检测证明技术指标如下：总有机物含量：≥19%；$TiO_2$含量：≥10%；软化点：100～140℃；抗压强度：23℃ ±1℃时，≥20MPa；50℃ ±1℃时，≥4MPa；内混玻璃珠含量：≥35%（其中850μm以上含量≥10%，425μm以下含量≤10%）；逆反射亮度系数如表1所示。

全寿命周期长效雨夜标线逆反射亮度系数　　表1

| 标线类型 | 白色热熔道路交通反光标线逆反射亮度系数（$mcd \cdot m^{-2} \cdot lx^{-1}$） | | | | | | |
|---|---|---|---|---|---|---|---|
| | 状态 | 初始（通车14天） | 通车后1个月 | 通车后3个月 | 通车后6个月 | 通车后1年 | 通车后2年 |
| 全寿命周期长效雨夜标线 | 干燥 | ≥700 | ≥600 | ≥500 | ≥400 | ≥300 | ≥200 |
| | 潮湿 | ≥300 | ≥280 | ≥250 | ≥200 | ≥150 | ≥75 |
| | 连续降雨 | ≥150 | ≥140 | ≥125 | ≥100 | ≥50 | — |

#### 2.2.3 主要设备

标线施工机械和检测设备包括热熔釜、清扫机、双撒划线车、水线车、轻型载货汽车、红外温度测试仪和逆反射标线测试仪。

## 3 技术应用情况

### 3.1 应用项目介绍

全寿命周期长效雨夜标线已在京台高速公路泰安至枣庄(鲁苏界)段改扩建工程、京台高速公路德州(鲁冀界)至齐河段改扩建工程中、潍坊至青岛公路及连接线工程等推广应用,累计施划面积约50万$m^2$。

### 3.2 实施方案及流程

(1)生物基高分子材料与标线涂料基料的配伍性分析及优选。

(2)热熔型标线涂料成膜物质(基料)的配方设计、制备及优选。

(3)标线涂料玻璃微珠反光介质的配方设计。

(4)标线涂料玻璃微珠反光介质的掺量优选。

(5)重复车载作用下雨夜标线室外测试装置的开发。

(6)标线涂料的工程应用及质量控制标准的提出。

## 4 效益情况

### 4.1 社会效益

全寿命周期长效雨夜标线在恶劣天气下能正常反光,在暴雨或连续降雨、夜间等极端环境下也能保持反光效果,这对于提升道路服务水平,保障交通安全具有重要意义。

### 4.2 经济效益

全寿命周期长效雨夜标线采用中折射反光玻璃珠来代替雨夜珠,可以有效地提高标线反光的持久度,在日均车流量8万辆的路况下使用寿命可达4年,较传统雨线可大幅降低生产成本(雨夜珠市场价13~18万元/t,中折射玻璃珠市场价约4万元/t)。

## 5 总结

全寿命周期长效雨夜标线充分发挥了特种材料的技术优势,与其他类型的标线相比,具有使用寿命长,不易脱落、开裂、老化,能长效保持标线使用性能的特点。通过优化标线材料用量配比,升级施工工艺,形成完整的质量控制管理体系,从而保证标线质量及使用性能。

# 高强钢波形梁护栏的开发应用

(江苏国强交通集团有限公司)

## 0 引言

传统的波形梁钢护栏主要采用Q235普通碳素结构钢,钢材消耗量大,制造、运输过程碳排放高,工人施工安全隐患大,不能满足低碳环保发展要求。本技术应用一种新型高强钢材料,对护栏结构进行轻量化设计,并通过试验调整制造工艺,创新研制出节能减排、绿色低碳的高强钢波形梁护栏。该护栏产品通过验证符合安全性能评价标准,制定了标准规范,具备批量生产条件,目前已应用于全国多个工程项目。本技术产品通过交通低碳产品评价,节能降碳效益明显,值得推广应用。

## 1 技术概况

通过20多年的发展,钢材发展发生了巨大的变化,强度等级和相关性能有了大幅度提高,传统护栏材料很难满足社会发展的需要,亟需升级;另一方面,公路护栏耗费大量材料,不利于节能绿色发展。本技术开发应用先进高强钢不仅为护栏产品轻量化带来显著的效果,也对加快推进交通运输行业绿色低碳转型提供助力。

## 2 技术分析

### 2.1 技术原理

波形梁钢护栏是一种以波纹状钢护栏板互相拼接并由立柱支撑的延续结构,高强钢波形梁护栏是专门应用于公路波形梁钢护栏产品系列的节能减排新技术产品。护栏的主要构件应用了一种高强度高韧性的新型材料,根据护栏产品的应用条件经研究试制,通过对辊弯成型生产工艺的优化生产,实现护栏产品的轻量化。

### 2.2 关键技术、工艺流程及主要设备

(1)关键技术

高强钢材料采用先进的精确组织调控和纳米析出强化技术,具有良好的质量保证。其主要性能指标为:屈服强度≥700MPa、抗拉强度≥750MPa、延伸率≥20%。实现了高强度、高塑性以及良好低温韧性,为国内首个专门针对公路护栏而研发的高强钢、国际上强度级别最高的公路护栏用钢。采用CAE方法设计高强护栏,形成实际结构尺寸及相应选材方案。主要构件包括波形梁板、立柱和防阻块。其中,结构设计以《公路交通安全设施设计细则》(JTG/T D81—2017)为基础,依据《公路护栏安全性能评价标准》(JTG B05-01—2013)评价高强钢轻量化护栏的安全性能。

(2)工艺流程

工艺流程主要包括自动放料+小车上料→过桥压料+整平→剪切对焊→储料→带钢整平→高速冲孔(含对中和自动智能可视识别焊缝)→伺服送料→液压冲加强孔→辊弯成型→板型矫正→伺服跟踪液压冲切→精整→智能下料→废料自动识别→双工位智能码垛

(3)主要设备

伺服送料机、高速冲孔机、自动成型控制系统、焊缝识别系统以及双工位智能码垛机。

## 3 技术应用情况

### 3.1 应用项目介绍

四川成宜高速公路开发有限公司所承建的成宜高速率先使用了高强钢波形梁护栏,并于2020年12月31日通车试运行。青海省西察公路、河南济洛西高速、广东惠盐高速公路深圳段改扩建工程、四川都汶高速龙池路协同项目、京哈高速公路、江苏连云港国省道干线S242工程、鹤大高速公路等众多公路建设都应用了本技术。

### 3.2 实施方案及流程

(1)以强塑积作为钢铁材料吸收能量能力的评价指标,以高强高韧为特色提高护栏防拌阻能

力,充分发挥材料高强优势。

(2)仿真分析护栏结构,确定应用本技术的护栏安全等级以及不同等级的轻量化方案。

(3)优化制造工艺,形成高强钢波形梁护栏全流程智能自动化技术集成。

(4)规范试制,严格按照《公路护栏安全性能评价标准》(JTG B05-01—2013)进行实车足尺碰撞试验。

(5)组织编制中国交通运输协会团体标准《高强钢轻量化波形梁钢护栏》。

## 4 效益情况

### 4.1 社会效益

高强钢波形梁护栏能够带来“产业链三个转变”:由传统落后技术驱动向科技创新驱动转变、由追求速度规模向注重高质量高效益转变、由高耗低效向绿色低碳环保发展转变。高强钢波形梁护栏的应用可以节约钢材 158.4 万 t/年,可实现碳排放减少 332.64 万 t/年。以吨钢消耗 571kg 标准煤测算,可节约标准煤 90 万 t/年,可大幅度节约煤炭等不可再生资源,并大量减少能源消耗。运输车辆可减少 $CO_2$ 排放量为 25.6 万 t。大大减轻工人的劳动强度,大幅提升施工效率,降低施工人员安全隐患。

### 4.2 经济效益

相比传统的 Q235 材料,高强钢波形梁护栏的应用减少了钢材用量平均 30%,据此计算,造价降低 10% 左右。目前,高强钢波形梁护栏已应用到多个项目工程,累计长度 1047km,钢材总量近 3 万 t,根据行业制造工艺,可产生利润 110 元/t,新增利润 3 千万余元,而且存在较大的碳交易潜在价值。

## 5 总结

本技术应用的新型材料有效地解决了高强钢材料强度与塑性间的矛盾,实现了强塑积 > 15GPa%,专门用于护栏系列产品,具有良好的质量保证。其主要性能指标为:屈服强度≥700MPa、抗拉强度≥750MPa、延伸率≥20%。同时还具有优异的低温冲击韧性,在严寒地带依然具有良好的吸收塑性变形功和断裂功的能力,提高了护栏低温气候条件下的安全防护能力,具有更广泛的地域适应性和应对极端气候条件的能力。

# 新型360度猫眼突起路标生产技术研发及应用

(福州路宝交通器材科技有限公司)

## 0 引言

从工程实践出发,发现并总结传统突起路标在实用过程中出现的不足,分析其机理原因,对新型猫眼突起路标进行设计、生产,并运用于实际工程案例。新型猫眼突起路标应用纳米材料科学技术对传统路标进行改良;解决现有技术中路标有反光死角及劣化失效等技术问题,有效预防交通事故发生,提高道路安全性,减少毁损伤亡及社会成本。

## 1 技术概况

路面或墙面界标反光设施的改进一直是道路设计及养护单位急于解决的重要课题之一。传统的突起路标,具有强度低、易劣化、易破碎、易磨损、易积垢、易脱落及不环保、寿命短等缺点,造成道路养护单位人力、经费上的巨大负担。

本项目所研究的新型360度猫眼突起路标应用纳米技术对传统路标进行改良,提高路标的光学性能以及力学性能;将双半球反光机理应用到新型360度猫眼突起路标;采用特殊玻璃钢化技术,使新型360度猫眼突起路标抗压强度高达600kN以上;采用航天先进镀覆技术,产生高反射及寿命长的反射层;采用特殊高清透、膨胀系数适中且无吐酸现象的玻璃材质,达到最佳高透视、高反光效果,且使反光寿命增长。

## 2 技术分析

### 2.1 技术原理

新型360度猫眼突起路标采用双半球反光机理,使汽车车灯由任何角度照射到突起路标突起部分后,光线经半球体聚光于下半部的球面、再经球面反射层反射、最后由半球体表面射出,回归到司机的视觉中。且光线从猫眼上半部球体经过折射后,采用聚光方式,使亮度显得特别耀眼醒目。

### 2.2 关键技术及主要设备

本项目以新型360度猫眼突起路标为研究对象,通过理论分析、室内试验及现场测试,研发了应用纳米材料的新型猫眼突起路标。其主要技术特点:

(1)360度新型猫眼突起路标应用纳米材料技术对传统路标材料进行改良,提高路标的光学性能以及力学性能。

(2)采用特殊玻璃钢化技术,使抗压强度高达0.6MPa以上。

(3)360度猫眼突起路标应用纳米材料提高光学性能,其反光具有高亮度特性,达到400~500lx,同时具有自洁功能。

(4)圆光无菱角解决现有技术中路标有反光死角及劣化失效等技术问题。

## 3 技术应用情况

### 3.1 应用项目介绍

项目成果在福建省高速公路、国省干线、农村公路部分安保修复工程中成功应用,如福寿高速公路K0+00~K37+420、京台高速公路南平段K0+000~K62+686、漳永高速公路华安段K34+320~K50+193、K58+807~K67+195.696、漳永高速公路B2段K112+780~K155+071.422、宁德地区蕉城分局路段项目工程、省道203线K59+249~K87+992反光道钉安装项目、宁德地区古田分局路段项目工程、大洋鹭洲项目、福鼎地区路段项目、寿宁地区路段项目、柘荣G104线路段项目、国道324线闽侯段K29+565~K36+100路段、建宁县城关至武调火车站公路、国道324线龙海路段等。

### 3.2 实施方案及流程

未使用新型360度猫眼突起路标路段采用油漆标线,易脱落失去效用,易被尘土覆盖,失去反光能力,需要定期清扫,因此油漆标线需要频繁地重新画线及养护。

路段安装完新型360度猫眼突起路标后,由于其360度反射光线具有高亮度特性,照明效果明显,且具有一定的高度,在雨天也不容易被雨水覆盖。当驾驶员驶出车道,新型猫眼路标产生的轻微的颠簸感能使驾驶员提高行车注意力,降低事故率。图1~图3为视觉效果对比图。

图1 使用普通油漆标线与新型360度猫眼路标的视觉效果对比图

图2 普通油漆标线与新型360度猫眼路标的在弯道视觉效果对比图

图3 普通油漆标线与新型360度猫眼路标的在雨天视觉效果对比图

## 4 效益情况

### 4.1 社会效益

传统路标材料破碎后的尖状颗粒物容易扎破车胎,造成车辆爆胎而引发车辆失控的危险,而新型360度猫眼突起路标采用了纳米材料,其破碎后成为粉末状而不会造成二次事故;提高了驾驶员行车安全性。新型360度猫眼突起路标,不会因为雨天或雾天等恶劣天气而失去其反光效果,提高了道路的通行能力,同时降低了事故率,带来较好的社会效益。

### 4.2 环保效益

传统路标采用的材料为不可降解塑料,会污染环境;而新型360度猫眼突起路标材质为可降解钢化玻璃,纳米 CaO 和 PbO 或 $CeO_2$ 和 $TiO_2$,环保且无污染,符合绿色交通的理念。

### 4.3 经济效益

传统的铝合金路标的单价为75元/个,可保养一年,一年一般要更换3~4次;而新型360度猫眼突起路标的单价为85元/个,可保养5年,若按照5年时间来算,一个安装位置平均5年仅需要使用一个新型360度猫眼突起路标,即平均仅需要85元/5年;而若使用传统铝合金路标,一个安装位置5年下来平均需要使用16~17个,大约需要1200~1275元/5年,因此,使用新型360度猫眼突起路标大幅降低维修成本。

## 5 总结

新型猫眼突起路标应用纳米技术对传统路标进行改良,增加其高科技含量,提高路标的光学性能以及力学性能;采用特殊高清透、膨胀系数适中且无吐酸现象的玻璃材质,达到高反光效果;采用特殊玻璃钢化技术,使抗压强度高达0.6MPa以上;解决路标有反光死角及劣化失效等技术问题。研发出国内领先水平的全功能型突起路标,可以有效预防交通事故发生,提高道路安全性,减少毁损伤亡及社会成本。

# 年久钢质护栏立柱埋深无损检测精度控制与现场应用研究

(山东省交通科学研究院)

## 0 引言

项目取得了以下主要创新成果:(1)基于打击能量与弹性波的数学方程,分析了冲击弹性波的传播方式、传播速度、传播介质、锈蚀程度等对立柱埋深测试精度的影响规律;(2)基于声固耦合多物理场数值模拟,分析了立柱-土体波动规律与柱底界面相位特性,揭示了弹性波在自由边界与土体界面的逸散特性,解决了波速校正和反射波准确判识难点;(3)给出了年久立柱埋深无损检测的波速修正因子,形成了年久钢质护栏立柱埋深无损检测精度控制与应用技术体系。

## 1 技术概况

弹性波法检测钢质护栏立柱埋深作为一种无损检测技术,具有操作快捷简便,可以减少大量人力、物力的特点,应用前景十分广阔。新建交(竣)工验收阶段的钢质护栏立柱埋深无损检测技术较成熟。由于运营期的高速公路存在时代性、不确定性、多变性等特点,给立柱埋深检测带来了较大的挑战。尤其缺乏对年久钢质护栏立柱埋深无损检测技术进行深入研究。长期埋置或岩石内钻孔安装的立柱,周围基底与立柱形成紧密的粘结,加快了冲击弹性波逸散速度。给运营期高速公路立柱埋深检测带来很大的难度和挑战。本项目旨在解决高速公路年久钢质护栏立柱埋深无损检测精度控制与现场应用技术。该项目研究具有很大的理论创新与工程价值,并有着广阔的市场应用前景。

## 2 技术分析

### 2.1 技术原理

本项目护栏立柱埋深采用冲击弹性波法,即利用弹性波的反射特性,根据拔桩法标定所得的弹性波波速,并通过立柱底部的反射时刻进而推算立柱的长度及埋深。利用自动激振装置在柱头截面上发出一个脉冲信号,该脉冲信号在立柱的端面发生反射。通过对发射信号及反射信号的处理,从而可以计算立柱长度及埋深。

### 2.2 关键技术及主要设备

对于公路大中修项目中年久钢质护栏立柱埋深的无损检测,针对年久钢质护栏立柱埋深无损检测信噪比影响因素进行分析,引入修正因子对年久钢质护栏立柱埋深进行反演分析。建立地上-地下立柱-钢材-土体耦合计算模型;揭露冲击弹性波在自由边界与土体界面的逸散特性。结合现场试验检测,对信噪比、波速标定、高品信号、数据解译进行合理优化,形成一整套公路年久钢质护栏立柱埋深无损检测精度控制与现场检测应用技术体系。

## 3 技术应用情况

### 3.1 应用项目介绍

山东省交通科学研究院于2017年8月19日—2017年8月20日对S1济聊高速德州段护栏改造工程中的钢质立柱埋深进行现场检测。工程起止桩号为:K0+000~K40+115;共计40.115km。现场进行钢质立柱埋深抽检,抽检频率为1根/公里,共计测试立柱数量为80根。并对其结果进行分析和计算,积累丰富工程经验和检测数据。

### 3.2 实施方案及流程

现场试验检测过程中,对于年久护栏立柱埋深无损检测精度问题,山东省交通科学研究院成立专题课题组,对精度控制影响因素、检测方法的优化及数据处理等方面开展深入分析与研究,取得了一定的研究成果。为项目的顺利实施提供了技术支持,取得了良好的效果。

## 4 效益情况

### 4.1 社会效益

社会效益显著,将研究成果应用于我省多条高速公路养护大中修项目中,对于运维期立柱埋深进行前期摸底,可有效评价护栏立柱安全性能。获得业主及设计、施工单位的赞同。

### 4.2 经济效益

与有损检测拔桩法相比,具有操作简单、节约施工成本和缩短施工工期等优点。研究成果具有很大的理论创新与工程价值,并有着广阔的市场应用前景。能够为类似的高速公路大中修项目提供理论指导和技术支持。

## 5 总结

通过对年久钢质护栏立柱埋深无损检测信噪比影响因素进行分析,引入修正因子对年久钢质护栏立柱埋深无损检测精度控制进行研究,对地上-地下立柱-钢材-土体波动规律与柱底界面相位特性进行分析,形成一整套高速公路年久钢质护栏立柱埋深精度控制技术与现场检测应用技术体系。

# 双组分高亮标线快速养护工程

(山西中涂交通科技股份有限公司)

## 0 引言

在对各种标线产品性能特点对比分析的基础上,结合通车路段标线养护施工的特点,对比不同施工方式的优缺点,提出快速通车路段标线产品的选择和施工方式的选择方案。建议选择双组分快干型持久反光标线车载化喷涂施工,该技术方案在施工的高效性、安全性、环保性以及标线的长久反光、高耐磨性、后续养护上具有诸多创新点,具有较高的经济与社会效益。

## 1 技术概况

路面维修养护工程附属标线工程,力求施工速度快、施工过程安全、施工完成后标线长久高反光,采用双组分高亮标线车载化喷涂施工,该技术方案在施工的高效性、安全性、环保性以及标线的长久反光、高耐磨性、后续养护上具有诸多创新点,具有较高的经济和社会效益。

双组分高亮标线解决了目前道路标线体系中玻璃微珠易脱落,标线易沾污,夜间持续反光能力差的问题,将标线的日间可视和夜间亮度进行了完美结合。与传统标线涂料相比,具有显著的性价比优势,有效促进了标线行业的科技进步。

## 2 技术分析

### 2.1 技术原理

(1)持续高反光原理

对承担光反射效果的要件——玻璃微珠进行改性处理。针对双组分标线体系材料组成及施工方法,研究开发出玻璃微珠的改性工艺,满足双组分高亮标线的使用需求。满足标线涂料节能化、环保化发展的现实需求,并最大程度地保持标线的光反射效果。研究中将化学改性后的玻璃微珠融入改进后的双组分标线体系,实现了具有特别优异光反射效果的双组分高亮标线的制备。

(2)标线快干原理

快干标线涂料采用三元互穿网络固化技术,利用多点共聚系统,实现涂层三步快速固化,可以满足极快的涂层固化。

### 2.2 关键技术及工艺流程

(1)关键技术

①研发玻璃珠镀膜工艺并申请专利,使得玻璃珠与涂料通过化学交联反应黏结极大提高玻璃珠与涂料的黏结性;同时在涂料配方设计中采用了拉网式设计,优化了玻璃珠在涂料中的流挂性能,提高了标线的持续逆反射值,延长了标线有效使用寿命。

②双组分成膜属于自由基聚合反应,在快干型涂料中改进引发剂,提高游离基的活性,进而快速引发单体。单基与双基终止后,链自由基从单体、溶剂、引发剂等低分子或已形成的大分子上夺取一个原子而终止,并使这些失去原子的分子形成新的自由基。链终止将活性种转移给另一分子,而原来活性种本身却终止,使得单体分子快速形成分子量更大的聚合物,完成聚合反应。

(2)工艺流程

酸性活化处理微玻璃珠及偶联剂预处理溶液配置好后,得到预处理玻璃微珠,之后配置后处理溶液,即可开始改性处理玻璃微珠的制备。

## 3 技术应用情况

相关研究成果分别在沈铁高速工程、京台高速改扩建工程、四川汶马高速工程、柳园至格尔木国家高速敦煌至当金口段等多处工程中推广应用,累计实现新增产值1142.9万元,节约支出144万元。

## 4 效益情况

### 4.1 社会效益

热熔标线每施划一遍,需要清除旧线、熔融涂料、施划标线三道工序，占用车道施工的时间加长，会大大降低公路的通行率，甚至引起交通事故的发生，而双组分快干型标线搭载车载设备喷涂施工，前后占用车道仅需2km，三至四辆车为一个作业组，大大降低了施工封路时间，减少了道路的拥堵时间及交通事故的发生概率。

### 4.2 节能效益

双组分快干型持久反光标线，每平米标线仅需要1.2kg涂料，矿粉需求量不大，主要靠成膜物质自身性能实现标线功能，施工时化学反应成膜，不需要燃烧天然气或油，节能效益是热熔类等厚型标线的5~10倍。

### 4.3 环保效益

厚型标线经车辆碾压和自然力作用下，产生的粉尘全部排放到大气中，每1万$m^2$热熔标线15年内可排放250t粉尘，对大气环境极为不利，$PM_{2.5}$的超标也有其影响，燃烧天然气或柴油还会释放大量二氧化碳，经测算，每吨热熔标线施工时燃烧石油气17kg，释放50kg $CO_2$，15年内可排放12.5t $CO_2$，这与国家的双碳政策严重不符。

## 5 总结

现阶段国内高速公路不论在新建或养护阶段大部分都是使用普通热熔标线，其中施工方式主要采用刮涂工艺。该种施工工艺在新建路段时由于我国人工成本相对较低，不会影响道路通行，还可继续采用；但在已通车路段，为保证施工人员安全，提高施工效率和道路通行能力，降低施工对道路通行的影响，应采用双组分快干标线喷涂型施工工艺，结合大型施工车辆进行滚动施工，这样能从标线使用效果、施工安全、施工效率各方面得到一个较好的施工方案和产品选用。

# 超广角性微棱镜型反光膜关键技术研发及产业化

（道明光学股份有限公司）

## 0 引言

本项目基于对微棱镜型反光膜各种原材料的化学、物理性能分析，创新研发超广角性微棱镜反光单元的结构设计，解决了原有结构反射面积少、反射效率低的缺陷；开发超精密切削成型的创新工艺和方法，优化超精密复制与拼接技术，有效提升了模具加工的效率和良率；引进全生命周期的资源环境设计理念，优选清洁能源和原料，开发节能环保制备工艺并引进蓄热式焚烧氧化炉，极大降低工艺制备能耗的同时减少废气、废水的排放。项目相关核心技术已达到国际先进水平，并在国内外道路交通安全领域得到广泛应用示范。

## 1 技术概况

道路反光膜是一种逆反射材料，主要起到提高夜间反光作用，提示驾驶员注意车辆行驶的道路方向和距离。按照基本组成单位不同，反光膜可以细分为玻璃微珠型反光膜和微棱镜型反光膜，微棱镜型反光膜具有更好的反光性能，在户外环境下使用更耐久。本项目通过超广角性微棱镜型反光膜的结构设计、超精密母模切削技术、超精密拷贝与拼接技术、超声波密封胶囊成型技术等，开发出一款符合《道路交通反光膜》（GB/T 18833—2012）中Ⅴ类要求的超广角性微棱镜型反光膜，其在大的入射角和观测角（如0.5°、1°）时，反光亮度不会有很大的衰减，逆反射性能远高于其他类型的反光膜，且在色度性能和耐老化性能上都有了更优的表现。同时通过材料的优选和环保工艺的改进，极大降低了综合能耗和环境污染。

## 2 技术分析

### 2.1 技术原理

（1）超广角性微棱镜型反光膜的结构设计

结合生产材料的光学特性及微纳米压印工艺的特点，项目对微角锥体反射单元的结构设计、尺寸及母板的阵列排布设计进行了创新优化，通过在母板表面以六个微米级的三角锥体组成一个反光单元，并以此反光单元形成阵列，使其每个反光单元内具备四种不同光学特性的三角锥体结构，在保证幅宽方向与周长方向反光性能均衡的同时，可以控制入射光在其内部实现三次全反射。大幅提升各个反光单元的广角性能，有效改善各方向反光性能的取向性，很好地满足了标志牌在复杂交通环境下大角度、多方位有效视认的要求。

（2）超精密拷贝与拼接技术

本项目使用高精密电铸技术来完成模具的复制，从而降低工作模具的生产使用成本。它有如下特点：其复制后的模具表面粗糙度 Ra 可达10nm，从而保证微截角锥体结构的角度、高度、形貌等核心指标与设计尺寸高度吻合。

工作模带的拼缝质量对整个反光膜的外观及光学性能有很大的影响，项目团队通过优化和创新拼接工艺、拼接设备及工装夹具，使工作模带上几千条拼缝的宽度都控制在 15μm 以内，相邻模片间的高差小于 10μm。高质量的工作模带保证了产品光学性能及外观的稳定，延长了模带使用寿命，提升了生产效率。

（3）高精密模压技术

本项目突破传统的单片模压技术，采用环形工作模具，可以进行连续化生产，在生产时有生产效率高、加工方式简单、产品品质容易管控等特点。在进行高精密模压技术时要把工程塑料加热到熔融状态，然后在高温和高压的情况下把工作模具上的结构复制到反光膜上。由于微棱镜型反光膜对结构单元的角度以及表面光洁度有很高的要求，因此在加工时要充分考虑基材的流变性、熔融状态指数以及工作环境，同时在生产时还要选择合适的工艺条件，如温度和压力等。

(4)超声波密封胶囊成型技术

在微结构后侧形成密封胶囊结构通常采用热熔压合的方式，此种方式的高温条件容易对熔接缝周围的微结构形貌产生致命影响，进而影响反光膜的光学性能，而且能耗较高、生产效率低下。项目团队创新性采用超声波熔合工艺来形成密封胶囊结构，不仅熔合线径清晰、熔合牢度高、生产速度快，而且有效减轻了对熔合缝周边微结构形貌的影响，保证了反光膜光学性能的稳定。

### 2.2 关键技术、工艺流程及主要设备

(1)关键技术：超广角性微棱镜型反光膜光学设计、超精密母模制备、精密电铸及拼接、材料改性是本项目的关键技术，具有良好的产业化实施性。

(2)工艺流程如图1所示。

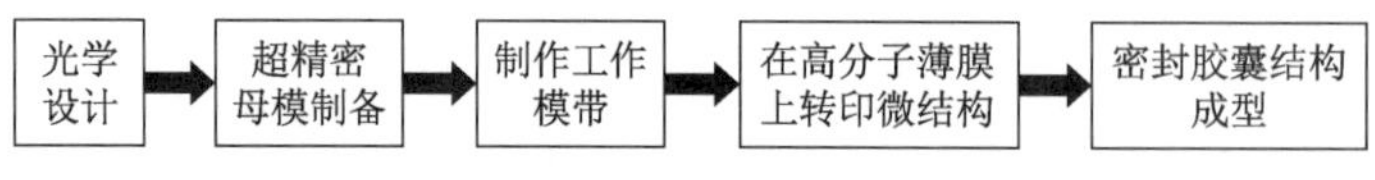


图1 工艺流程

(3)主要设备：由超精密涂布机、复合生产线、高精密模压生产线、超声波焊接机、单点金刚石车床、RTO 蓄热焚烧装置等构成。

## 3 技术应用情况

### 3.1 应用项目介绍

本项目产品已被广泛应用于国内外多个高等级道路项目中，比如密涿高速项目、丹东至锡林浩特高速公路经棚至锡林浩特段项目、东北鹤大高速项目、京津高速项目等。

以京沪高速扩建项目为例，采用双向八车道高速公路标准扩建，设计速度 120km/h，车道的增加和设计速度的提升，意味着对高速公路道路指示标牌上反光膜的广角性能和可视认性能提出了更高的要求。2021 年，道明光学助力京沪高速改扩建项目，承接全长 260km 的高速路标识牌业务，超广角性微棱镜型反光膜优异的广角性能、逆反射性能以及高耐候性能，可以满足京沪高速改扩建对沿路指示标牌的高标准要求，提升了标识牌的警示效果和可识别性，有效预防事故发生。

### 3.2 实施方案及流程

本项目产品主要用于制作道路交通标识，通过数码打印等技术可以实现个性化的图案制作。按照不同的应用场景，将其粘贴于定制的铝板上，制作成标识牌，以达到对驾乘人员警示、指示等作用。

## 4 效益情况

### 4.1 社会效益

该成果技术的成功转化，解决了在日益复杂的交通环境和气候条件下反光膜大角度可视性和远距离发现的瓶颈，能有效减少交通安全隐患，具有很好的社会效益。在节能降碳方面，通过实施清洁生产方案和低碳环保工艺技术改造，环保效益显著。公司采用高分子树脂薄膜作为密封胶囊的成型材料，并采用蜂窝状密封胶囊成型工序，不再使用胶黏剂，省去了胶黏剂涂布环节，每年可减少近 30t VOCs 的产生。引进的 RTO 环保设施，其废气分解率达到 98% 以上，热回收效率达到 95% 以上，每年可节约 7000 余吨标煤。通过在厂房顶部全面覆盖光伏太阳能板，实现清洁绿电的自发自用，大大减少了 $SO_2$、$NO_2$ 等废气污染因子的排放。

### 4.2 经济效益

该成果技术广泛应用于公司微棱镜型反光材料及制品的生产，推广至今，公司已形成了年产 1000 万 $m^2$ 微棱镜型反光膜的生产能力。目前，成果产品主要应用在道路标志牌、车身反光标识等场景，获得了良好的经济效益。随着微棱镜技术研发的创新以及生产工艺、装备的进一步优化改进，产品生产效率以及品质性能都将得到进一步提升，成果产品也将推广应用于更多新的应用场景和领域，在持续提升市场占有率的同时，获得更大的经济效益。

## 5 总结

日益复杂的交通环境对微棱镜型反光膜提出了更高要求。本成果技术超广角微棱镜型反光膜采用特殊光学结构设计，同时利用超精密复制与拼接技术、高精密模压技术、超声波密封胶囊成型技术，并引入节能环保工艺，由此制得的反光膜广角性更优异，具有更好的应用前景，打破了国外企业在该项技术上的垄断，形成有效的进口替代，具有良好的经济效益和社会效益。

# 一种高速公路超高性能光伏支架技术创新应用

(江西龙正科技发展有限公司;楚雄佑琳生科技有限公司;曲靖环炬新材料科技有限公司)

## 0 引言

光伏支架属于光伏发电系统中不可或缺的重要组成部分,属于国家加快培育和发展的七大战略性新兴产业中的新能源产业。传统热镀锌光伏支架主要有易生锈、寿命短、运输成本高、强度低、荷载能力差等特点,在一定程度上限制了光伏产业的发展。

为解决光伏支架这些难点、痛点,本项目采用的高分子光伏复合材料创新技术,应用耐腐蚀超高性能新型复合材料为原料,该材料轻质高强、可设计性好、耐腐蚀、绝缘,在航空航天、风电、军工、铁路、基础设施、汽车、轮船、电力及环保等领域应用广泛。与传统支架相比,高分子复合材料优势非常明显,耐腐蚀,寿命长、成本低、性价比高,是未来行业首选。

## 1 技术概况

以数据模拟、数据分析、建立模型、优化配合比、工程验证等为总体研发思路,分析新型复合材料的理化性能,对原料基准配合比进行优化研究,与传统金属材料进行对比分析,对光伏支架的个性化设计进行探索分析。研制出了一种新型的高分子复合材料光伏支架,解决了传统支架不耐腐蚀,易生锈,强度低,支撑性不佳,易倒,使用寿命短等问题。

## 2 技术分析

### 2.1 技术原理

高分子复合材料是采用碳纤维增强树脂复合加工而成。通过全新的结构设计,采用拉挤成型工艺加工而成的碳纤维复合材料,相比传统的热镀锌支架,具有更高的强度,更低的碳排放,更好的绝缘性和耐腐蚀性,为光伏在近海域、盐碱地、污水池、鱼塘、高海拔等应用场景提供更优的解决方案。

### 2.2 关键技术及工艺流程

1)关键技术

(1)高分子复合材料光伏支架原料性能分析

现有市场上热镀锌光伏支架虽然经过防腐工艺处理,但是对于光伏项目的运营周期十分有限,不断生成的锈层会影响光伏支架的稳定性,定期的除锈维护增加运营成本,耐腐蚀超高性能光伏支架采用耐腐蚀复合材料。

耐腐蚀复合材料由树脂和纤维高温聚合而成,与传统金属支架相比,高分子复合材料优势非常明显,对酸、碱、盐具有耐腐蚀性,具有长期耐热性和较高的荷载性能,寿命长、成本低、性价比高,适宜光伏支架制造。

(2)耐腐蚀超高性能光伏支架原料基准配合比优化研究

在公司开发及制作光伏支架的工作基础上,根据上述分析中获得的耐腐蚀超高性能光伏支架的性能要求,提出一种耐腐蚀超高性能光伏支架原料基准配合比设计方法。首先基于检测标准确定材料的最佳成分,对原料基准配合比进行优化研究,通过实验优选原料组分,采用先进的拉挤成型工艺,将碳纤维和其他连续增强材料进行树脂浸渍,然后通过保持一定截面形状的成型模具,并使其在模内固化成型后连续出模,由此制作出高效节能、耐腐蚀性能突出、综合效益高的光伏支架。

(3)耐腐蚀超高性能光伏支架对比试验研究

在所得较优的耐腐蚀光伏支架原料基准配合比的基础上,利用公司先进齐全的制作设备及技术,进行耐腐蚀光伏支架制作试验研究,精心筛选试验所用原料,并制作出耐腐蚀性能优良、轻质、高强的试验用试样。在同样的规格及实验条件下对耐腐蚀支架及热镀锌支架耐腐蚀性能、拉伸强度、弯曲强度、压缩强度、巴柯尔硬度等进行检测及对比分析,为耐腐蚀超高性能光伏支架在实际工程中的应用及示范提供坚实可靠的数据及可行性支撑。高分子复合材料光伏支架的产品特性见表1。

**高分子复合材料光伏支架的产品特性表**　　表1

| 产品特性 | 单位 | 特性值 |
|---|---|---|
| 与密封黏结力 | N/cm | ≥90,老化前后测试黏结力保持良好 |
| 角码拉拔力 | N | 紧固角码与边框腔体在 PCT 48h 后 >300 |
| B 面切角垂直度 | mm | 与 C 面垂直度偏差值≤0.48 |
| 装饰面涂层和覆膜的厚度 | μm | ≥30 |
| 巴氏硬度 | Hba | ≥40 |
| 装饰面耐摩擦性,总落沙 | L | 根据客户需求,可以做到≥400 |
| 热变形温度(HDT) | ℃ | ≥200 |
| 纵向线性热膨胀系数 | 1/℃ | $7\times10^6$ 之间,与玻璃的热膨胀系数吻合度高 |
| 体积电阻率 | — | $\geq10^{14}$ |
| 击穿电压 | V | ≥8000 |

(4)耐腐蚀超高性能光伏支架个性化研究

分别针对我国不同地区气候特点、大气环境等因素及设计要求进行具体分析,根据各地区的气候环境、设计要求、实际需求及场地情况设计出合适的结构,对风荷载、雪荷载、自重荷载和地震荷载等进行个性化灵活设计,使支架能够承受一定的雪荷载和风荷载等外部载荷,同时考虑材料的轻量化和高效化,以提高支架的灵活性,符合使用地区的地域环境特点。承载能力图示见图1。

2)工艺流程

拉挤复合材料是通过拉挤成型工艺连续生产的一类复合材料型材,拉挤成型工艺是将纱架上的纤维粗纱和其他连续增强材料(如表面毡等)进行树脂浸渍,然后通过保持一定截面形状的成型模具,并使其在模内固化成型后连续出模,由此制成耐腐蚀超高性能光伏组件。高度自动化的拉挤成型技术充分发挥纤维的力学性能,纤维质量分数可达60%~90%,可充分发挥纤维的作用,制品强度更高,提高了生产效率,还保证了光伏组件的质量和可靠性。制造工艺流程见图2。

图1　承载能力图示

图2　制造设备

## 3 技术应用情况

应用场景包括近海、污水池、湖泊、农田、鱼塘等，见图3。用复合材料替代热镀锌支架，可以起到降本、轻量化等作用，而且复合材料良好的绝缘性、耐化学品性等性能使其在海面、盐碱地等领域应用更具性能优势。图4～图7为高分子复合材料技术应用安装现场。

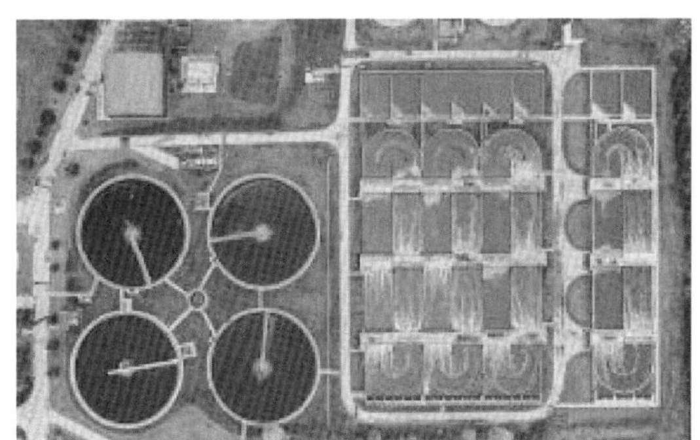

图3 应用场景图

图4 随州中科泰能迈垦新能源铣床产业园安装现场

图5 广水十里工业园八一水泥制品有限公司安装现场

图6 黄石精准扶贫地面电站安装现场

图7 三峡新能源安装现场

## 4 效益情况

### 4.1 社会效益

随着耐腐蚀超高性能光伏支架逐步替代传统金属光伏支架,玻纤、聚氨酯等相关材料的市场需求将大幅增长。据市场研究机构数据,2019 年中信博光伏支架销售容量达到5.331GW,清源股份、爱康科技、振江股份光伏支架销售容量分别为1.618GW、1.623GW 与 2.362GW。2020 年高分子复合材料光伏支架在市场中的渗透率回升至 18.7%,2021 年进一步提高到 21.56%,同比增长约 2.86%,国内光伏支架市场渗透率呈持续回升态势。

在“双碳”目标的推动下,我国加快新能源项目建设。随着光伏技术不断进步,光伏发电成本持续下降,未来光伏发电市场前景广阔。光伏支架作为光伏电站的关键设备,将伴随全球光伏电站新增装机容量的增长而迎来更大的发展空间,这有助于推动能源结构转型,减少碳排放,对环境保护和可持续发展具有重要意义。

### 4.2 经济效益

在碳中和目标的引领下,各国积极推进清洁能源转型,光伏行业潜在需求巨大。2022 年下半年起,复合材料产能逐步释放,行业供给瓶颈得到缓解,复合材料价格从 2023 年开始下降,为光伏行业降低了成本,进一步刺激了装机需求增长。

根据国际能源署(IEA)和彭博新能源财经(BNEF)的联合预测,2023—2025 年全球光伏新增装机量分别为 335GW、438GW、547GW,同比增速分别为 45.7%、30.7%、24.9%,对应全球组件需求约为 419GW、548GW、684GW。

中国光伏行业协会数据显示,2019 年中国光伏电站市场跟踪支架占比为 16%,2020 年约为 18.7%,预计到 2025 年将超过 25%。预计 2025 年全球光伏跟踪支架出货量将达到 125GW,2020—2025 年复合年均增长率(CAGR)为 23%,市场规模将达到 700 亿元,2020—2025 年 CAGR 为 21%。

以一个装机容量为 100MW 的光伏电站为例,若采用传统热镀锌支架,材料成本约为 800 万元,安装成本约为 200 万元,使用寿命 20 年,期间维护成本约为 100 万元,总成本约为 1100 万元。而采用高分子复合材料光伏支架,材料成本约为 700 万元(考虑到材料价格下降因素),安装成本约为 150 万元(因轻量化设计安装效率提高,成本降低),使用寿命 30 年,期间维护成本约为 50 万元(维护频率低,成本大幅降低),总成本约为 900 万元。相比之下,采用高分子复合材料光伏支架可节省成本 200 万元,经济效益显著。同时,由于高分子复合材料光伏支架性能更优,可提高发电效率 5%,按照当前上网电价 0.4 元/度计算,每年可增加发电收益 200 万元,进一步提升了项目的经济效益。

## 5 总结

高分子复合材料光伏支架解决了传统光伏支架易生锈,强度低,支撑性不佳,易倒,使用寿命短等问题。用复合材料替代传统热镀锌支架,可以起到降本、轻量化等作用,复合材料光伏组件具有出色的耐候性和抗腐蚀能力,可以承受恶劣的气候条件,如高温、强风和酸雨。此外,复合材料还具有优异的绝缘性能,可以有效地防止电流泄漏和火灾风险,这些技术特点使得复合材料光伏支架在各种环境中都能稳定运行,并且减少了维护成本。在生产使用过程中,由于轻量化设计和可持续发展的特性,符合当下“碳达峰、碳中和”发展目标,综合性能优势突出。

# 微晶颗粒热熔型高亮道路交通标线技术

(湖南省辰波建设有限公司)

## 0 引言

从道路交通标线新材料、新技术的应用推广角度出发,以道路交通标线的技术规范、施工工艺、标准施工为切入点,通过控制涂料温度,调整颗粒外撒比例,合理配比高亮热熔涂料各组成材料,控制涂料软化点及流动度,使外撒微陶颗粒嵌入50% ~60%,实施新型微晶颗粒热熔型高亮道路交通标线技术。逆光反射效果较普通标线明显增加,有效地提升了驾驶人在雨天、雾天、夜晚等较恶劣天气环境下标线的识别视觉,提高了标线耐磨、抗压效果,延长了标线使用寿命,提升了综合经济效益。在取得显著成果的同时也为今后的标线施工提供了一定的参考。

## 1 技术概况

交通标线是指在道路的路面上用线条、箭头、文字、立面标记、突起路标和轮廓标等向交通参与者传递引导、限制、警告等交通信息的标识。设置标线的最终目的是:标线清晰可见,车道划分清晰,指示信息正确,引导功能日夜24h均明显。其作用是管制和引导交通,可以与标志配合使用,也可单独使用。国家规定:高速公路,一、二级公路和城市快速路,主干路应按标准规定设置反光交通标线,其他道路可根据需要按标准设置交通标线。促使交通参与者各行其道,保证行人、行车更加规范,有效地预防交通事故的发生。

微晶颗粒热熔型高亮道路交通标线技术(Technical requirements for Hot Melt highly bright road traffic markings of micro ceramic grain)是一种在道路表面干燥、潮湿、连续降雨条件下,以微陶颗粒和高亮玻璃珠为逆反射体,逆反射系数均高于《公路工程质量检验评定标准》(JTG F80/1—2017)中雨夜反光标线规定值的高反光热熔型道路交通标线施工工艺和方法。

## 2 技术分析

### 2.1 技术原理

微晶颗粒热熔型高亮道路交通标线技术在控制涂料温度200 ~220℃的基础上,调整颗粒外撒比例,合理配比高亮热熔涂料各组成材料,控制涂料软化点及流动度,使外撒微陶颗粒嵌入50% ~60%,提高双撒撒布施工效率及质量。

### 2.2 关键技术、工艺流程及主要设备

(1)关键技术

目前市面上标线施工大都采用普通热熔型标线,其反光效果一般,标线的附着力及抗磨损差,标线易磨损脱落。微晶颗粒热熔型高亮道路交通标线技术通过实践表明,合理配比高亮热熔涂料中的组成材料,使用高亮玻璃珠、微陶颗粒替代普通玻璃珠,标线外撒玻璃珠采用双撒撒布器,使标线的反光度显著提高,可以保证标线反光亮度,延长标线使用寿命,白线和黄线对应各自的专用珠,既不影响标线本身的颜色,又能确保夜晚反射出和标线颜色相同的光,避免夜晚黄线远看“发白”的现象,使驾驶者更易辨别标线的颜色。

通过研究,采用双撒玻璃珠标线施工,玻璃珠采用高亮玻璃珠、微陶颗粒,控制涂料温度200 ~220℃,使玻璃珠和微陶颗粒嵌入50% ~60%,高亮玻璃珠、微陶颗粒是一种全新概念的反光材料,能够大幅度地提升道路安全等级,相对普通玻璃珠,产品具备如下优良的特性:

完善合理的光学设计,使产品具备了全天候高亮反光的性能。独特的光学结构,可确保晴天、雨天和潮湿气候下持续反光。反光距离远,可达到驾驶者所需的最远距离(100m以上)。产品由特殊光学材料和工艺制成,反光性能不易衰减。适用于各种标线涂料及划线设备,且无需对划线设备做任何改动。白线和黄线对应各自的专用珠,既不影响

标线本身的颜色、又能确保夜晚反射出和标线颜色相同的光,避免夜晚黄线远看“发白”的现象,使驾驶者更易辨别标线的颜色。

微陶颗粒的性能要求见表1,标线表面色技术要求见表2,标线逆反射色技术要求见表3。

**微陶颗粒的性能要求** 表1

| 项目 | 单位 | 技术要求 |
|---|---|---|
| 密度 | $g/cm^3$ | 2.45~2.65 |
| 粒径范围 | mm | 0.8~1.2 |
| 干燥状态反光性能 | $mcd/(m^2 \cdot lx)$ | ≥400 |
| 潮湿状态反光性能 | $mcd/(m^2 \cdot lx)$ | ≥250 |
| 反光颜色 | — | 银白色/黄色 |

**标线表面色技术要求** 表2

| 颜色 | 色品坐标(标准照明体 $D_{65}$,照明观测条件45/0,视场角2°) | | | | | | | | 亮度因数 |
|---|---|---|---|---|---|---|---|---|---|
| | x | y | x | y | x | y | x | y | |
| 白 | 0.355 | 0.355 | 0.305 | 0.305 | 0.285 | 0.325 | 0.335 | 0.375 | ≥0.35 |
| 黄 | 0.560 | 0.440 | 0.490 | 0.510 | 0.420 | 0.440 | 0.460 | 0.400 | ≥0.27 |

**标线逆反射色技术要求** 表3

| 颜色 | | 色品坐标(标准A光源) | | | | | | | |
|---|---|---|---|---|---|---|---|---|---|
| | | x | y | x | y | x | y | x | y |
| 反光标线 | 白 | 0.480 | 0.410 | 0.430 | 0.380 | 0.405 | 0.405 | 0.455 | 0.435 |
| | 黄 | 0.575 | 0.425 | 0.508 | 0.415 | 0.473 | 0.453 | 0.510 | 0.490 |

(2)施工工艺流程

施工工艺流程如图1所示。

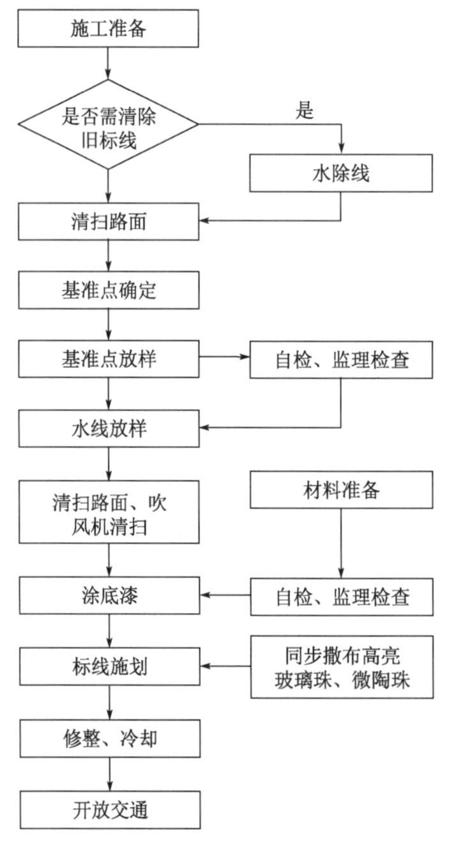


图1 微晶颗粒热熔型高亮道路交通标线技术施工流程

(3)主要设备

以一个独立的施工队为例,主要设备见表4。

**微晶颗粒热熔型高亮道路交通标线技术施工的机具设备**(一个独立的施工队) 表4

| 序号 | 分类 | 设备名称 | 规格 | 数量 |
|---|---|---|---|---|
| 1 | 放线设备 | 经纬仪 | J2 | 2 |
| | | 盒尺 | 7.5m | 4 |
| | | 钢卷尺 | 30m | 2 |
| | | 绳索 | — | 400m |
| | | 水线车 | 含水线架 | 1 |
| 2 | 清扫设备 | 清扫车 | — | 2 |
| | | 吹风清除机 | — | 2 |
| | | 高压水除线机 | — | 1 |
| 3 | 底漆喷涂设备 | 高压底漆喷涂车 | — | 2 |
| 4 | 标线布设设备 | 热熔釜 | 1400L | 1 |
| | | 双撒划线车 | — | 2 |
| 5 | 运输设备 | 运输车 | 5t | 2 |
| 6 | 检测设备 | 逆反射系数测定仪 | — | 1 |
| | | 厚度仪 | — | 1 |
| | | 摆式摩擦测定仪 BM-Ⅲ | — | 1 |
| | | 盒尺 | 7.5m | 2 |
| | | 钢卷尺 | 30m | 1 |
| 7 | 工具 | 白铁皮 | — | 若干 |
| | | 天平 | — | 1 |
| | | 煤气罐 | — | 若干 |

## 3 技术创新点

(1)在改良标线施划施工设备的基础上,通过调整涂料施划机械的漏斗开口的大小及撒布高度,采用双撒撒布器合理控制微晶颗粒与高亮玻璃珠的混合比例,同时控制微晶颗粒和高亮玻璃珠对涂料的嵌入度保持在50% ~60%。

(2)调整涂料的原材料配比,在控制涂料温度200 ~220℃的基础上,合理配比高亮热熔涂料中各组成材料,控制涂料软化点及流动度,增强标线的耐磨抗滑强度,延长标线的使用年限。

(3)采用新型多棱角、不规则、不褪色的微晶颗粒材料替代普通玻璃珠,在光源照射条件下,无论雨天、潮湿、夜晚状态下,均具备良好的逆反射性能。

## 4 技术应用情况

### 4.1 应用项目介绍

(1)石门县2020农村公路生命防护工程:2830.4909万元。

(2)长沙市道路交通设施维护维修项目:1097万元。

(3)辰溪县安全生命防护工程:1202.9554万元。

(4)长沙市G240黄桥大道:650.25万元。

### 4.2 实施方案及流程

在湖南省长沙市、石门县、辰溪县等路段进行推广应用,着力解决了面撒珠撒布不均匀,面撒珠脱离,造成反光系数高低分布不均,在雨天、潮湿、夜晚状态下、车辆行驶过程中局部反光弱、反光度不够等问题，从而提高道路行车驾驶的经济性和安全性，有效地减少夜间行车和雨天行车带来的安全事故隐患。所施划的微晶颗粒热熔型高亮道路交通标线性能良好，逆光反射效果明显，耐磨抗滑比普通标线使用时间更长，提高了行车视觉的舒适性和安全性。

在传统标线施划设备的基础上，通过改进玻璃珠及微晶颗粒的双撒撒布器及流量控制器，合理控制微晶颗粒与高亮玻璃珠的混合比例及撒布量，来实现标线整体反光性能的提高。

调整涂料配比，在控制涂料温度200～220℃的基础上，合理配比高亮热熔涂料中各组成成分，控制涂料软化点及流动度，使外撒微陶珠嵌入50%～60%，增强标线的耐磨抗滑值，及表面珠体的嵌牢强度，延长标线的使用寿命。

采用新型多棱角、不规则、不褪色的微晶颗粒，混合高亮玻璃珠，替代普通玻璃珠，在雨天、潮湿、夜晚等各种不良天气条件下，均具有良好的逆反射性能，及较高的耐磨抗滑性能。

微晶颗粒热熔型高亮道路交通标线技术的应用通过使用高性能的热熔涂料、高性能玻璃反光珠和耐磨陶瓷珠等新型材料，使得道路标线的逆反射系数在干燥天气下增加80%；潮湿天气下增加100%；连续降雨天气下增加200%。而且更加耐磨、不易老化，可以大幅减少标线磨损、断裂、脱落等情况产生，使用寿命时长比普通标线超过1.5～2.0倍、周期成本比普通标线下降30%。

通过施工后对微晶颗粒热熔型高亮道路交通标线技术应用一年多的持续跟踪检测及统计分析，经现场多次实践调查及检测，该路段道路新施工标线，逆光反射效果较普通标线明显增加，有效地提升了自然驾驶人在雨天、雾天、夜晚等较恶劣天气环境下标线识别视觉，有效提高了标线耐磨、抗压效果，延长了标线使用寿命，提高了综合经济效益，节省了综合经济成本。

## 5 效益情况

### 5.1 环保效益

新型微晶颗粒热熔型高亮道路交通标线技术的应用，在控制高亮微陶珠颗粒外撒比例和涂料温度200～220℃的基础上，合理配比高亮热熔涂料中各组成材料，施工过程中只需要加热一次，高亮微陶珠颗粒采用外撒技术无需加热，使外撒微陶珠嵌入50%～60%。该技术符合环境保护规定要求，实现了节能环保。

### 5.2 经济效益

新型微晶颗粒热熔型高亮道路交通标线技术的应用，使用高性能的热熔涂料、高性能雨夜反光珠和耐磨陶瓷珠等新型材料，使得道路标线不仅在干燥夜晚具有高亮的逆反射效果，特别是在雨天夜晚也同样有高亮示廓效果，而且更加耐磨、不易老化，可以大幅减少标线磨损、断裂、脱落等情况产生，使用寿命时长比普通标线超过1.5倍、周期成本比普通标线下降30%。

以双向四车道的国道为例，按平均800$m^2$/km标线面积计算，普通标线每平米综合单价约为52元，微陶颗粒高亮标线每平米综合单价约为80元。正常情况下普通标线一般有效使用期限为1年，微陶颗粒高亮标线可使用2年。以此推算，仅施工成本每公里节约23.1%，平均每公里节约成本近2万元。

### 5.3 社会效益

新型微晶颗粒热熔型高亮道路交通标线技术的应用，采用新型多棱角、不规则、不褪色的微陶颗粒材料，在光源条件下，无论雨天、雾天、潮湿夜晚，24h微陶颗粒高亮具备360度视角逆反射性能，具有耐高温、抗低寒、防臭氧、防紫外线功能。比普通标线逆光反射效果明显增加，有效地提升了自然驾驶人在雨天、雾天、夜晚等较恶劣天气环境下标线识别视觉，对道路交通安全提供了安全基础设施保障，有效地引导驾驶员规范行车，减少违章情况发生，具有较好的社会效益。

新型微陶颗粒热熔型道路交通标线新材料、新工艺、新技术的应用，完善了道路安全工程相关配套安全设施的设置与应用，依照交通网络大数据系统的要求，以产品质量的检测为前提，持续跟踪技术标准监测，已成为道路交通领域及业内人士践行中国梦，助推道路交通安全的长远发展高度重视的课题，是实现绿色交通、平安出行、和谐发展的基础保障。

# 沥青混合料高密实摊铺装备开发与施工技术研究

（甘肃路桥建设集团有限公司；甘肃路桥第三公路工程有限责任公司，长安大学；中交西安筑路机械有限公司）

## 0 引言

本项目针对公路建设领域的热点和难点，将机械学与材料学相结合进行研究，研发了沥青混合料高密实摊铺装置——复式熨平板，提出基于复式熨平板的沥青混合料高密实摊铺施工工艺，解决施工中的关键和共性问题，对提高工程质量，节能减排建设，提高工程经济效益都具有重要的现实意义。

## 1 技术概况

本项目针对摊铺设备工作装置结构、处于运动状态的激振器与被压材料产生共振的必要条件进行了研究，对施工工艺参数进行了优化，建立了材料密实度与振动参数关系模型，提出了沥青混合料摊铺过程高密实振动理论和沥青混合料高密实施工工艺，可显著提高沥青混合料的摊铺密实度，使摊铺机进行高密实摊铺。本项目在保证路面压实质量的前提下，可提高施工效率，降低作业成本，减少施工排放。

## 2 技术分析

### 2.1 技术原理

共振理论是被压材料产生共振的基本原则，对于运行中的激振器而言，两者之间产生共振的条件是激振器与被压材料之间能够有足够的作用次数。被压材料颗粒由静止状态到运动状态需要一个过程，在过渡过程中只有连续地对其进行激振，才能使其处于振动状态，这是产生共振的必要条件。只有当颗粒处于振动状态，且振动频率与被压材料的固有频率相适应时，被压材料才会发生共振，减小材料之间的内摩阻力，使颗粒具有更好的取向。

### 2.2 关键技术及主要设备

(1)振动参数与混合料密实度关系研究。通过分析摊铺设备与铺层材料相互作用机理，考虑设备振动参数及摊铺过程的材料参数变化对系统动态特性的影响，建立铺层密实度与振动频率之间动力学关系，确定最佳振动频率。

(2)沥青混合料高密实摊铺装置研究。熨平板作为摊铺机的主要工作装置之一，其结构参数及振动特性对路面密实度具有决定性的影响。为实现沥青混合料的高密实摊铺，需对工作装置结构、配置和工作性能进行研究，以确定满足高密实摊铺的设备条件。

## 3 技术应用情况

### 3.1 应用项目介绍

本项目在G341线环县(二十里沟口)至车路崾岘(甘宁界)公路工程中进行了试点应用推广，显著提高了摊铺层密实度，既提高了最终成型路面的施工质量，又充分发挥了设备的生产作业性能，显著降低了施工能耗，提高了施工效率，节约了施工成本。

### 3.2 实施方案及流程

本课题将采用理论分析、室内试验和现场足尺试验研究相结合的方法，以实体公路工程为依托，开展现场工程试验研究与验证。

理论研究主要有建立振动熨平板与铺层材料之间的动力学模型、确定最佳振动频率、摊铺过程运动参数的合理匹配等三个方面。

在“机械-材料”振动系统理论研究、摊铺速度特性研究、参数匹配技术研究的基础上，通过试验研究对理论研究的正确性和适用性进行检验，对理论研究做出必要的修正，提出高效、简单、实用的沥青混合料高密实摊铺成型技术,并进行仿真分析与实体工程试验研究。

## 4 效益情况

### 4.1 社会效益

沥青混合料高密实摊铺装置研发与工程应用,符合现代经济和交通发展需求和国家节能减排的方针,该技术可以简化施工工艺、减少施工过程中混合料温度散失,降低沥青混合料的出料温度,减少路面施工作业对周围环境的影响,具有显著的社会和环境效益。

### 4.2 经济效益

该技术可使混合料在摊铺完成之后达到很高的压实度,既能保证最终成型路面的施工质量,又充分发挥设备的生产性能,提高施工效率。有效改善混合料老化问题;由于该技术减少了后续的碾压作业,使得施工周期缩短,同时减少了现场工作人员和施工设备数量,能大幅降低能源消耗,节约施工成本,具有显著的经济效益。

## 5 总结

本项目采用理论分析、室内试验和现场足尺试验相结合的方式,将材料学与机械学相结合对施工设备和施工工艺进行合理匹配,对沥青混合料高密实振动技术、沥青混合料高密实摊铺装置、沥青混合料高密实摊铺参数匹配、沥青混合料高密实摊铺试验、沥青混合料高密实施工工艺进行了深入研究,提出高密实沥青路面摊铺技术,完成了沥青混合料高密实摊铺装置开发,在保证施工质量的前提下,实现节能、减排、降耗的目的。

# 道路交通全生命周期碳核算标准化技术

（长安大学；广东工业大学）

## 0 引言

本技术揭示了道路生命周期各阶段典型活动的特征及与碳排放的关系，提出了道路交通全生命周期碳核算边界的划分形式及碳排放的来源构成，构建了全生命周期碳排放测算理论框架；建立了工序、工况和项目多层级多尺度公路建养活动的碳排放核算方法，解决复杂公路工程建养碳排放底数不清、源头不明、过程治理不透的行业难题；基于实验测试和多源数据集，构建了我国本地化公路建养材料和机械设备碳排放因子数据库；研发了与我国公路建养活动核算子目一致的碳排放核算分析软件，提高了碳排放核算基础数据采集和核算方法的规范性、可操作性和适应性。在陕西、广东、重庆等多个地区的高速公路及城市道路成功进行了示范应用。

## 1 技术概况

本技术以公路为核心，解构了材料、机械、运输车辆、能源等投入要素以及项目、工序等道路基础设施建设工程与碳排放关系，提出了多要素、多尺度、多阶段的道路基础设施建养全寿命碳排放核算方法；考虑了我国道路建设活动现状和工程数据统计核算基础，建设活动水平数据采集融合对接道路工程建设定额、台账，符合道路建设活动水平数据计量特点，保证了碳排放核算基础数据采集的规范性、可操作性，易于业务化应用与推广。

本技术适用于我国从事道路建设活动的政府及交通主管部门、投资及建设单位、设计单位、施工单位、监理单位、材料供应商及相关企业，将为用户在道路建设、设计、施工各环节的碳排放核算提供指导，以提升道路建设碳排放核算的规范性。本技术还可用于指导道路运输过程、养护工程活动的碳排放量核算。

## 2 技术分析

### 2.1 技术原理

基于交通行业碳排放核算需求和全寿命周期评价这一新兴环境影响管理方法，深入分析道路交通基础设施建养活动水平及其要素的特征影响因素，制定了路面、路基、桥梁、隧道、临时便道等道路建养结构物的多粒度碳排放活动要素组合规则，确定碳排放核算边界并构建核算框架。基于该框架构建多元素、多尺度、多阶段的道路全寿命碳排放核算方法，组合相关分析模型、数据质量评估、敏感性分析及多源异构数据挖掘技术，提取与标定符合我国道路建设特征的材料、施工机械碳排放因子基础数据库，并自主研发可对接定额和施工台账的公路全寿命周期环境影响评估系统（Life-cycle Environmental Impact Assessment System on transportation Infrastructure Road Model 1.0，LEAST Road Model 1.0）。

### 2.2 关键技术及主要设备

（1）全面、准确理解碳排放源，构建了基于全生命周期的道路建设活动碳排放计算框架

以公路为重点对象，考虑道路建设、养护活动的材料、施工机具、运输工具、作业区车辆及其消耗能源等多个要素，基于新兴的环境影响管理方法——全寿命周期评价，深入分析了公路交通基础设施建养活动水平及其影响因素，分析了典型活动及碳排放来源，构建了基于全生命周期的公路建设活动碳排放计算框架。

（2）提出了公路建设活动的结构化碳排放测算方法，解决公路建设碳排放单件性计算问题

提出了公路建设阶段碳排放计算结构化概念；分析了公路建设阶段碳排放来源、构成和影响因素，揭示了公路建养活动中材料、设备、工艺等因素与碳排放的映射关系，提出了用于工序、工况和项

目级的公路建设活动的结构化碳排放测算方法。

(3)开发了符合我国公路建设基础数据采集与碳排放核算的软件平台

开展实验测试与多源数据集辅助计算,构建了符合我国公路生命周期碳排放核算基础数据库;基于Web网络,自主研发了能与我国公路建养工程定额核算与碳排放清单对接的公路建设全寿命周期多尺度碳排放核算软件平台。该平台可异地模型共建、数据实时共享,无需下载安装,轻量化测算流程结构化,结果清晰可视,碳排放可溯源,减排路径可深度、精准化。

## 3 技术应用情况

### 3.1 应用项目介绍

(1)重庆市广阳大道——"习近平生态文明思想示范路"

广阳岛智创生态城是习近平生态文明思想集中体现地、长江经济带绿色发展示范区。项目全长13.08km,改建约8.69kkm,新建约4.394km。技术团队通过搜集工程建设阶段材料及机械使用情况,利用道路建设阶段碳排放测算模型进行排放测算并分析了排放特征规律,筛选出包括长寿命路面在内的广阳大道建设中亮点减排技术,对亮点技术的减排效益进行分析。

(2)肇明高速——"粤港澳大湾区西部振兴联络线"

肇庆至高明高速公路(肇明高速)连接肇庆广宁、高要和佛山高明,一期工程包括广宁县宾亨镇至高要区莲塘镇段主线和机场支线,路线总长约98.5km。技术团队基于开发的LEAST Road Model 1.0对项目总体、单位工程、分部工程、分项工程排放进行测算,分析了材料和机械的排放特征,并对计算结果进行了敏感性分析和不确定性分析。

### 3.2 实施方案及流程

分析道路建设、养护等活动主要特征、碳排放来源,研究筑路材料、施工设备/机具、运输车辆等基本要素组成及典型类型,并梳理各要素的关联关系。搭建结构清晰、逻辑性强的项目生命周期碳排放测算体系框架,构建相应的测算模型。基于技术团队自主研发的"公路基础设施建设碳排放因子数据库",形成适用于应用项目相关活动的碳排放因子清单。基于研究的碳排放测算模型,从设计方案、筑路材料、施工设备/机具、运输车辆、施工活动等方面,实现关键环节及新技术、新工艺的碳排放量测算,分析其减排潜力。

## 4 效益情况

技术响应了《中共中央、国务院关于完整准确全面贯彻新发展理念做好碳达峰碳中和工作的意见》《2030年前碳达峰行动方案》《交通强国建设纲要》《国家综合立体交通网规划纲要》等政策文件对交通行业的减碳要求,技术成果已在现有的工程实践中应用,产生了良好的社会效益和环境效益,助力绿色交通发展,对提高交通建设的整体水平和推动绿色交通发展具有重要意义。技术团队在"2021年城市交通领域碳达峰、碳中和协同发展论坛""2022数字新基建与低碳建造新路径融合发展论坛""交通运输大会(TRB)"等20余场会议及论坛进行了学术报告和行业交流,提升规划设计、工程建设技术骨干碳排放核算、分析和管理能力以及企业的碳治理能力。

## 5 总结

顺应国家高质量发展要求,针对道路生命周期碳排放核算边界不清、核算方法不一致、核算结果质量不高等问题,提出了基于道路建设、养护碳排放特点的标准化核算技术。技术基于一体化的数据汇聚架构及方法,创新性地建立了全寿命碳排放测算-多维度排放规律揭示-政策措施决策的系统体系,研发了融合定额与台账核算子目的全寿命碳核算精细化成套方法及软件。

经技术成果转化和项目应用实践表明,该技术为相关应用单位提供了低碳建设技术方案,为全面多样化场景的绿色低碳化发展提供指引,方法体系可复制、可推广,且具有良好的经济社会效益。

# 北京中央商务区道路交通与街区环境改造提升新技术及应用

(北京市政路桥管理养护集团有限公司)

## 0 引言

本项目针对北京中央商务区(CBD)的发展需求,探究了城市中心区域交通压力缓解、慢行系统优化以及智慧交通设施的设计方法,将课题研究内容大致划分为三大板块,分别是打造北京CBD"宜商-宜居-宜旅"融合区的新理念和新方法、面向CBD区域的高流量道路耐久性材料研究及设施生态集成化改造、服务现代CBD区域的综合商业区智慧交通系统设计应用。研究结果表明,治理后的CBD区域道路平均行车速度稳步提升,交通设施覆盖率显著增加,口袋公园行人通行占比提高,充分发挥了道路集散作用。该研究成果在工程实践中得到了验证,能够给未来的智能、生态、宜居的交通建设提供借鉴经验。

## 1 技术概况

从20世纪90年代中期以来,中国的智能交通系统经历了30多年的发展。进入"十四五"期间,我国的工业化、信息化深度融合,更是广泛应用移动通信和云计算等新技术。通过加强信息收集、信息处理和高速传输等手段,智慧交通建设进入了飞速发展阶段,推出了多种信息技术的创新和应用。本项目旨在紧密围绕北京中央商务区的发展需求,通过开展理念创新、方法创新和技术创新,研究提出了北京中央商务区道路交通与街区环境改造提升的新理念、新方法和新技术,为交通参与者提供方便、安全、快捷的出行体验以及优质的交通环境品质,强化国际交往功能,打造具有国际水准的商务中心区,为北京中央商务区招商引资带来更优越的条件、更优质的交通服务和更便捷舒适的出行体验。

## 2 技术分析

### 2.1 技术原理

提出了将北京中央商务区打造成"宜商-宜居-宜旅"融合区的新理念和新方法,通过建立AR导航、林荫街道和口袋公园为核心的慢行智慧街区,完成中央商务区向商居旅融合区的转型发展,实现了北京中央商务区的道路交通智能化、商务指引智慧化、人行街景导航化、慢行街区人文化。研发了综合多种改性剂耦合改性的高模量沥青混合料,使中央商务区沥青路面成为了"黑金刚",实现了中央商务区道路景观的提质增效。提出了基于实时感知+边缘计算+智能辨识的道路全息路口设计方法,有效提升了中央商务区道路路口人车协调的交通智慧化管控水平。

### 2.2 关键技术、工艺流程及主要设备

提出了商业-人居一体化环境融合与景观提升的重要理念,初步实现了慢行街道的林荫化;重点研究了道路耐久性材料及设施生态集成化改造,新型沥青混合料通过室内试验及试验段施工均表明具有良好的路用性能,得到了社会各界的一致好评;研发了综合商业区智慧交通系统性设计应用,将行人过街一体灯和智慧灯综合杆体投入道路交叉口,全息路口的设计利用多种感知手段,研发的线上智能停车系统有效缓解了停车难的问题,搭建全区共享单车监管平台。

## 3 技术应用情况

朝阳区CBD区域交通综合治理工程,区域有7个轨道交通站点,37个公交车站,交通吸引力强。通过本工程,要让繁忙的中央商务区实现"生活慢下来,通行快起来"。通过对北京中央商务区道路

交通与街区环境改造提升新技术的研发与应用,大大提升了CBD区域整体的交通环境和出行体验,得到社会各界的一致好评。实现了对传统慢行交通系统的智能化场景升级,提升整体CBD区域环境品质。北京中央商务区道路交通与街区环境改造提升新技术的研发与应用不仅为居民的出行生活提供了便捷的服务,同时还很大程度地提高了政府职能部门的办事效率,节省了广大用户的时间和政府的财政开支,通过智能化的管理手段提升城市交通管理效率和管理水平。大力发展智慧交通,有助于实现慢行交通环境明显优化、交通秩序明显改善、交通延误指数明显下降、区域整体形象明显提升。

## 4 效益情况

### 4.1 社会效益

通过项目的实施与交付,实现的目标和环境效益预测:①区域信号灯联网率逐步提高;②改善后首月、次月区域路网高峰小时(晚高峰)的平均运行速度提高;③车均延误时间降低指标;④路侧机动车违停车辆数下降指标;⑤机动车礼让行人比例的改造前后对比指标;⑥区域接事故报警数前后对比指标;⑦交通拥堵报警数同比下降指标等。项目实施后为CBD区域招商引资带来更优越的条件和更优质的交通服务。

### 4.2 经济效益

2019年北京养护集团新增利润474.50万元;2020年北京养护集团新增利润635.30万元;2021年北京养护集团新增利润500.00万元,北京养护集团是一家高新技术企业,通过研发新材料和新技术的推广,新增利润1600余万元。

## 5 总结

北京中央商务区道路交通与街区环境改造提升新技术及应用不仅为居民的出行生活提供了便捷的服务,同时还很大程度地提高了政府职能部门的办事效率,节省了广大用户的时间和政府的财政开支,通过智能化的管理手段提升城市交通管理效率和管理水平。在经济飞速发展的今天,无论是一二线大城市还是普通的地级市,都普遍存在交通拥堵等问题。本项目的成套技术是解决这些问题的利器。大力发展智慧交通,才能合理地使用交通资源,增强道路交通的利用率。打造与CBD功能相适应的安全、便捷、人文、智慧的交通系统,塑造高品质街区环境,提升人们的满足感、获得感和幸福感。预期达到慢行交通环境明显优化、交通秩序明显改善、交通延误指数明显下降、区域整体形象明显提升。

# 已燃煤矸石路基路用特征与环境演变规律研究

（山东省交通科学研究院）

## 0 引言

针对工业固废煤矸石节能减排关键技术问题，基于煤矸石物理特征、矿物成分与有害物质分析，构建了煤矸石残余能量关系与评价指标体系，提出了煤矸石节能减排控制与评价方法。分析煤矸石路基污染物主控因素，建立煤矸石路基多孔介质数学方程，选取渗透参数，科学预测煤矸石路基绿色生态影响范围与迁移特征。采用工程项目咨询评价方法，总结煤矸石路基绿色生态环保评价体系，考虑煤矸石工业废渣循环利用理念，评估煤矸石路基“碳中和”效能贡献度。

## 1 技术概况

本项目通过室内试验、现场试验、理论与数值分析、模型试验与现场验证，结合土力学、岩石力学、计算机程序、颗粒流理论与施工技术等多学科专业领域，开展大宗工业固废煤矸石在交通基础设施中的资源化、减量化综合利用技术研究。揭示了煤矸石污染物扩散迁移与环境影响规律，提出了相应的污染防控措施。基于多孔介质理论，研究煤矸石污染物扩散迁移规律，利用煤矸石淋溶污染物传输动力学数学模型预测煤矸石污染物对土壤和地下水污染的强度。得出了煤矸石作为路基填料对土壤、地下水、地表水的影响，并提出煤矸石填筑路基环境监测技术体系。

## 2 技术分析

### 2.1 技术原理

课题主要采用理论分析、数值模拟、室内外试验、环境安全控制、节能数据监测分析相结合的综合研究方法：以废旧矿区堆放时间长且已充分燃烧的煤矸石作为研究对象，开展煤矸石路基路用特征、环境演变规律及节能综合效益分析研究。具体研究思路如下：

（1）研究煤矸石用于路基填筑工艺及节能减排综合效益，调研目前路基施工控制措施减排优劣，评估最佳节能施工方案。

（2）煤矸石特性与填筑路基适用性评价。

（3）煤矸石微观-宏观力学界面关联规则与颗粒重塑特性研究。

（4）基于淋溶效应煤矸石路基对周边环境影响评价研究。

（5）煤矸石填筑路基技术控制指标与应用体系。

### 2.2 关键技术、工艺流程及主要设备

（1）对煤矸石资源化利用进行系统研究，提出一种煤矸石路基填筑结构，优化了路基压实等工艺，实现每吨填料节省柴油0.04kg，煤矸石碳排放减少30%。

（2）基于煤矸石物理特征、矿物成分与有害物质分析，构建了煤矸石填筑路基适用性评价指标体系，提出了煤矸石适用性等级评价方法；对煤矸石用作路基填料适用性进行分级，制定四个等级评价标准。

（3）基于颗粒流理论，开发了煤矸石细观计算程序，构建了特定级配三维煤矸石颗粒模型，揭示了煤矸石颗粒破碎后级配动态演变过程与细观力学特性。

（4）基于多孔介质理论，分析了煤矸石在作为路基填料利用过程中可能对土壤、地下水、地表水及大气的影响，揭示了煤矸石污染物扩散迁移规律，提出了底层包封、侧面包边等针对性的防治对策，提出了煤矸石填筑路基环境监测控制技术。

(5)煤矸石路基现场应用,得出了煤矸石质量控制指标主要有孔隙率、沉降差、弯沉值、动态变形模量等。

## 3 技术应用情况

### 3.1 应用项目介绍

京沪高速公路莱芜至临沂(鲁苏界)段改扩建项目施工一标段全长30.018km,其中包含路基填方306.45万$m^3$,工程总造价21亿元。滨莱高速公路淄博西至莱芜段改扩建工程第一合同段,长45.623km,双向八车道,工程总造价5.4亿元。京台高速公路泰安至枣庄(鲁苏界)段改扩建二标段工程路基填方127.84万$m^3$,挖方34.1万$m^3$,工程总造价15.59亿元。

### 3.2 实施方案及流程

京沪高速煤矸石试验段240 m,填筑平均高度为3m;工程应用段500m,填筑平均高速为7m。项目共综合利用煤矸石80余万t,减少碳排放量24万t;节约成本600余万元,缩短工期近1个月。滨莱高速改扩建工程一标三分部共填筑煤矸石25.46万$m^3$。该项目成功应用煤矸石填筑路基,项目共综合利用煤矸石60余万t,减少碳排放量18万t,有效地消耗了工业废渣的堆放。据不完全统计,有效节省近2亩(约1333.34$m^2$)土地耕地。煤矸石填筑路基不仅节省工程造价,而且为绿色公路建设提供示范作用。京台高速项目共综合利用煤矸石120余万t,减少碳排放量36万t;有效解决有限的土地资源占用、取土倒运、填土扬尘、雨季施工等问题,体现绿色公路施工"节材"和"环境保护"等要求。同时,煤矸石的减少改善了人居环境,消除了污染,创造了良好的生活环境,取得了较大的社会效益。

## 4 低碳环保效益情况

### 4.1 社会效益

煤矸石填筑路基控制好施工质量,具有优良的使用性能,可提高煤矸石工业废料的资源利用率15%左右,减少矿区煤矸石的堆放,进而达到节省煤矸石治理费用的作用,同时可以消除煤矸石堆场存在的潜在地质灾害危险。对于保护耕地、减少征地具有显著效果。路基填料日益紧张,该技术将煤矸石应用于路基填筑,既消耗了工业废料,解放土地占用,同时减少二氧化碳的排放,响应国家绿色发展理念,社会效益显著。

### 4.2 经济效益

2020年度,京沪改扩建项目应用煤矸石材料,节约燃油、减少施工材料、施工机械和劳务费等投入共计100.26万元;京台改扩建项目应用煤矸石材料,节约燃油、减少施工材料、施工机械和劳务费等投入共计55万元;实现新增利润为155.6万元,新增税收为23.34万元。

## 5 总结

随着山东省交通基础设施建设的快速发展,煤矸石应用于路基填筑成为工业废渣资源化利用的有效手段。煤矸石路基具有线长、面广、层多等特点,给现场质量控制带来难题。煤矸石化学成分中存在微量有害物质,如处理不当,极易造成环境二次污染破坏。本项目通过室内试验、现场试验、理论与数值分析、模型试验与现场验证,结合土力学、岩石力学、计算机程序、颗粒流理论与施工技术等多学科专业领域,开展大宗工业固废煤矸石在交通基础设施中的资源化、减量化综合利用技术研究。

# 沥青路面裂缝快速耐久处治成套技术

(北京嘉格伟业筑路科技有限公司)

## 0 引言

裂缝是各种沥青路面早期损坏的主要方式,不及时修补将会加速路面损坏,出现路面坑槽、凹陷、坍塌、道路滑坡等更严重的问题,危及行人及车辆通行安全。传统的裂缝灌缝修补方法,存在效率低、扬尘、能耗高、$CO_2$排放高、破坏路面、占用交通时间长等问题;传统裂缝贴缝修补方法,存在材料粘结力低于0.1MPa、硬度高、有胎基不易转弯、高低温差大、修补裂缝范围窄等问题;道路出现的诸如网裂等裂缝没有成型的修补材料;各种裂缝修补工艺不规范;裂缝修补材料没有统一规范等。本技术解决了以上问题,形成了整套的裂缝修补工艺,并研发、升级了对应的裂缝修补材料,以更加节能、环保、碳减排的方式,实现对沥青路面出现的网裂、枝状裂缝、横缝、纵缝等各种裂缝的快速耐久修补。

## 1 技术概况

针对沥青道路出现的各种形式的裂缝,沥青路面裂缝快速耐久处治成套技术,从碳减排和节能环保的角度,更全面地提出了沥青路面横缝、纵缝、无分支的不规则走向裂缝、分支裂缝、新旧路面接缝、网裂、层间裂缝相应的处治方案和施工工艺,并研发对应的修补材料(贴缝带、网裂贴、抗裂贴)。

粘贴方式修补裂缝的相关材料和成套工艺,使每种裂缝修补都有标准的流程可参照,确保了裂缝修补效果的稳定性;《路面裂缝贴缝胶》(JT/T 969—2015)的起草,使贴缝材料检测有据可循,材料质量得以保障。通过技术的研发,提升材料性能,更多地替代热熔灌缝方式,使节能、环保、碳减排的贴缝修补裂缝方式能够更好、更多地应用于工程项目。

高效的施工方式、耐久的裂缝修补材料、系列化的施工流程、质量保障的行业标准,让常温施工、施工效率高、无扬尘、无能源消耗、无$CO_2$排放、无需昂贵专用设备的贴缝工艺修补裂缝,实现长效耐久的防水密封,贴缝工艺认可度更高、推广应用潜力更大,实现的社会、经济、环保效益更高。

## 2 技术分析

### 2.1 技术原理

通过多年对沥青路面各种裂缝出现的成因、呈现形式、变化规律进行分析,针对业内相关材料存在的问题,通过材料研发、设备创新、生产工艺改良等方式,结合当下需要处理的裂缝类型,针对性地解决问题,改良了材料的性能,提高了裂缝修补的施工效率和修补后的使用寿命,研发了新材料,开发新工艺,完成了针对不同裂缝的完善的成套的修补工艺。

沥青路面裂缝快速耐久处治成套技术,应用于路面裂缝出现早期,以粘贴、碾压嵌入的方式密封裂缝,施工工艺简单便捷,常温施工,无需加热,减少了开槽机、灌缝机等的设备投入,节约社会资源、省去了燃油的消耗,避免粉尘排放,低碳节能减排,同时也延长了沥青路面裂缝修补的使用寿命。

### 2.2 关键技术、工艺流程及主要设备

(1)关键技术

贴缝材料的黏结强度提升两倍以上;软化点由60℃提升到100℃;脆裂温度由0℃降低到-40℃;低温拉伸量由0℃脆裂提升到-40℃时拉伸量10mm以上;贴缝施工温度由20℃降低到5℃,使春、秋季节也能施工;材料性能的改良,施工效率相比灌缝提升5倍以上;无胎基材料易嵌入裂缝不会被铲雪车清除;有效修补裂缝宽度提升到2倍;拓宽应用范围,更全面的处治路面裂缝;完成了贴缝带的行业标准,使贴缝材料质量有标准可依;形成了成套的裂缝修补工艺、研发或改良了对应的修补材料,使施工质量得到保障。

(2)工艺流程

①横缝、纵缝、无分支的不规则走向裂缝、分支

裂缝处治。

采用贴缝带无损修补横缝、纵缝、无分支的不规则走向裂缝、分支裂缝，不同规格贴缝带可处理1cm以内的裂缝，修补工艺为：裂缝清扫、揭膜粘贴（图1）、压实开放交通。

图1 贴缝带修补沥青路面裂缝贴缝环节

②新旧路面接缝、坑槽边沿接缝处治。

a.采用嘉格双面揭膜贴缝带粘贴于接缝立面，贴缝带2~3mm厚度可嵌入新旧路面立面中，密封防水效果更好，增加了新旧材料相互的黏结力，施工工艺为：与旧路面立面粘贴、压实、揭掉另一面隔离膜等待填入新的路面材料（图2）。

图2 贴缝带粘贴接缝立面

b.采用嘉格单面自粘贴缝带对接缝的表面进行粘贴处理，施工工艺为：粘贴→压实（图3）。

图3 贴缝带处理接缝

③路面网裂（龟裂）快速耐久处治。

路面龟裂（网裂）耐久处治的主要材料为网裂贴，是对贴缝带修补裂缝方式的应用延伸，网裂贴的黏结材料和贴缝带一样，为高分子聚合物橡胶改性沥青。

a.级配型网裂贴。

级配型网裂贴含级配石料，应用范围广，用量大，是较为常用且受用户欢迎的一种结构形式。施工工艺为：清扫→粘贴→压实→开放交通（图4）。

图4 碾压后的级配型网裂贴

b.补油型网裂贴。

补油型网裂贴主要用于路面混凝土石料裸露等现象的处理，针对黏结剂缺失造成的网裂（龟裂）初期效果最好，能达到补充沥青混合料粘结剂，修复的效果，施工工艺同上（图5）。

图5 碾压一周后的效果

c.黏结型网裂贴。

黏结型网裂贴，主要用于黏结层起黏结作用，比如在大面积网裂（龟裂）路面上铺贴黏结型网裂贴，然后撒布级配碎石，最后碾压成型为新的路表，施工工艺为：清扫路面、揭膜铺贴、撒布石粒、压实、清扫多余石粒、开放交通（图6）。

图6 黏结型网裂贴撒布石料碾压后

④层间裂缝快速耐久处治。

层间裂缝快速耐久处治，主要应用于沥青路面铣刨后的层间裂缝、水泥路面白改黑加铺前的水泥路面裂缝和伸缩缝处理处治，一方面密封修补裂缝，另一方面分散缝隙处的横向应力，防止面层反射裂缝产生（图7）。

图7 抗裂贴用于铣刨后的层间裂缝处治

层间裂缝处理的施工工艺：裂缝清扫、揭膜粘贴、压实。

（3）主要设备

嘉格系列产品主要生产设备为沥青储藏罐、预制混合罐、自主研发的全自动生产线、改性沥青尾气处理装置、包装机等。

## 3 技术应用情况

### 3.1 应用项目介绍

自2011年组建项目组开始研发以来，一直本着以长效修补路面裂缝为基础，低碳、节能、环保、施工高效便捷为理念，不断推陈出新，夯实材料技术，拓宽应用范围，完善施工流程及工艺保障，最终形成了沥青路面裂缝快速耐久处治成套技术及其相关材料。

项目研发阶段，试验路段上百个，覆盖全国各地，有严寒地段，也有炎热路段，有温带气候，也有亚热带气候，全国各地多路段的应用和回访，为贴缝材料和成套技术的完善提供了宝贵的数据和经验积累。图8为内蒙古自治区贴缝带修补裂缝施工方式。

图8 内蒙古自治区贴缝带修补裂缝施工方式

### 3.2 实施方案及流程

（1）2011年开始，组建项目团队，调研分析国内沥青路面裂缝现状和成因。

（2）调研国内外沥青路面裂缝修补材料和工艺，研发低碳、节能型修补工艺和对应的修补材料。

（3）室内、室外试验，积累当前裂缝修补材料的应用数据。

（4）改良已有材料、研发新材料，达到不同的裂缝均有对应的修补材料。

（5）材料验证，在全国不同气候带、不同类型道路进行路面试验，积累数据，调整材料配方，优化材料性能。

（6）总结施工工艺，形成成套技术。

（7）应用过程中提高改良修补材料性能，优化成套修补工艺。

## 4 效益情况

### 4.1 社会效益

（1）贴缝施工速度是灌缝的两倍以上，同时无需养护时间，减少养护占用交通时间50%以上。

（2）相比灌缝工艺，贴缝工艺修补裂缝每延米可减少社会公共资金支出50%以上，结余资金可用于公路绿化等更多环保工作中，让社会公共支出更多用于可持续、环保工作中。

（3）贴缝工艺修补更及时、效率更高，及时、快捷的修补降低交通事故发生率。

相比传统的灌缝技术，沥青路面快速耐久处治成套技术的粘贴工艺，不需要使用配套设备，施工期间可实现零排放，可随时发现路面病害随时处理，做到了绿色环保零排放。

相比灌缝施工和加热粘贴的裂缝修补方式，以全国5889230km公路裂缝全部采用贴缝工艺替代灌缝工艺计算，可减少粉尘排放144.28万t/年，减少柴油消耗约10万t/年，减少$CO_2$排放5706.66t/年（人体每人每天通过呼吸大约释放1.14kg的$CO_2$）。

### 4.2 经济效益

采用灌缝工艺进行公路裂缝修补，业内平均灌缝成本为10～12元/延米，采用贴缝工艺成本为5～6元/延米，同比贴缝工艺可比灌缝工艺节约成本每延米4～7元。

选用质量不合格的贴缝带，一年修补一次，单次费用为3～4元/延米，三年修补三次费用为9～16元/延米；而质量合格贴缝带使用寿命则在三年以上，相比质量不合格贴缝带减少支出4元/延米以上。

## 5 总结

沥青路面裂缝快速耐久处治技术，在应对不同的裂缝修补处治过程中，不使用燃料加热，没有粉尘和烟气释放，对人和环境的伤害和污染较小，施工后的裂缝3～5年内无开裂现象，具备环境友好型、资源再生型、高效节约型、应用长效型等特征。

沥青路面裂缝快速耐久处治技术以更加节能、环保、碳减排的方式，完成对沥青路面出现的网裂、枝状裂缝、横缝、纵缝等各种裂缝的快速耐久修补。

# 绿色低碳沥青路面固废乳化沥青冷再生技术

(北京盛广拓再生科技股份有限公司;南方高科工程技术有限公司)

## 0 引言

基于冷再生沥青路面二次成型理论,通过对沥青路面固废的再生材料、再生路面结构设计及再生工艺的研究,研发了绿色低碳的成套装备,形成了覆盖全产业链的成套创新技术,解决了半刚性基层路面的柔性化转换难题,攻克了冷再生材料作为重交通沥青路面结构层的技术瓶颈,再生材料的性能达到了热拌沥青材料的性能指标,总体处于国际领先水平,已在北京、上海、广东、江西、河北等十余地区大规模应用。

道路建设需要大量的建筑石料及高质量沥青材料,而其开采因为环保的原因受到了很大制约,导致道路石料紧缺,价格昂贵,沥青长期依靠进口;而每年因道路改建产生的上亿吨废旧沥青铣刨料中包含了大量的石料及沥青,却未能得到充分利用,造成资源浪费。我国每年热拌沥青混合料的用量约为2.5亿t,每年消耗燃料油175~200万t,折合236.6~270.4万tce,而且会产生大量的温室气体($CO_2$、$SO_2$、$NO_x$等)和沥青烟等有害、有毒气体。

## 1 技术概况

绿色低碳沥青路面固废乳化沥青冷再生技术基于二次成型理论,通过RSF200型精细分选破碎筛分设备对沥青路面回收材料预处理,结合项目温度、湿度、风力、蒸发量及运距等精准定制项目级再生乳液配方,通过添加精细再生乳液和冷再生剂,采用SLPR4000型精控高效的多功能冷再生拌和设备,“二步喂料三级拌和”拌和方式拌和,经传统施工工艺冷拌冷铺,并吸收其上铺筑热拌沥青混合料热量(若覆盖),更好激活老沥青活性,实现二次温压实成型的沥青路面冷再生技术。

以废旧路面铣刨料为基本材料,以高品质再生乳化沥青作为结合料,采用专用拌和机械、专业化特种施工工艺的冷再生成套技术,是一项适用于解决我国半刚性基层柔性化转化的快速养护技术,是对沥青旧料全面裹附的柔性类再生技术,同时也是各类再生方式中唯一普遍实现100%沥青旧料再生的低碳环保的再生方式。

该技术适用于高速公路、干线公路、市政道路重载交通沥青路面老路翻新、大修或改扩建项目,能够实现公路建设碳零排放与绿色养护的节能减排,在施工适应性和经济指标上有着独特的优势。同时,该技术本身无需加热,也不会产生污水、废气及固体废物,噪声及扬尘在采取了一定环保措施后完全可以达到国家对环境噪声及环境空气的质量要求,是一项社会及经济效益俱佳的绿色低碳固废再生技术。

## 2 技术分析

### 2.1 技术原理

将废旧沥青路面材料无尘化处理,经破碎、整形、筛分等工序,添加水泥、矿粉、乳化沥青和水,通过分级分步拌和方式,生产环保型冷再生沥青混凝土,减少沥青材料和石料使用量,促进资源节约。

### 2.2 关键技术、工艺流程及主要设备

(1)沥青路面冷再生技术关键技术

①旧路评价及再生路面结构设计技术;

②沥青旧料性能评价技术;

③再生乳化沥青选型及配伍设计技术;

④冷再生混合料二次成型技术;

⑤冷再生施工质量控制技术。

(2)厂拌冷再生工艺流程

原路面冷铣刨→将RAP运输至拌和厂→RAP料破碎筛分→采用专用设备进行混合料拌制→将冷再生混合料运输至施工现场→摊铺→碾压→养

生→加铺罩面层。

(3)主要设备

特种乳化沥青加工设备、RAP破碎筛分设备、多功能分级分步拌和设备。

## 3 技术应用情况

### 3.1 应用项目介绍

绿色低碳沥青路面固废乳化沥青冷再生技术已在北京、上海、广东、四川、重庆、贵州、河北、河南、浙江、山东、福建、江西、湖南、宁夏、内蒙古、山西及新疆等地区成功应用,2012—2016年,应用层位不断提升,高速公路可应用到中面层,普通公路可应用到表面层。2020年,冷再生成功在新疆、黑龙江等极寒地区应用,攻克了克拉玛依乳化沥青难题,在同类产品及技术市场的占有率超过95%。

### 3.2 实施方案及流程

(1)传统的简易冷再生技术是将旧料看作"黑色集料",没有考虑旧料中的沥青价值和施工中的复活效应,只能用于轻交通路面的低层位。本技术研发了专用高性能冷再生乳化剂,打破了国外的技术垄断;研发了复方再生技术,显著提高了再生混合料性能,可应用于重载路面的高层位和一般路面的各层位。

(2)国际上冷再生采用就地施工工艺和设备,效率低,质量也不能满足高等级道路的要求。为改善冷再生混合料的性能和施工质量,本技术首创了多功能分级分步拌和设备,生产效率达400t/h,解决了大规模工程施工的设备难题;优化了生产工艺流程,提高了早期强度,养生时间从国际上的14d缩短为1~2d。形成了全产业链技术,首次达到了工业化大生产的要求。

## 4 效益情况

### 4.1 社会效益

该技术成果应用在沥青路面大中修工程中,可以在最大限度利用原路面结构和材料的前提下,恢复、提高既有路面的使用性能和耐久性。整个再生过程通过乳化沥青水溶液常温方式解决,全程不消耗燃油,无粉尘、碳和沥青烟排放,不老化沥青,可以多次循环利用,每年可为国家节约1.1亿t矿山资源,践行了绿水青山就是金山银山的国策。同时再生材料在冰点以上就可以施工(热拌料要求高于10℃),可以实现100~170km远运距,施工季节可延长2个月以上。实践证明,该技术是适合我国半刚性基层柔性化转换的低碳环保的资源再生利用技术,可为我国公路绿色维修创造巨大效益,为我国农村道路铺面和扶贫工程提供低成本的技术选择。2015年,应邀在法国巴黎召开的"国际路面养护及再生峰会"上作主旨报告,社会影响显著。该技术还得到了美国再生协会等国际组织高度评价。

利用绿色低碳沥青路面固废乳化沥青冷再生技术,生产加工每1t再生沥青混凝土,可以节约碎石0.9t,节约沥青25kg,节能9kg标准煤(7kg柴油),减排二氧化碳21.8kg,减排二氧化硫3.07kg,减排固体废物0.9t。相比传统热拌料,乳化沥青厂拌冷再生技术节能57.5%,降碳60.2%。

### 4.2 经济效益

根据北京某指导价合同,生产冷再生混合料平均单价为280.0元/t,其中:拌和设备8.0元、筛分设备2.0元、转运设备7.0元、试验设备2.0元、乳化沥青105.0元、到场铣刨料48元、碎石11.8元、水泥4.8元、矿粉4.0元、水0.2元、人工4.9元、税28.2元、管理费7.6元、场地费12.0、利润34.5元,利润率12.3%。

## 5 总结

本技术成果可应用于不同等级公路沥青路面改建工程,尤其是半刚性基层沥青路面,可以在短时间内快速消化掉旧料,实现旧料100%再生利用,且性能达到了常规热拌混合料的要求,因此,具有广阔的应用前景。本技术成果具有良好的环境和社会效益,既可节约废弃沥青旧料占地规模,又可降低混合料生产过程中的碳排放及污染物。现阶段国家提倡节能、绿色的生产技术,因此,本项目成果密切贴合国家技术发展的方向与要求,具有很好的应用前景。

综上,将该项目的技术成果应用在既有沥青路面维修工程中,可以在资源节约、保护环境和节能减排前提下,恢复提高既有路面的使用寿命和服务水平,保住我们的"绿水青山"具有显著的社会效益。

# 高效环保智能化双层同步就地热再生装备与工程技术

(江苏奥新科技有限公司;交通运输部公路科学研究院)

## 0 引言

本项目针对沥青路面低碳环保经济快速的养护需求,创新开发了高效环保智能化双层同步就地热再生装备与工程技术,可实现沥青路面深层病害的快速修复,又可提高路面养护质量,在不中断交通养护的同时,使就地热再生技术的适用病害范围由原有的20%扩大到50%左右;突破了传统作业方式;实现了上面层、中面层材料的全面高效循环利用,满足建设“资源节约型、环境友好型”社会和公路绿色可持续发展的要求,经济、社会、环境效益显著。

## 1 技术概况

针对国内外就地热再生普遍存在的再生层次浅、耐久性差等问题,从双层就地热再生机理、典型结构、再生装备、工程工艺等方面开展系统性研究,发明了多级间接式低温红外柔性辐射加热技术,路面有效加热深度增加67%,热能利用效率提高52%,物料受热均匀性提高35%,避免了加热过程的沥青老化和烧焦现象;发明了智能化双层一体摊铺技术,首创了不同材料、不同层位的同步就地热再生,再生深度由传统40mm增加到100mm;发明了烟气催化燃烧及中和式多重过滤技术,与国内外同类技术相比,施工过程烟气排放减少95%以上;研发了长寿命综合再生养护技术,建立工程质量控制标准,形成了基于就地热再生的新型路面养护结构组合。双层同步就地热再生突破了高效热渗透、烟气回收再利用、双层一体化修复、老化材料高性能复原等关键技术难题,实现了路面高性能、低能耗、大厚度就地再生利用。

## 2 技术分析

### 2.1 技术原理

(1)研发多级间接式低温红外柔性辐射加热技术,发明镍合金双翼型面式-管式多级间接低温红外协同加热装置、发明瓦楞式多孔红外加热装置、增压式风压保护红外加热无焰装置,突破热渗透深度瓶颈;

(2)研发智能化双层摊铺技术,解决面层、中层一体修复国际难题,国内外首次实现不同材料、不同层位的同步就地热再生,再生深度由传统40mm增加到100mm;

(3)开发烟气催化燃烧、中和式多重过滤技术,减少烟气排放95%以上,达到节能减排目的;

(4)提出长寿命综合再生养护技术,解决路面典型病害,扩大就地热再生工程应用范围。

### 2.2 关键技术、工艺流程及主要设备

(1)加热关键技术:发明了镍合金双翼型红外加热装置、瓦楞式多孔红外加热装置,配合风压保护的红外加热无焰装置,形成了多级间接式低温红外高转换效率柔性辐射加热技术体系。

(2)上、中面层一体修复装备:发明了自感知-自适应型电气双重加热加长式拌缸、双浮动熨平板找平控制系统及温度共融技术,研发出智能化双层摊铺一体机,实现了双层同步就地热再生。

(3)烟气处理装置:发明了铂金催化燃烧沥青烟气处理及回收再利用装置,施工过程减少了就地热再生沥青烟气排放95%以上。

(4)长寿命综合再生养护技术:形成了一套完善的路面养护智能化决策系统,发明出一种高模量、耐久性再生混合料设计方法,提出了适用于薄层罩面再生的深度加热工艺及深度拌和工艺,开发了多孔隙排水沥青路面就地热再生养护技术。

## 3　技术应用情况

### 3.1　应用项目介绍

双层同步就地热再生装备在江苏锡张高速、宁杭高速、溧马高速、淮徐、连徐等高速，扬州市、泰州市、镇江市等国省干线公路以及汕头市市政道路中得到广泛应用，施工路段折合里程近百公里，从根本上改善路面状况，防止路面破损进一步扩散，保证道路安全、高效的运营，提高路面服务能力，延长路面的使用寿命。

### 3.2　实施方案及流程

（1）双层同步就地热再生结构形式

基于各层位路面结构形式和性能状况，以根治病害为原则，确定了再生处治层位，针对双层再生、加铺再生、薄层/超薄罩面复合再生、排水路面等特种路面再生，设置了双层就地热再生路面四种典型的应用场景，通过再生、铣刨重铺、加铺等形式多元组合，形成双层就地热再生路面典型结构。

（2）双层同步就地热再生工艺流程

通过沥青路面双层同步就地热再生工艺，满足上、中面层一次性再生成型技术需求，实现双层再生、加铺再生和特种路面再生目标。双层就地热再生施工工艺流程及说明如图1所示，分为上层再生、下层再生、双层同步摊铺、碾压三大工序。

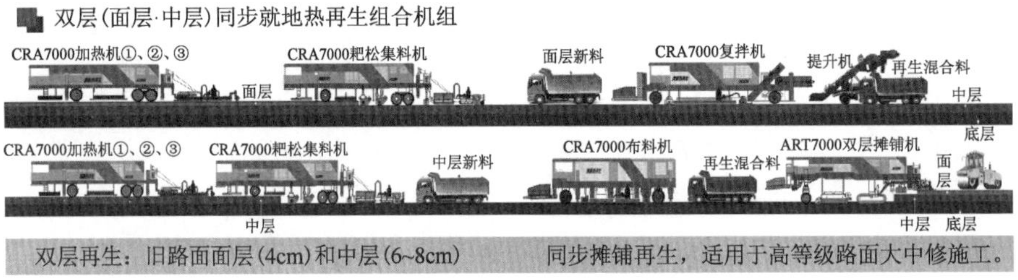

图1　双层就地热再生施工工艺流程示意

①上层再生。上层再生的主要程序包括：a. 加热：配备2～4台加热机组对路面上层进行加热，可由不同加热原理的加热机组进行组合施工。b. 翻松：上层路面温度达到120～160℃后，根据厚度进行混合料翻松，并现场添加再生剂。c. 复拌：根据车辙修复和混合料性能提升需求，增加新拌沥青混合料，精准、均匀控制配合比及新料添加比例，采用复拌机进行拌和。d. 提升通过提升机将上层再生混合料提升输送到保温料车转运，提升高度为3.3～3.6m。e. 保温与转运：上层混合料转至转运车进行存储，用转运车要有较好保温措施，确保温度要求。

②下层再生。下层再生的主要程序包括：a. 加热：由于上层加热过程中有温度热传递到下层，一般配备2～3台加热机组对下层路面进行加热。b. 翻松：下层路面温度达到120～150℃后，根据厚度进行混合料翻松，并现场添加再生剂。c. 复拌：根据混合料性能提升需求，增加新拌沥青混合料，精准、均匀控制配合比及新料添加比例，通过布料机内置拌缸进行拌和。

③双层同步摊铺、碾压。a. 摊铺：采用双层摊铺机对上、下层沥青混合料进行同步摊铺，实现旧路面下层（6～8cm）和上层（4～5cm）同步摊铺再生。b. 碾压：根据混合料类型选择压路机型号及碾压组合，保证路面压实度。

## 4　效益情况

### 4.1　社会效益

双层就地热再生养护技术的应用，可替代原路面大中修养护，使沥青和集料100%循环利用，极大地提高了废旧材料的利用率，延长了路面寿命、降低了能源消耗、有效减少了沥青混合料生产过程中污染物的排放，加强了对环境的保护。对废旧材料热铣刨回收再利用，用于生产绿色再生材料产品，不但能避免大量废料堆放造成的环境污染，还可替代天然砂石等建材，解决自然资源短缺及开发过程中的环境破坏问题。

通过本技术的实施，每年 $CO_2$ 减排量达18.41t/km、节能量7.08t标准煤当量/km，节能减排效果显著，促进我国公路交通事业可持续发展，符合国家环境保护“预防为主、治理为辅”的原则。同时替代进口、参与国际竞争，带动关联产业发展，节约资源、保护环境，新增就业，培养技术人才，推动科技创新和社会发展。

### 4.2 经济效益

本技术于2017—2022年期间,共实现新增销售额148313.35万元,新增利润17347.94万元,新增税收9910.87万元。根据测算,项目静态投资回收期为5.1年。采用双层同步就地热再生技术节省的大量沥青、砂石料等原材料,节约工程养护资金。

## 5 总结

围绕沥青路面耐久低碳双层就地热再生养护的工程需求,开展了沥青路面耐久低碳双层就地热再生技术及示范,发明了多级间接式低温红外柔性辐射加热技术、智能化双层一体摊铺技术、烟气催化燃烧及中和式多重过滤技术,研发了长寿命综合再生养护技术,创建就地热再生养护决策方法,提出高性能热再生混合料配合比设计方法,建立工程质量控制标准,形成了基于就地热再生的新型路面养护结构组合,具有显著的技术优势和创新性。

# 长距离沥青管线加热方式的比较

(湖北安捷路桥技术有限公司;河南省公路工程局集团有限公司)

## 0 引言

目前,长距离沥青管线常用的加热方式有导热油、电加热和饱和蒸气三种,本文针对这三种加热方式的前期建设成本和后期运行费用进行了比较,从计算结果来看,无论是投资还是一次加热,最节约的就是电加热,从量化的角度进行分析,为加热方式的选择提供了数据依据。

## 1 技术概况

在目前条件下,沥青库建设中可能涉及到沥青需从码头通过管线输送进库,或从附近炼厂管道输送进库,这些管线使用频率低,有可能几天、几周甚至一两个月使用一次,所以选择合适的加热方式尤为重要。本文针对导热油加热、电加热和饱和蒸气加热三种加热方式进行比较,提供建设成本和运行成本对比,为沥青库设计和建设提供方案依据。

本文假定输送距离均在 4km,以沥青管径 DN250,导热油和蒸气夹套管 DN300,导热油回油管线 DN125 为例进行计算。计算时忽略弯头部分,全部按直管段进行计算。因三种加热方式均设有保温层,成本相同,所以本文计算忽略管线保温层成本。

## 2 技术分析

### 2.1 导热油加热

导热油加热共用库区内的导热油锅炉,该费用忽略。

导热油加热需要内外夹套管,内管 DN250/外管 DN300,结合市场价计算导热油输送管线的安装成本(包括钢材、保温材料、导热油、人工):912.75 万元。

因导热油管线长,阻力大,有可能管线中间需增加接力泵,这部分投资略去不计。

### 2.2 蒸气加热

蒸气加热不需回油管线和加注导热油,管线材料成本约为:777.60 万元。

### 2.3 电加热

电加热无需加套管,管线材料成本为:646.00 万元 。

本文中用到的电加热材料为碳纤维。

### 2.4 投资对比(表 1)

**投资对比表** 表 1

| 加热方式 | 导热油加热 | 蒸气加热 | 电加热 |
| --- | --- | --- | --- |
| 投资费用(万元) | 912.75 | 777.60 | 646.00 |

通过表格对比分析可以看出,在前期投资阶段电加热成本最低,为 646 万元。

## 3 技术应用

### 3.1 导热油加热

一次加热导热油、沥青、管线需要的热量为 7623.90 万 J,结合市场价计算所得 18208.50 元。

### 3.2 电加热

电加热只需要对管道内残留沥青和沥青管线加热,需要的热量为 1970.74 万 J,结合市场价计算所得 3649 元。

### 3.3 蒸气加热

一次加热沥青、管线需要的热量为 5366 万 J,结合市场价计算所得 5340 元。

### 3.4 综合费用比较(表 2)

**综合费用对比表** 表 2

| 加热方式 | 导热油加热 | 蒸气加热 | 电加热 |
| --- | --- | --- | --- |
| 投资费用(万元) | 912.75 | 761 | 646 |
| 加热一次成本(万元) | 1.82 | 0.53 | 0.36 |
| 合计成本(万元) | 914.57 | 761.53 | 646.36 |

通过表格对比可以看出:投资费用方面,电加热的成本是最低的;加热一次成本的费用,电加热成本是最低的;综合来看,电加热方式投入的成本和运行费用均为最低。

## 4 效益情况

通过上述计算分析可得,导热油加热、蒸气加热、电加热一次投资费用分别为 913.64 万元、761 万元、646 万元,投资费用由高到低依次为:导热油加热 > 蒸气加热 > 电加热;导热油加热、蒸气加热、电加热加热一次成本分别为 1.82 万元、0.53 万元、0.36 万元,一次加热成本由高到低依次为:导热油加热 > 蒸气加热 > 电加热。过上述数据对比分析,不论是投资还是一次加热,最节约的就是电加热,完成同样的任务消耗最小的方式就是相对最环保的方式。

## 5 总结

高效加热能快速提升管线内介质的温度,且温度控制精准,可根据需求设定和调节,保证介质处于合适的温度范围。电加热输送管线在材料上选用绝缘、阻燃等材料,有多重保护措施。在结构上简单,安装过程快捷,维护成本低,只需定期检查加热元件和控制系统。在数据监控上可与自动化控制系统连接,实现远程监控和操作,提高管理效率。经过多方面对比,确定在导热油加热、蒸气加热、电加热三种加热方式中,电加热是最节约的选择。

# 钢渣沥青路面表面层低碳施工技术

（湖南省交通科学研究院有限公司；湖南省醴潭高速公路建设开发有限公司）

## 0 引言

近年来，在国家不断加强矿产资源管理的背景下，全国在册矿山数量持续减少，从2014年的6.3万余个减至2022年的1.7万余个，而全国砂石集料需求量仍维持在180亿t左右。可以预见，未来砂石集料在供给端将面临重大的缺口。钢渣作为炼钢过程中的副产品，其产量为粗钢产量的10%～15%，具有坚固、耐磨、针片状含量小等特点，可替代天然集料应用于沥青混合料中，从而减少石料开采，同时节约钢渣堆放占用的大量土地。

## 1 技术概况

由于钢渣具有多孔隙、大密度、热导系数变异性大等特点，将钢渣应用于沥青路面表面层仍有一系列问题需要解决：①缺乏钢渣青混合料的设计指标；②需对钢渣沥青路面的关键施工工艺及施工质量保障措施进行优化；③缺少钢渣沥青路面建设期节能减排效益量化分析。鉴于上述存在的技术难题，湖南省交通科学研究院有限公司依托国家重点研发计划项目“长江中游典型城市群多源无机固废集约利用及示范”（2019YFC1904704），联合湖南省醴潭高速公路建设开发有限公司对钢渣沥青混合料关键技术、施工工艺、示范工程应用以及环境经济社会效益等方面开展工作。

## 2 技术分析

### 2.1 技术原理

相较于天然集料，钢渣具有密度大、开口孔隙多等特点，导致钢渣沥青混合料在应用过程中仍存在一些技术难题。

（1）多孔特性的影响

由于钢渣具有开口孔隙多的特点，当这些开口孔隙未被沥青胶浆裹附填充，可能会导致水分进入沥青-钢渣界面，进而降低混合料的抗水损害能力及耐久性。

（2）导热系数的影响

由于钢渣材料自身含有金属及金属氧化物，其导热系数变化范围较大，为0.5～7W/(m·K)，这是由于钢渣成分比较复杂，且成分波动比较大，尤其当其含铁量比较高时，导热系数相对较高，在宏观上表现为更容易发生热传导，导致施工过程可能产生混合料温度下降过快的现象。

### 2.2 关键技术及工艺流程

（1）关键技术

针对钢渣开口孔隙多、密度大等特点，提出了适用于包括沥青路面表面层钢渣沥青混合料配合比体积设计方法与关键指标，实现了钢渣100%替代粗集料（粒径>2.36mm），并成功解决了钢渣沥青混合料在施工中存在的多项技术难题。通过延长钢渣沥青混合料湿拌时间10～15s，使沥青胶浆有效填满钢渣的开口孔隙，大幅提高了路用性能。

（2）工艺流程

钢渣沥青路面表面层主要工艺流程主要包括：①原材料检验，②配合比设计，③洒布黏层油，④拌和楼拌和，⑤混合料运输，⑥摊铺，⑦碾压（初压、复压、终压），⑧验收，⑨社会经济效益测算。

## 3 技术应用情况

### 3.1 应用项目介绍

钢渣沥青混合料应用于路面表面层的示范工程包括醴潭高速公路路面中修工程、平益高速公路新建工程、湘钢厂区道路路面维修工程等，混合料类型包括钢渣改性沥青混合料AC-10、AC-13。

### 3.2 实施方案及流程

按照2.2(2)所述施工工序进行钢渣沥青路面示范工程的铺筑。

## 4 效益情况

### 4.1 社会效益

基于生命周期分析理论计算得到，钢渣沥青混合料 AC-13 在建设期全过程碳排放减少 34.95t，相较于常规沥青混合料降低 18.21%。示范工程合计利用钢渣 2989t，实现了钢渣高效、高附加值利用，具有显著的资源化利用价值，同时节约了堆积钢渣占用的大量土地。

### 4.2 经济效益

钢渣沥青路面上面层 AC-13 原材料及施工成本为 42.0 元/m$^2$，比粗集料采用玄武岩的沥青混合料减少了 6.8 元/m$^2$，费用降低百分比为 13.9%。

## 5 总结

针对钢渣多孔、密度大、导热系数变异性大的特点，结合工程实际提出了钢渣沥青混合料的施工技术要点，具体包括调节烘干筒燃烧器的供油量、延长混合料湿拌时间 10 ~ 15s、合理配置运料车数量，注重施工工序衔接等，从而保障了钢渣沥青路面的施工质量。此外，钢渣沥青路面具有显著的环境和经济效益。

# 低碳超薄罩面技术

（湖南省交通科学研究院有限公司；湖南省醴潭高速公路建设开发有限公司）

## 0 引言

沥青路面服役一定年限后不可避免地会产生一些表面层功能性病害，如松散、裂缝、抗滑性能迅速衰减等，从而影响路面的使用性能和寿命。关于沥青路面路面结构强度良好而表面层出现功能性病害的养护措施，是沥青路面预防性养护技术研究热点之一。

目前路表病害的养护措施主要有雾封层、微表处、就地热再生、铣刨重铺和 Novachip 超薄磨耗层等技术，这些技术还存在一定的不足，如抗滑性能不理想、工程造价高、设备要求高等。低碳超薄罩面技术针对现有技术的不足进行优化，旨在降低成本、节约天然碎石资源。

## 1 技术概况

低碳超薄罩面技术是一种新型的沥青路面预防性养护技术，可用于单车道铣刨重铺。通对原路面进行精铣刨，清扫之后对路面的病害进行预处理，然后撒布专用黏层油，将骨架密实型间断级配热拌沥青混合料通过普通摊铺设备进行摊铺，铺装厚度为 1.5cm 左右。混合料的公称最大粒径为 4.75mm，使用普通 SBS 改性沥青与纤维增强技术实现高耐水性，通过特种乳化沥青黏层油实现薄层罩面与原路面超强黏结。

## 2 技术分析

### 2.1 技术原理

（1）专用黏层油

沥青路面面层层间材料强度不足常常导致沥青路面的层间破坏，加铺在原有沥青混凝土表面层的低碳超薄罩面厚度一般为 1.5cm 左右，要经常与各种车辆轮胎相接触并受到其碾压，决定其使用性能最重要的条件就是它和下面结构层之间的黏结强度，因此，在原路面与薄层罩面之间采用性能优良的黏层材料是保证层间黏结强度的重要措施。

（2）低碳超薄罩面配合比设计

低碳超薄罩面采用贝雷法进行设计，通过调整粗集料的粗料率（CA 比），细集料的粗料率（$FA_c$ 比）和细集料的细料率（$FA_F$ 比）等级配参数，找到满足体积指标要求的级配。参考 SMA-13 的 CA 比、$FA_c$ 比和 $FA_F$ 比，将低碳超薄罩面混合料石料 2.36mm 通过率控制在 27%，0.075mm 通过率控制在 12.5%，保证混合料的密实性，通过 CA 比、$FA_c$ 比和 $FA_F$ 比计算其他通过率。为了确保低碳超薄罩面的抗滑性能，适当调大空隙率指标，同时考虑到空隙率在 7% ~12% 之间的路面是水损害的高发区，对低碳超薄罩面混合料空隙率控制在 5% ~6%。配合比设计方法：通过析漏试验验证最大沥青用量；采用车辙最大变形量作为抗变形指标；采用构造深度、飞散组合进行路用性能验证并修正设计。

### 2.2 设备和工艺流程

低碳超薄罩面可采用常规的沥青洒布车和沥青混合料摊铺机异步施工，不需要专用设备，适用范围更广。由于低碳超薄罩厚度薄，只有 1.5cm 左右，传统的粗铣刨工艺铣刨面较为粗糙，纹理沟壑较深，不适用于低碳超薄罩面的摊铺。低碳超薄罩面必需采用精铣刨工艺，工艺要求：低碳超薄罩面采用的铣刨机的精铣刨刀间距为 4 ~6mm；铣刨面最低处和最高处的高差≤3mm。

## 3 技术应用情况

低碳超薄罩面分别于 2020 年、2021 年在醴潭高速公路路面中修工程进行了示范应用，累计应用面积超过 2 万 $m^2$。施工完成后，经验收，低碳超薄罩面路面的压实度、厚度、平整度、摆式摩擦系数、抗滑构造深度和渗水系数均符合设计文件要求。其中摆式摩擦系数 $BPN_{20}$ 为 70 ~72，路面行驶噪声相对相邻路段降低 6 ~ 7dB，降噪抗滑性能优异。

## 4 效益情况

### 4.1 社会效益

低碳超薄罩面厚度薄，仅为 1.5cm，消耗天然碎石资源少，产生废料少，相对于常规的的 4cm AC-13 上面层铣刨重铺能够节省约 65% 天然碎石资源，相应减少约 65% 废料产生，且低碳超薄罩面主要采用 2.36 ~ 4.75mm 石料，能解决碎石场 2.36 ~ 4.75mm 这档石料过剩的问题。由于消耗资源少，与传统的 4cm 沥青上面层铣刨重铺相比，超薄罩面具有显著的减碳效果，每 1000$m^2$ 的超薄罩面相对碳排放减少约 7.8t，相对减碳约 58%。

### 4.2 经济效益

低碳超薄罩面可就地取料，不需要专用设备，相比 NovaChip 超薄磨耗层成本更低，节省养护费用，同时设备门槛低，更方便推广实施。低碳超薄罩面铣刨重铺与常规 4cm 的沥青上面层铣刨重铺相比，造价更低，低碳超薄罩面相对节省约 20%，具有明显的经济效益。

## 5 总结

低碳超薄罩面采用骨架密实型间断级配热拌沥青混合料，集料公称最大粒径为 4.75mm，能充分利用 2.36 ~ 4.75mm 集料，解决碎石场该档集料容易过剩问题；其厚度薄，约 1.5cm，能够节约天然碎石资源，节能减排并降低造价，相对传统的 AC-13 上面层铣刨重铺节省造价约 20%，节省天然碎石资源约 65%，相对减碳约 58%；为了保证了超薄罩面与原路面黏结强度，开发一种专用黏层油；通过控制最大沥青用量、车辙最大变形量、构造深度、飞散损失等指标，形成了一套可实现混合料结构性能与功能性能同步设计的超薄磨耗层配合比设计方法；低碳超薄罩面具有良好的降噪效果，可降低行驶噪声约 6 ~ 8dB。

# 恶劣天气条件下高速公路可变限速技术

（云南省交通规划设计研究院股份有限公司）

## 0　引言

恶劣天气条件下高速公路可变限速技术，利用自动研判与智能化控制技术，提出恶劣天气对高速公路交通运营的影响与可变限速启动条件、恶劣天气条件下高速公路最大容许速度决策模型、恶劣天气下多路段可变限速协同控制算法等创新成果，开发的控制系统提升恶劣天气下高速公路精细化管理效能和出行服务品质。本技术能够适用恶劣天气多发高速公路的全天候通行管理，提升高速公路精细化管理能力。有效降低由于高速公路交通拥堵等导致的车辆能源消耗、温室气体和污染物排放等，具备良好的社会、经济和环境效益。

## 1　技术概况

高速公路可变限速技术，是在恶劣天气条件下，通过自动化的交通气象、交通流监测等，借助数据分析技术、自动交通气象风险研判及公路可变限速标志、可变情报板等发布设施，实现高速公路自动化速度控制。其对推进高速公路精细化管理并通过智能化控制提升高速公路管理效能和服务水平有重要作用。间接降低了高速公路由于拥堵造成的能源消耗、温室气体等排放，对环境有助益作用。本技术已授权发明专利3项，软件著作权3项。

## 2　技术分析

（1）恶劣天气可变限速启动模块：通过能见度、降雨强度、水膜厚度、路面状态、侧风风速5个指标，提出可变限速的启动条件，提高前端发布设备控制效率。

（2）恶劣天气条件下高速公路最大容许速度智能研判模块：基于能见度、路面状态、降雨强度、水膜厚度、风速、路面湿滑系数等交通气象数据，综合考虑停车视距、决策视距、水滑速度和车辆行驶稳定性对速度的影响，提出恶劣天气下最大容许速度综合决策模型。

（3）恶劣天气下多路段可变限速自适应协同控制模块：以最大容许速度、相邻限速区限速差等约束条件为基础，首次增加连续相同限速值条件下的限速区最小长度作为约束条件，应用元胞传输模型，以总行驶里程最大化为目标函数，求解最优方案，提出并开发恶劣天气条件下高速公路多路段可变限速的限速区的协同控制系统。系统框架如图1所示。

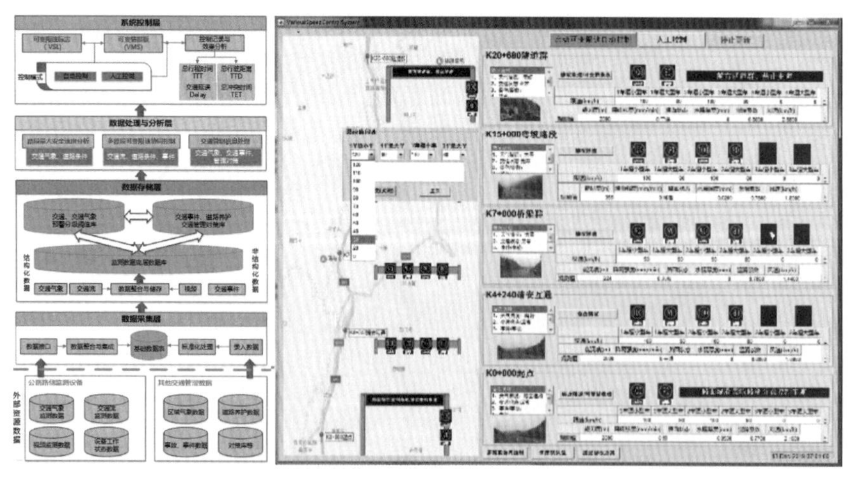


图1　可变限速协同控制系统框架

## 3 技术创新点

(1)提出基于交通气象监测数据的高速公路可变限速技术的启动条件。

(2)基于交通气象监测数据,提出多因素影响下恶劣天气最大容许速度综合决策模型。

(3)提出恶劣天气下多路段可变限速的限速区协同控制方法。

(4)研发基于交通气象数据的恶劣天气高速公路可变限速协同控制系统。

## 4 技术应用情况

(1)麻昭高速公路

麻柳湾至昭通高速公路(简称"麻昭高速公路")位于昭通市,设计速度80km/h,双向六车道/双向四车道标准建设。通过速度控制与可变信息发布和交通管理等手段,有效提升了麻昭公路在团雾、降雨、冰雪等恶劣天气下的运行安全及安全管理决策支持,降低了恶劣天气下的事故风险,提升了高速公路出行服务品质。

(2)澜阿二级公路

澜沧至孟连至勐阿二级公路(简称"澜阿公路")位于普洱市西南部。成果为管理处提供建议速度与管控信息建议等,有效提升了澜阿二级公路在雨雾气象条件影响下交通安全性及公路管理效能,可为同类受雨雾等恶劣天气影响的公路开展相关速度控制与公路管理工作提供借鉴和指导。

## 5 效益情况

### 5.1 社会效益

高速公路在恶劣天气下事故频发是我国交通事故的重要特征,交通事故率和事故成本率受其影响巨大。现实中针对恶劣天气条件下的高速公路限速方法或限速策略并不尽合理,高速公路的特定优势受到一定程度的制约,其运输价值难以充分发挥,造成高速公路资源利用率低。通过本项目,利用交通气象、交通流等实时监测数据,实现了适应恶劣天气环境的限速方案,杜绝限速的盲目性,从而尽可能多地保障人民的生命财产安全,降低经济损失。

### 5.2 环保效益

本技术通过减少拥堵,进而减少车辆加减速情况,从而减少能耗与排放。根据效果分析,采用可变限速后,路段间最大车速差减少了8.4km/h。各元胞平均速度最小值上升了11.36km/h。以行驶100km,服务水平在三、四级为例计算保持限速和采用本技术后的污染物排排放量,模拟对比后发现后者减少约30%。

车辆在加速过程中的$NO_x$排放量较巡航时增加了3倍左右,在使用多限速区速度协同控制后,由于前后车辆速度差减少,路段上的车辆由于拥堵造成的减速、怠速、加速的次数明显降低,从而降低了废气污染及碳排放。计算分析详见表1。

**节能减排分析** 表1

| 行驶状态 | 怠速 | 加速 | 减速 | 巡航 | 合计 |
|---|---|---|---|---|---|
| 不使用可变限速协同控制排放增加量(mg) | 26964096 | 233206200 | 4288668.8 | 50421594 | 264458965 |
| 采用可变限速协同控制排放增加量(mg) | 17976064 | 209885580 | 3396621.6 | 75632390 | 231258266 |
| 减排量(mg) | | | | | 33200699 |

### 5.3 经济效益

本技术在大雾、暴雨、冬季通行保障等方面效果较好,相比采用静态固定限速,全段平均速度提升11.36km/h,在同等车辆到达率的情况下,单位时间内通行车辆数增加约25.12%,经济效益分析详见表2。

**年均经济效益分析** 表2

| 服务水平 | 交通量(pcu/h) | 通行效率提升 | 交通量增加(pcu/h) | 路段平均通行费用(元) | 经济效益(万元) | 恶劣天气时长(h) | 年均经济效益(万元) |
|---|---|---|---|---|---|---|---|
| 二级 | 2300 | 25.12% | 577.76 | 500 | 15.02 | 21 | 315.457 |
| 三级 | 3200 | 25.12% | 803.84 | 500 | 20.90 | 21 | 438.8966 |

# 宽边薄型超高性能窨井盖创新及应用技术

(江西龙正科技发展有限公司)

## 0 引言

矿山固废、建筑固废、工业固废等的资源化综合利用是建立健全绿色低碳循环发展经济体系的重要途径之一。将固体废弃物经过低碳工艺和技术用于RPC预制构件生产中,充分将废渣变废为宝,解决建材行业长期对自然矿产资源的依赖,帮助消除泥石流等地质灾害隐患,使地质环境得到改善,从而实现增产减污,对推动交通运输行业低碳发展具有突出的现实意义。

## 1 技术概况

我国固体废弃物处理量逐年上升,对环境治理造成很大的压力。目前,RPC窨井盖在我国的普及率仅占0.5%左右,在市场经济杠杆的作用下,市场需求越来越大,并逐渐在工程使用上取代了普通混凝土水泥窨井盖成为首选材料。将固体废弃物经过低碳工艺和技术应用到宽边薄型超高性能窨井盖生产中,减少了钢筋混凝土的用量,在缓解固体废弃物环境压力的同时节约了能源,满足了当今可持续发展的大主题。

采用改性粉磨工艺固体废弃物进行再生利用,对固体废弃物有价组分提取。采用正交试验设计方法,对提取后的有价组分与RPC窨井盖原料基准配合比进行优化研究,通过各原料在搅拌、成型、养护过程中的各种物理及化学反应来达到超高强度、高韧性、耐腐蚀、耐久性等性能要求,预制出超高强度与高耐久性的RPC窨井盖。从而实现矿物危废按元素价值综合开发利用。

## 2 技术分析

### 2.1 技术原理

(1)高温煅烧关键技术。

研究固体废弃物在多重清洗与高温煅烧环节中的关键技术,包括传送系统,除尘系统,清洗系统,配料系统,破碎系统,烘干系统,研磨系统的可靠性与适用性,实现生产过程到生产结果去腐蚀、去污染、去辐射。

(2)掺合料配比。

本项目研究了固体废弃物再生材料与传统混凝土及新型混凝土掺合料的科学配比问题,研究了固体废弃物再生材料与传统及新型混凝土黏合剂,强化剂适用性问题。

(3)新型混凝土性能提升与装配化工艺优化。

研究采用固体废弃物为原料的新型混凝土的抗折、抗压问题及结构力学问题,实现新型混凝土工厂化、装配化生产及其工艺优化。

(4)RPC窨井盖制备。

RPC窨井盖是根据最大密实性原理,剔除粗集料,采用最大粒径为630μm的细砂取代传统混凝土的粗集料,由水泥、磨细石英粉、硅灰和高效减水剂并辅以适当的养护制度制成的。RPC表现出的超高力学性能是由各组成材料之间复杂的交互作用,耦合火山灰效应等化学反应的复杂强化机理,性能增强机理复杂。

因此,通过对RPC组织结构的研究,获得匀质性、堆积密度、火山灰效应、纤维等方面对RPC的增强机理进行研究,为具有针对性地制备适合城市道路的RPC窨井盖奠定理论基础。

### 2.2 关键技术、工艺流程及主要设备

(1)关键技术

以改性粉磨工艺对固体废弃物进行再生利用,钢纤维聚合物种类和掺和料为影响因子,对原料基准配合比进行优化,以抗折强度抗压强度和变形性能为指标研制出一种具有良好性能和性价比高的宽边薄型超高性能窨井盖,不仅解决了传统窨井盖易裂、易损,使用寿命短等问题,并且在生产过程中减少了钢筋混凝土的用量,节约了能源,助力节能

减排,满足了当今社会可持续发展的大主题。

(2)工艺流程及主要设备如图1和图2所示。

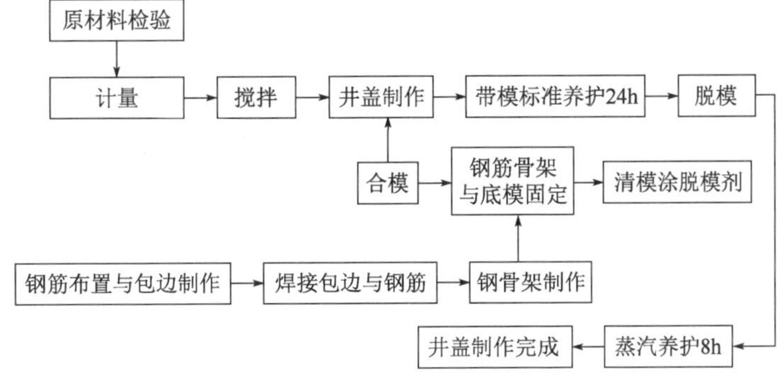


图1 井盖制作步骤

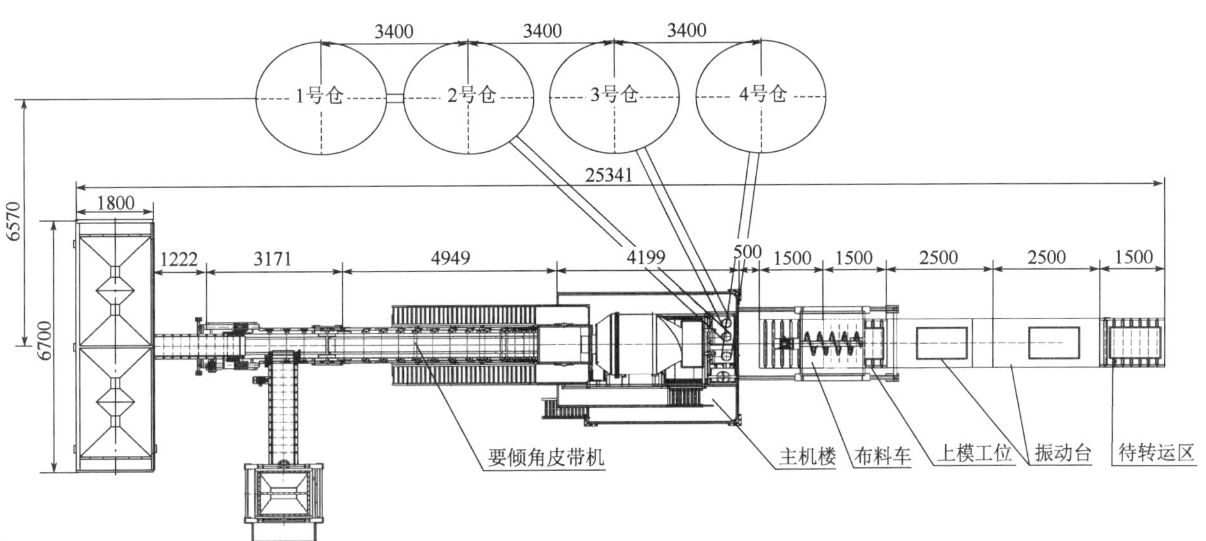


图2 工艺流程俯视图(单位:mm)

## 3 技术应用情况

### 3.1 应用项目介绍

(1)茶花大道位于云南省楚雄彝族自治州楚雄市,茶花大道车流量大,道路沿线单位、居民小区、村庄、学校、车站等密集分布。茶花大道之前采用传统混凝土井盖,掉角缺边、钢筋外露等现象严重,更换宽边薄型超高性能窨井盖后,无掉角缺边,整齐美观,减少了维护运营费用。

(2)曲靖市水环境治理项目:项目涉及麒麟区74条市政道路88个点位及403个庭院小区,更换之前采用的传统混凝土井盖,破损严重,更换宽边薄型超高性能窨井盖后将持续提升污水收集处理效能、减少后期维护费用。

### 3.2 实施方案及流程

(1)对茶花大道人流量、车流量,周边环境进行勘察,制定预制安装方案。

(2)找出井盖周边破损路面的范围并画线做好标志。

(3)凿除破损的路面。破损路面凿除后,如发现下面的路基不密实,则不密实部分应清除干净,换填素混凝土至井筒顶面并振捣密实。

(4)人工凿除取出原有的井盖井座。

(5)采取措施遮挡原有的井筒口,清除井筒口周边的松散物,并保证老路面开口处最小厚度不少于8cm,用鼓风机清理废渣及粉尘,然后在开口处及下承面上洒上黏层油。

(6)在井筒口安装预制混凝土调节环及内模,调节环顶面至路面的距离不应大于18cm,如果大于18cm,则应增加一个调节环或换一个更厚的调节环。

(7)在内模周边回填沥青混凝土,回填高度齐内模顶,并用打夯机夯实。

(8)提起内模,安装新的井盖井座。

(9)填充面层沥青混凝土及调平井盖(安装完后略高于路面)。

(10)压路机压实收光面层、调平井盖。如果井盖低于路面,则通过井盖的宽边把井盖抬高,在宽边的下面垫满沥青混凝土,然后压路机压实;如果井盖高于路面,则把井盖宽边下的沥青混凝土剔除一部分,然后压路机压实,这样循环1~2次即可把井盖调平好。

## 4 效益情况

### 4.1 社会效益

资源开发利用的过程常引发生态破坏和环境污染,本项目有效解决了固体废弃物的堆积和污染问题。通过低碳技术对固体废弃物再生利用,可减少RPC窨井盖水泥用量。经研究表明,在同等承载力条件下,RPC材料的水泥用量约为普通混凝土与高性能混凝土(HSC)的一半,同等量水泥生产过程中的 $CO_2$ 排放量也相应减半。同时,RPC材料对不可再生资源的用量仅占普通混凝土的1/4。减少原生资源消耗和二氧化碳排放,对生态环境治理意义重大。

此外,本项目的应用解决了固体废弃物导致的耕地毁损、水土流失、水系污染、地质灾害、生态环境恶化等问题,协调了人与自然的关系,推动了资源可持续利用,改善了人居环境。还能带动相关产业发展,创造更多就业机会,促进社会发展。

### 4.2 经济效益

成本节约对比:传统铸铁窨井盖包安装成本通常在1500~2000元/套,RPC窨井盖包安装成本为1050~1400元/套,每套成本节约30%以上。以楚雄市茶花大道项目为例,若更换20000套窨井盖,按照传统铸铁窨井盖平均成本1750元/套,RPC窨井盖平均成本1225元/套计算,可节约资金:(1750-1225)×20000=10500000元,即1050万元,处于1000万~1200万元的节约区间内。

使用寿命成本对比:传统铸铁窨井盖的平均寿命为3年,RPC窨井盖寿命可达30年。仍以楚雄市茶花大道更换20000套窨井盖为例,假设在30年使用周期内,传统铸铁窨井盖需更换10次(30÷3=10),总费用为1750×20000×10=350000000元;RPC窨井盖只需更换1次,总费用为1225×20000=24500000元。使用RPC窨井盖可节约费用:350000000-24500000=325500000元,即3.255亿元,远高于1亿~1.2亿元的节约区间,这充分体现了RPC窨井盖在长期使用中的成本优势。

资源利用与企业减负:本项目将传统的“大量生产、大量浪费、大量废弃”生产模式转变为“循环利用、少废少污、低碳环保”模式。对固体废弃物的循环利用降低了对原材料的需求,提高了资源利用率,减少了经济浪费。

当前,土地资源紧张,征地费用高昂,固体废弃物的基建投资在总成本中的占比不断增加,后期维护维修也耗费大量资金,给企业带来沉重负担。本项目的应用可降低企业对新原料的采购成本,减少因处理废弃物产生的基建投资和维护费用。例如,某企业在应用该技术前,每年用于处理危废物的基建投资和维护费用总计500万元,应用后降低至200万元,实现了减负增产,提升了企业经济效益。

## 5 总结

宽边薄型超高性能窨井盖具有良好的强度和耐久性指标,超高的力学性能,超强承载力,自重轻、良好的施工性能,无机材料、绿色环保,外形规范整齐、施工安装方便,减少运营维护成本,可量身定制各种规格、造型、LOGO等,符合国家产业发展方向要求,符合绿色环保发展方向。

# 高性能乳化沥青冷再生技术

(沈阳建筑大学)

## 0 引言

本项目以提升季冻区乳化沥青冷再生材料经温度、水和车辆疲劳荷载综合作用后的服役性能为目的,推动该材料在季冻区的广泛应用,从而实现季冻区沥青路面废旧资源的循环利用。乳化沥青冷再生材料的广泛应用将推动道路固废的资源化利用,实现低碳、绿色和可持续发展,促进绿色交通的发展,符合国家建设资源节约型、环境友好型社会的战略需求。因此,本项目研究具有很大的理论与实践意义。

## 1 技术概述

乳化沥青冷再生材料在季冻区经受温度、水和车辆疲劳荷载的综合作用后,服役初期易发生破坏,严重影响道路行车品质和行车安全。因此,本项目首先针对季冻区乳化沥青冷再生材料的养生方法、旧料掺量、水泥掺量及水泥作用机理等进行研究,优化配合比设计;进行重复荷载作用下乳化沥青冷再生材料的细观结构变化规律、宏细观量化模型和破坏演化行为研究,阐明破坏过程与失效机理;其次,结合季冻区特点进行非饱和状态下乳化沥青冷再生材料冻融损伤行为研究,建立非饱和冻融损伤模型;最后,将研究成果在实体工程进行应用,进行经济效益分析与使用效果评价,提出季冻区乳化沥青冷再生材料使用建议。

## 2 技术分析

### 2.1 技术原理

乳化沥青冷再生技术是将回收的沥青混合料运至沥青拌和厂(场、站),经破碎、筛分后,根据旧沥青混合料中沥青含量、矿料级配和沥青老化程度等情况,添加一定比例的新集料、乳化沥青、再生剂(必要时)、活性填料(水泥、石灰等)、水进行常温拌和,常温铺筑形成路面结构层的沥青路面再生技术。

### 2.2 关键技术、工艺流程及主要设备

(1)关键技术

优化了季冻区乳化沥青冷再生材料设计方法;阐明了重复荷载作用下乳化沥青冷再生材料损伤失效行为;建立了基于元胞自动机的乳化沥青冷再生材料破坏演化分析方法;建立了非饱和状态下乳化沥青冷再生材料冻融损伤模型。

(2)适用条件及建议厚度

重交通路段的联接层或三层路面结构的下面层(建议厚度为10~15cm);中轻交通路段的下面层(建议厚度为8~10cm),应在冷再生结构层上下设置封层;用于轻交通三级及以下公路面层时(建议厚度为6~8cm),应加封层。不宜用在长大纵坡、村屯、地下水位较高和易受水侵蚀的路段。

(3)材料要求

同种废旧沥青路面铣刨回收过程中,需采用相同的铣刨速度和深度等。不同的沥青混合料(RAP)应分别回收、分开堆放,且必须经过破碎筛分方可使用,至少分为2档,比较燃烧前后RAP筛孔通过率,进行级配设计。宜采用慢裂型阳离子乳化沥青,建议使用高黏乳化沥青,建议掺加1.5%的水泥。

(4)拌和设备

冷料仓不少5个,其中旧料仓不少于2个。

(5)施工工艺

保证原材料添加准确,遵循“即拌即用”的原则,尽快将混合料用于路面施工;采取苫布覆盖减少运输水分散失,根据运输情况调节生产拌和用水量;当气温或下承层表面温度低于10℃时不得铺筑冷再生结构层;冷再生层摊铺完成后,依次采用钢轮压路机初压,胶轮压路机复压(不少于10遍),双钢轮压路机终压;碾压完成即可开放小车

通行，但严禁刹车、掉头等；铺筑上层结构前应在再生层顶面铺筑防水封层（碎石封层）。

## 3 技术应用情况

2018—2020 年乳化沥青厂拌冷再生研究成果在辽宁省农村公路维修改造工程、沈张线（于洪新民界至公主屯段）改建工程、新阜线（与通武线交叉点至绕阳河桥段）改造工程、通武线（半拉门至茶棚段）中修工程、京哈线（G102）改造工程和沈环线（小河口桥至卧龙段）工程、绥沈线（沈阳界至三家子段）改造工程、十灯线（棋盘山至望滨段）中修工程、国道绥沈线（蚂螂河至康法交界段）养护工程中共铺筑路面 170 多公里，使用乳化沥青厂拌冷再生混合料近 140 万 $m^2$，产生经济效益近 7000 万元，新增利润 1000 多万元，相比普通热拌沥青混合料节约成本 700 多万元，减少有毒有害气体排放 20% 以上。通过现场路面技术状况检测和钻芯取样发现应用乳化沥青厂拌冷再生混合料作为下面层路段使用效果良好，路面技术状况与普通沥青路面相近。

## 4 效益情况

### 4.1 社会效益

乳化沥青冷再生材料能够循环利用 70% 以上的 RAP，避免了 RAP 堆放对土地的占用和污染，降低了对新材料的需求，缓解了我国砂石材料匮乏的难题，减少了矿山的开采，保护了生态环境，大大降低了材料成本。同时，乳化沥青冷再生材料常温下拌和施工，减少了有毒有害气体排放，为施工人员提供了良好的工作环境，避免了对身体的伤害。

### 4.2 经济效益

经济效益分析时采用净现值法，寿命分析周期确定为 15 年，折现率初定为 6%。采用乳化沥青厂拌冷再生混合料同比普通热拌沥青材料使用寿命将降低 20% 左右。假设热拌沥青混合料 7 年进行一次维修；则乳化沥青冷再生混合料 5.6 年需进行一次维修。采用 8cm 乳化沥青厂拌冷再生混合料作为下面层净现值为 46.8 万元，采用 6cm 普通沥青混合料作为下面层净现值为 54.4 万元，每公里节省比例为 13.9%。

## 5 总结

本项目从微观、细观和宏观尺度通过室内试验、理论分析、实体工程、使用效果评价等方面针对季冻区乳化沥青冷再生材料的材料组成、养生方法、旧料掺量、水泥掺量及水泥作用机理、细观结构、宏细观关系、破坏演化行为与非饱和冻融损伤行为进行系统研究。并将研究成果在实体工程进行应用，通过经济效益分析与使用效果评价，提出了季冻区乳化沥青冷再生材料使用建议，推动了乳化沥青冷再生材料在季冻区的广泛应用。

# 水泥混凝土路面微裂均质化再生处治技术

(西安长大公路养护技术有限公司)

## 0 引言

为了解决旧水泥混凝土路面"白改黑"后引起加铺层出现反射裂缝的问题,采用水泥混凝土路面微裂均质化再生处治技术对旧水泥混凝土路面进行修复性养护,并评定该技术的应用效果。实践表明,旧水泥混凝土路面通过微裂均质化处治后,既有效地克服了反射裂缝,又最大限度地保留了刚性路面的承载力。水泥混凝土路面微裂均质化再生处治技术能够有效解决水泥混凝土路面改造后加铺层反射裂缝问题,且该技术具有显著的环保效益、经济效益和社会效益。

## 1 技术概况

水泥混凝土路面微裂均质化再生处治技术可以有效弥补传统技术的不足。基于路面可视化养护平台和专项检测,水泥混凝土路面微裂均质化再生处治技术可以有效弥补传统技术的不足。基于道路维护数字化可视系统,自动识别路面病害并计算路面损坏状况指数 PCI,统计分析专项检测数据,科学判定道路病害成因,将旧路划分成"好、中、差"不同段落,进行养护维修路段数字化精准设计。创新的采用就地微裂新技术,结合新材料注浆加固等成套技术,对旧水泥路面进行微裂均质化处理。经过微裂、注浆等处理后,旧路变得均匀稳定,即使加铺薄层沥青也能满足道路使用寿命要求。具有承载能力强、防反彻底、绿色环保、无固废、施工周期短等优点,并且大大降低了总造价。

## 2 技术分析

### 2.1 技术原理

该技术首先进行旧水泥混凝土路面病害调查检测与分析,采用专用的机械设备进行微裂再生,使水泥混凝上路面内部形成各方向均匀分布的微细裂纹,且处于完全契合的嵌锁状态,混凝土板块尺寸缩小,温度胀缩应力"化整为零"在面体内释放,既有效克服了反射裂缝,又最大限度地保留了刚性路面的承载力;施工过程中采用地聚合物注浆、路表缺陷修复和局部挖除等综合措施对基层及以下路面结构进行结构病害处治,使路面结构承载能力均质化,可有效消除现有旧水泥混凝土路面结构内存在的缺陷,为加铺层提供稳定的支撑。

### 2.2 关键技术、工艺流程及主要设备

(1)关键技术

①对旧水泥混凝土路面进行微裂处治,针对板底脱空、破碎板、断板等病害位置必须使水泥面板裂透,做到表面裂而不碎,内部斜向开裂,完全切合互相嵌锁。

②旧水泥面板微裂处治后,对弯沉差较大、承载能力不足的位置,采用非开挖式地聚合物注浆加固方式进行均质化处治。

(2)工艺流程

①施工准备:在微裂再生施工前,应制订施工区段的交通管制及分流方案,办理必要的交通管制手续,设置相应的警示标志,满足通车及施工交通的安全要求。

②试验段工程:微裂均质化处治正式施工前,应根据路况调查资料选择有代表性的路段作为试验段,长度不小于 200m,进行工艺参数试验。

③微裂处治:根据试验段确定的最佳施工参数,进行微裂处治施工。微裂处治施工结束后,应将表面碎渣、石屑清扫干净;宜采用 24t 以上胶轮压路机碾压 3 ~ 6 遍,或开放交通 1 ~ 2d,使板块碾压稳定。

④均质化处治:对微裂处治施工后的水泥混凝土面板进行弯沉检测,并结合探地雷达检测结果,针对道路结构层存在缺陷和承载能力不足的板块,采用地聚合物注浆进行均质化处治。

a. 水泥混凝土路面地聚合物注浆加固，应在四个板角位置布设注浆孔，在板块中央布设排气孔，注浆孔布孔形式如图1所示。

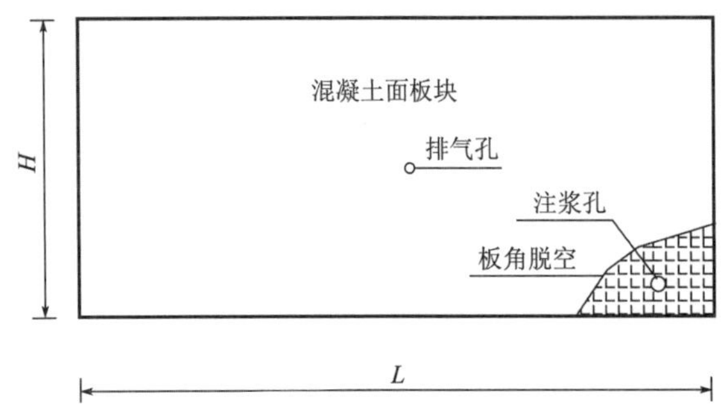


图1　注浆孔布孔形式

b. 应在布孔位置进行钻孔、清孔施工，并将孔周围钻杆带出的粉末清扫干净。孔深偏差、孔位偏差应满足设计要求。

c. 应严格按水灰比配制地聚合物注浆浆液，搅拌时间不得少于30s。

⑤路表缺陷修复：针对板块存在裂缝、崩边宽度大于3cm且深度大于5cm或坑槽直径大于20cm且深度大于5cm的位置进行路表缺陷修复，宜采用水硬性材料进行修补。

(3)主要设备

①微裂处治设备要求：微裂设备的打击能量应与待微裂的旧水泥路面面板强度、厚度相适应，能使旧水泥混凝土路面面板开裂块度达到设计要求，打击能量参数详见表1。

**微裂打击设备打击能量参数　表1**

| 参数 | 要求 | 适用范围 |
|---|---|---|
| 打击能量 | 30～66kJ | 旧水泥混凝土路面板厚度小于26cm |
| | 60～110kJ | 旧水泥混凝土路面板厚度大于26cm |

②地聚合物注浆设备要求：注浆设备采用地聚合物专用车载箱式集成设备，包括注浆泵、发电机组、搅拌桶、高压清洗机和水箱，注浆设备主要参数见表2。

**地聚合物注浆设备主要性能参数　表2**

| 组件名称 | 参数 | 要求 |
|---|---|---|
| 注浆泵 | 最大注浆压力 | 6～10MPa |
| | 最大流量 | 100～200L/min |
| 发电机组 | 额定电压 | 300～500V |
| | 额定频率 | 50Hz |
| | 额定电流 | 55～60A |
| | 额定功率 | 30kW |
| 搅拌桶 | 容积 | 400～600L |
| | 转速 | 60～100r/min |
| 高压清洗机 | 最大压力 | 6～10MPa |
| | 额定转速 | 2500～3500r/min |
| 水箱 | 容积 | 5～8m³ |

## 3　技术应用情况

### 3.1　应用项目介绍

(1)英德市英坑公路望埠至大坑口段公路路面大修改造工程

该项目起点位于英德市区北侧的望埠镇与省道S347相接处，全长34.727km，原路基宽度为12m的二级公路水泥混凝土路面。该路段交通量大、重车多，兼原路面年久失修，路面板块损坏严重，已经不堪重负。

(2)国道107线花都国泰至飞鹅岭段路面改造工程项目

2020年3月在国道G107线，重点在K2451+380～K2454+500段进行了应用，实际长度共计3.12km，处治面积20339.9$m^2$。本项目采用该技术进行处治后，施工质量全部满足设计要求，质量验收合格，验证了本项技术的优越性和先进性。

(3)G220线博罗公庄段至杨村十二岭段水泥路面改造工程项目

2020年7月在国道G220线博罗公庄段至杨村十二岭段水泥混凝土路面的改造工程中，重点在K2432+489～K2434+600、K2440+500～K2442+700、K2443+500～K2447+860、K2433+700～K2435+800四个路段进行了应用，实际应用路段长度共计10.771km，处治面积95407.2$m^2$。

### 3.2　实施方案及流程

水泥混凝土路面微裂均质化再生处治技术工艺流程如图2所示。

①对现场路况进行调查，依据评定出路况等级进行路段划分，对不同路段全幅路面进行微裂处治。

②旧水泥路面微裂处治后，对弯沉差较大、承载能力不足的位置，采用非开挖式地聚合物注浆加固方式进行均质化处治。

③注浆加固后，针对旧水泥路面裂缝较宽、崩边较宽(宽度大于3cm且深度大于5cm)或坑槽较

大(直径大于20cm、深度大于5cm)的路表缺陷,采用快凝混凝土进行修补。

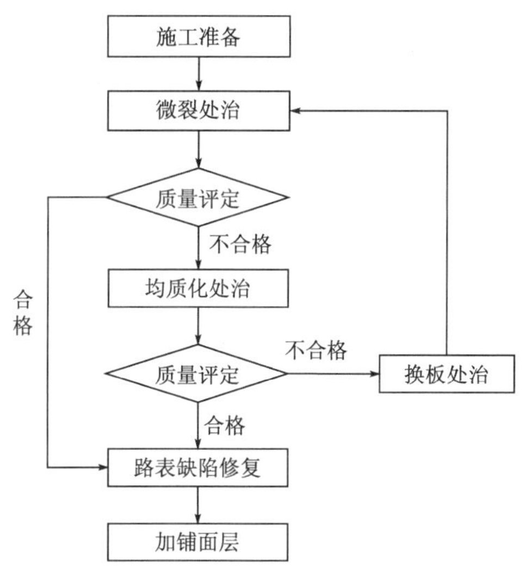


图2 水泥混凝土路面微裂处治与加铺施工流程图

④对老路结构层存在缺陷或小板块活动、翻浆的,及微裂均质化处治后的水泥板块不能满足设计要求的情况,需采取换板处治。

# 4 效益情况

## 4.1 社会效益

本技术的应用在旧水泥混凝土路面改造中提高了效率,废旧混凝土道路的改造对交通运输影响很大。采用微裂均质化再利用技术进行路面改建,不仅能实现半幅施工、半幅通车的交通局面,还避免了长时间的交通干扰,能以较快速度完成施工任务,缩短了工期,提高了施工的便捷性。

利用水泥混凝土路面微裂处治技术可以保护环境,实现资源可持续发展。如果废旧混凝土路面全部挖除重建,将产生大量的白色建筑垃圾,对环境造成极大的破坏,而采用此项技术可充分利用现有的水泥面板,不仅实现了资源的可持续性利用,同时也降低了废料丢弃对周围环境造成的污染。

## 4.2 经济效益

水泥混凝土路面微裂处治施工方法简单,操作方便,机械化程度高,解决了普通混凝土道路改建中的低效率,周期长,污染大、高成本等缺陷等问题。将老旧水泥混凝土微裂处理后直接作为基层,提供了一种新的刚柔并济的基层结构,最大限度地减少了反射裂缝和其他的病害,延长了公路的使用寿命,使土石资源得以综合再利用,实现了公路建设环境的可持续发展。微裂处治后最大限度地利用了废旧水泥混凝土路面板材料,提高了材料的再生利用率,极大地降低了工程成本。

# 农村道路基层现场再生环保固化技术

（朝阳县交通工作服务中心；北京市政路桥管理养护集团有限公司；北京中德建基路桥工程技术有限公司）

## 0 引言

我国目前正处在乡村道路建设和养护的高峰期，农村道路基层现场再生环保固化技术既节约了堆积土与建筑垃圾的土地占用费用、运输费用和土方费用，同时也减少了开山采石对天然生态环境造成的破坏，减少环境污染等问题，是建成绿色经济与循环经济的有效途径，符合发展循环经济的基本国策和可持续发展的战略方针，随着该项技术的大规模推广应用，预计未来将产生显著的经济效益和社会效益。环保型高强土壤固化材料一方面比水泥稳定碎石和灰土等造价低，另一方面不用大量外运土方，节约运输费用。同比可降低施工成本15%以上，大幅减少工程建设综合投资，经济效益显著。

## 1 技术概况

经济的发展离不开基础设施的建设和完善，全国经济迅速增长的同时，基础设施建设程度将进一步提高，各等级道路建设规模和里程将进一步增加，道路建设将消耗大量的建筑材料。鹅卵石、砂石、素土、石灰岩等材料，这些材料以牺牲环境为代价，而环保型高强固化土材料恰恰克服了这点，完

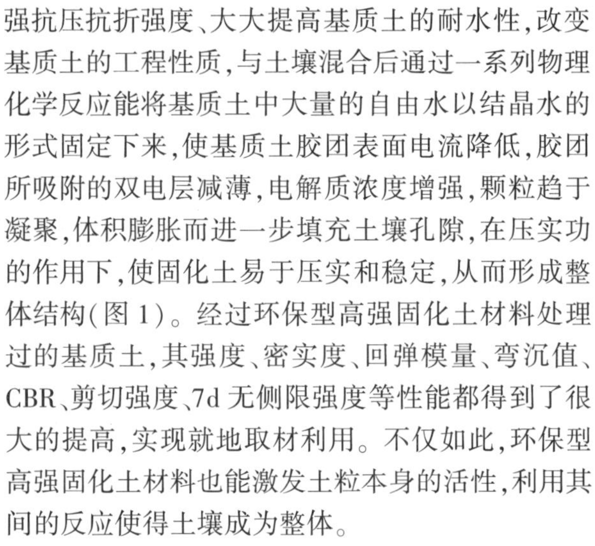

美解决土体本身的亲水性，使得土体结构稳定、增强抗压抗折强度、大大提高基质土的耐水性，改变基质土的工程性质，与土壤混合后通过一系列物理化学反应能将基质土中大量的自由水以结晶水的形式固定下来，使基质土胶团表面电流降低，胶团所吸附的双电层减薄，电解质浓度增强，颗粒趋于凝聚，体积膨胀而进一步填充土壤孔隙，在压实功的作用下，使固化土易于压实和稳定，从而形成整体结构（图1）。经过环保型高强固化土材料处理过的基质土，其强度、密实度、回弹模量、弯沉值、CBR、剪切强度、7d无侧限强度等性能都得到了很大的提高，实现就地取材利用。不仅如此，环保型高强固化土材料也能激发土粒本身的活性，利用其间的反应使得土壤成为整体。

## 2 技术分析

### 2.1 技术原理

环保型高强土壤固化材料通过中和土壤颗粒表面电荷，减薄双电层的厚度，在物理和化学的作用下使土壤与胶结材料形成结构絮状板体并趋于较好的稳定性、耐久性。

10#-7d，放大300倍

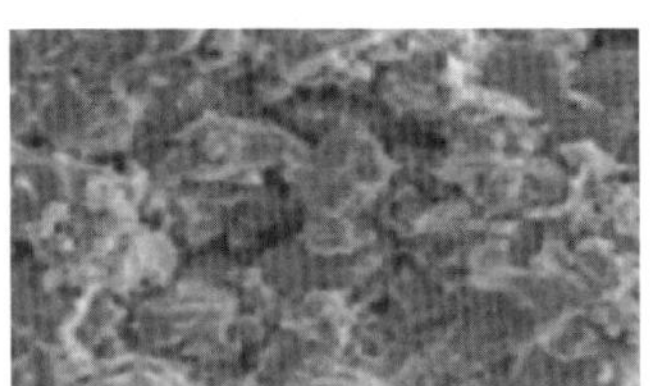

10#-28d，放大300倍

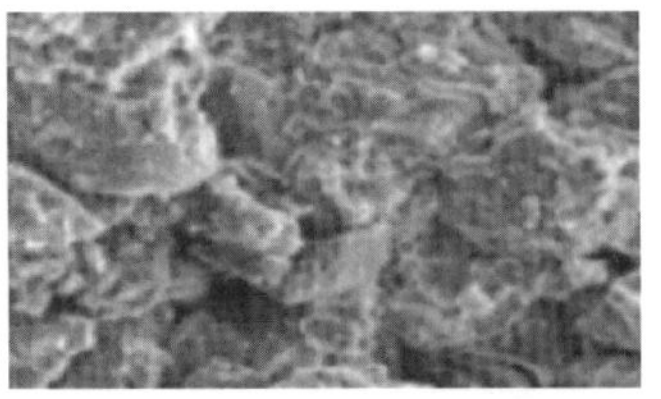

3#-28d，放大300倍

3#-28d，放大500倍（钙矾石晶丛）

图1 固化机理作用示意图

### 2.2 技术特色

(1)环保安全无污染。节约大量工程建设常规材料,减少能源消耗,助力碳达峰和碳中和。

(2)生产工艺简单。采用绿色节能技术,产能强。

(3)使用寿命长。固化土体整体稳定性好,后期强度高,耐久性好。

(4)施工成本低。一方面比水泥稳定碎石和灰土等造价低,另一方面不用大量外运土方,节约运输费用。同比可降低施工成本15%以上,大幅减少工程建设综合投资,提高经济效益。

(5)施工速度快。固化土体可快速成型,经整平、碾压、养生后即可通车,大大缩短施工周期。可用于一般土体(粉土、粘土等)、塑性指数低的土体(风积沙、黄土等)及特殊土体(腐殖质土、淤泥质土、泥炭质土等)。根据设计强度、土质类型加入不同型号、不同掺量的固化材料和水泥等填料,通过拌和、摊铺、压实、检测、修整等工序,成型满足规范需求的临建面层、公路基层、底基层、路基、场站地基、桥梁桩基础冲刷防护层、沟槽回填基础等。

### 2.3 关键技术指标

(1)基质土采用环保型高强固化土材料代替传统筑路材料,道路结构7d无侧限抗压强度能够达到1.1~5MPa;

(2)抗弯拉强度达到0.53~0.89MPa;

(3)抗压回弹模量达到600~1600MPa;

(4)水稳定性:常温下饱水190天不解散;

(5)冻稳定性:耐冻系数参考值达到0.45~0.8。

技术通过科学技术鉴定为国际领先水平。

## 3 技术应用情况

### 3.1 应用项目介绍

该项目成果于2022年开始在辽宁省朝阳市朝阳县内的大下线进行试验型初步应用;在初步探索中取得良好效果,整体技术于2022开始在朝阳县内多条农村道路进行大规模推广应用。

在东胜区铜川镇常青路改造工程中,路桥工程技术有限公司等单位研发的土壤固化技术,该技术可使路基回弹模量达到规定标准以上,施工步骤简单,施工速度快,养生周期短,目前常青路仍具有优异的路用性能。

柏阳景园东区自庭园北街大市政工程主要工作内容为给水工程、中水工程及道路工程。道路长度6500m,宽25m,原路基设计需换填50cm砂石料,由于北京地区砂石料紧缺,价格较高,经业主单位、设计单位、监理单位、施工单位协商一致,换填砂石料改为原状土加固化剂进行改良,摊铺整实后,路基各项指标满足设计要求,施工成本得到有效控制,经济效益明显提升。

### 3.2 实施方案

(1)针对农村路工程特点,创新性的提出了适合环保新型高强土壤固化剂配比,当胶结材料、土质与环保型土壤固化剂的比值为6%:94%:0.02%时,固化剂混合料所表现出的性能最优,为最优配合比。

(2)农村公路工程相对交通基础设施基础处理技术要求低,基于土壤固化的农村道路基层现场再生环保固化技术可较好的满足地基处理要求,具有较好的规模化应用市场前景。

(3)综合固化剂混合料性能试验研究和实际工程应用,形成了固化剂混合料的设计方法标准,并依据工程特点,提出了固化剂混合料性能设计要求。同时,初步形成了土壤固化技术施工方法,提出了具体的施工工艺和步骤,为形成成套的材料-设备-施工工艺标准,奠定了坚实的基础及流程。

## 4 效益情况

### 4.1 社会经济效益

传统筑路方法要消耗大量的石灰、二灰碎石、水泥等,使大量的青山被毁,植物遭到破坏,从而不再生长。如果全国每年筑路减少30%的碎石用量,能够使2000公顷的植被得到保护。促进农村生活便利,引领农村经济发展。

### 4.2 环保效益

环保型高强土壤固化技术每生产1吨固化土混合料可节约标煤约8.193kg,折合减少$CO_2$排放约20.156kg。相比较,节省标准煤消耗35%左右,减少$CO_2$排放量30%以上,节省碎石用量33%左右,并减少土地资源占用量35%左右,节能减排测算效果显著。

# 绿色高性能混凝土振动搅拌成套装备研究及产业化应用

(德通智能科技股份有限公司)

## 0 引言

本项目基于位移式激振和能量定向传播原理,创新设计激振器,替代全球一直沿用的强制搅拌技术,实现搅拌叶片边搅拌边振动,振动作用范围大,振幅稳定,而且无需任何减振机构,工作稳定性和可靠性好。同时,根据高性能混凝土的结构流变特性,优化振动结构和参数并与搅拌参数合理匹配,解决了混凝土生产存在的效率低、微观均匀性差、水泥用量高、耐久性低等难题,实现高性能混凝土的绿色高质高效生产。

## 1 技术概述

振动搅拌是国内外公认的一种强化混凝土搅拌过程的有效方法,通过在普通搅拌的同时施加位移式激振和能量定向传播技术,使混凝土各组分在搅拌和振动的共同作用下实现均匀。与普通搅拌相比,振动搅拌能够促使混凝土材料产生多种动态效应,改善混凝土的结构形成过程,显著提高搅拌质量和效率。

## 2 技术分析

### 2.1 技术原理

位移式激振。在强制搅拌的同时,增加振动作用,从而使物料颗粒具有一定振动频率和振幅后处于颤振状态,破坏混合料间的黏性联接,降低物料间的内摩擦力,使水泥颗粒从结团状态变为均为分布状态,水化更为充分,不仅能够改变混凝土固液气三相结构关系,而且可以改变材料微观结构和宏观性能,本项目在继承传统双卧轴搅拌机械优点的基础上,设计了激振器与拌和机构一体化的深度减振器,振动能量可被混合料充分吸收,有效振动面积增大,保证了振动结构工作的可靠性,同时,深度减振器采用动平衡原理设计振幅恒定,受力合理,搅拌质量和可靠性好。

### 2.2 关键技术、工艺流程及主要设备

(1)关键技术

振动搅拌主机振动与搅拌装置一体化激振技术,满足了高性能混凝土的振动强度要求,消除了振动的不良影响,解决了轴承发热和润滑、轴端密封的问题,保证了机器的工作稳定性和可靠性。

基于高性能混凝土流变特性的振动-搅拌-工艺多参数优选匹配技术,根据高性能混凝土在搅拌过程中的材料状态和流变特性变化,优选了搅拌主机的振幅、频率、加速度等振动参数并与搅拌参数合理匹配,调整设备的搅拌顺序、搅拌时间等工艺参数,解决高性能混凝土的高质高效生产问题。

(2)工艺流程

下料——焊接——喷涂——装配——调试——入库。

(3)主要设备

激光切割机、数控火焰切割机、带锯床、液压折弯机、镗床、绿色喷涂中心、动平衡测试仪、涂层测厚仪、附着力测试仪、盐雾试验机等。

## 3 技术应用情况

### 3.1 应用项目介绍

本项目产品已被中国建筑股份有限公司、中建路桥集团有限公司、中铁四局集团、中铁十七局集团、中铁十六局集团、甘肃路桥集团、陕西铁路集团有限公司、广东省长大公路工程有限公司等国内10余家大型企业使用,应用在30余个省

市的800多项公路、铁路、机场、桥梁等工程中。绿色高性能混凝土已经应用在世界荷载最大的公铁两用悬索桥——五峰山大桥,雄安新区的京德高速和荣乌高速,跨南水北调斜拉桥,大广高速淮河特大桥,南通市中央创新区桥梁工程上承式钢拱桥桥面板预制工程,江西铜万高速,京港澳高速等工程中,并销往斯里兰卡、老挝等13个国家和地区。

### 3.2 实施方案及流程

(1)在普通混凝土双卧轴振动搅拌主机的基础上,基于高性能混凝土的结构流变特性,利用相似理论,开发设计振动搅拌主机;

(2)研制相应的高性能混凝土振动搅拌主机;

(3)开发与主机配套的整站部件及总成系统,组装为成套设备;

(4)产品进入市场,在生产现场测试所产生高性能混凝土的工作性、强度和耐久性指标,重点考核振动搅拌主机及其成套设备的工作性能,特别是可靠性指标,并与普通搅拌设备进行比较,征集用户使用意见,展开产品使用现场会;

(5)优化和改进产品结构与相关参数,完善生产制造工艺及其质量监控体系,形成企业标准,达到批量生产的能力。

## 4 效益情况

### 4.1 社会效益

(1)本项目可保证混凝土强度不变的情况下节约水泥5%以上,同时由节约水泥所带来的其生产过程中产生的巨大资源浪费及环境污染也得到显著改善。例如一个配备2台1立方米振动主机的商品混凝土搅拌站,每年可以生产24万$m^3$的C25普通混凝土,需要8.47万t水泥,按照节约水泥用量5%计算,可以节约0.4236万t水泥;一座长5km的双层双向8通道的跨河的大桥,需要约52.5万$m^3$的C50混凝土,需要水泥25.2万t,按节约水泥5%计算,可以节约1.26万t水泥,折合人民币378万元;修建10km高速铁路,需要C50混泥土36.8万$m^3$,需要水泥17.7万t,可以节约0.885万t水泥,折合人民币265.5万元;2021年全国水泥产量近24亿t,这些水泥大部分用于水泥混凝土,如果使用振动搅拌绿色高性能水泥混凝土技术,可节约水泥1.2亿t左右,折合人民币约360亿元。

(2)本项目首次将高频振动复合强制搅拌,克服搅拌装置运动单一导致的微观不均匀、浪费水泥等不足,实现了我国搅拌技术从跟随到引领的跨越。

(3)振动搅拌技术通过改善混凝土微观结构提高宏观力学性能和耐久性,可延长工程服役寿命,缩短后期养护费用,是助力全寿命周期品质工程建设、实现工程结构绿色耐久的重要技术支撑。

### 4.2 经济效益

在使用振动搅拌绿色高性能混凝土技术后,使用振动搅拌绿色高性能混凝土技术后,基础建设的寿命增长,工程的耐久性提高30%,折合约30%的工程养护费用,其间接经济效益巨大。

## 5 总结

绿色高性能混凝土振动搅拌成套装备研究及产业化,从节约能源、资源,提高搅拌质量和效率以及保护环境的角度为水泥混凝土行业的可持续发展另辟蹊径,充分发挥振动搅拌装置及工艺的重要“催化”与“强化”作用,尽可能地改善设备性能以及挖掘材料内在潜力。通过该成套装备研制,推动了高性能混凝土生产综合指标的全面提高,对在工程建设项目中应用和普及节约型混凝土生产理念具有良好的引导作用,并对混凝土生产行业的资源浪费和环境污染状况起到缓解消减作用。同时,也推动了搅拌设备性能和技术水平的全面提高,增强了产品技术附加值,使企业经济效益得到了大幅提高。本项目产品应用到各种工程建设中,带来了明显的施工综合效益和稳定、优异的施工质量,并在施工企业中产生了良好的示范作用。通过本项目,形成了一批具有自主知识产权的核心技术,从根本上走出了国内混凝土搅拌机械模仿设计的怪圈,真正走上依靠技术创新发展的道路。因此,应用高性能混凝土振动搅拌成套装备研究及产业化应用,具有显著的经济和社会效益以及广阔的推广应用前景。

# 高韧超薄沥青磨耗层技术体系

(华运通达科技集团有限公司)

## 0 引言

高韧超薄沥青磨耗层实施厚度仅 8 ~ 20mm(为全行业最薄),实施后的路面具有优越的抗裂、抗渗、抗滑、降噪和耐久性能。该技术克服了传统设计方法无法实现功能与耐久同步设计的缺陷,实现了材料研发、设计理论与施工工艺等方面的全面技术创新与变革,打破了该领域长期以来国外技术与理念占主导的局面。

## 1 技术概述

高韧超薄沥青磨耗层(图 1)是一种采用同步摊铺技术,实施厚度为 0.8 ~2.0cm 的热拌沥青混凝土加铺结构层,以高性能改性沥青和高黏改性乳化沥青为热拌沥青混合料和黏结层材料。其采用高沥青油膜的专有骨架密实型混合料结构,技术特性主要有:

(1)结构层薄:相比传统 4 ~ 5cm 厚度的磨耗层结构,可节约近 70% 以上的优质石材与沥青,尤其适用于恒载限制的桥梁、净高受限的隧道或标高固定的道路罩面工程。

(2)抗裂耐久:抗疲劳开裂能力为传统 SMA、AC 类磨耗层的 50 倍以上,预期使用寿命达 8 ~ 10 年,实现了节约材料的同时,具有更好的耐久性和功能性能。

(3)安全美观:罩面后路面可长时间保持均匀黝黑,且构造深度大( >0.8mm),摩擦系数高,相对传统磨耗层具有更好的行车安全性与视觉效果。

(4)平顺安静:相对传统沥青路面可降低噪声 3 ~ 7dB,为目前最安静的路面体系。

(5)密实封水:高沥青用量的骨架密实型级配设计,配合高渗透性的黏层油体系的使用,可有效封闭道路裂缝。

(6)施工快速:采用同步摊铺工艺,施工作业效率为传统分步摊铺的 250% 以上。

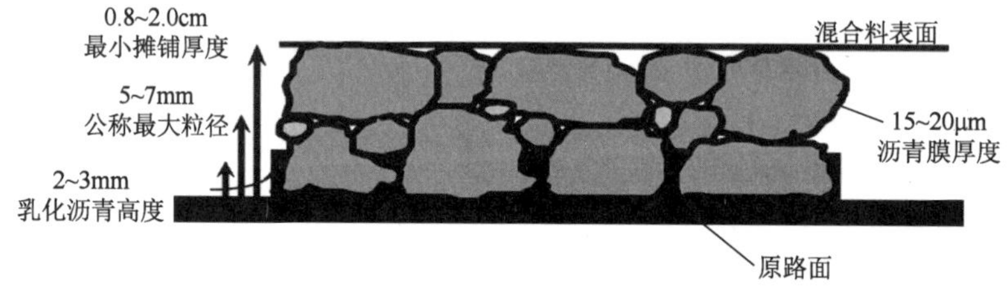


图 1 高韧超薄磨耗层结构示意图

## 2 技术原理

高韧超薄沥青磨耗层的核心在于自主研发的原材料 PG100-22 型 GT-TECH 高黏高弹沥青、PG82-22 型 GT-TECH 高黏改性乳化沥青,以及首创的材料-结构一体化的混合料设计方法。高韧超薄沥青磨耗层混合料具有良好的施工和易性及相关路用性能,混合料技术指标要求应符合表 1 的相关技术要求。

**高韧超薄沥青磨耗层混合料技术指标要求** 表 1

| 试验项目 | 单位 | 技术要求 | 测试方法 |
|---|---|---|---|
| 沥青用量(油石比) | % | ≥7.2 | T 0735 |
| 空隙率 VV | % | 3 ~ 6 | T 0705 |
| 稳定度 MS | kN | ≥6 | T 0709 |

续上表

| 试验项目 | 单位 | 技术要求 | 测试方法 |
|---|---|---|---|
| 车辙动稳定度(60℃,0.7MPa) | 次/mm | ≥5000 | T 0719 |
| 肯塔堡飞散试验损失 | % | ≤8 | T 0733 |
| 冻融劈裂试验残留强度比 | % | ≥85 | T 0729 |
| 残留马歇尔稳定度 | % | ≥85 | T 0709 |
| 四点弯曲疲劳(15℃,1000με) | 次 | ≥20 万 | T 0739 |
| 拉拔试验强度(15℃,现场芯样) | MPa | ≥0.4(或原路面拉裂) | — |

## 3 技术应用情况

高韧超薄沥青磨耗层已成功在上海延安路、广州白云国际机场、港珠澳大桥人工岛通道、广澳高速等300余个重要项目上实施,遍及广东、上海、浙江、北京、湖北、澳门等26个省市和地区,实施面积逾3000万 $m^2$。现已形成各种地区、气候、工况条件下的所有工程应用案例,创造了国内外道路养护技术推广速度和影响力方面的鲜有纪录。

## 4 效益情况

### 4.1 社会效益

高韧超薄沥青磨耗层可有效减少碳排放65%以上、降低噪声3~7dB,同时还可长时间保持均匀黑色,有效减缓视觉疲劳和光污染。

### 4.2 经济效益

高韧超薄磨沥青耗层1cm相比传统4cm磨耗层技术,能够节约65%人工费、35%机械租赁费、60%沥青材料、75%石料,同时节省80%寿命周期内维养费用。

## 5 总结

高韧超薄沥青磨耗层采用国际最先进的同步摊铺工艺,实施厚度为8~12mm(极限厚度6mm,为全行业最薄),成型后的路面具有远超常规路面的抗滑、降噪、抗裂、封水和耐久性能。该技术经中国公路学会科技成果评价认定达到了国际领先水平,实现了材料研发、薄层设计理论与施工工艺等方面的全面技术超越,属于行业中的引领型技术。该技术的应用在提升道路品质和服务水平、节约优质石材和沥青等稀缺资源(节能环保)、降低路面建设成本等方面,具有革命性的领先优势,对于延长路面使用寿命、实现道路公共基础设施的高效保值具有重要意义,打破了高性能沥青长期依赖进口、设计理论由国外技术主导的局面。

# 智慧公路“双闭环”绿色管养新模式

(上海同陆云交通科技有限公司)

## 0 引言

公路基础设施的运维、管理与养护是保障交通顺畅、舒适、安全运行的重要基础。现有公路检测工作仍依赖人工检测为主,难以达到精细化管养目标。推广智能巡查技术可打通原有检测、管理、养护之间的数据壁垒,大大提升养护的及时性、针对性,降低资源消耗。该数据资源同时具备显著的复用和挖掘能力,不仅可驱动管理养护智能决策,还可为资金拨付、绩效考核、养护评估提供充分的数据支撑,对管养全流程均有显著的提质增效能力,远期甚至可为智能出行、车路协同、自动驾驶技术应用提供底层数据支撑,应用前景显著。

## 1 技术概述

改革开放40年来,我国道路基础设施建设取得了举世瞩目的成就。截至2020年年底,我国公路总里程突破519.81万公里,其中高速公路总里程16.1万公里。而随着道路建设里程增速逐步放缓,我国道路工程将面临着管养与运维高峰,道路设施的运维管理压力陡增。

路面是公路交通基础设施的重要组成部分,路面的使用性能直接关系公路为出行者提供的安全性、舒适性、快捷性等服务水平,同时也关系到道路自身的使用寿命。随着大体量的道路设施建成并投入使用,以及日益增长的交通需求,相关单位必须做好对道路日常巡查、养护管理工作,及时发现问题、解决问题,确保可以提供更优质的服务。而基于人工进行路面日常巡检已无法满足我国大体量公路基础设施的运维、管理、养护工作,且人工的管理成本高、效率低、错漏多、数据非格式化,制约了基于数据驱动的道路智能养护。

## 2 技术分析

### 2.1 技术原理

在高频多维的公路基础设施数据支撑下,同陆云研发了“一图统管”公路智慧巡检与主动管养平台,首次提出“数据-业务”双闭环的全流程数字化管养分离模式。通过轻量化巡检装备大幅提高道路设施数据更新频率,优化公路日常养护业务流程,推动养护作业由主观判断到数据驱动的靶向决策转变。

数据闭环是业务闭环的前提,在养护业务层面,构建“性能检测-养护决策-养护施工-养护后评估”的全链条管理机制,以广覆盖、高频次的巡检技术作为支撑,自动分析道路性能健康状况,精准预测性能衰变趋势,支撑养护决策优化,并有效地指导养护施工的排班计划和方式。通过“后评估”对养护效益进行持续跟踪与监管,解决了现有公路养护流程开环不闭合的问题,实现养护能级提质增效。

### 2.2 关键技术、工艺流程及主要设备

智慧公路“双闭环”绿色管养新模式针对日常巡查需要大量作业人员,需要下车调查测量,巡查安全风险大,病害记录需人工输入填报,巡查效率低、成本高,在国内智能养护设备及巡检养护系统相关研究的基础上,结合现有公路运营管养特点,开展基于AI图像识别的公路智能巡查技术研究,进行测试和现场检验,重点解决公路路面病害及路况数据快速智能自动识别、自动采集、图像数据输入、路况关注点自动推送技术与客户端等技术难点问题,智慧公路“双闭环”绿色管养新模式通过多个落地项目研究建立公路智能巡查管理系统及所需的病害样本数据库,预期实现公路病害全过程智能化闭环管理。各项关键技术包括:

(1)多传感器复合感知、深度融合技术

研制轻量化巡查检测设备,采用多种传感器,包括加速度传感器、震动传感器、视频摄像头、北斗定位等,存在传感器的感知及采集数据的一致性、协调性、同步性等诸多问题,“双闭环”绿色管养将

针对上述问题进行研究并解决，以保证数据的准确性和设备的稳定性、可靠性。研究多传感器联控的帧率智能调节算法，实现车速控制下的数据采集频率自适应变频，在保证数据采集密度的基础上减少无效数据的采集，既减少了数据分析压力，也减少了数据传输压力。研究多源数据在线规约机制与数据清洗算法，实现多车协同的快速遍历采集。

（2）“时光机”追溯技术（大范围高频率巡查数据精准定位与回溯）

“双闭环”绿色管养研究重要设施、关键结构部位的平面精确定位技术，对设施病害前、后位置进行比对，实现具体位置的病害数据精准查询功能。同时利用高精度定位与多级匹配算法，针对高频率巡检数据建立连续跟踪与回溯，服务于病害维修后评估。

（3）多类病害的 AI 智能识别与进化技术

“双闭环”绿色管养首先分别通过 Faster R-CNN 和 YOLOv3 两种目前在目标检测上应用最广泛的深度卷积神经网络对标定样本进行训练调参，分析不同算法对不同病害识别的适应性和准确性。通过对比分析现有主流目标检测算法，测试公路场景下病害检测的适用性。在此基础上，结合灰度分布、边缘检测、斑点识别等方法分析比较了不同病害的图像纹理特征。针对公路场景复杂、病害类别分布不均的现实困难，设计数据增强及偏态学习的损失函数，调整模型结构与参数，提高病害识别与定位的准确性。

## 3 技术应用情况

### 3.1 应用项目介绍

同陆云围绕“路可得”轻量化快速巡检系统，已经开展了广泛的项目落地服务，服务里程突破 150 万公里，服务的客户包括上海市徐汇区、深圳市、雄安新区、昆山市、港珠澳大桥、上海东海大桥、贵州全省农村公路在内 20 多个地市级高等级公路、市政道路、农村公路及国省道，服务客户和服务公路里程数在不断提升中。

### 3.2 实施方案及流程

同陆云公路养护决策分析平台以国家和行业现行有关标准为依据，遵循目标引领、程序规范、比选择优和创新驱动的原则，以数据驱动为导向，打造一款围绕路基、路面、桥隧构造物、沿线设施四部分的包括公路基础数据与技术状况调查、公路技术状况分析、养护决策分析模型（图 1）、养护决策分析方法、决策分析结果输出等模块的养护决策分析平台。

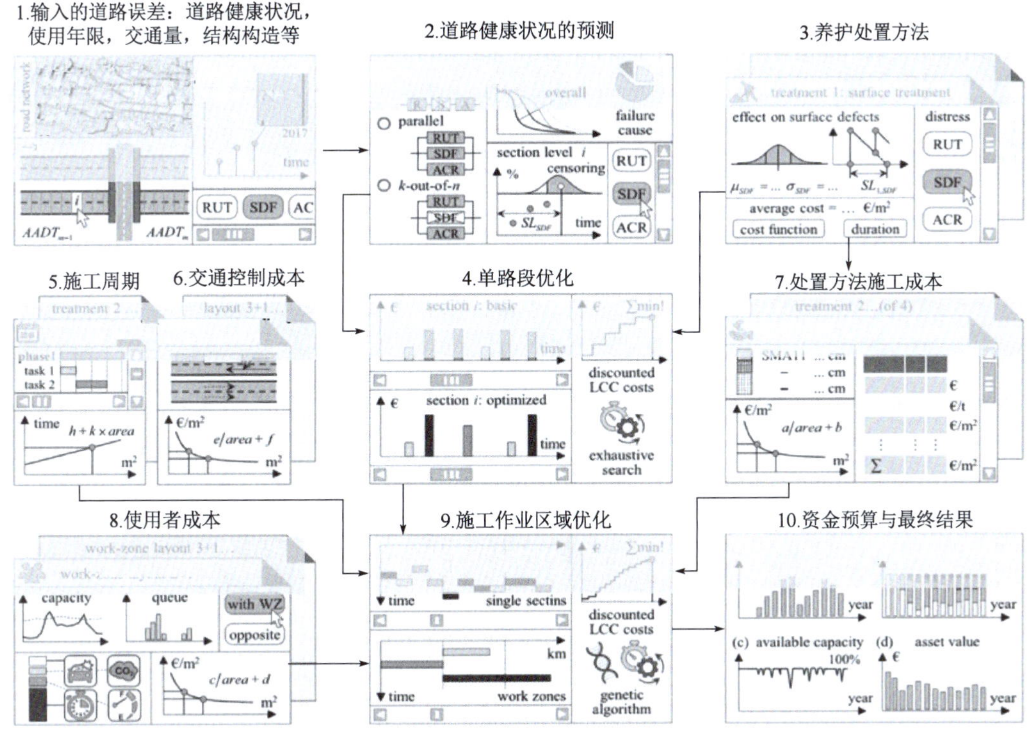

图 1 决策流程图

智慧公路“双闭环”绿色管养新模式结合智能巡检数据和专业检测数据，对道路使用寿命或评定指标的预测方法进行优化，结合智能巡检技术的优势，基于现有成熟预测模型，分别在RQI和PCI指标上构建“高频更新、动态修正”的预测方法。

## 4 效益情况

### 4.1 社会效益

同陆云智慧公路“双闭环”绿色管养新模式区别于传统养护模式具有较高的环保效益。

(1)设备高度集成

同陆云设备高集成化降低了多场景网络部署所需的设备数量、多设备合一降低了网络能耗，简化了站点形态和降低站点部署要求。随着技术与客户需求加强，设备将持续向高集成化演进，化零为整。

(2)数据传输极简

降低设备能源消耗的过程，传输化繁为简，提升整体效率，这包括形态极简、供电极简、传输极简。

(3)利用闲时能效

一天24h中，业务有闲时、忙时之分，能效也有高低之差。软件节能是提升闲时能效的关键手段之一，这极大地降低网络能耗。

(4)全生命周期环保

本产品将循环经济理念融入产品全生命周期管理，减少自然资源依赖。材料选取环境友好型材料，产品设计减量化，优化包装和运输，延长产品使用寿命，产品可回收、易拆解设计。

### 4.2 经济效益

智慧公路“双闭环”绿色管养新模式大大降低了路况巡查的成本。与人工日常巡查相比，轻量化智能采集设备在耗时基本相同的情况下，所需的人工成本会大大降低，费用成本可以大大减少，人员管理、费用支出成本明显下降，具有显著的经济效益。智慧公路“双闭环”绿色管养新模式降低了人工巡查成本达67%以上。其路况数据采集和处理效率高于人工巡查的6倍以上，大大缩短了养护巡查时间。

## 5 总结

智慧公路“双闭环”绿色管养新模式以提高资产精细管理，强化业务监督管理，提升经营收入能力，保障信息化落地等为目标，显著提升公路服务水平、美观程度，降低安全风险；提高公众参与度与获得感；打造“四好农村路”“智慧高速路”“城市道路精细化管养”等全国标杆。全面建成体系完备、运转高效的公路管理养护体制机制，基本实现公路管理科学化，全面实现公路交通基本公共服务均等化，路况水平和路域环境全面提升，公路治理能力全面提高，治理体系全面完善，推动公路管养高质量发展，支撑服务脱贫攻坚和乡村振兴，满足新时代人民群众对美好生活需要。

# 公路结构表层混凝土防护纳米材料的研发及防护应用技术研究

（济南金诺公路工程监理有限公司）

## 0 引言

山东省的气候属于北方气候，公路冬季养护时使用融雪剂和化冰盐较频繁，随着融雪剂和海洋环境中大量存在的 $Cl^-$、$SO_{42-}$、$Mg^{2+}$ 等向混凝土中的迁移和渗透，它们将与水共同作用产生盐冻、盐蚀，同时易引发混凝土的碳化，导致混凝土劣化、钢筋锈蚀等病害。大量事实证明，防止了水的侵入，混凝土结构的病害，包括钢筋锈蚀、碱集料反应和冻融破坏等根本就不会发生。因此，提高混凝土结构耐久性的关键是提高混凝土的抗渗性，在其结构表面涂刷防护涂层是一种简单且有效的方法。

## 1 技术概况

长期以来，混凝土研究和工程领域把精力主要集中在提高它的强度上，忽视了混凝土结构的耐久性问题，造成了混凝土结构耐久性研究的相对滞后，并因此付出了巨大的代价。服役条件下的混凝土受环境作用性能劣化具体表现为开裂、碳化、离子溶蚀、孔隙率增加、吸水率升高，进而引起剥蚀、抗冻性差，并逐渐成为混凝土内部结构加速劣化的导火索。因此，加强硬化混凝土表层性能提升将有效提升混凝土结构整体性能。

提高混凝土的抗渗透性能有效的方法包括对混凝土基材的憎水处理和混凝土表面成膜处理。本研究采用渗透型材料的憎水机理，研究纳米材料和技术在表层混凝土中的应用，从而研究提高公路结构表层混凝土材料密实性、降低孔隙率、提高凝胶抗腐蚀性能的机理和工艺方法。本材料与技术主要应用于桥梁及混凝土结构表面防护。

## 2 技术分析

### 2.1 技术原理

正硅酸乙酯用作水泥基材料的表层防护剂具有良好的特性和非凡的潜质，它可在不改变水泥石最初设计配合比的情况下，提高材料与外部环境接触面的密实度，大幅降低增强水泥石耐久性的成本。且根据其防护原理，正硅酸乙酯可在水泥石孔隙中生成 C-S-H 凝胶，降低钙硅比，减少氢氧化钙易腐蚀组分，优化凝胶结构，从根本上长久地提高混凝土耐久性能。

### 2.2 关键技术、工艺流程及主要设备

（1）关键技术

①对正硅酸乙酯（TEOS）防护剂的成分配合比进行研究，分析了每种成分（乙醇、水、正硅酸乙酯）对降低水泥砂浆表面吸水率效果的影响规律。

②对 TEOS 防护剂的浸渍工艺进行研究，分析了涂刷遍数、防护剂用量和浸渍后密封时间对降低水泥砂浆表面吸水率效果的影响规律。

③通过对 TEOS 防护剂浸渍砂浆表面硬度检测及碳化试验，分析浸渍 TEOS 防护剂对砂浆所产生有效作用的深度范围。

（2）工艺流程

①用水泥浆对蜂窝、裂缝等进行修补。

②对混凝土结构表面进行清洁。首先用工具进行刮擦，清除灰尘、碎屑及不牢物，后用高压水枪进行冲洗。

③根据试验研究，选取效果最佳的配合比，即乙醇：水：TEOS 的比例为 3：1：4，进行配置，充分搅拌之后装入喷桶待喷涂。

④待混凝土处于面干状态后进行喷涂，混凝土

龄期不小于28d。喷涂时准备好塑料薄膜，取配制好的TEOS溶液以200mL/m$^2$的用量从上至下，从左至右喷涂，喷上的部位需立即用塑料薄膜贴盖住，以防挥发，边缘尽量封盖严密；待20～30min后，边揭开薄膜边喷涂第二遍，用量为200mL/m$^2$，喷涂过后的部位同样立即盖好；再待20～30min进行第三遍喷涂。3遍过后，塑料薄膜需保持封盖6h，之后可以撤掉薄膜，洒水养护。

(3)试验设备

①混凝土碳化实验箱；

②混凝土单边冻融实验机；

③显微硬度计；

④金相磨抛机；

⑤扫描电子显微镜；

⑥全自动真空饱水机；

⑦氯离子扩算系数测定仪。

## 3　技术应用情况

### 3.1　应用项目介绍

(1)S101济德线槐荫区京台高速至济齐黄河大桥段改建工程，东起京台高速分离立交衔接济齐路东段，沿现有老路向西下穿京台高速、京沪铁路终点顺接济齐黄河大桥连接线，路线全长约5.378km。该线公路护栏为水泥混凝土墙式护栏，中央分隔带底座也为水泥混凝土材料。通过使用本技术纳米防护材料对混凝土结构表面全部覆盖，更不易受到环境侵蚀，耐久性能优良。

(2)G104京福线，该项目全线均为加宽改建，起自德州市临邑县夏口大桥，途经济阳县太平镇、孙耿镇、天桥区大桥镇等乡镇，终点止于大桥镇G104与G220、G308交叉口，全长29.69km。其中路线起点至靳家立交段采用双向四车道一级公路技术标准，设计速度80km/h。该线公路护栏为水泥混凝土墙式护栏，中央分隔带底座也为水泥混凝土材料。应用本技术纳米防护材料可有效抑制水分及有害离子入侵，从而提高公路混凝土结构部分的耐久性能。

### 3.2　实施方案及流程

(1)实施方案

①基于试验室试验结果，根据防护要求，设计目标配合比；

②购置所需的原材料和设备；

③培训技术人员；

④在施工现场准备拌和场地，现场配制；

⑤现场涂刷材料，并养护至满足指标要求。

(2)流程：现场施工根据《水运工程结构防腐蚀施工规范》(JTS/T 209—2020)进行

## 4　效益情况

### 4.1　社会效益

该项目研发了公路混凝土结构TEOS防护剂制备技术，揭示了TEOS防护剂配合比、施工工艺等对混凝土表面吸水率的影响规律，分析了TEOS防护剂对提高混凝土耐久性的重要作用，建立了防护后混凝土耐久性与吸水率之间的关系，提出了TEOS防护剂工程应用中的质量控制标准和关键施工参数。基于该项目研究成果的推广和应用，我单位在2018年参与的国道309线济南邢村立交桥至章丘界段(即经十东路)小修工程中进行了现场应用。经后期跟踪监测显示，该防护剂可以填堵混凝土结构表层孔隙，阻止有害介质侵入结构内部，提高了混凝土结构的耐久性能，延长了混凝土结构的服役寿命。大幅降低了养护频次，减少了养护施工造成的环境污染和碳排放量，社会效益、环保效益显著。

### 4.2　经济效益

TEOS防护技术是一种可靠的、经济有效的混凝土防腐技术，具有良好的发展前景。采用合理的TEOS用量和浸渍工艺对公路混凝土护栏、墩柱等易受水腐蚀的区域进行喷涂防护，可有效提高各构件的材料和结构耐久性，延长结构使用寿命。

相比于其他防护材料和技术，TEOS具有更好的渗透性，产生的浸渍表面具有更高的防水性，且防护层结构具有较长的寿命，延长防护结构的使用寿命，增加养护周期，降低养护投资20%左右，有显著的经济效益。

## 5　总结

(1)对TEOS防护剂的成分配合比进行研究，分析了每种成分(乙醇、水、正硅酸乙酯)对降低水泥砂浆表面吸水率效果的影响规律。

(2)对TEOS防护剂的浸渍工艺进行研究，分析了涂刷遍数和防护剂用量以及浸渍后密封时间对降低水泥砂浆表面吸水率效果的影响规律。

(3)通过对 TEOS 防护剂浸渍砂浆表面硬度检测及碳化试验,分析浸渍 TEOS 防护剂对砂浆所产生有效作用的深度范围。

研究表明,TEOS 防护技术是一种可靠的、有效的混凝土结构表面防腐技术,相比其他防护材料和技术,TEOS 具有更好的渗透性,产生的浸渍表面具有更高的防水性,且防护层结构具有较长的寿命,延长防护结构的使用寿命,增加养护周期,降低养护投资,具有显著的经济效益和社会效益,具有良好的发展前景。经鉴定,项目成果达到国内领先水平。

# 废胎胶粉沥青橡胶罩面层的应用

[蓝派沥青橡胶技术开发(北京)有限公司]

## 0 引言

随着经济的不断增长,我国机动车保有量也日益增长,随之而来也产生了大量不可降解的废旧轮胎。由于废旧轮胎的回收再利用的效率不是很高,这就对环境保护造成了比较严重的影响。通过对废旧轮胎加工成橡胶粉生产出沥青橡胶加铺到路面层,不仅提高了驾驶安全性、舒适性,而且延长了道路使用寿命,一改传统沥青材料三五年一罩面,节省了大量的人力物力财力。此外,沥青橡胶技术还绿色再利用了大量的废轮胎,解决了一定的环保问题。

## 1 技术概述

废旧轮胎是一种不可降解的工业废料,如何将其回收利用一直是世界性环保难题。中国是世界上汽车产量和销售量最多的国家,2011 年产量和销售量都超过 1700 万辆,到 2022 年产销量已超过 2600 万辆,废胎污染愈来愈得到国家领导的重视。在 2010—2021 年期间,全国橡胶轮胎外胎总产量为 107.54 亿条,年均产量为 8.96 亿条,而将废轮胎环保又高效的回收再利用于道路建设中也是一种环保又高效的方法。

加铺罩面层是对沥青混凝土旧路面进行养护修复的方法之一。沥青的性能对沥青混凝土罩面层抗反射裂缝能力的影响非常大。考虑轴载的数量和气候条件,一般罩面层厚度需要 5 ~ 8cm,南非研制的废胎胶粉沥青橡胶技术以改善沥青使用性能为目的,自 1982 年开始应用于道路路面铺筑,根据几十年应用实践和试验检测,证明其能够有效改善路面抗老化性,高温稳定性,低温性能并能防止反射裂缝,排水降噪。用于旧路面加铺罩面层,厚度可减少到 2 ~ 4cm,这就节约了一半以上路面材料,成为最具有生态优势的旧路面修复罩面材料,加上其在现场生产、加铺体现的环保性,成为领先的旧路面养护修复方法,尤其对城市道路修复,日益显示出优异的应用前景。

20 世纪 60 年代,南非由于历史上的原因,石油资源匮乏,较早研制开发了沥青橡胶路面材料,并形成了一套完整的理论、工艺及装备,具有成熟的应用经验,居世界领先地位。蓝派沥青橡胶技术开发(北京)有限公司是继南非蓝派公司在中国投资成立蓝派冲击压实技术开发(北京)有限公司之后,旨在把南非废胎胶粉沥青橡胶技术(简称“沥青橡胶”)引入中国,于 2003 年成立的一家南非独资企业。

2008 年交通部以蓝派公司技术为依据编写了《橡胶沥青及混合料设计施工技术指南》,2011 年公司又参与起草《公路工程废胎胶粉橡胶沥青》(JT/T 798—2011)中华人民共和国交通运输行业标准,并将这一技术在全国推广。

## 2 技术分析

### 2.1 技术原理

为了区别其他橡胶改性沥青,南非将废旧轮胎胶粉按 20% 左右的掺量与普通基质沥青在一定条件下融合的产物定义为沥青橡胶。生产中胶粉与基质沥青不是简单拌和,而是在高温下物理、化学反应,因此其对基质沥青的改性作用更大。该成果的核心是采用蓝派公司按南非蓝派技术生产的沥青橡胶,生产中沥青橡胶反应机理如图 1 所示。

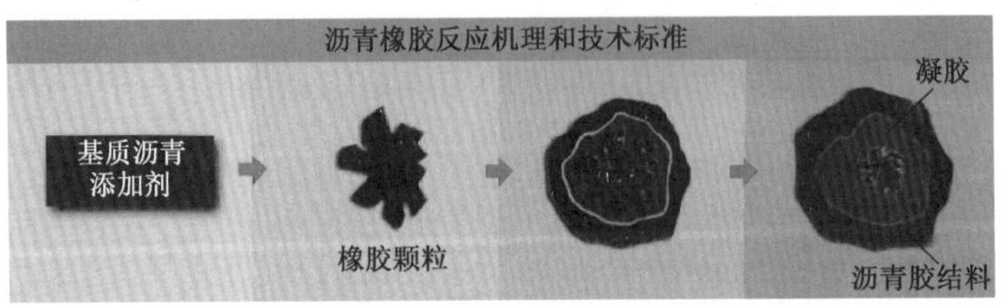


图 1 沥青橡胶反应机理

### 2.2 关键技术、工艺流程及主要设备

蓝派沥青橡胶采用湿法拌和工艺，即把废轮胎胶粉加入到基质沥青中，通过胶粉颗粒在高温沥青中发生的物理化学反应来实现对基质沥青的改性，生产过程如下：

（1）将基质沥青加热到200℃后，泵入拌和装置，同时按比例加入符合技术要求的废轮胎胶粉，在高温下继续拌和直到均匀。

（2）将拌和均匀的沥青橡胶输送入反应装置中，进行充分熔胀反应后生产出性能可靠的沥青橡胶结合料，反应时间约2～3h。同时为保证沥青橡胶结合料与集料的充分拌和，需将沥青橡胶继续加热到185～195℃。

（3）将加热后的沥青橡胶结合料输送到拌和站的拌和设备中与集料充分拌和。宜采用间歇式拌和机，拌和时间根据具体情况经试样确定，以沥青均匀裹覆集料为度，间歇式拌和机每盘的生产周期不宜少于50～60s（干拌不少于10s）。

蓝派移动式沥青橡胶生产设备，主要包括：原材料存储罐、传送装置、加热装置、拌和装置和反应装置。为了达到环保要求，沥青橡胶及其结合料生产中都增加了环保措施，使含有有害气体的废气经高温等离子"UV光氧催化"实现光化反应，产生光解作用，有害物质形成固体微粒被吸附，经过过滤的气体再向外排放。

## 3 技术应用情况

### 3.1 应用项目介绍

2005年，马鞍山第一条沥青橡胶道路开始应用，至今仍然正常使用，2008年为了迎接北京奥运会铺筑第一条沥青橡胶高速公路首都机场南线，再到迎接2022北京冬奥会铺筑京礼高速，蓝派沥青橡胶技术已经很成熟并赢得了国内同行的认可，项目也遍及全国，如辽宁沈大高速2cm超薄沥青橡胶上面层，广西宜河高速采用沥青橡胶面层厚度由原设计的18cm减小为12cm，减少了1/3的路面材料等。

尤其是北京经济技术开发区自2012年试用以来，大面积采用蓝派沥青橡胶罩面材料，共铺筑路面上百万平方米，消耗上万吨废胎胶粉，百万条当量小汽车废旧轮胎。源于汽车轮胎，又将其铺上路面，服务于汽车运输，促进了循环经济。

### 3.2 实施方案及流程

蓝派沥青橡胶技术服务是全过程的具体流程如下（图2）：

（1）沥青橡胶生产

采用湿法拌和工艺，即把废轮胎胶粉加入到基质沥青中，通过胶粉颗粒在高温沥青中发生的物理化学反应来实现对基质沥青的改性，生产出高质量的沥青橡胶结合料。

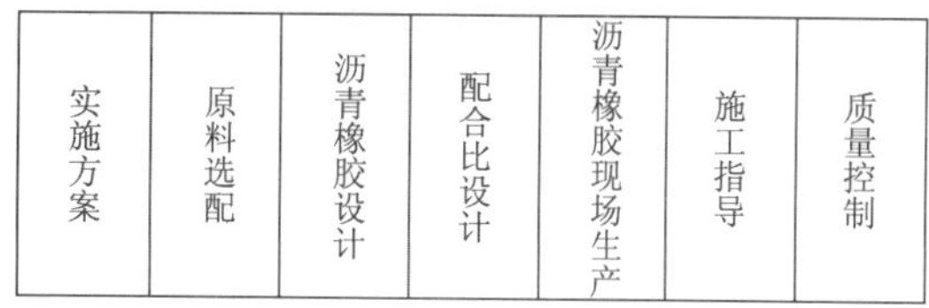


图2 沥青橡胶混合料生产流程

（2）混合料拌和

将加沥青橡胶结合料输送到拌和站楼与集料充分拌和。按照配合比调节冷料斗上料比例，使集料略满足比例混合后进入干燥筒烘干，烘干后集料经热料提升机进入振筛机筛分后分仓，同时粉尘被集尘器吸附到布袋上，排出热料仓，施工中不得添加回收粉。计算机发出指令按所输配合比数据自动计量好沥青、集料及矿粉后进入拌缸，经充分拌匀后进入贮料仓，等待自卸车装运。

（3）混合料运输

运料车每次使用前后必须清扫干净，货车底板需要涂抹隔离剂以避免黏结混合料，但不得有余液积聚在车厢底板；装料时应多次挪动货车位置，平衡装料，以减少混合料离析；采取相应的保暖措施确保沥青橡胶混合料的到场温度，避免混合料表面结硬。

（4）混合料摊铺

使用普通沥青混凝土摊铺设备进行摊铺。沥青橡胶黏度高，因此施工时的气温及地表温度也非常关键。应该经常检查摊铺机漏斗内的混合料的温度。温度高时，混合料过软，需要暂时延缓压实直到混合料冷却到规定温度；温度低时，黏度过大将很难压实从而影响路面质量。

（5）混凝土碾压

碾压工艺是沥青橡胶混凝土施工过程中的一道关键工序，将对最终成型的混凝土路面使用质量产生极大影响。沥青橡胶混凝土初压温度不低于160℃，复压不低于140℃，终压不低于100℃。

（6）开放交通

路面温度低于50℃后方可开放交通。

## 4 效益情况

### 4.1 社会效益

(1)10 万 t 沥青橡胶混凝土,可消耗约150000条当量废旧轮胎,使废轮胎这种不可降解的"工业废料"成为了环保的路面建设材料,避免因过度堆积而引发火灾、传播疾病。

(2)由于沥青橡胶的抗疲劳强度是普通沥青的 10 倍以上,此项铺筑厚度由原设计的 18cm 减小到 12cm,减少了 1/3 的路面材料。

### 4.2 经济效益

根据目前市场价格 AH70 基质沥青 5000 元/t,而每吨蓝派沥青橡胶的胶粉含量为 20%,含基质沥青 80%,加上沥青橡胶加工费,每吨约为 6300 元,而 SBS 改性沥青为 6650 元/t。蓝派沥青橡胶在造价上具有一定优势。经济效益显著。

## 5 总结

废胎胶粉沥青橡胶罩面层的应用,依托的是南非蓝派沥青橡胶技术。一般来说,沥青橡胶是指一定比例的橡胶粉与沥青拌和而得到的产品,其中橡胶粉掺量不少于 15%(内掺)或 17.6%(外掺),而橡胶本身就是一个宽泛的概念,为了区别其他橡胶改性沥青,南非将废旧轮胎胶粉按 20% 左右的掺量与普通沥青在一定条件下结合的产物定义为沥青橡胶。这种远高于其他种类的改性沥青中改性剂的含量,而且胶粉与基质沥青不是简单拌和,而是在高温下的物理、化学反应,因此其对基质沥青的改性作用更大。将其应用于路面时改善路面抗老化性、高温稳定性、低温性能并防止反射裂缝,排水降噪。路面厚度 2 ~4cm,这就节约了一半以上,甚至三分之二的路面材料,相应石料也随之减少,极具生态优势。

# 基于智能颗粒的路面结构性能监测技术

(江苏东交智控科技集团股份有限公司)

## 0 引言

针对公路路面受力、变形监测及路用性能预测等需求开发了超小型耐高温高精度传感器——智能颗粒;建立了不同埋设位置处智能颗粒姿态转角与车辙变形深度的关系模型,揭示了不同加载次数情况下,智能颗粒倾角变化数据与路面耐久性能的关系,提出了以智能颗粒角度变化率 $V_{拐}$、$V_{破}$ 作为路面疲劳性能指标的评价方法;采用智能颗粒监测路面结构性能,其设备成本低、经济效益明显,埋设完成后自动实时采集数据,无需人员检测和封路,受环境影响小,适用性更广,具有良好的时效性和安全性,已经在江苏、山东等多个项目开展了广泛应用。

## 1 技术概况

沥青路面结构力学特性一直是道路工程研究中的关键,也是最难解决的问题之一。在荷载和环境作用下,不同的沥青路面结构内力特性不一致。在车辙变形过程中,集料颗粒不断发生旋转和平移运动,而集料颗粒旋转和平移运动难以实时监测。智能颗粒能够模拟集料,并实时采集温度、应力、姿态转角、加速度等数据,因此针对不同沥青路面工程的具体特点,包括交通量、气候条件、路面结构类型,通过埋设智能颗粒,采集路面结构在不同荷载条件下的力学特性,从而对比分析不同路面结构组合内力特性,延长沥青路面使用寿命具有重要的现实意义。

## 2 技术分析

### 2.1 技术原理

智能颗粒是针对公路路面受力、变形监测及路用性能预测等需求开发的超小型耐高温高精度传感器,通过采集路面内部温度、三轴正应力、三轴加速度、欧拉角四元素等,利用蓝牙传输数据到接收器,实时上传至云端储存。智能颗粒监测技术建立了不同埋设位置处智能颗粒 $Y$ 轴角度与车辙变形深度的关系模型,分析当路面产生不同车辙深度时,智能颗粒 $Y$ 轴倾角变化情况,如图 1 所示。不同位置处颗粒 $Y$ 轴倾角与车辙深度具有较高的二次函数相关性,相关系数均大于 0.95,说明模型可靠性较高。

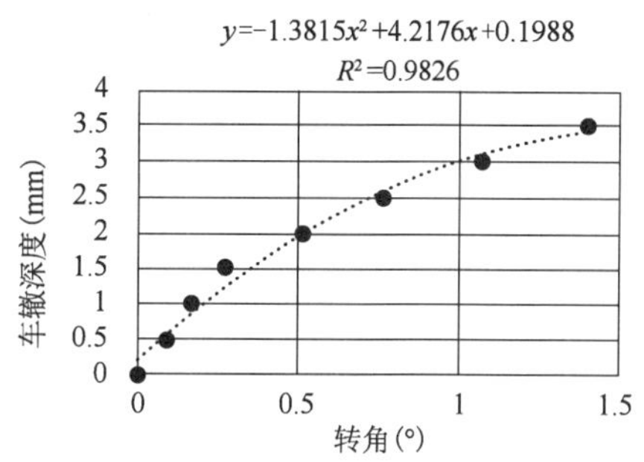


图 1 不同位置处颗粒 $Y$ 轴倾角与车辙深度回归函数

通过室内试验,建立了基于不同加载次数情况下,颗粒倾角变化数据与路面耐久性能的关系模型,提出了以智能颗粒角度变化率 $V_{拐}$、$V_{破}$ 作为路面疲劳性能指标的评价方法,角度变化率关系如图 2所示。当角度变化率达到整个阶段拐点处角度变化率的 9 ~ 10 倍时,表明沥青路面已出现明显的损伤,需进行道路损伤预警。

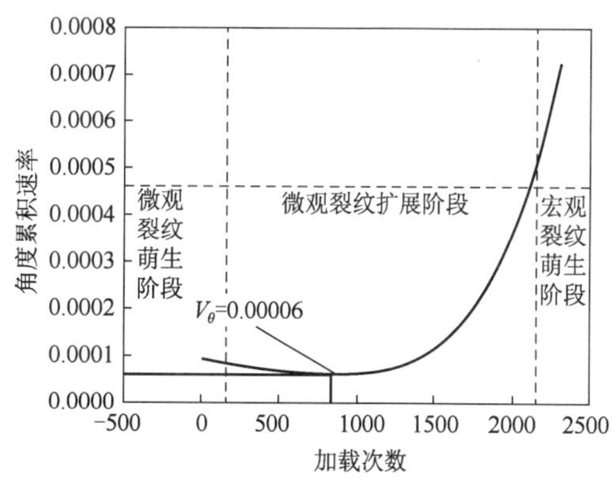


图 2 SMA-13 角度变化率图

## 2.2　关键技术

(1)智能颗粒

智能颗粒按功能可将其分为三个模块。数据模块,主要负责数据采集包括:CPU、三轴耐高温应力片、三轴加速度传感器、三轴角加速度传感器、三轴磁力计、温度计等,能够精确测量结构物的应力、变形、转动和震动数据。通信模块,主要负责将采集到的数据发送至后台云端并接受用户指令。智能颗粒标准配置采用低功耗蓝牙,采样率较高,传输距离较长,功耗低,可实现长期动态监测。电源模块,主要负责为整个系统提供能源。智能颗粒采用耐高温锂锰电池,能够承受路面摊铺过程高温环境,保证传感器长期监测,并支持定时睡眠唤醒、周期性睡眠唤醒等,智能颗料如图3所示。

图3　智能颗粒

(2)数据接收器

数据接收器是配合智能颗粒用于户外接收、运算处理、远程监控和云端大数据接口的超级终端,如图4所示;支持多种供电方式,可根据现场情况来配置:220V、110V、自带电源、太阳能供电、风力供电等;支持多种数据传输方式,可根据现场情况配置WLAN、WIFI、4G、5G等。

图4　数据接收器

(3)数据接收软件与平台

PC端软件是配合智能颗粒用于数据接收和参数配置的终端,在PC端界面中可以实时展示数据。结合物联网技术,开发了网页端的智能颗粒数据分析模块,便于对监测数据的分析,系统界面如图5所示。看到埋设位置处的温度、加速度、应力、角度等数据,并且具有回看和存储功能,可以看到任意历史时间范围内的监测数据,便于进行统计和分析。

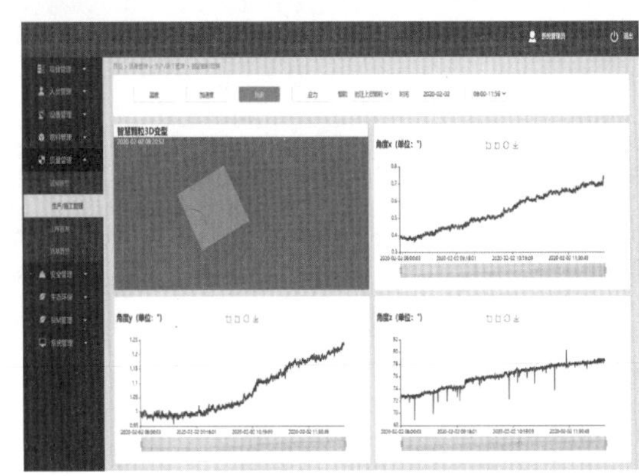

图5　智能颗粒PC端系统界面

# 3　技术应用情况

## 3.1　应用项目介绍

基于智能颗粒的路面结构性能监测技术已经在以下项目中进行了成功应用:

(1)江广高速公路改扩建项目。

(2)京沪高速公路扩建项目。

(3)宁宿徐高速公路改扩建项目。

(4)齐鲁交通发展集团2017—2018年养护大中修G15沈海高速及G18荣乌高速段。

(5)苏州市256省道(苏沪高速至沪昆交界)路面改造工程项目。

(6)南通市干线公路养护大中修335省道海门段进行了应用。

(7)泰州506养护大中修项目。

## 3.2　实施方案及流程

根据现场情况按设计图纸进行颗粒位置放样;将要埋设的颗粒并排对齐路边静置,采集静态环境数据3min;摊铺沥青混合料后,在标记位置处将松散的沥青混合料挖开,埋设颗粒后填埋混合料并整平。随后进行压实,压实过程中连续实时收集数据,直至压实完成断开连接。最后,待混合料温度降至环境温度后再次连接智能颗粒,采集数据。完成后设置智能颗粒睡眠唤醒时间。智能颗粒埋设完成后,需要安装数据接收器。具体安装流程包括:定位与设置、现场安装、开机调试、设置控制参数和现场防护。

## 4 效益情况

### 4.1 社会效益

智能颗粒所采集数据可用于沥青路面的力学计算,特别是能够用于沥青混合料动态模量的计算,沥青混合料的模量是路面设计中反复使用的重要参数,同时动态模量也反应沥青混合料的路用性能。智能颗粒所采集数据对路面设计和路面结构材料比选具有重要作用。通过实时采集颗粒运动数据,对路面的力学性能进行评估,从而对路面路用性能进行预测,为路面养护提供数据支持,最终改善道路的长期性能,提高道路的耐久性,具有重要的社会效益。

### 4.2 经济效益

不同沥青路面力学性能检测方法对比分析详见表1。通过成本分析比较可知,采用智能颗粒监测沥青路面力学性能,其设备成本低、经济效益明显。智能颗粒作为一种路面结构性能的实时监测评价手段,埋设完成后自动采集数据,无需人员检测和封路,可以实时采集数据,受检测环境影响小,适用性更广,具有良好的时效性和安全性。

不同沥青路面力学性能检测方法对比分析 表1

| 检测方法 | 智能颗粒监测系统 | 光纤光栅监测系统 | FWD 检测 |
|---|---|---|---|
| 检查设备 | 智能颗粒 | 光纤光栅传感器 | 落锤石弯沉仪 |
| 检查频率 | 实时监测 | 实时检测 | 根据需求,定期检测 |
| 存活率 | 高 | 低 | — |
| 数据传输方式 | 无线,适用范围广 | 有线,变形协调能力差 | — |
| 采集数据量 | 海量数据 | 数据量低 | 有限数据 |
| 功能作用 | 监测温度、应力、弯沉、并反算模量、预测路用性能 | 监测变形 | 检测弯沉、反算模量 |
| 设备费用 | 1套15万 | 1套20万 | 1台50万,台班费5000/d |
| 人员配备 | 埋设完成后无需人员。安全性好 | 埋设完成后无需人员,安全性好 | 每次检测2人,每天人工费1000元 |
| 安全配备 | 不需要封路 | 不需要封路 | 需要封路 |

# 基于干式油石分离的沥青混合料高质再生利用关键技术

(江苏东交智控科技集团股份有限公司)

## 0 引言

随着交通基础设施建设快速发展,公路改扩建工程产生大量废旧沥青混合料(RAP)。传统再生技术虽能再利用 RAP,但存在材料均质性差、掺量受限、含泥量大等问题,高 RAP 掺量下难以满足道路工程建设要求。干式油石分离沥青混合料高质再生利用技术通过机械力分离 RAP 中的集料和沥青,获得洁净再生集料和老化沥青,提高了材料均质性,实现了 RAP 高掺量利用(可达 80% ~ 90%),实现了废旧沥青混合料在在公路工程改扩建中的高质利用。

## 1 技术概况

基于干式油石分离的沥青混合料再生利用技术通过对沥青路面废旧铣刨料进行机械分离处理,通过分离机械的高速旋转,使废旧混合料和锤头及内壁发生碰撞,继而老化沥青会发生断裂,通过高压喷水枪的冲刷作业,会使沥青和集料的粘附力进一步下降,通过持续的机械作业,使得老化沥青和集料发生分离,分离后的各档料均匀性较好,变异性相较传统再生集料也更低,性能优于厂拌热再生混合料。与普通再生沥青混合料相比,该技术对 RAP 的利用率更高,可以更进一步节省工程投资,更有效保护环境。

## 2 技术分析

### 2.1 技术原理

干式油石分离技术采用的是机械分离方法,其原理如下:在分离机械的高速运转过程中,废旧沥青混合料被有效分散,并与机械的锤头及内壁频繁发生碰撞。由于沥青老化后会丧失其原有的柔软性,转变为坚硬且脆性的物质,因此在碰撞过程中,废旧沥青容易发生开裂。同时,沥青老化还导致其粘附力减弱,使得废旧沥青与石料之间逐渐产生缝隙。通过高压喷水器作用,沥青的脆性进一步增加,其与集料之间的粘附力也进一步降低。水分趁机渗入废旧沥青与石料之间的缝隙中,在持续运动和碰撞过程中,水流对沥青表面产生强烈的冲刷作用,最终促使集料表面的沥青有效剥离。

### 2.2 关键技术、工艺流程及主要设备

废旧沥青混合料经过分离式再生工艺,将废旧沥青混合料从来源不同、级配变化大、质量参差不齐的混合料变成一种材质和组成较为均质的矿料,从而克服厂拌热再生技术中再生材料的均质性差、掺量受限、含泥量较大的缺点。因此,通过对废旧沥青混合料进行除尘、破碎、油石分离和筛分的工艺关键参数进行研究,可实现废旧沥青混合料中集料表面的沥青分离,并将集料加工成为不同粒径的道路用矿料。

为避免采用高 RAP 掺量对沥青混合料性能的影响,先对 RAP 进行油石分离后得到旧集料和老化后的沥青,经筛分后,形成 0 ~ 3mm、3 ~ 5mm、5 ~ 10mm以及 10 ~ 15mm4 档集料,其中 3mm 以上的集料表面洁净,沥青含量在 1%,可以充当新料使用,0 ~ 3mm 的细 RAP 沥青含量较高,可达 10% 以上,通过对着两类材料的利用,实现对 RAP 的零废弃。对油石分离后的 3mm 以上的集料可以应用于中上面层等高层位,0 ~ 3mm 的细 RAP 则可应用于水稳基层中,以实现基层的抗裂性能提升。

根据废旧沥青混合料的分离再生工艺,首先将收集到的铣刨料送入振动给料机。在振动给料机的驱动下,铣刨料随后进入颚式破碎机,针对其中大粒径部分进行破碎处理。破碎后的铣刨料,在传

输带的带动下，被送入粗剥离机。与此同时，启动高压喷水器，废旧沥青混合料在粗剥离机内完成初次剥离。完成粗剥离后，材料通过皮带传输至振动筛，以筛除初次剥离得到的细集料和废旧沥青。筛分后，粒径大于5mm的材料被皮带输送至细剥离设备，进行进一步的细剥离处理。细剥离完成后的废旧沥青混合料，再次被送回振动筛，根据粒径大小，将粗集料细分为3～5mm、5～10mm、10～15mm的再生集料。而二次剥离得到的细集料和废旧沥青，经过料水分离器的处理，形成磨细废旧沥青混合料，将磨细废旧沥青混合料送入烘干筒，烘干至含水率低于1%后，添加至复合磨机中，再次分离和均匀分布，最终形成废旧沥青均匀分布的磨细废旧沥青混合料。整个废旧沥青混合料分离再生的工艺流程如图1所示。

废旧沥青混合料干式油石分离加工设备的组成主要包括：废旧沥青混合料的破碎设备、粗剥离设备、细剥离设备、振动筛、精磨设备和烘干设备。通过选用该干式油石分离加工设备，保证了原材料质量可控。其外观见图2。

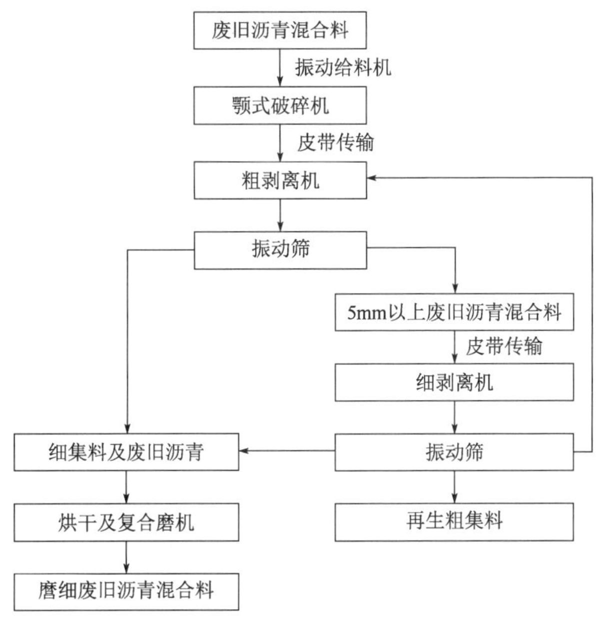


图1 废旧沥青混合料分离再生工艺流程图

图2 废旧沥青混合料干式油石分离再生设备

## 3 技术应用情况

### 3.1 应用项目介绍

G312宁合改扩建工程，东起自龙华立交西侧，利用老路线位向西穿过珠江镇，止于张店枢纽东侧，顺接沪陕高速、沪蓉高速，路线全长6.92km，其中，起点至五里桥互通段采用主辅分离设计方案，主线采用双向六车道高架桥，横断面宽33.5m，设计速度 100km/h，路线长5.068km；辅道设计速度40km/h。五里桥互通至终点段采用双向八车道标准，路基宽度 42m，设计速度 100km/h，路线长1.852km。

该项目 5.608km，为挖除老路老桥，并新建高架桥，挖除或铣刨老路面层、基层、挡墙、桥梁等，共产生破碎料 115074$m^3$，其中，铣刨老路约 4cm 沥青混凝土上面层（玄武岩）产生的铣刨料总计约6439$m^3$；挖除老路约 11cm 沥青混凝土中、下面层（石灰岩）、15～20cm 二灰碎石、挖除老路浆砌片石圬工，共计 77565$m^3$。采用本技术，产生直接经济效益约 1843.7 万元。

## 3.2 实施方案及流程

本技术通过专用的设备，将原路面铣刨后的RAP 料经干式油石分离工艺后，获得 10～15mm、5～10mm、3～5mm、0～3mm4 档集料，其中 3mm 以上的 3 档集料沥青含量在 0.8%～1%，可以替代新料使用。因此，相比传统的热再生 30% 左右的 RAP 掺量，本技术生产的干式油石分离热再生 SMA-13 混合料，RAP 的掺量达到 60%，掺量显著提升。

# 4 效益情况

## 4.1 社会效益

应用干式油石分离技术可降低 14.7% 养护总能耗，减少 6700g 等效 $CO_2$（减排比例 13%）、23g 等效 $SO_2$（减排比例 7.0%）、72g 等效 1,4-二氯苯（减排比例 8.8%）、62g 颗粒物质（减排比例 23.8%）的排放。

可以缓解沥青材料需求不断增长与沥青资源有限的矛盾，节约自然资源，建设节约型社会；旧沥青混合料的再生利用可以节约大量矿料，这对于砂石材料紧缺的地区意义重大，而且矿料开采的减少也体现了其环保意义；旧沥青混合料的废弃物占用大量的土地，同时对环境也产生的较大影响，沥青混合料的再生利用能够解决这些问题，保护珍贵的土地资源。

## 4.2 经济效益

采用干式油石分离技术，在 70% RAP 掺量下，与普通热拌混合料相比，上面层混合料每立方米可节约材料成本 280～300 元，中下面层混合料每立方米可节约材料成本 180～200 元；与 30% RAP 掺量下的普通厂拌热再生混合料相比，每立方米可节约材料成本 80～100 元。

# 5 总结

技术优势如下：

（1）无需使用溶剂，将 RAP 中的粗细集料和沥青分离，分离出的新集料可作为新集料使用；

（2）可将 RAP 分离为 10～15mm，5～10mm，3～5mm，3mm 以下四档，便于再生混合料的级配控制；

（3）0～3mm 的粉料可加入到水稳基层中，提升基层的抗裂性能；

（4）可将 RAP 的再生率从规范要求的 30% 以下提升至 80%～90%；

（5）可以用于上面层，进行高层位的再生利用，不需要降层位使用。

创新点如下：

（1）根据对干式油石分离再生材料性能的影响情况，提出 10～15mm、5～10mm、3～5mm 和小于 3mm 的适用层位；

（2）提出分离再生集料配合比设计方法及性能评价主要指标，形成分离再生混合料高质再生方法；

（3）建立干式油石分离再生材料质量控制标准，提出再生沥青混合料的生产质量控制关键参数。

# 基于无人驾驶和3D机械控制的路基智能施工技术

(江苏东交智控科技集团股份有限公司)

## 0 引言

根据推土机、平地机的施工质量控制需求,本项目研究了铲刀3D机械控制工作原理,完成了铲刀3D机械控制系统总体设计,并基于GNSS定位技术、铲刀姿态测量原理、液压系统控制原理,开发了液压系统、铲刀姿态控制方法和高精度定位误差处理算法,并自主研发了控制转换器,完成了推土机、平地机3D机械控制的改造。根据压路机自身的特点,结合其作业过程,研究了无人驾驶压路机控制系统,形成了无人驾驶控制系统框架,开发了适用于无人驾驶压路机的路径规划与导航补偿系统,针对施工安全研发了压路机主动防撞预警系统,完成了压路机的无人化改造,实现了压路机远程点火、起步、转弯、制动等动作。

## 1 技术概述

随着科学技术不断发展,人民生活质量的提高,对公路工程的施工质量要求也在不断地提高。为提升公路工程质量,2016年交通运输部印发了《关于打造公路水运品质工程的指导意见》对工程建设的标准化、智能化提出了明确需求。2019年国务院印发的《交通强国建设纲要》提出了推进智能化、数字化装备研发,加强智能制造核心关键技术储备的目标。根据《"十四五"现代综合交通运输体系发展规划》预计2025年我国将新增公路里程约30.2万km,其中高速公路新增里程约3万km,要求工程质量进一步提高,交通设施耐久可靠。表明未来我国公路建设市场仍然存在巨大潜力。但是,随着我国人口老龄化、出生率下降、高素质人才不愿意深入一线施工现场等社会现象的出现,对工程建设领域产生了巨大冲击。导致当前机械化减人、智能化换人、自动化无人的需求日趋迫切。因此,根据现有技术水平及国家相关政策,开展基于无人驾驶和3D机械控制的路基智能施工技术应用研究,实现路基施工的智能化、精细化、智慧化,对提升工程施工质量和管理水平,积极推动路基标准化施工具有重要意义,为实现"交通高质量发展""交通强国"奠定基础。

## 2 技术分析

### 2.1 技术原理

(1)推土机、平地机3D机械控制施工技术

在施工前将CAD二维图纸转化成系统控制箱可以读取的三维模型。利用安装在铲刀两端的GNSS接收设备,实时采集铲刀的三维位置坐标,通过3D机械控制系统计算同一位置的设计高程和实测高程差值,并驱动铲刀归零,做到路基施工的自动精准找平控制。

(2)压路机无人驾驶施工技术

利用高精度北斗定位技术、惯性导航技术、障碍物识别技术,为压路机提供行驶路径引导与控制信号,控制压路机各工作系统动作,完成既定的行驶、转向、工作装置作业等任务。同时,利用RFID、5G、WiFi、局域组网等技术手段,实现施工数据回传服务平台,利用大数据分析,结合作业业务,提供实时监控、数据展现、远程控制、压实管理、统计报表等功能。

### 2.2 关键技术及工艺流程

在路基施工前应做试验段,按照纵向分段,水平分层,先低后高,逐层全宽的施工原则,确定施工机械的最佳组合,工艺参数等。根据路基试验段参数确定合理配置的机械设备和检测设备,选配性能状况好,满足施工工艺和质量要求的成套机设备进场,并完成智能施工设备的安装、调试、精度验证。

路基智能施工过程可分为“四区段、八流程”进行。四区段为填土区段、平整区段、碾压区段、检测区段，八流程为施工准备、基底处理、分层填筑、路基整平、洒水晾晒、路基碾压、试验检测、路基整修。

(1)施工准备。在施工现场合适位置架设定位基站，为施工现场机械提供实时定位服务。根据路基施工图，提取平、纵曲线交点坐标，高程数据、坡度数据，生成路基三维模型，并与现场水准控制点复核，将模型与现场实际情况建立关联。

(2)基底处理。在推土机3D控制箱中，设置铲刀底脚距离设计路基顶面为固定深度$H$，将路基范围内原地面清除干净，铲刀吃土深度一般不少于15cm，将清表后地基整平，碾压密实。基地强度不符合要求时，应进行换填，分层压实到规定要求。

(3)分层填筑。首先放出路基填筑边线，填筑边线比设计边线宽出30cm，上土前需根据填土层厚度计算土方量，无需放样卸料方格，运输车辆可直接等间距均匀卸料，不同性质土，不得混填，每种填料层厚度不宜小于0.5m。

(4)路基整平。根据松铺厚度控制要求，在推土机与平地机3D控制箱中设置铲刀底脚距离设计路基顶面为固定深度，推土机按照命令进行摊铺及自动控制粗平，平地机自动控制精细整平形成路拱。

(5)洒水晾晒。检查填料的含水率，根据填料情况进行洒水翻晒，在最佳含水率时碾压。

(6)路基碾压。压路机压实作业前，需利用卫星定位设备，采集施工区域的边缘坐标，形成电子围栏，按照先静后振，先快后慢，纵向到底，横向到边，轮迹重叠，直线段先两侧，后中间，弯道超高段，由内侧向外侧，纵向进退式碾压的原则，在电子围栏区域内规划施工路径，将试验段确定的碾压遍数、速度等参数输入机载电脑中，开始无人碾压施工。

(7)试验检测。压完成后进行压实度检测，每1000$m^2$ 不少于两个点。

(8)路基整修。每填筑三层后进行边坡整修。

## 3 技术应用情况

### 3.1 应用项目介绍

本项目研究的推土机、平地机、压路机智能施工设备，于2019年首次在S420金湖段路基建设工程中进行了示范应用，并取得了良好的应用效果。随后，项目组为了使项目成果实现多场景、多元化的应用，通过进一步深化研究，推出了路面无人集群施工设备，包含无人驾驶摊铺机、钢轮压路机、胶轮压路机，并在S506泰州段、京雄高速、广西柳南高速、攀大高速、京德高速、阿乌高速(沙漠高速)、宁沪高速等公路建设项目中成功应用，引起国内外广泛的关注，开启了无人施工的新时代，具体工程应用情况如下。

(1)路基无人施工项目

在S420金湖段，首次实现路基碾压的无人化施工(图1)，开启道路无人施工的先河，取得了良好的实施效果，为无人机械集群化施工提供了研究基础与实施经验，向外界展示了交通建设行业的科技发展。

图 1

图1 S420金湖段无人施工现场

(2)水稳基层无人施工项目

京雄高速和新柳南高速在全球率先开展无人集群的应用,实现水稳基层摊铺压实的自动化作业(图2和图3)。

图2 京雄高速无人施工现场

图3 新柳南高速无人施工现场

(3)新建沥青路面无人施工项目

京德高速沥青中面层施工中使用“无人驾驶集群智能化施工”技术,该技术首次在雄安新区对外骨干路网沥青面层施工中得到应用(图4)。

## 3.2 实施方案及流程

(1)对试验路段的控制点进行复核,然后进行路基三维设计数据准备,并导入推土机和平地机。

图4 京德高速无人施工现场

(2)卸料布土。路基回填采用分层填筑,分层压实。运土车辆由专人指挥,按指定的行驶路线运送,自卸汽车从取土场把土运到现场后,从一端开始,左右成排,前后成行,按10m一个断面布土,每个断面均匀卸两车土。铺设宽度每侧超过路基设计宽度0.3m,以保证路基边坡部分回填土能有效压实,避免出现路堤边缘滑坡。

(3)粗平整型。先用推土机进行粗平1~2遍,粗平后宜用推土机在路基全宽范围内进行排压1~2遍,以暴露潜在的不平整,对局部高程相差较大(超出设计高程±50mm时)的工作面继续用推土机进行整型,大面基本平整高程相差不大时(一般指超出设计高程±30mm时)。利用无人驾驶振动压路机进行稳压,压实度在80%左右时采用打格子的方法按比例洒余下的生石灰,然后使用旋耕机翻拌3~4次。

(4)稳压。试验员及时检测其含水率,必要时通过洒水或者晾晒来调整其含水率,含水率合适后,用无人驾驶压路机快速全宽碾压一遍,为精平做准备。

# 4 效益情况

## 4.1 社会效益

基于无人驾驶和3D机械控制技术的路基智能施工技术改变了传统的路基施工方式,减少了施工工序,降低了对机械和人员配合工作的要求,进一步提高路基施工质量,实现路基施工精准化、智能化、自动化、高效化等目标,真正实现路基的人工智能施工。

### 4.2 经济效益

智能施工技术与传统技术相比可提高施工效率约 20%,节约人力资源 40%,总油耗可降低 15%,特别是在夜间也可实现高质量地连续作业。

## 5 总结

本项目结合路基施工标准化管理的需求和路基施工质量面临的问题,围绕“碾压”和“整平”两个方面,针对压路机、推土机、平地机,开展基于无人驾驶和 3D 机械控制的路基智能施工技术应用研究。“碾压”环节重点研究了压路机无人驾驶技术的原理,形成了无人驾驶控制系统框架,开发了适用于无人驾驶压路机的路径规划与导航补偿系统,针对施工安全研发了压路机主动防撞预警系统,并根据研究成果完成了压路机的无人驾驶改造。“整平”环节重点研究了推土机、平地机铲刀 3D 机械控制自动找平的原理,形成了推土机、平地机铲刀自动控制的理论、振动误差处理的方法、机械改造的方案。项目研究成果在 S420 金湖段建设工程项目中得到了应用,提高了路基施工自动化、标准化、智能化水平,有效保证了路基的施工质量。

# 沥青路面裂缝自修复技术

(江苏东交智控科技集团股份有限公司)

## 0 引言

针对沥青路面的老化开裂问题研发的自愈合微胶囊,能够在沥青混凝土出现裂缝后自动释放修复剂,生成聚合物填充裂缝内部,实现对损伤部位的自动检测、自动修复。基于所开发的自愈合微胶囊,提出了自愈合沥青混凝土施工工艺,可有效提升路面微裂缝的自修复性能。该技术已在江苏省普通国省道路中进行了成功应用。

## 1 技术概况

老化、疲劳是沥青路面主要损坏形式,是造成沥青路面开裂、渗水、松散、坑洞等病害的主要原因。目前路面微小裂缝处治主要采用雾封层、刮涂式封层、灌缝等方法进行修复。但以上方法均是在沥青路面产生病害后,人为采取的被动维修手段。通过在沥青混合料中掺入包覆修复剂的自愈合胶囊,路面在服役过程中由于疲劳或者裂缝诱导胶囊破裂而使内部再生剂流出,实现修复裂缝的同时使老化的沥青原位再生,从而提高路面的裂缝修复能力,延长路面使用寿命。其释放方式不需要外界热诱导,能有效节约能源,显著提升沥青路面建设和养护的绿色化和智能化水平。

## 2 技术分析

### 2.1 技术原理

自愈合微胶囊由壁材和芯材组成,壁材主要由耐高温的聚合物树脂构成,具有较好的耐高温性能和强度,可以保证在沥青混合料生产拌和以及摊铺碾压过程中不会出现破损和融化等施工损伤。芯材主要由具有再生功能的轻质油分构成,常温下具有较好的流动性,和沥青接触后可以使界面处的沥青软化,实现对于裂缝的自愈合。

微胶囊实现混合料内部微裂缝自愈合的全过程(图1)分成三个步骤:①微裂纹在混合料内部形成;②裂缝尖端发展,刺破微胶囊的囊壁,并在毛细管作用下释放出内部的修复剂;③修复剂与沥青发生化学反应,使界面处的沥青软化,从而填充裂缝。

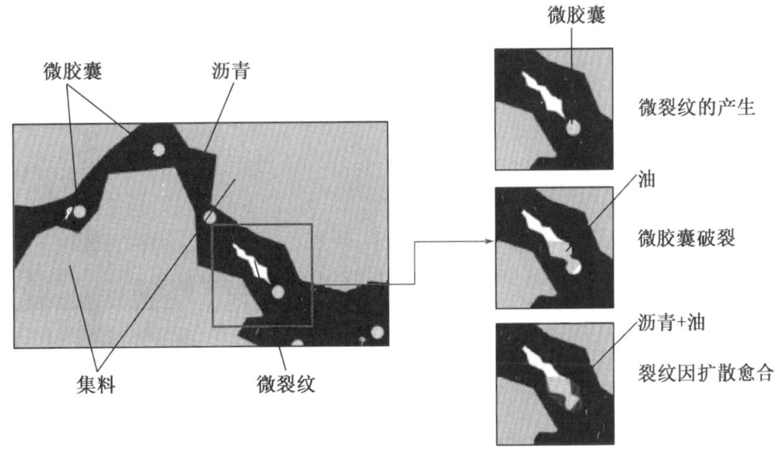


图1 自愈合微胶囊自愈合过程原理

## 2.2 关键技术及工艺流程

(1)关键技术

本技术所采用的多腔室海藻酸钙自愈合胶囊,通过控制海藻酸钠溶液与葵花籽油的比例,所制备的胶囊修复剂包含量高,且能抵御沥青混凝土拌和与压实过程中的高温和外力作用。另外自愈合微胶囊具有持久释放性,能够满足路面长期使用要求。

通过对最佳沥青用量、最佳油石比条件下的SUP-13、SMA-13混合掺入合适比例的自愈合胶囊,然后对高温、水稳定性和低温抗裂性能验证及混合料自愈合性能进行评价,建议在实际使用过程中可以按照沥青质量的0.3%添加微胶囊,其可显著地改善混合料对于裂缝的自愈合性能,延缓混合料在重复荷载作用下的裂缝发展。

(2)工艺流程

按配合比将自愈合微胶囊与热集料同时投入拌和锅先干拌一定时间,然后再喷入沥青湿拌拌和均匀。为保证混合料的均匀性,推荐干拌时间延长至6~8s,然后喷沥青湿拌40~45s,整个拌和周期为50~55s。应严格控制沥青和集料的加热温度以及自愈合混合料的出厂温度、摊铺温度和碾压温度(表1)。

**自愈合胶囊添加混合料施工温度范围(℃)**

表1

| 温度控制阶段 | 温度 |
|---|---|
| 沥青加热温度 | 160~170 |
| 集料温度 | 180~190 |
| 混合料出厂温度 | 175~180,超过190废弃 |
| 运到现场温度 | 不低于170 |
| 摊铺温度 | 不低于165,低于140作为废料 |
| 初压开始温度 | 不低于160 |
| 复压最低温度 | 不低于130 |
| 碾压终了温度 | 不低于110 |

# 3 技术应用情况

## 3.1 应用项目介绍

南京省道421六合段,原路面结构为4cm上面层+6cm下面层+水泥稳定碎石基层,于2014年12月建成通车。2019年进行现场检测,发现主要病害为横向裂缝、纵向裂缝及龟裂等。路面铣刨后铺筑自愈合沥青混合料。通车24个月以后,对自修复胶囊使用路段进行跟踪观测,路段运行状况良好,无裂缝发生。

## 3.2 实施方案及流程

(1)实施方案

对原路面中上面层铣刨后,在K21+500—K21+750回铺4cmSUP-13(掺自修复微胶囊)+8cmSUP-20混合料(图2),长度约为250m。

图2 S421自愈合胶囊添加及施工方案

按照生产配合比确定的配合比为11~19mm:6~11mm:3.5~6mm:0~3.5mm:矿粉=25:31:8:33:3,最佳油石比为5.3%,自修复微胶囊掺量为沥青质量百分数的0.3%,在沥青拌和楼采用“干法”工艺进行试拌,并与集料干拌6~8s以便于自修复微胶囊颗粒均匀分散到沥青混合料中,然后加入沥青湿拌40~45s,其中集料加热温度控制在190℃左右,沥青加热温度在160~170℃,自修复微胶囊沥青混合料的出料温度控制在175~180℃之间。混合料保温运送至摊铺现场,摊铺温度控制在160~170℃左右,最低不低于155℃,并按施工要求进行初压、复压、终压和施工质量检测。

(2)应用流程

自愈合沥青混合料施工流程如图3所示。

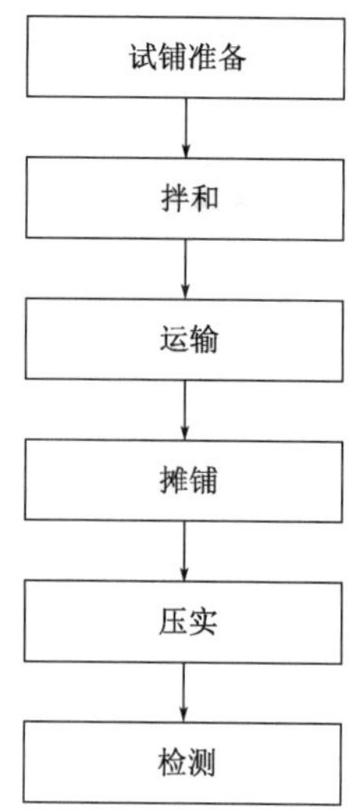


图3 自愈合沥青混合料施工流程

## 4 效益情况

### 4.1 社会效益

沥青路面裂缝自愈合技术的应用能有效提升路面抗疲劳开裂性能，延长路面使用寿命，减少养护维修对于交通通行的影响。掺入自愈合微胶囊的沥青路面施工方便，在常规沥青路面施工工艺中仅需增加微胶囊添加的步骤，运输、摊铺、碾压工艺与常规混合料一致。裂缝产生时，自愈合微胶囊可自动在裂缝位置发挥作用，运营过程中无须加热，让路面施工和养护更加低碳环保。

### 4.2 经济效益

在沥青混合料中掺入包覆修复剂的微胶囊后，每吨沥青混合料的成本提高 60 ~ 80 元，未来大规模生产以后，自修复微胶囊的成本有望大幅降低，每吨混合料的成本提高幅度控制在 20 元以内。结合应用项目使用效果，自修复沥青混合料相比普通混合料每公里可至少节约 1000 元的养护成本。

## 5 总结

沥青路面裂缝自修复技术采用的自愈合微胶囊具有修复剂包覆量大、愈合效率高、愈合作用持久(不同腔室内的沥青修复剂逐步释放)、能够使老化沥青再生等技术优势。在行车荷载作用下可实现逐渐释放修复剂、自动还原老化沥青并修复微裂纹，从而有效延长沥青路面的服役寿命，并显著降低其服役期间的养护成本。

# 道路路面抗滑低噪超表处关键技术研究

(山东大山路桥工程有限公司)

## 0 引言

本研究开发了层间界面剂、乳化高黏沥青、表面保护剂三种养护新材料,其中乳化高黏沥青蒸发残留物软化点大于95℃,60℃动力黏度大于120000Pa·s。开发了五层同步联铺的超表处施工设备,实现了层间界面剂、乳化高黏沥青、集料、表面保护剂的精确计量与洒(撒)布。提出了超表处五位一体施工工艺,实现了材料、施工机械和施工工艺的集成创新,提高了预防养护的抗滑、抗裂、低噪效果。在山东、陕西、福建、重庆等多地进行成功示范应用。

## 1 技术概况

截至2022年底,全国公路总里程达到535万km,其中高速公路17.7万km,公路养护里程占公路总里程比重超过99%。2022年4月3日,交通运输部发布《交通运输部"十四五"公路养护管理发展纲要》明确要求:全面落实"公路建设是发展,公路养护管理也是发展,而且是可持续发展"的理念。完善公路预防养护技术体系,健全标准规范和技术指南,强化预防养护效果跟踪评价。预防养护基本原则是封水优先、好路优先、及时修复局部病害。

抗滑低噪超表处(简称"超表处")是通过超表处封层车,依次将层间界面剂、乳化高黏沥青、集料、乳化高黏沥青、表面保护剂等材料,多层同步洒(撒)布至原路面形成的表面功能层;具有抗滑能力强(≥55BPN)、行车噪声低(类似于SMA-13)、封水效果好(≤10mL/min)、使用寿命长(4~6年)、快速开放交通(1~4h)、低碳环保、性价比高等优点。该技术适用于各等级公路及城市道路的路面养护工程,抗滑性不足路面做防滑处理,水泥路面做"白加黑"处理等。

## 2 技术分析

### 2.1 技术原理

超表处技术是在原路面上依次同步洒(撒)布层间界面剂、乳化高黏沥青、集料、乳化高黏沥青和表面保护剂,在原路面形成新养护层;层间界面剂由表面活性剂、高分子黏结剂、沥青再生剂和(或)渗透剂、或水泥补强剂复配而成;表面保护剂为热固交联型高分子黏结剂。新养护层与原路面的15℃层间黏结强度大于1.0MPa,防止片状脱落;黏结料完全裹覆集料并形成两层连续沥青膜,保证渗水系数小于10mL/min;多纹理的表面构造及表面保护膜,保证抗滑摆值(BPN)大于55,保证行车噪声低,延缓反射裂缝,美化路面,快速开放交通,使用寿命道道4~6年,性价比高,节能环保。超表处行车噪声量相当于SMA13结构路面行车噪声。

通过五位一体同步施工工艺,充分发挥各种功能性材料的特性;层间界面剂具有增强对原路面的渗透和再生补强作用,增强层间黏结;集料撒布量为满铺量的1.2~1.5倍,相互嵌锁密实牢固;油石比大于15%,将集料完全裹覆,连续的高黏改性沥青膜膜厚高出传统热拌沥青混合料10倍以上;表面保护剂防止表面粘轮,并再次对结合料改性,增强黏结强度和耐老化性能;胶轮压路机碾压,提高结合料对集料的裹覆,嵌锁黏结更密实牢固。

### 2.2 关键技术、工艺流程及主要设备

乳化高黏沥青由高黏沥青、乳化剂、水制备而成,结合料主体由高黏沥青构成。为实现常温环保施工,将高黏沥青以乳化方式进行使用。其指标以现行《公路沥青路面施工技术规范》(JTG F40—2004)中乳化沥青和液体沥青技术要求为基础,并

结合超表处的技术特点修正提出的。超表处集料为单一粒径,需要高油石比来保证集料间良好的黏结作用;同时为避免路面出现泛油,需要高黏沥青具有高软化点和高动力黏度,乳化高黏沥青技术要求详见表1。

乳化高黏沥青技术要求 表1

| 检验项目 | | 单位 | 技术要求 | 试验方法 |
|---|---|---|---|---|
| 破乳速度 | | — | 快裂 | JTG E20 T 0658 |
| 粒子电荷 | | — | 阳离子(+) | JTG E20 T 0653 |
| 筛上剩余量(1.18mm筛) | | % | ≤0.1 | JTG E20 T 0652 |
| 标准黏度C25,3 | | s | 15~35 | JTG E20 T 0621 |
| 蒸发残留物含量 | | % | ≥63 | JTG E20 T 0651 |
| 蒸发后残留物 | 针入度(100g,25℃,5s) | 0.1mm | 40~60 | JTG E20 T 0604 |
| | 软化点(环球法) | ℃ | ≥95 | JTG E20 T 0606 |
| | 延度(5℃) | cm | ≥40 | JTG E20 T 0605 |
| | 弹性恢复(25℃) | % | ≥95 | JTG E20 T 0662 |
| | 60℃动力黏度 | Pa·s | ≥120000 | JTG E20 T 0620 |
| | 溶解度(三氯乙烯) | % | ≥97.5 | JTG E20 T 0607 |
| | 黏韧性 | N·m | ≥25 | JTG E20 T 0624 |
| | 韧性 | N·m | ≥15 | JTG E20 T 0624 |
| 储存稳定性 | 1d | % | ≤1 | JTG E20 T 0655 |
| | 5d | % | ≤5 | |
| 与粗集料的黏附性,裹覆面积 | | — | ≥2/3 | JTG E20 T 0654 |

注:储存稳定性根据施工实际情况选择试验天数,通常采用5d,乳化沥青生产后能在第二天使用完时可选用1d。

超表处施工采用如图1所示的超表处封层车。超表处封层车配备沥青罐、层间界面剂罐、表面保护剂罐、集料仓、计量系统、喷洒系统、集料撒布装置及操作台等主要部件,具备设定、显示和记录材料用量的功能。超表处封层车喷洒系统洒布量可调,计量精度不低于1%。超表处封层车集料撒布装置撒布量可调,计量精度不低于2%。超表处封层车施工宽度和施工行驶速度均可调。

图1 超表处封层车

超表处按下列程序施工:确认待施工区域,做好交通安全维护;对作业路面的局部病害宜进行处置;路面清扫;对路缘石等交通附属设施进行保护;对路面车道标线进行铣刨或保护;施划施工导线;有路缘石、车道线等作为参照物时,不必施划;施工超表处;手工或小型机具修复局部施工缺陷;初期养生;胶轮碾压。

## 3 技术应用情况

### 3.1 应用项目介绍

2015—2022年,超表处已在10多个省份得到广泛应用,公路等级涵盖高速公路、国省干道和城市道路;路面类型涵盖沥青路面、水泥混凝土路面、环氧沥青路面;施工总面积超过10000000m$^2$,其中高速公路占比约90%。

### 3.2 实施方案及流程

典型应用案例包括荷宝高速运城段抗滑性不足路面处治工程,该路段属于重交通等级沥青路面,山区坡道、弯道占比较大,原路面抗滑性不足,部分路段抗滑摆值(BPN)小于35,2017年9月起采用超表处做抗滑性不足的防滑处理;逐年跟踪检测结果显示,抗滑性能、封水性能和车内行车噪声等各项指标均无明显衰减,符合《公路工程质量检验评定标准 第一册 土建工程》(JTG F80/1—2017)和《道路路面抗滑低噪超表处技术规程》(T/CECS G:M52-01—2020)要求。累计施工面积超过500000m$^2$。项目实施后,山西省公安厅交通警察总队高速四支队及山西交通控股集团有限公司运城北高速公路分公司分别发函表示超表处显著改善了路面抗滑性能,有效降低了交通事故发生率,最大限度保障了人民群众财产安全。

## 4 效益情况

### 4.1 社会效益

超表处技术表面构造具有多摩擦点和丰富的高黏沥青膜,与轮胎摩擦力大;有利于排水,抗湿滑性强;使用3~4年后抗滑摆值(BPN)仍大于55,适用于抗滑性不足路面加铺磨耗层做防滑处理;更适用于隧道、坡道、弯道、桥梁等特殊路段,行车安全性高。提高行车安全性,减少交通事故发生率;相关研究表明:因路面摩擦系数低造成的交通事故占事故总数的24%。

超表处技术表面构造浅、纹理多和丰富的高黏沥青膜,减小气爆音、降低振动摩擦音,行车噪音相当于SMA-13路面,行车舒适,环境噪声污染小;实测行车车内噪声较微表处小至少3dB,相关研究表明:噪声每降低3dB,相当于交通流量减半。

超表处技术常温施工,厚度仅3~8mm,材料用量小,下次养护不需要铣刨清除,相对而言,超表处更加节能环保,绿色低碳。

### 4.2 经济效益

路面早期水损害带来的次生病害,更加快了轻微病害向中度、重度病害的扩展;超表处技术油石比大于15%,高黏沥青膜具有较强的自愈合能力,行车3~4年后,渗水系数仍小于10mL/min,延长道路使用寿命。良好的封水效果对保证路面质量,提高路面使用寿命具有重要意义,高效利用养护资金,具有显著的经济效益,详见表2。

**超表处技术经济效益对比分析** 表2

| 对比项目 | 超薄磨耗层 | 微表处 | 超表处 |
|---|---|---|---|
| 工程造价 | 70~80元/m$^2$ | 23~28元/m$^2$ | 30~35元/m$^2$ |
| 使用寿命 | 4~6年 | 2~3年 | 4~6年 |
| 等效年度费用 | 11.7~20元/m$^2$ | 7.7~14元/m$^2$ | 5~8.7元/m$^2$ |

# 一种温拌超薄罩面路面结构材料设计及其施工方法

(四川交投设计咨询研究院有限责任公司;四川旌路道材科技有限公司)

## 0 引言

本文针对路面预防性养护,提出了一种低碳绿色、环保经济的温拌超薄罩面路面结构材料设计及施工方法,该方法通过对原路面局部病害快速修复,加强层间黏结强度,加铺 1 ~ 1.5cm 温拌极薄超薄磨耗层,对原路面的平整度、构造深度、抗滑性能、路面外观等进行恢复提升,延长路面使用寿命,提升路面的行车舒适性、安全性、降低行车噪声等,符合国家交通强国战略对于轻量化、集约化、绿色化预养护技术的战略需求与定位。

## 1 技术概况

随着经济建设发展,我国的道路建设事业也从“规模化建设”的增量市场开始转向注重养护和预养护的存量市场。目前预养护手段主要有雾封层、微表处、薄层罩面等。

厚度低于 2.5cm 的薄层罩面预养护技术已在国内外得到广泛的应用。20 世纪 90 年代美国研发开级配抗滑磨耗层(OGFC)用以替代传统路表处治技术,由于国外技术在我国推广过程中存在地域不适性、专利造价高等限制,国内为打破垄断争先进行温拌超薄罩面的开发与应用。

“温拌超薄罩面路面结构材料设计及其施工方法”属于路面养护技术领域,其解决了现有养护技术中采用热拌沥青温拌超薄罩面沥青烟排放高、能源消耗相对较高、施工受季节性低温气候限制的问题。本技术包括修补原路面、设置专用黏结防水层和加铺超薄罩面层,超薄罩面层厚度为 1 ~ 1.5 cm,采用温拌沥青混合料 OGFC-5 型级配和专用的温拌型高黏改性沥青以及增韧纤维,油石比为 6.5% ~7.0%。本实用新型技术可节省混合料生产用燃油 20% ~30%,减少温室气体排放 50% 左右,减少沥青烟等有害气体排放 80% 以上(减排测算依据《北京市温拌沥青混合料路面技术指南》)。

## 2 技术分析

### 2.1 结构组成与材料设计

温拌超薄罩面路面结构包括:原路面、非乳化防水黏结防水层、温拌超薄罩面。原路面经病害处理,黏结防水层铺设于原路面的表面,温拌超薄罩面铺设于粘结防水层的表面,路面结构示意图如图 1 所示。

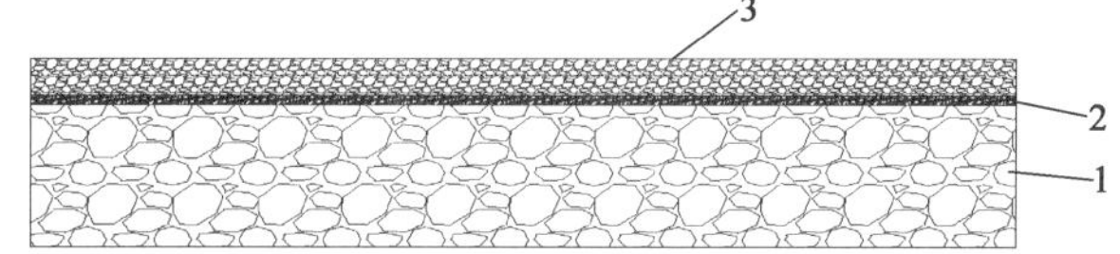


图 1 温拌超薄罩面路面结构示意图

1-原路面;2-非乳化防水黏结防水层;3-温拌超薄罩面

温拌超薄罩面为 1 ~1.5cm 厚的极薄磨耗层。黏结防水层为纯油性非乳化不粘轮防水黏层油,喷洒量为 0.4 ~0.6kg/m$^2$,根据具体路面状况分析用量。

### 2.2 技术特点

高延度、高软化点 OGFC-5 混合料成型后示意图(沥青毯概念)如图 2 所示。

图 2 高延度、高软化点 OGFC-5 混合料成型后示意图(沥青毯概念)

## 3 技术创新点

结合非乳化不粘轮防水黏结层,在不拉毛或铣刨原路面的情况下,使用传统摊铺碾压设备即可完成全部作业,可实施对水泥路面或沥青路面的加罩超薄层技术。此技术大大降低了沥青烟的排放,保护工人健康,更符合国家绿色环保政策。可节省生产用燃油20%~30%,减少温室气体排放50%左右,减少沥青烟等有害气体排放80%以上。OGFC-5半开级配更加均匀,降噪效果明显,不起水雾,行车舒适度非常高,摩擦系数符合规范要求。

## 4 技术应用情况

### 4.1 应用项目介绍

遂宁市G247国道“白改黑项目”属于迎2020年国检项目,需要快速、降噪、环保、高效的维护方案,经技术比选后决定采用“温拌超薄罩面路面结构及其施工方法”。在南泉寺收费站项目实施温拌超薄罩面,对施工过程的出料温度、黏层油用量、松铺系数、碾压控制要素等指标进行全面监控,充分把控1.5cm温拌超薄罩面的施工质量。已经使用3年多的南泉寺收费站采集了交通流量大、重载汽车等频繁启停环境下的相关路段应用数据,为该技术在市政、公路的养护、提档升级提供了重要依据,具有引导和示范的重要意义。南泉寺收费站现场图见图3。

图3 南泉寺收费站现场图

### 4.2 实施方案及流程

摊铺前需洒布黏层油,彻底清扫路面,清除路面杂物,并保证路面施工时处于干燥状态。黏层油用量为0.20~0.60kg/m$^2$,标线及裂缝处应适当增加用量,摊铺接缝处需喷洒黏层油。

生产时应适当调整冷料进料比例和速率,保证热料仓集料与生产匹配。拌和时根据设计进行适当的除尘处理。生产时先将增韧剂投入搅拌缸中干拌15s,加沥青后再拌和30~40s,严格控制拌和温度,温拌超薄罩面出料温度应控制在130~140℃。

## 5 效益情况

### 5.1 社会效益

温拌超薄罩面厚度薄、粒径小,同时具有构造深度大、抗滑性能好的特点,与稀浆封层、微表处等超薄层罩面相比,具有行车振动小、噪声小、耐久性更强、行车舒适性更好、行车更安全、与下承层黏结牢等优势。该技术施工速度快,便于交通组织,对道路交通干扰小,开放交通快,对道路附属设施及交安设施影响小,综合造价低,实用性强。

针对现有技术中采用热拌沥青温拌超薄罩面设备要求高、能源消耗大的问题,本次申报成果的温拌超薄罩面具有技术成熟,使用寿命长,最长周期有8年等优势,已应用在高速公路、国道和市政道路。

### 5.2 经济效益

(1)路面养护成本

温拌极薄超薄投入:当路面结构强度满足要求时,一般采取中修罩面、加铺罩面或局部修补等方式来提高路面质量,WB-OGFC-5采用平均厚度1~1.5cm计算,①采用1cm极薄温拌罩面,综合造价在50~60元/m$^2$;②采用1.5cm极薄温拌罩面,综合建设成本在65~75元/m$^2$。

(2)运营维护管理成本

①运营维护中的坑槽小修管理,传统冷料或热料局部修补,传统冷料需要4~5cm厚度,温拌超薄冷补料只需要1~1.5cm厚度,冷补料材料价格相当,传统小修材料成本是温拌超薄修补的3倍;②在附属设施的维护中,因温拌超薄厚度只有1~1.5cm,附属的安全护栏、排水设施、路缘石、窨井盖等不用大量提升和变更,综合维护建造成本比传统方案更低;③静音舒适性和行车舒适度大大提升;④防水雾、防光漫反射等提升行车安全,降低安全管理成本;⑤后期维护可采用养护剂翻新,成本比传统铣刨更低;⑥节约资源,石材、沥青消耗量为传统方案的几分之一。

# 冲击压实在旧路改造工程中的应用

[蓝派冲击压实技术开发(北京)有限公司]

## 0　引言

随着经济的飞速发展以及交通流量的剧增,作用于道路上的累计轴载作用次数成指数型增长,从而使得路面超负荷运行、道路使用寿命大幅缩短。在分析旧水泥混凝土路面传统修复方法的基础上,结合环境保护、工期紧张等因素,提出了更环保、更快速、更节约造价的高质量水泥混凝土修复技术——发裂稳固后加铺沥青橡胶面层的技术,与传统挖除换板的方法相比,工期大幅度缩短,且造价降低25%~30%。

## 1　技术概况

对于水泥路面大面积病害,常用的修复技术之一是在其上做罩面层。由于温度和荷载应力,在罩面前如不对病害路面进行一定处理,混凝土板的裂缝、缩缝、纵缝容易在罩面层引起反射裂缝。常见的处理方法,如打孔灌浆、多锤头破碎等传统修复方式,都很难彻底解决反射裂缝这一难题。

蓝派发裂稳固技术利用蓝派专用的冲击压实设备产生持续的大振幅、低频率冲击波,对旧水泥混凝土面板进行冲击,使之处于发裂状态,并稳固于原有基层之上。这种方法能够有效地循环利用旧水泥板块,避免了传统方法中固体废料的堆弃,起到绿色环保的作用。而且该方法施工作业速度快,大大地缩短工期、降低造价。此外,施工过程中还可以不封闭交通,最大程度地降低对交通运输的影响,从而有效地替代打孔灌浆、共振破碎、多锤头等传统方法。

该项技术已在国内十几个省市,100多个水泥混凝土旧路改造工程中得到推广和应用。

## 2　技术分析

### 2.1　技术原理

蓝派冲压技术用于旧水泥混凝土路面改造工程(冲压水泥混凝土面板)时,能够产生连续周期性的高振幅撞击力,其冲击路面产生的强烈冲击波可向板下基层和土基传播,压实影响深度可随冲压遍数递增。从而使冲击破碎后的板块得以压实稳固,不仅保持了水泥混凝土块原来所具有的强度,还能使其形成块状斜嵌锁型基层结构,并紧密嵌压于原路面基层中,形成一层嵌锁稳固且强度高的持力层,减小面层水平和垂直应力,从而彻底有效地解决了旧水泥混凝土面板板底脱空及反射裂缝等问题。

### 2.2　关键技术和主要设备

(1)关键技术及设备

发裂稳固技术所采用的设备为南非蓝派(LANDPAC)公司开发研制的五边形冲击式压实机,其压实能来自两个方面:一是冲击轮的自重,与一般压路机的压实原理一致;二是冲击轮滚动时所产生的冲击动能。冲击混凝土面板时,要求每分钟对地击数达120击以上,压实轮轮廓曲线上最大半径滚动至最小半径处时对地表产生冲击,随后非圆曲线轮廓滚过地表又对地表施以揉压碾压作用,集发裂、稳固于一身,这一过程追求的是使旧混凝土板发裂、裂缝贯穿且相互嵌锁紧密。同时,消除板底脱空其下路基也得到相应加固——这为加铺提供了无应力状况下的稳定基础,效率高、成本低,旧混凝土碎块就地再利用,结合沥青橡胶罩面达到绿色、低碳、环保的旧路改造目的。

(2)工艺流程

①施工准备工作

调查施工路段上的涵洞、通道、桥台的位置,标明压实范围和控制点,检测人员做好准备工作。

②操作参数

每分钟对地击数为120击以上,冲压遍数根据高程、变形以及混凝土块的破碎度来确定。发裂开始前需要进行试验,以不同的速度和不同遍数两个工艺参数开展试验,直至找到符合要求的发裂操作参数。

③冲压顺序

施工作业时,冲压顺序应从路面的边板开始,依次交叠进行。可以不封闭交通分段作业,经一定的作业遍数之后,发裂稳固达到质量要求,即可收敛移至下一个作业段施工。

④施工检测

冲压完成后按上述质量控制检测沉降量的变化、冲击遍数、板体加载变形以及破碎度,以达路面设计规范的相应要求。

## 3 技术应用情况

### 3.1 应用项目介绍

蓝派发裂稳固技术已应用在国内上百个项目中,特别是2019年北京大兴国际机场巡场路项目,当时由于项目工期紧、任务重,经多方调查考核后,采用蓝派发裂稳固技术后直接加铺沥青橡胶面层,从而高效、高质量地完成旧路改造任务,受到广泛认可。

### 3.2 实施方案及流程

不同路段破损情况各不相同,主要工序如下:路面清扫→发裂稳固→路面清扫→破损严重区域挖除并清扫→水稳、沥青碎石回填压实→路面清扫→乳化沥青→铺设5cm找平层→乳化沥青→铺设4cm沥青橡胶上面层,服务流程见图1。

| 实施方案 | 原有路面强度检测 | 原有路面评估 | 加铺路面结构比选 | 原料选配 | 沥青橡胶设计 | 配合比设计 | 沥青橡胶现场生产 | 施工指导 | 质量控制 |
|---|---|---|---|---|---|---|---|---|---|

图1 服务流程

## 4 效益情况

大大缩短工期,延长使用寿命,减少维护成本。安徽宣广高速采用蓝派发裂稳固技术,运营十年后其路面行驶状况良好,期间没有采取任何维修养护措施。这避免了传统养护对公路进行反复维修、影响交通的状况,为道路周边居民提供了良好的出行环境。

该技术施工速度快,每个台班可发裂稳固水泥混凝土路面8000~10000m$^2$,工作效率相当于传统方法(旧水泥混凝土板破碎+运输+新水泥混凝土板养生)的几十倍,减少了多道繁杂工序,节约了数倍的新材料,节能低碳效果显著。

## 5 总结

针对水泥混凝土旧路改造,该技术主要优势体现在以下6个方面:

①解决板底脱空及反射裂缝问题:通过将原有的旧水泥混凝土板块发裂成小块,显著减少板块的水平移位,从而消除由温度应力引起的反射裂缝。

②增强路基的均匀性和稳固性:该技术通过冲压加强了混凝土块之间的嵌锁关系,保存了原有板块的大部分结构强度。同时,它还对不够密实的基层和土路基进行了挤密加固,提高了路基的承载力。此外,该技术还能够用于检测和处理原结构层的薄弱位置,从而提高结构层的整体均匀性,并为新的铺层提供均匀、稳固的支撑。

③高效的施工速度:每个台班可发裂稳固水泥混凝土路面8000~10000m$^2$,仅一道工序就取代了传统方法中"水泥混凝土破碎、运输,浇筑新水泥混凝土、养生"等多道繁杂工序,工作效率相当于传统方法的几十倍,减少了多道繁杂工序,大大缩短工期。

④最小化交通干扰:与传统的修复方法相比,该技术避免了拆除、围挡和重新浇筑混凝土等环节,因为在原地进行压实,无需完全封闭道路,从而减少了对交通的影响。

⑤延长使用寿命,减少维护成本:2002年,G104山东泰曲段旧水泥混凝土路面,采用蓝派发裂稳固技术进行旧路改造,至今已22年,路面运营情况良好。

⑥降低工程成本和提高经济效益:发裂稳固技术包含旧水泥混凝土破碎和旧路基压实两个工序,将旧的混凝土路面板和基层作为一层高强度、高刚

度的路面基层,然后加铺沥青橡胶面层,完成此项目 96 公里的旧路改造,总费用可以降低至1 亿元左右。传统方法按 50% 破板率计算,仅挖除混凝土一项,费用就可达 1.5 亿元。

总体来说,该技术不仅解决了基础路面存在的问题,还优化了施工过程,降低了成本,是一个环保和高效的解决方案。

# 废塑料裂解蜡温拌剂

[重庆公路养护工程(集团)有限公司;重庆交通大学]

## 0 引言

传统热拌沥青混合料技术在施工中需要消耗大量燃料,并且在拌和、运输和施工过程中会释放出大量有害气体,严重影响施工人员身体健康和环境质量,在隧道等半封闭式施工环境下这一危害尤其显著。温拌沥青混合料技术是解决上述问题的有效途径。本技术采用催化裂解的方法在高温高压反应器中以废塑料为原料制取蜡质温拌改性剂,该温拌剂可使沥青混合料路面施工温度较传统热拌沥青混合料技术降低30℃以上,提高了沥青路面的施工和易性,减少了施工过程中的能耗和烟气污染,同时消耗了废塑料。

## 1 技术概况

本技术从资源化利用的角度出发,提出以生活垃圾中的废塑料为原料,采用催化裂解的方法制取沥青温拌剂,制取的温拌剂有如下技术优势:①降温效果好,对沥青路面施工温度的降幅可达到30℃以上;②生产成本低,本产品的成本约为9000元/t;③普适性高,所用废塑料与大部分城市废塑料垃圾组成类似;④环保效益明显,本技术产品在生产过程中消耗了大量废塑料,减少了白色污染的堆积,实现了废塑料的高值化循环利用。

## 2 技术分析

### 2.1 技术原理

(1)废塑料裂解生产温拌剂的原理

废塑料中聚丙烯(PP)、聚乙烯(PE)和聚氯乙烯(PVC)等占比较大,从分子结构上看,废塑料主要由大量-$CH_2$-组成的线状分子经交联后形成。因此,废塑料裂解过程中的主要反应为C-C键的断裂。碳链在催化剂作用下随机断裂产生自由基,自由基发生分子内或分子间转移,夺取其他碳原子上的氢原子,导致新的碳链断裂,并形成小分子碎片和新的自由基,最终使废塑料转化为低聚合的烷烃混合物——石蜡。反应机理示意图如图1所示。

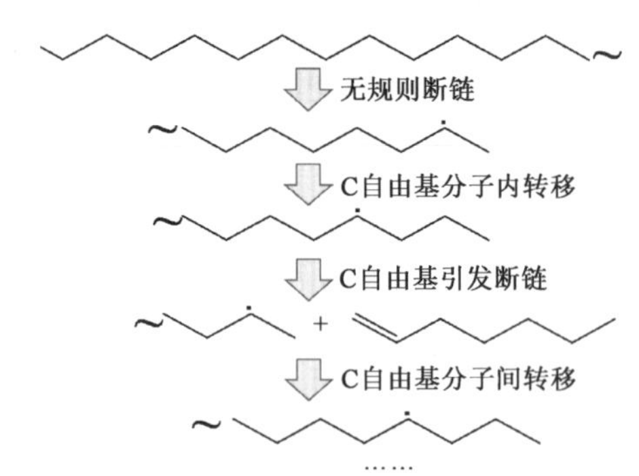


图1 废塑料裂解转化为裂解蜡的反应机理示意图

(2)裂解蜡对沥青的温拌作用原理

废塑料裂解蜡熔点较低,一般为100~110℃,当其在高温下被加入沥青中时,能够吸附沥青中与其结构相近的饱和组分并发生溶胀,溶胀后的裂解蜡能够较好地溶解于沥青中形成稳定的溶液。这种吸附-溶胀-溶解作用,能够加速沥青熔化,使沥青的运动黏度降低。并且随着温度升高,吸附-溶胀-溶解作用愈发显著,导致沥青运动黏度的急剧下降,使沥青更加容易裹附于骨料表面,降低沥青混合料拌和摊铺温度。当温拌沥青的温度下降到低于100℃时,裂解蜡与部分被吸附溶解的饱和组分逐渐从沥青中析出结晶,在沥青中形成网状晶格结构,使温拌剂分子链的间距增大,锁定了沥青中的饱和组分,提高了沥青的软化点和硬度,增强了沥青的稳定性。因此,废塑料裂解蜡兼具了提升沥青抗车辙能力的作用。

### 2.2 关键技术、工艺流程及主要设备

(1)关键技术

本技术在研发过程中充分利用了工业催化、机械工程和道路工程等多方面的理论知识,在催化剂设计与合成、反应装置设计和路面施工等多个领域形成了关键技术。

①采用价格较低的多孔材料为裂解催化剂，通过化学方法提升催化剂性能，多因素调控催化剂的活性与选择性，形成了高效、低成本的废塑料裂解催化剂的制备技术；②采用压力反应釜进行废塑料裂解，通过控制反应温度、压力、催化剂用量、出料温度等控制废塑料裂解蜡的性质，形成了性价比较高的废塑料裂解生产温拌剂工艺技术；③根据废塑料裂解蜡温拌剂生产的核心影响因素，针对不同生产场景灵活设计反应装置和工艺流程，适用于多种工作环境，形成了普适性设备设计关键技术；④本技术在工程施工时完成了湿法和干法两种工艺施工，掌握了不同施工工艺的核心影响因素，形成了适用于各类工况环境下的温拌沥青混合料级配方案及施工工艺技术。

(2)工艺流程及主要设备

本技术工艺流程包括废塑料垃圾的分拣和清理、投料、反应、出料、尾气处理、温拌沥青及沥青混合料性能评价等，最终应用于路面铺设。主要设备为喂料机、废塑料裂解高温高压反应器、尾气处理器等。工艺流程简图如图2所示。

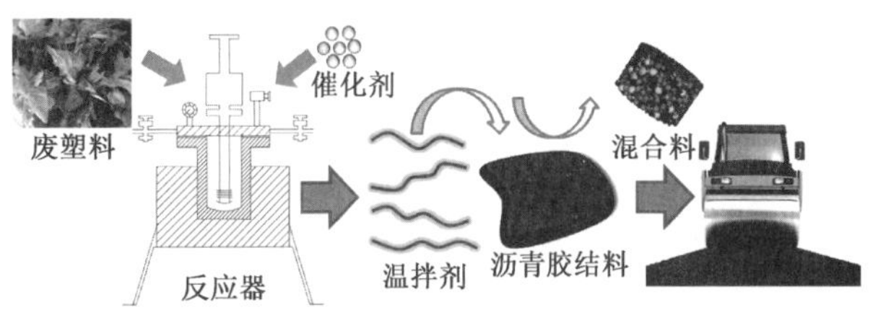


图2 废塑料裂解蜡温拌技术工艺流程简图

## 3 技术应用情况

### 3.1 应用项目介绍

本技术依托G75兰海高速武胜至合川段，里程桩号为K906+000—K906+100，铺筑了100m的废塑料裂解蜡温拌沥青混合料试验路段。施工后经现场检验，压实度、厚度、渗水、构造深度指标均满足规范要求。试验路段现场施工图如图3所示。热拌SBS沥青混合料现场出料温度为173.4℃，裂解蜡温拌SBS沥青混合料现场出料温度仅为139.0℃，降温幅度超过30℃。该路段经两年的使用，路用效果良好，未发生任何病害。

a)热拌沥青混合料

b)废塑料裂解蜡温拌沥青混合料

c)路面效果

图3 试验路段现场施工图

### 3.2 实施方案及流程

本路段在施工时使用SMA-13沥青马蹄脂碎石混合料，油石比控制在5.7%，废塑料裂解蜡温拌剂用量约为5%。沥青混合料在重庆市西山坪拌和站拌和出料，运输至施工现场后进行摊铺碾压，并经现场评估后开放交通。施工流程简图如图4所示。

## 4 效益情况

### 4.1 社会效益

①温拌沥青混合料技术大大减少了污染气体排放，改善了城乡居住环境，产生了良好的环保效益，有利于社会民生；②可减少白色垃圾堆积，降低细菌的滋生与传播概率，同时推动垃圾分类的实施进度，提升城乡居民的文明程度；③目前温拌剂的生产主要来自石油化工行业，对石油等能源的依赖较严重，本项目技术以废塑料为原料生产温拌剂，可以节约大量石油产品，有利于资源节约，发展循环经济；④通过本技术的推广，可推动环保、化工、道路建设等相关产业链的发展，为社会提供更多的就业机会。

### 4.2 经济效益

①温拌剂生产成本可控制在9000元/t左右(市场价格约1.8万元/t)，每年销售温拌剂的经济效益十分可观；②在道路养护施工中，本技术可使

沥青施工温度降低30℃以上，节省燃油量超过30%，每生产1t热拌沥青混合料约消耗8L燃油，则本技术可节省燃油超过2.4L/t；③本技术大幅度提升了施工和易性，降低了拌和、压实成本，减少了养护周期，间接节省了建养成本。

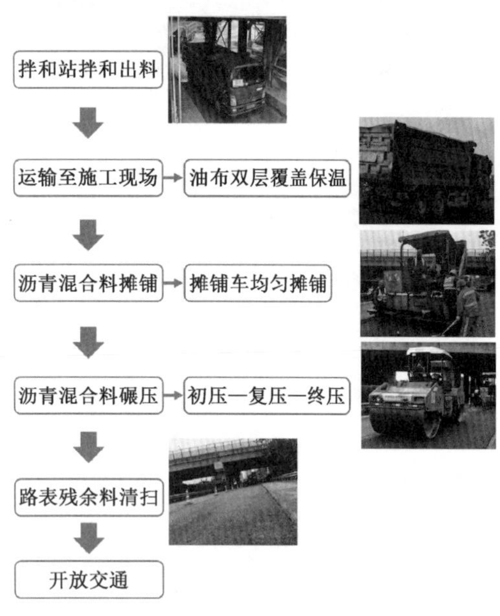


图4 施工流程简图

## 5 总结

本技术从节能减排、推动固废资源化利用技术的角度出发，针对热拌沥青路面在施工时烟气污染严重和高寒低温条件下沥青路面的建设难度大等问题，提出从废塑料中裂解制备沥青温拌剂，获得了反应温度、压力和催化剂结构等对裂解产物主要成分的影响规律，并在技术研究中推断了废塑料裂解蜡对沥青的改性机理。本技术所提出的废塑料裂解蜡温拌剂合成条件相对温和(反应温度≤300℃，压力≤6MPa)，温拌剂能够使沥青混合料拌和温度比传统热拌技术下降30℃以上，施工中烟气排放量明显下降，所铺筑沥青路面的各项路用性能均满足规范要求。本技术为废塑料高值化利用，同时解决低温条件下沥青路面施工难度大等问题提供了一个新的思路，拓展了温拌沥青技术应用领域。

# 一种常温水性道路标线涂料

(天途路业集团有限公司)

## 0 引言

水性标线涂料以水为溶剂,可以实现清洁生产,具有低碳环保、反光效果好、重涂性好等优势。但水性标线引入我国时间较晚,早期水性标线因干燥速度慢、耐水性差等原因,很大程度上影响了水性标线在国内的推广。目前,我国道路标线约90%以上仍是热熔型标线,以及一定数量的溶剂型常温标线及双组分标线。为解决国内水性标线的应用痛点,如因干燥慢导致开放交通时间久;因耐污性差导致标线表面易积尘且降低反光效果;因长期储存后黏度不均导致存在结皮现象等。本项目通过对传统水性标线涂料配方的优化创新,显著提高了传统水性标线涂料的诸多性能。

## 1 技术概况

水性标线涂料采用马油改性水性聚氨酯、环氧丙烯酸酯接枝改性水性聚氨酯、双酚A型环氧树脂、水性丙烯酸乳液、水性多羟基氟碳树脂、水性硅酸锂、脂肪醇聚氧乙烯醚、甲基硅酸钙、纳米二氧化钛、纳米碳酸钙、煅烧高岭土、氯化钙、无机石棉纤维、高分子纤维、甲基二磺酸钠、六甲基二硅氧烷、三丙二醇丁醚、丙二醇、乙二醇丁醚、水性聚酰胺蜡、有机膨润土、铝锆偶联剂、硅烷偶联剂、四氢全氟癸基三氯硅烷、聚乙烯吡咯烷酮、乙烯基脂肪酸酯、光引发剂、光敏稀释活性单体等原料制备而成。各原料协同作用,赋予水性标线涂料优良的成膜固化性、与路面的渗透附着性、耐水性、耐磨性、防污易清洁性及良好的机械强度。

## 2 技术分析

### 2.1 技术原理

为了克服现有水性标线涂料的技术缺陷,研发团队主要从水性标线涂料的配方上进行优化创新:马油改性水性聚氨酯10~15份、环氧丙烯酸酯接枝改性水性聚氨酯10~15份、双酚A型环氧树脂8~10份、水性丙烯酸乳液10~12份、水性多羟基氟碳树脂3~5份、水性硅酸1~2份、脂肪醇聚氧乙烯醚0.5~1份、甲基硅酸钙1~2份、纳米二氧化钛0.5~1份、纳米碳酸钙10~12份、煅烧高岭土8~10份、氯化钙2~5份、无机石棉纤维1~2份、高分子纤维0.5~0.8份、甲基二磺酸钠1~2份、六甲基二硅氧烷0.5~0.8份、三丙二醇丁醚1~1.5份、丙二醇1~2份、乙二醇丁醚1~2份、水性聚酰胺蜡1~2份、有机膨润土0.5~0.8份、铝锆偶联剂1~1.5份、硅烷偶联剂1~2份、四氢全氟癸基三氯硅烷0.1~0.5份、聚乙烯吡咯烷酮0.2~0.6份、乙烯基脂肪酸酯0.5~1份、光引发剂2~5份、光敏稀释活性单体8~10份、颜料5~8份、水20~25份。本优化创新配方提高了水性标线涂料的应用性能。

### 2.2 关键技术、工艺流程及主要设备

(1)通过以马油改性多元醇为聚氨酯合成原料,结合以含羧基的马油为改性剂的方式,在聚氨酯结构中接入马油的分子结构,使得马油改性水性聚氨酯具有强渗透性。再结合配方中加入的水性硅酸锂、脂肪醇聚氧乙烯醚和甲基硅酸钙,发挥所加入原料的协同增效作用,提升涂料的渗透性,使得涂料在使用过程中能快速渗入路面细孔中,起到了封闭路面毛细孔的作用。这种封闭作用在提升标线与路面附着力的同时,能有效避免路面细孔中的水分对标线的浸蚀,进而显著提升了标线的防水性能和综合稳定性,有效延长了标线的使用寿命。

(2)将马油改性水性聚氨酯、环氧丙烯酸酯接枝改性水性聚氨酯、双酚A型环氧树脂、水性丙烯酸乳液、水性多羟基氟碳树脂相互结合作为水性标线涂料的紫外光固化预聚体成膜物,在光引发剂、光敏稀释活性单体的协同作用下,各预聚体成膜物

相互交联，分子结构间相互交叉协同，提升了标线的耐水性、耐老化性、机械强度及与路面的附着力。尤其是环氧丙烯酸酯接枝改性水性聚氨酯，以环氧丙烯酸酯树脂、γ-环氧丙氧基丙基三甲烷基硅烷、全氟烷基乙烯丙烯酸酯为改性剂，通过降低表面能的方式提升标线的防污易清洁性能，并且由于环氧丙烯酸酯树脂的加入，使得在降低表面能的同时，还能与其他成膜物质协同，提升标线的耐老化性能以及与路面的附着力。

(3)无机石棉纤维、高分子纤维和甲基二磺酸钠复配使用，与纳米二氧化钛、纳米碳酸钙、煅烧高岭土、氯化钙等填料结合，进一步提升了标线的耐磨性能和低温抗裂性能。同时，在四氢全氟癸基三氯硅烷、聚乙烯吡咯烷酮、乙烯基脂肪酸酯的协同作用下，上述不溶物组分能在标线涂料体系中均匀分散，在水性聚酰胺蜡、有机膨润土、乙二醇丁醚的共同作用下，能很好防止颜料等成分的沉降，进一步提升了标线的附着力、稳定性和机械强度。

(4)采用双苯甲酰基苯基氧化膦、安息香双甲醚与2,4-二羟基二苯甲酮复配作为光引发剂，采用三羟甲基丙烷三丙烯酸酯、丙烯酸羟乙酯与噁唑烷酮改性丙烯酸酯的复配，作为光敏稀释活性单体，进一步提升了产品紫外光条件下的固化成膜性能，缩短了产品固化成膜时间。

## 3 技术应用情况

### 3.1 应用项目介绍

上海某市政建设单位承接了机场道路新型道路标线创新业务。该道路常年施划常温涂料，因VOC严重超标，且耐久性及反光性能较差，建设方采用研发团队试制的水性标线涂料，较好地解决了上述问题。

### 3.2 实施方案及流程

研发团队首先在项目立项之初，在该道路代表性路段施划标线试验段。试验段施划后，经过3个月4个时段的综合测试，证明所设计施工流程及工艺符合设计预期。然后，选择不低于24h较长时间无雨的时段，首先采用钢刷打磨机清除路面顽污，并将路面打磨成较为粗糙的毛面，以利于封闭路面细孔。然后，使用喷枪后置玻璃珠喷播装置的高压无气柱塞式喷涂机，按照湿膜0.4mm的厚度，将搅拌均匀的新型水性标线涂料匀速喷涂，并将玻璃珠按照三分之二植入涂膜内的标准，将玻璃珠同步喷播在标线表面，以增加标线表面的耐磨性、防滑性及反光性。涂料与玻璃珠喷涂完成后，放置防压线施工锥保护约20min，直至标线表面干燥不再粘胎后放行交通。

## 4 效益情况

### 4.1 社会效益

本产品通过配方技术与生产工艺的创新优化，显著改善了传统水性标线涂料的弊端。其中，因涂料对路面封闭作用的提高而有效解决了因涂膜脱落而导致的残渣污染及标线重涂，因涂料内无有害物质排放而减少了标线对周围环境的排放污染，因提高了标线的防滑性及反光性而增加了标线的安全保障性，标线社会效益得以大幅提升。

水性标线涂料固体含量高，不含有机溶剂，划线施工及标线使用期间无VOC排放，基料坚固柔韧，填充料搭配合理，标线坚韧耐磨，全寿命周期内基本无残渣产生，基本无$PM_{2.5}$排放，绿色环保性能突出。

### 4.2 经济效益

通过对水性标线涂料的配方进行优化创新，显著提高了传统水性标线涂料的性能，因标线耐磨性提高、使用寿命延长而相应减少了标线的重涂次数，有效降低了多次划线的施工费用，因涂膜较薄且再涂时无需清除旧线而省去了除线费用，综合经济效益显著。

## 5 总结

采用优化创新后的水性标线涂料施工的道路标线，其使用寿命较之于传统水性标线涂料所施划标线可延长30%，约为1.5年，且标线全寿命周期内的反光性能衰减速度显著放缓，其逆反指标始终能保持在150mcd/($m^2$·lx)以上，且较之于传统水性标线，具有良好的快干性、耐磨性、耐候性及耐污性。

# 低碳公路节能减排关键技术与评价体系的构建

（山东省交通科学研究院）

## 0 引言

建立了山东省干线公路建设及运营期的节能减排评价指标和评价体系，实现了干线公路的科学规划与决策管理；建立了山东省干线公路建设及运营期节能减排核心技术体系，为绿色公路的实施提供了技术依据；建立了山东省干线公路温室气体排放、能源消耗和效益评价的基础数据库；建立了基于全寿命周期评价（Life Cycle Assessment，LCA）技术的山东省干线公路节能减排综合效益模型。

## 1 技术概况

本研究的主要技术如下：

（1）养护技术能耗计算模型。通过研究分析典型养护技术的能耗构成及能耗影响因素，建立能耗的计算模型。

（2）公路养护技术施工期节能评估模型。分析能耗影响因素，从养护技术分类、施工特点等方面研究节能评估模型。

（3）养护技术施工期节能评估指标体系。选取合理的节能评估指标，建立完善的养护技术施工期节能评估指标体系。

（4）养护技术施工期节能评估系统。依据建立的计算、评估模型及评估指标体系，开发节能评估系统软件。

（5）山东省养护技术节能评估及技术优化指南。通过研究，最终形成山东省国省干线公路养护技术节能评估与技术优化指南，为养护技术的节能评估和技术优化工作开展提供有力的参考。

## 2 技术分析

### 2.1 技术原理

本研究以构建干线公路绿色、循环、低碳的综合评价体系和节能减排核心关键技术体系为目标，以全寿命周期评价（Life Cycle Assessment，LCA）为技术手段，考虑"碳排放、碳平衡、碳补偿"，建立山东省干线公路节能减排综合效益模型。本研究通过研究能耗组成、能耗的影响因素、能耗计算方法、各能耗项单位能耗、能耗水平，提出完善的评价体系和有效可行的节能措施。本研究建立了山东省干线公路建设及运营期的节能减排评价指标和评价体系，实现了对干线公路的科学规划与决策管理。

### 2.2 技术流程及意义

本研究建立了山东省干线公路节能减排综合效益模型，用于指导山东省干线公路的立项规划、施工及养护期的技术选择、使用。通过研究能耗组成、能耗的影响因素、能耗计算方法、各能耗项单位能耗、能耗水平，提出完善的评价体系和有效可行的节能措施，研究开发山东省国省干线公路节能评估系统，并形成公路节能评估地方要求。该项目首次结合养护技术和能耗计算进行系统的研究，项目的实施为促进我国国省干线公路养护技术节能减排、降低能耗、打造低碳养护技术有重要意义，具有显著的社会效益和经济效益。

## 3 技术应用情况

### 3.1 应用项目介绍

本研究以构建干线公路绿色、循环、低碳的综合评价体系和节能减排核心关键技术体系为目标，以LCA为技术手段，考虑"碳排放、碳平衡、碳补偿"，建立山东省干线公路节能减排综合效益模型，用于指导山东省干线公路的立项规划、施工及养护期的技术选择、使用。

### 3.2 实施方案及流程

通过课题研究建立了山东省干线公路建设及

运营期的节能减排评价指标和评价体系,实现了干线公路的科学规划与决策管理;建立了山东省干线公路建设及运营期节能减排核心技术体系,为绿色公路的实施提供了技术依据;建立了山东省干线公路温室气体排放、能源消耗和效益评价的基础数据库,为绿色公路的决策提供了参考;建立了基于 LCA 技术的山东省干线公路节能减排综合效益模型。

## 4 效益情况

### 4.1 社会效益

从全寿命周期的角度考虑,在各种再生技术中,冷再生的节能减排效益最显著,厂拌热再生的节能减排效益与 RAP 料的掺量有关,就地热再生具有明显的节能减排优势。各种再生技术通过对路面旧料的使用,节约了大量沥青和石料资源,在循环利用方面的效益显著。与热拌沥青混合料相比,并非所有温拌技术均具有节能减排效益。机械发泡温拌技术的节能减排效益最显著,而添加剂温拌技术的节能减排效益较低,特别是沸石添加剂类温拌沥青混合料,其全寿命周期能耗甚至略高于热拌沥青混合料。

### 4.2 环保效益

通过对废弃物的循环利用,节约了改性沥青中改性剂的生产能耗,使其能耗低于 SBS 改性沥青,因此从全寿命周期的角度考虑,橡胶沥青混合料具有节能效益。同时,对废旧橡胶轮胎的循环利用效益显著。

## 5 总结

项目对比了国内外典型的绿色公路评价指标体系,按照系统性、时代性、地域性、特殊性和普遍性、可操作性原则构建了山东省干线公路绿色公路评价指标体系。确定了采用“定额法为主,理论法为辅,实测法为补”的基本原则的能耗量化计算方法。通过调研、统计、现场监控,建立了公路建设及运营期能耗计算模型,提出了建设及运营期全过程的能耗清单。对沥青路面典型工艺各环节碳排放进行清单列表和分类,按照施工工艺对碳排放各环节进行计算,并建立碳排放计算模型。对沥青路面各施工环节沥青烟等污染物排放进行清单统计和列表分类,同时重点对沥青拌和生产过程中的沥青烟含量进行定性和定量分析,对沥青烟总量随沥青混合料的温度变化进行了研究,并建立了沥青烟总量与混合料温度变化函数。分析了公路项目建设期能耗分项指标法计算框架,开发了项目建设及运营期节能评估程序,并对拌和站能耗进行了预测,预测结果与实测数据拟合较好。

# 可复垦的原生态自动疏水施工便道建造工艺

（交通运输部公路科学研究所；中交二航局第三工程有限公司）

## 0 引言

工程上为满足施工需求而修建的施工便道，一般采用撒铺石子或者水泥混凝土硬化的方式，而且一般对路基做简单处理或者不做处理。通常这种方式修建的便道水稳性差，易发生不均匀沉降，简单铺设碎石的便道在雨后更是无法行车。传统的现浇混凝土施工便道对环境扰动大、浪费资源且复垦难度大以及成本高，针对以上缺点的优化改进，提出了本项施工便道技术。

## 1 技术概况

本成果采用“荷硬”疏水新材料对施工便道进行处理，使得土体具有较好的自动疏水性。解决了传统的施工便道对环境扰动大、污染严重、复垦难度大、以及成本高的问题，同时也解决了采用传统的土路修建方法（在土中添加各种无机或有机固化剂）建造出来的硬化土路难以复垦的问题。本技术适用于建造各种不同用途的原生态自动疏水土路，比如农村路、机耕路、公园路、园林路以及无需拆除和立即复垦还田的施工便道和临时路等，也可用于建造水稳定性很好的自动疏水土路基。这种生态自动疏水土路非常适用于国家对土地有严格管理的农林牧和生态敏感区，及生态旅游开发区。

## 2 技术分析

### 2.1 技术原理

“荷硬”疏水新材料喷洒到泥土表面后，会与土表面的吸水羟基发生化学反应，去除土的吸水基团。在土颗粒表层形成均匀分布的树杈状纳米结构，从而形成自动疏水表面，阻隔土体与水滴的接触，使得土体具有较好的自动疏水性。使得吸水成泥的土转化成为遇水不成泥、不吸水的超疏水土（效果图见图1），就像荷叶表面，水会从土的表面流走。

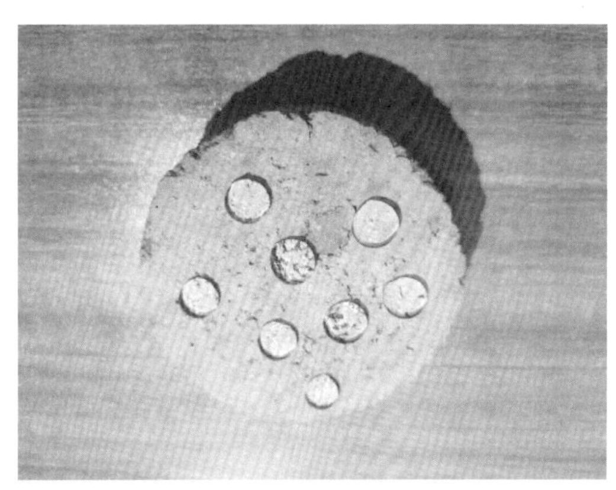

图1 超疏水土疏水效果图

### 2.2 关键技术、工艺流程及主要设备

使用“荷硬”疏水材料处理后，土颗粒团聚呈大颗粒，颗粒表面光滑，孔隙发育减少，土体连结更为紧密。土与“荷硬”疏水材料反应形成的纳米膜相互吸引、团聚使得土颗粒中黏粒含量降低，土颗粒之间聚集、凝结而形成更大的颗粒，同时颗粒之间的聚集使得孔隙发育较少，从而提升了土体的抗压强度。

可复垦的生态自动疏水施工便道工艺流程如图2所示。

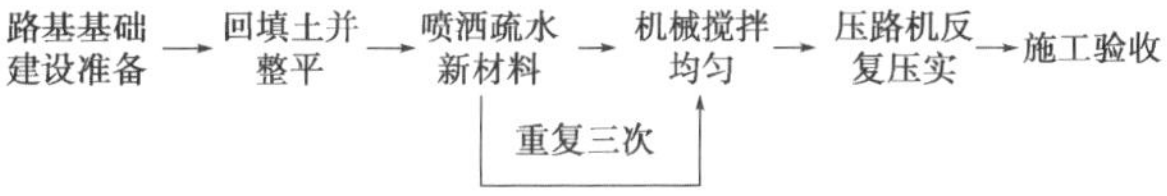

路基基础建设准备 → 回填土并整平 → 喷洒疏水新材料 → 机械搅拌均匀 → 压路机反复压实 → 施工验收

重复三次

图2 可复垦的原生态自动疏水施工便道工艺流程

主要设备为铲车、运土车、挖掘机、压路机、洒水车、翻耕机等。

## 3 技术应用情况

### 3.1 应用项目介绍

G1514宁德至上饶国家高速公路福建省霞浦至福安段起于宁德市霞浦县下浒镇赤壁岔村，接联七线，经霞浦县溪南镇、盐田畲族乡，在福安市溪尾镇下邳村接入G15沈海国家高速公路，并与G15

沈海国家高速公路共线至湾坞枢纽互通，接已建成的宁德至上饶国家高速公路湾坞至福安段，路线全长 39.741km，其中新建 33.831km，完全利用沈海高速公路霞浦至宁德段 5.91km。全线设置东安、溪南、溪尾、下邳 4 处互通式立交，预留下砚互通式立交、东安服务区。

### 3.2 实施方案及流程

本成果依托于 G1514 宁德至上饶国家高速公路福建省霞浦至福安段路基土建工程，选取 200m 的施工便道支便道为试验段，试验效果对比图见图 3。

a)普通土路雨后效果图

b)疏水土路雨后效果图

图 3 试验效果对比图

实施流程为：①使用铲车进行路基处理，清理路表露出纯土，铲除多余的土整平路基；②使用压路机反复夯实路基，使密实度达到 93%；③使用运土车进行回填土运输，并使用挖掘机将回填土均匀整平，回填土厚度平均为 150mm，路宽平均为3.5m（设计路宽）；④根据回填土的含水率和土的性质的试验配比结果，确定“荷硬”疏水材料浓缩液的稀释比例；⑤在洒水车内按比例用水进行浓缩液的稀释，人工控制均匀喷洒稀释液（图 4）；⑥使用翻耕机将喷洒过疏水材料的回填土搅拌均匀（图 5）；⑦重复 3 次疏水材料的喷洒和搅拌过程；⑧使用 20t 以上重型压路机反复压实（图 6），压实时要保证土体的含水率在碾压含水率范围内，直到全部表面压实，没有局部松土现象。

图 4 喷洒疏水材料

图 5 搅拌回填土

图 6 压实回填土

## 4 效益情况

### 4.1 社会效益

本工艺的应用不仅能满足绿色环保型可复垦的原生态道路的要求，而且建造的道路能达到国家四级公路的标准，施工简单，周期短，耐久性能达到 10～15 年。

本技术应用的防水抗渗新材料纯天然无污染，对人、动植物、环境不构成任何危害，已获得国检报告验证，施工简单，符合经济和绿色环保的施工要求。

### 4.2 经济效益

本工艺的建路成本低,比常规施工便道节省50%以上的费用。以本工程应用的成本对比为例,传统施工需要4万元,而采用本技术成本共计18750元。

## 5 总结

本工艺建造的生态原生态自动疏水施工便道不怕雨水,不会形成泥巴,对环境扰动小,不需要时可立即复垦还田。该原生态自动疏水施工便道的初步检测结果显示,土的CBR承载比由未添加疏水新材料时的3.45%提升至添加后的63.38%,压实度达到93%,弯沉值为257.5(0.01mm),达到国标道路等级四级公路水准[低于292.5(0.01mm)为合格],吸水系数标准检测结果确定为基本不渗水,防水效果良好。原生态自动疏水施工便道应用范围广,可用作施工便道的土路路面,也可用作需硬化的路面的路基,主要适用于对环境保护要求高的生态敏感区的临时道路以及景观区的风景土路等,极具推广价值。

# 一种适用于生态敏感区的可循环预制桩板式施工便道结构

（交通运输部公路科学研究所；中交二航局第三工程有限公司）

## 0 引言

预制桩板式施工便道不仅可以节约土地，还有利于路基处理和工后复耕；此外预制板和预制桩是工厂化生产，现场组织，施工周期短，工后复垦仅需要将路面板吊装拆除、钢管桩拔出，对施工便道所占田地以及周围土壤不造成污染，符合经济和绿色环保的施工要求。采用本工艺进行施工，可以在修建过程中减少碳排放，保护环境，同时改进了路边板之间的连接方式。尤其本技术无需处理路基即可直接在原状土上进行施工，减少了对原状土的扰动。

## 1 技术概况

本项技术通过对钢管桩加设桩帽以及在面板间设置传力杆解决了路面板之间的连接方式和力的传递以及预制路面板整体性较差易发生不均匀沉降的问题，对环境影响小，对原装土的扰动小，工后复垦施工简单，可重复利用材料，节约建造成本。

## 2 技术分析

### 2.1 技术原理

本项桩板式施工便道结构图见图1。路面板承受荷载并将荷载力传递给钢板桩，最终由桩侧壁与地基土层的摩擦力和地基土对钢板桩的支撑力承担。通过对钢管桩加设桩帽增加了与混凝土面板的接触面积，避免钢管桩局部集中受力，增强钢管桩顶部与预制面板连接的可靠性。通过在面板间设置传力杆（图2），增强结构单元之间的整体性。

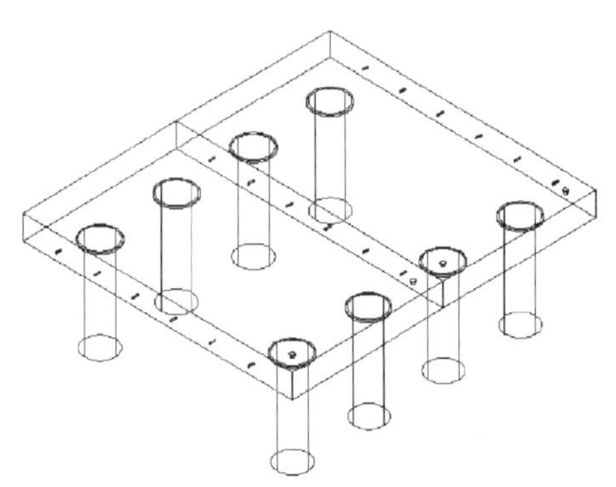

图1 桩板式施工便道结构图

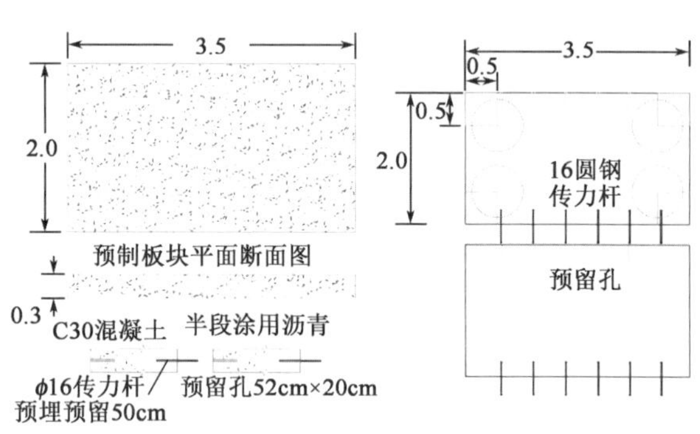


图2 预制路面预制板块拼接情况及接口详图（单位：m）

### 2.2 关键技术、工艺流程

桩板式施工便道施工工艺流程见图3。

路基处理 → 路面板及钢管预制 → 钢管桩施工 → 桩帽安装 → 路面板安装 → 工后拆除

图3 桩板式施工便道施工工艺流程

（1）路基处理

按照设计路线先采用推土机、挖掘机清除表层含杂草、树根等的土皮，然后采用压路机压实原路面。在便道两侧开挖边沟进行排水，对于地下水位较高或积水严重的区域，根据实际情况适当增大排水沟截面积。

(2)打桩及桩帽安装

采用锤击沉桩法将钢管桩打入路基中，钢管桩施工结束后，安装桩帽，将桩帽插入钢管桩(图4)，桩壁卡入桩帽的凹槽，桩帽十字钢板插入钢管桩内，桩帽的三角钢板卡在钢管桩外壁。桩帽安装结束后填筑素土，填土压实厚度与桩帽高程持平。

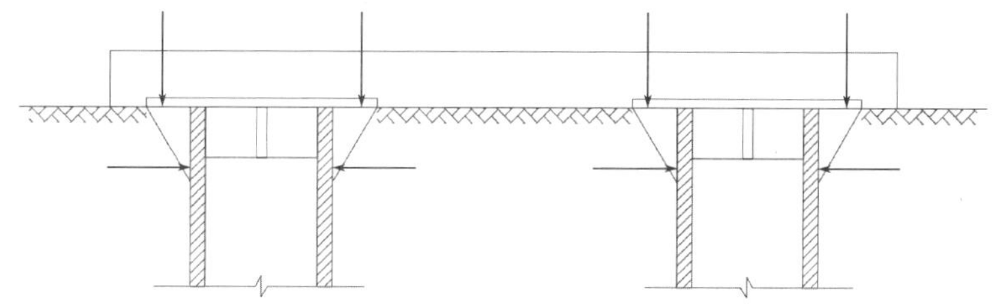

图4　桩帽安装

(3)面板钢筋优化施工

装配式道路预制面板钢筋由双层双向钢筋网片组成，道路板设置两层钢筋，角部设置力隅钢筋。钢筋绑扎时使用限位架控制钢筋间距，钢筋网片安装时使用高强度塑料垫块来控制钢筋保护层厚度(图5)。

图5　装配式道路预制面板钢筋

(4)面板模板施工

装配式道路预制面板采用蹲底预制工艺。模板为定型钢模板，由四片侧模和一片底模组成，模板侧模与侧模使用螺栓连接，侧模与底模使用磁盒连接。面板表面设置抗滑沟槽，板底凸块作倒台体状，预制时按本发明进行模板制作，板底凸块与板一体浇筑，所述板底凸块嵌入地基土层与地基连接，增大与地基接触防止板的错动，同时增强路面板与路基的整体性(图6)。

图6　装配式道路预制面板模板

(5)面板吊装与安装

装配式道路预制面板由汽车吊进行安装。安装时，汽车吊将面板吊运至安装位置上方，由人工进行位置调整，待正位后进行落钩，板间通过搭接或企口卯榫连接，同时使用弯头螺栓进行加固。若安装完成后对面板进行位置调整，需重新对砂垫层进行整平。面板安装完成后，使用压路机进行面板静压，碾压过程中，禁止大幅度转变方向及掉头。

(6)安装缝施工

装配式道路预制面板间采用橡胶条柔性连接，胶条设置在板侧上方，尺寸5mm×50mm，每100m设置一个结构缝，采用Ω型橡胶条，面板与面板间安装需紧密，面板缝采用细砂进行填充(图7)。

## 3　技术应用情况

### 3.1　应用项目介绍

本项目应用于盐城至洛阳国家高速公路江苏省宿城至泗洪段SS-1施工标段，项目起点位于与淮徐高速公路交叉仓集枢纽,向西南跨越规划S268,设置屠园互通,向南穿越洪泽湖重要湿地,跨越古山河后与SS-2施工标段起点相接。主线全长8.1km,主线路基长3.86km,主线桥梁长4.24km,总桥梁21座,其中主线桥梁4座,设置匝道桥梁14座,既有淮徐高速桥梁拼宽3座。

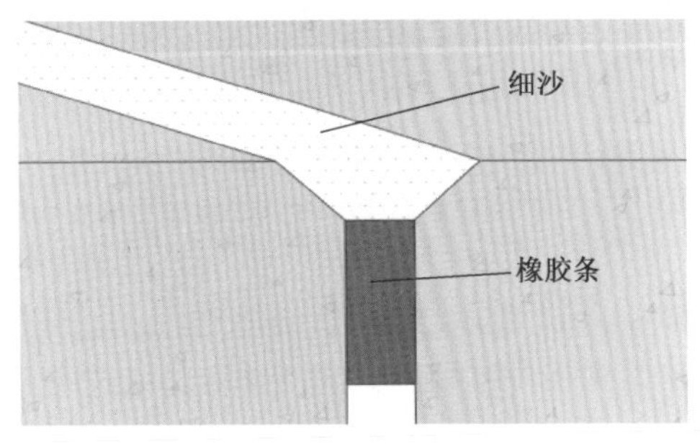

图7　安装缝施工示意图

## 3.2　实施方案及流程

(1)按照设计路线先采用推土机、挖掘机清除表层含杂草、树根等的土皮,然后采用压路机压实原路面,在便道两侧开挖边沟进行排水。

(2)根据设计图纸测量放样后,采用锤击沉桩法将钢管桩打入路基中,锤击过程中严格控制桩的贯入度,保证桩的轴线和高程符合施工要求。

(3)钢筋网片于加工场地由人工进行绑扎,然后整体搬运至模板内进行安装。

(4)装配式道路预制面板混凝土浇筑,首先由天车将模板吊运至拌和站台车上,通过台车移动,将模板移至拌和站下料口位置处,然后进行混凝土浇筑,混凝土浇筑使用振捣棒振捣。

(5)装配式道路预制面板养护选用蒸汽养护。混凝土浇筑完成后,构件表面铺设塑料薄膜及防水棚后,将其整体吊运至蒸养池进行蒸养。

(6)汽车吊将面板吊运至安装位置上方,由人工进行位置调整,待正位后进行落钩,板间通过搭接或企口卯榫连接,同时使用弯螺栓进行加固。

(7)采用洒水车定期洒水,保持路面湿润,雨后便道路面如果呈泥泞状态,立即用推土机进行清除并用压路机进行碾压,若路面出现坑洼应对路面进行换填。

## 3.3　应用效果

经验证,采用的预制桩板式施工便道可以承受大负荷载重且路面整体性较强;施工仅需在原状土层上填筑一层素土,路基基础处理简单且无污染;预制路面板和预制钢管桩工厂化生产,现场组织、施工周期短;工后复垦施工简单且材料可以循环利用。本结构适用于诸多地质条件较为复杂的生态敏感区工程,对地质条件要求较低。经过实际行车测试,预制桩板式施工便道完全符合承载力要求且通车1年后路面板完好率达95%(图8)。

图8　预制桩板式施工便道

# 4　效益情况

## 4.1　社会效益

本技术使用预制技术,预制板和预制桩工厂化生产,相比传统便道节约了大量的时间成本。可广泛应用于工后需复垦的湿地农田以及海洋滩涂区等生态敏感区的临时施工便道项目,同时也适用于道路工程拓宽或改造时临时性保通的交通便道项目,为以后施工便道的规划建设提供了可靠的依据和技术指标,社会效益明显。

本便道结构无需对路基进行处理,可以直接在原状土上进行施工,对原状土的扰动较小。材料可以重复利用,工后复垦简单,仅需要将路面板吊装拆除、钢管桩拔出即可,材料循环利用,在修建过程中减少了碳排放,保护了环境,对施工便道所占田地以及周围土壤不造成污染,符合绿色环保的施工要求。

## 4.2　经济效益

本便道结构可以循环利用,相比于传统便道,使用过程中的损失经多次均摊,成本大大降低。该施工便道占地面积以及施工工期分别为传统施工便道的60%和40%,显著缩短工期和降低施工成本。该便道的主要成本为桩板的预制,在后期重复使用过程中仅需承担运输和施工成本,可以节省材料和人力资源,经济效益明显。

## 5 总结

桩板式施工便道通过对钢管桩加设桩帽以及在面板间设置传力杆，增强了钢管桩顶部与预制面板连接的可靠性以及结构单元之间的整体性。本技术对原状土的扰动小，环境影响小，工业化程度高、施工周期短、可循环利用，综合成本低，减少了碳排放，适用于对环保要求较高，工后需保证农田复垦的项目，具有很高的社会、环境、经济效益。

# 道路面板拼接组件和临时道路结构

(交通运输部公路科学研究所;中交二航局第三工程有限公司)

## 0 引言

本技术通过设置扩大基础并且在扩大基础底部设置凸起,增加地基基础与扩大基础的接触面积,提高结构抗外力性能,从而防止地面不均匀沉降,减小相邻两块板可能产生的沉降差。同时解决了路面板之间的连接方式和力的传递问题,组件的整体性能突出,结构具有较高的稳定性和较长的使用寿命。本结构便于模块化制备、拼接和拆除,可以循环重复使用,提升施工效率,有助于节约成本。

## 1 技术概况

本技术的路面板结构在保证中空结构的同时进一步提升了结构强度和耐久性,路面板接口拼接方式结构简单,留出一定的活动裕度,提升了整体性,降低了板块间的不均匀沉降;路面板基础的特殊设计,能够大幅减轻重量,具有较强的结构强度,能有效地抵抗外力干扰。组件的整体性能突出,结构具有较高的稳定性和较长的使用寿命。

## 2 技术分析

### 2.1 技术原理

本技术通过设置扩大基础并且在扩大基础底部设置凸起,增加地基基础与扩大基础的接触面积,提升了稳定性。通过在路面板下侧设置凸起与扩大基础的凹槽拼接,提供了活动裕度,增加了路面板与扩大基础的整体性,配合同样设置有凸起的扩大基础,大幅度提升路面板与扩大基础的联动性,增加路面板与扩大基础的整体性。

### 2.2 关键技术、工艺流程

路面板可以包括本体,本体的内部可以设置至少一个第一中空结构,两个路面板可以经由其中一个路面板的第一侧和另一路面板的第二侧彼此拼接,组成如图1所示的一对路面板结构。本体可以通过钢筋混凝土浇筑而成或者由金属或合金制成。道路面板施工工艺流程见图2。单个路面板的示意图见图3。

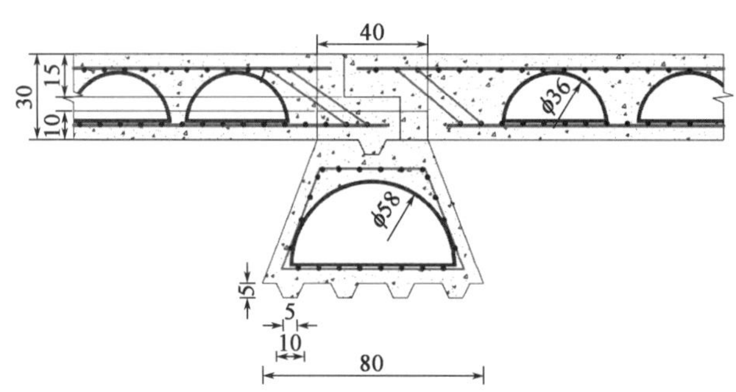


图1 道路面板拼接组件的扩大基础内部结构及拼接情况示意图(单位:cm)

图2 道路面板施工工艺流程

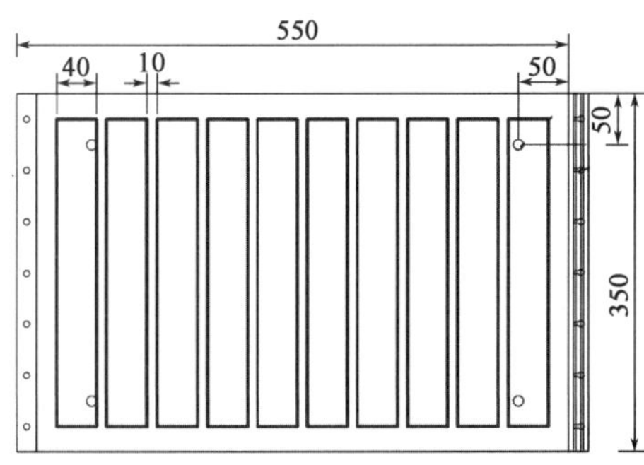


图3　单个路面板的示意图(单位:cm)

扩大基础包括一个中空结构。扩大基础可以由混凝土浇筑而成或者由金属或合金材料制成。扩大基础还可以包括钢筋网,这样一来,扩大基础的重量可以大大减轻,并且同时能够保证结构强度,提升使用寿命。扩大基础的具体结构的示意图见图4。

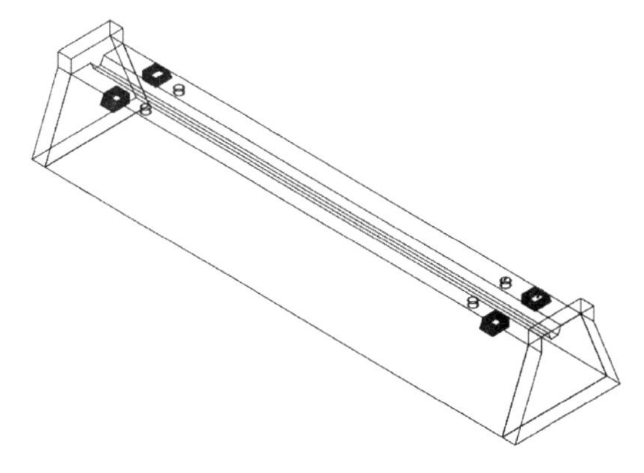

图4　扩大基础的具体结构的示意图

道路结构的拼装可以采用如下的方式实现:沿道路方向每隔5.5m设置一道混凝土基础,通过强夯的方式对扩大基础下侧土体进行夯实,并将原地面夯实至扩大基础的埋深。扩大基础的埋深深度可以根据实际需要设定,通常至少将第二凸起全部埋入土体。随后,将预制路面板吊装使得路面板搭接下幅凸块卡入扩大基础的至少一个凹槽,安装完毕吊装下一块路面板,吊装注意将预制路面板的搭接上幅连接螺栓插入上一块路面板的连接凹槽内,同时保证下幅凸块卡入扩大基础凹槽。

## 3　技术应用情况

### 3.1　应用项目介绍

本项目应用于盐城至洛阳国家高速公路江苏省宿城至泗洪段SS-1施工标段,项目起点位于与淮徐高速公路交叉仓集枢纽,向西南跨越规划S268,设置屠园互通,向南穿越洪泽湖(宿城区)重要湿地,跨越古山河后与SS-2施工标段起点相接。主线全长8.1km,主线路基长3.86km,主线桥梁长4.24km,总桥梁21座,其中主线桥梁4座(洪泽湖湿地特大桥全长3.28km),设置匝道桥梁14座,既有淮徐高速桥梁拼宽3座,临时便道由于跨越河流设置临时钢栈桥14座,便桥总长470m,便涵105座,涵管总长1737m。

### 3.2　实施方案及流程

(1)采用推土机、挖掘机清理地表土,随后使用压路机压实原路面,进行基槽开挖,扩大基础施工。

(2)对预制面板的双层钢筋及吊点钢筋进行绑扎,钢筋绑扎时使用限位架控制钢筋间距,钢筋网片安装时使用强度较高塑料垫块来控制钢筋保护层厚度。

(3)预制面板浇筑混凝土,放料过程中由人工进行搅拌,防止放料厚度不均匀,对混凝土使用振捣棒进行振捣密实。

(4)混凝土浇筑完成,构件表面铺设塑料薄膜及防水棚后,将其整体吊运至蒸养池进行蒸养。

(5)预制面板由平板运输车运至相应位置,采用汽车吊进行吊装就位,再由人工进行位置调整及相应加固。

### 3.3　应用效果

工程上使用装配式混凝土路面板应用场景非常广泛,装配式钢筋混凝土路面板最早是用于道路路面修补,随后国外有研究验证了其在机场跑道面的可行性。目前国内也有一些工程,将预制的路面板用作永久路面也取得了良好的效果。经过对比发现这些应用中都存在一些问题,比如路面板之间的连接方式和力的传递都没得到很好的解决,尤其预制路面板整体性较差,易发生不均匀沉降。本结构不仅解决了这些问题,还优化了面板的受力特点,使得结构有较强的抵御外力并且恢复原状的能力,从而防止地面不均匀沉降,减小相邻两块板可能产生的沉降差。组件的整体性能突出,结构具有较高的稳健性和较长的使用寿命,可在多个工程的临时道路施工中周转使用。高效可循环道路面板应用效果示意图见图5。

图5 高效可循环道路面板应用效果示意图

## 4 效益情况

### 4.1 社会效益

本技术可以有效解决地面不均匀沉降的问题，减小相邻两块板之间的沉降差，解决了现有的预制混凝土施工便道路面板重量较大，部分预置混凝土在减轻重量后强度不够，长期使用会影响行车安全的问题。可广泛应用于需复垦或对环保要求较高地区的临时施工便道，同时也适用于道路工程拓宽或改造时临时性保通的交通便道。

对混凝土等建筑材料的应用少，采用的多为环保建筑材料，拆除时不会产生多余建筑垃圾，对环境污染小，材料可以循环利用，在修建过程中减少了碳排放，保护了环境，对施工所占田地以及周围土壤不造成污染，对于环保要求高的施工项目，具有很高的应用价值，符合绿色环保的施工要求。

### 4.2 经济效益

本结构单位面积建造成本是常规混凝土道路面板的 2.1 倍，但本结构具备循环使用功能，使用过程中的损失经多次均摊，成本则要降低很多（视使用次数而定）。其主要成本为扩大基础和预制便道板的预制成本，若在后期重复使用，则仅需承担运输和施工成本，而且本结构施工简单、周期短，相比传统便道节约了大量的时间成本。

## 5 总结

本结构优化了路面板之间的连接方式和力的传递以及解决了路面板整体性较差，易发生不均匀沉降的问题，避免了现有的预制混凝土施工路面板大多数采用平接，路面板的整体性较差的问题，提高面板的强度和弹性，使得结构有较强的抵御外力并且恢复原状的能力，减小相邻两块板可能产生的沉降差。本结构具有较高的稳定性和较长的使用寿命，力学性能好，可在多个工程的临时道路施工中周转使用。

# 免振免养水泥稳定碎石基层应用技术

（江苏东交智控科技集团股份有限公司）

## 0 引言

本技术借鉴自密实混凝土的特点，通过应用高效免振免养材料，使得水泥稳定碎石基层能够在静压的条件下达到规定压实度的要求，并能快速获得相应承载能力，达到施工沥青面层的强度要求。同时，通过免振免养材料优良的膨胀性，有效提高免振免养水泥稳定碎石基层的抗收缩性能，以尽量减少水泥稳定碎石基层裂缝的产生，获得“强度形成快、抗收缩性能强、耐久性好”的免振免养水泥稳定碎石基层，从而彻底解决水泥稳定碎石基层养护造成的质量与安全难题，实现水泥稳定碎石基层快速高质量的养护效果。

## 1 技术概况

传统水泥稳定碎石在路面建设中应用广泛，但需要使用振动压路机振动压实，这可能会对附近建筑物造成危害，同时路面需要长时间养护。为解决这一工程难题，免振免养水泥稳定碎石技术应运而生。该技术通过添加外掺剂，在不振动压实的情况下达到规定的密实度和强度，不仅对环境友好，还能大大减小工程施工对周边环境的影响。此外，该技术在养护施工过程中对交通运行的影响较小，能够快速覆盖沥青面层，具有较好的安全性。

## 2 技术分析

### 2.1 技术原理

免振免养剂是实现免振免养水泥稳定碎石技术的关键材料。它通过添加阴离子表面活性剂，使水泥材料颗粒表面吸附形成相同电荷的吸附膜，提高混合料的施工和易性，同时改善水泥晶体生长和网络结构，增强基体的强度和密实度。免振免养剂还含有微膨胀成分，可以抵抗基体收缩。通过降低颗粒之间的黏结力和内摩阻力，免振免养剂使混合料更易压实，更密实。另外，免振免养剂中的水泥抗裂补偿材料可以有效减少基层裂缝的产生，提高基层的抗收缩性能。综上所述，免振免养水泥稳定碎石基层具有可快速形成强度、强抗收缩性能和良好耐久性的特点，解决了施工质量和安全难题，可实现高质量的施工。

### 2.2 关键技术、工艺流程

（1）免振免养剂材料要求

选择合适的免振免养剂。

（2）混合料合成级配设计

由于掺入了免振免养剂，水泥稳定碎石的力学性能发生了明显的变化。强度的快速发展，可能会造成基层过早地出现裂缝。因此，为降低基层的收缩问题，有效地减少路面反射裂缝，有必要对混合料合成级配作进一步的设计与验证。

（3）质量检测控制

加入免振免养剂后，水泥稳定碎石自身性能将发生明显变化，因此，在摊铺、碾压环节，有必要在常规水泥稳定碎石施工工艺的基础上，对施工方式进行严格管控。

## 3 技术应用情况

### 3.1 应用项目介绍

目前免振免养水泥稳定碎石技术已成功应用于全国各地公路、居民区、商铺或者老旧建筑周边半刚性基层道路施工，具有良好的可靠性和稳定性，工程应用清单见表1。

**工程应用清单** 表1

| 序号 | 应用工程 | 施工日期 |
|---|---|---|
| 1 | X205 海安段新建工程 | 2013 年 8 月 |
| 2 | 湖南省 S339 公路改建工程 | 2016 年 12 月 |
| 3 | 张家港沿江公路改造工程(YJGL-1 标) | 2016 年 4 月 |
| 4 | 北京市大兴区三太路大修工程 | 2016 年 12 月 |
| 5 | 淮安养护工程 | 2017 年 9 月 |
| 6 | 扬州邗江区市政工程 | 2017 年 10 月 |
| 7 | 北京市市政道路养护大中修工程 | 2019 年 1 月 |
| 8 | 南京市溧水区农村公路铁路下穿段 | 2019 年 9 月 |
| 9 | 扬州市四好农村路提升改善工程 | 2019 年 11 月 |
| 10 | 南通地区大中修工程 | 2020 年 6 月 |
| 11 | 徐州 206 国道大中修工程 | 2020 年 7 月 |
| 12 | 赣州高速“十三五”迎国检项目路面养护工程 | 2020 年 9 月 |
| 13 | 徐州普通国道大中修工程 | 2022 年 9 月 |

### 3.2 实施方案及流程

(1)原材料选取

选取原材料,材料参数指标应符合《公路路面基层施工技术细则》(JTG/T F20—2015)要求。免振免养剂检测指标项目应满足项目要求。

(2)配合比设计

参考《公路路面基层施工技术细则》(JTG/T F20—2015)设计要求,确定水泥稳定碎石混合料级配范围。

(3)试验段铺筑

①生产情况。

按照生产配合比确定的比例进行试铺混合料的生产,全部生产过程采用计算机自动控制。生产中拌和楼各料仓集料、水泥、免振免养剂及水计量准确,满足施工要求。

免振免养剂添加是通过改装料斗、调节出料速度来实现的。免振免养剂为粉末状固体,由于用量较少,考虑添加的均匀性,根据实际情况改装了料斗。大大降低了料斗出料速度,保证拌和过程中,免振免养剂出料稳定、均匀,符合级配要求。

将免振免养剂溶于水后添加于混合料中,可以有效地提高其拌和均匀性。免振免养剂用量少(用量为水泥剂量的10%),将其直接添加到混合料中难以保证其均匀性。在混合料生产前预先将免振免养剂加入水中,其添加过程方便易操作,计量准确,同时保证了免振免养剂的均匀性。

②现场摊铺及碾压。

采用摊铺机进行摊铺。现场检测结果表明终压含水率控制在最佳含水率附近,现场碾压严格按照碾压方案进行,碾压过程中无漏压、超压现象,水泥稳定碎石无推移现象。

③摊铺外观。

从压实成型后的路面情况看,表面水泥裹覆均匀,未出现集料裸露、水泥缺失的情况,终压后含水率良好,无花白料,铺面整体均匀性较好,路面整体无明显离析现象。

(4)试验检测数据

①室内试验。

对现场取回的水泥稳定碎石试样,进行水泥含量滴定试验、含水率测定试验和筛分试验,试验段的水泥剂量满足国家现行施工指导意见要求。

②室内性能试验。

对水泥稳定碎石混合料进行7d无侧限抗压试验,试验结果均满足现行国家规范要求。

③现场检测。

免振免养水泥稳定碎石基层的质量检测控制标准与传统水稳一致。现场检测数据表明,免振免养水泥稳定碎石施工质量良好,达到了试验路预期的效果。现场压实度均在98.0% ~99.8%,没有出现欠压实和过压实现象。

实施流程见图1。

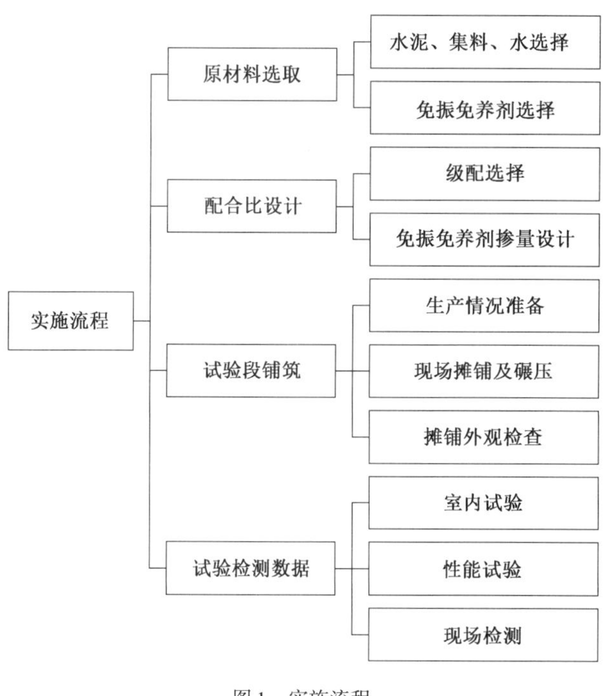


图1　实施流程

## 4　效益情况

### 4.1　社会效益

分别对试验段施工和一般路段的施工噪声进行了监测，一般路段的施工噪声平均值已超过100dB，对周边环境影响很大；而应用了免振免养水稳技术的试验段平均噪声为86.3dB，较振动压实路段降低了15dB，与交通高峰期的道路噪声相当。由此可见，免振免养水稳技术对环境较友好。

结合实体工程，基于全寿命周期评价的环境效益分析方法，量化分析得到在道路基层施工应用免振免养水泥稳定碎石施工技术可降低18.5%的施工总能耗，减少8700g等效$CO_2$（减排比例14%）、55g等效$SO_2$（减排比例9.0%）、93g等效1,4-二氯苯（减排比例7.5%）、66g颗粒物（减排比例30%）的排放，具有良好的节能和减排效益，环境效益明显。

### 4.2　经济效益

免振免养水泥稳定碎石施工（简称水稳）技术总成本和普通水稳相当，考虑到静压条件下的燃油节省量，每立方米水稳混合料成本费减少了1.4元，同时还减少了机械维修加固费用，减少洒水养生工作，提高了生产效率，缩短了工期，从多方面降低工程整体造价，因此其具有潜在的综合经济效益。

## 5　总结

免振免养水泥稳定碎石基层技术的应用符合国家节能减排政策、构建环境友好型经济的要求，主要应用于特殊情况下半刚性基层道路施工。其突出的优点就是不需要振动压实和长期养生就可以达到要求的密实度和强度，大大减小了工程建设施工扰民的程度，作为一种针对特殊环境的半刚性基层施工技术，满足国家建设环境友好型社会的要求，对提升建设单位的形象也具有积极意义，主要应用于：

①公路基层施工工期紧的工程或应急抢修工程等。

②老旧建筑群区域道路改造及新建工程。

③对施工振动压实有限制的文物古迹周围道路。

④对振动压实有限制要求的振动压实周围道路。

⑤存在地下管线的道路施工工程。

⑥其他对振动压实较为敏感的区域等。

由于我国地域辽阔，上述应用场景目标用户遍布全国，因此具有良好的推广应用潜力。

# 新一代环保型干法 SBS 改性沥青路面技术

[国路高科(北京)工程技术研究院有限公司]

## 0 引言

本项目攻克了传统 SBS 改性剂难以熔融的难题,形成了可直接投放沥青拌和楼的速熔型微米级干法 SBS 改性剂,将 SBS 改性沥青加工与沥青混凝土拌和生产工序“二合一”,改变了全球 40 多年来依靠胶体磨的湿法预混 SBS 改性沥青体系,避免了离析、热分解导致的性能衰变,从源头上解决了用户对基质沥青和 SBS 改性剂监管困难的难题,为行业提供了“优质、简单、经济、环保”的沥青改性解决方案。

## 1 技术概况

改性沥青已成为我国高等级道路提升沥青路面耐久性的关键材料。其中,SBS 改性沥青占比 90% 以上,但其湿法预混技术能耗巨大,且存在 SBS 在沥青中离析和热分解等难以克服的技术难题以及“指标调配化”隐患,成为路面工程的重要痛点。

解决上述问题的关键是:将 SBS 改性剂和沥青两相分离使用。本项目在深入研究 SBS 改性沥青原理与沥青混合料生产机理的基础上,通过“SBS 的优化设计、预溶胀、超速交联”等关键技术,将难以熔融的普通 SBS 升级为速熔型干法 SBS,其可直接投放于沥青拌和楼施工,将湿法 10h 的工艺过程变为拌和楼 1min 速熔改性,与沥青、集料直接制备成性能优良的改性沥青混合料,其具有性能高、简单透明、节能环保、成本低等优势。干、湿法 SBS 改性技术工艺对比见图 1。

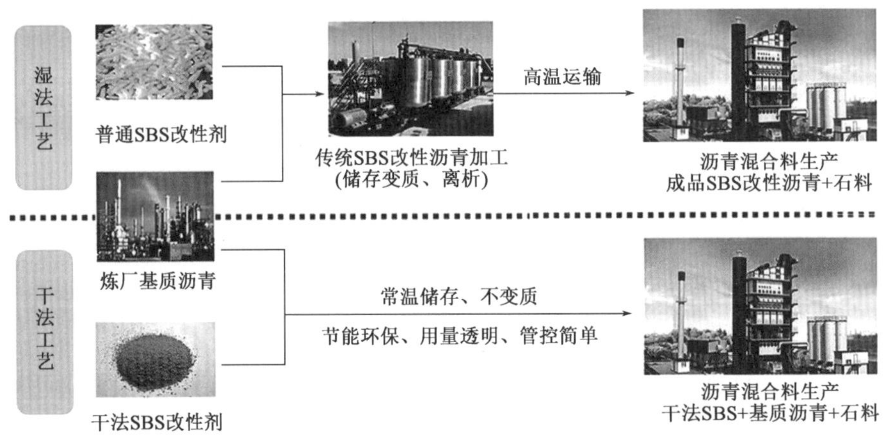


图 1 干、湿法 SBS 改性技术工艺对比

## 2 技术分析

### 2.1 技术原理

干法改性工艺可定义为将改性剂直接投放入拌和楼中,集料、基质沥青在短时间的拌和过程中,通过集料摩擦及高温作用而瞬时粉末化、快速熔融扩散、发挥改性作用,从而制备出改性沥青混合料。本技术的关键在于如何实现 SBS 在 60s 内的混合料拌和中,取得与湿法数小时生产工艺相当、达到“微米级分散”的沥青改性效果。

(1)模拟湿法工艺

湿法 SBS 改性沥青工艺可以概括为“溶胀”“研磨”“发育交联”三大技术原理,其最终实现的 SBS 状态是“微米级分散”,整个改性过程并没有特定工艺要求的化学反应发生,与石料拌和后形成的是 SBS 微粒、基质沥青、石料三者的物理共混体,这为 SBS 直投拌和楼工艺提供了理论可能。

(2)解决速熔难题

单一的 SBS 改性剂虽然性能全面,但其熔融性很差。通过开展高分子材料与道路工程专业交叉研究,开发可直接投放于拌和楼拌缸的速熔型 SBS 改性剂。

## 2.2 关键技术、工艺流程及主要设备

(1)速熔型微米级干法 SBS 改性剂新材料实现了 SBS 的高效改性

本技术通过三大关键技术(图 2)攻关,即短链星型 SBS 结构优化设计以实现优良的改性效果;SBS 常温干态微米级研磨,将 SBS 胶屑预分散至约 50μm 粒径(约为湿法常用 SBS 物理尺寸的 1/100);高标号沥青组分预溶胀将熔融指数提升到湿法常用 SBS 的 100 倍左右,实现干法 SBS 在拌缸遇到高温石料的瞬间热导熔融;超速交联配方设计将 SBS 硫化速度提高约 50 倍,实现 SBS 在拌缸与沥青的超速交联,研发出速熔型 SBS 改性剂,实现 SBS 直接在沥青混合料拌和过程中的瞬间熔融和高效改性,从而直接制备 SBS 改性沥青混合料。

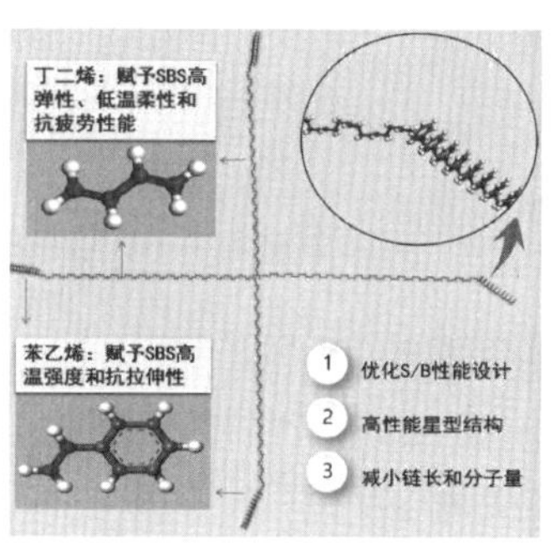

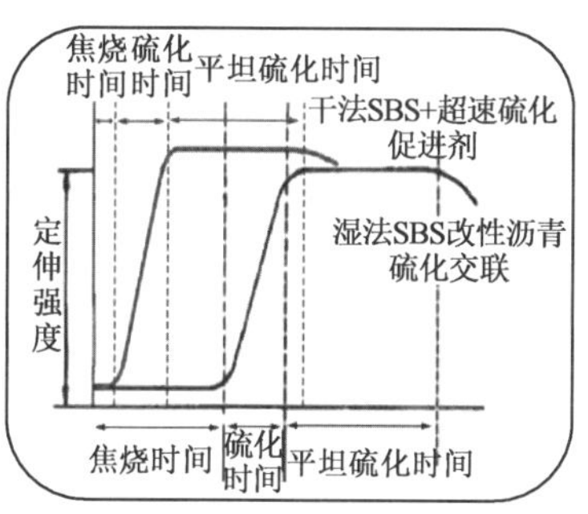


图 2 三大关键技术

(2)外加剂直投工艺实现 SBS 改性的最佳性能

干法 SBS 改性剂为常温储存,可提前采购,应用时直接投入沥青拌和楼拌缸,与沥青、集料直接制备性能优良的 SBS 改性沥青混合料,并可根据项目及施工组织需求,随时生产,施工过程同普通沥青路面技术。

本技术实现了 SBS 改性剂与基质沥青的分开使用,可实现此两大关键原材料品质和用量的透明化管控,并且直投工艺避免了湿法 SBS 改性沥青的长时间高温储存、运输产生的性能衰减问题。结合工程应用情况,在同等 SBS 用量前提下,干法关键指标比湿法现场(平均储存 3d 工况)性能高约 30%。干法 SBS 改性沥青混合料生产流程见图 3。

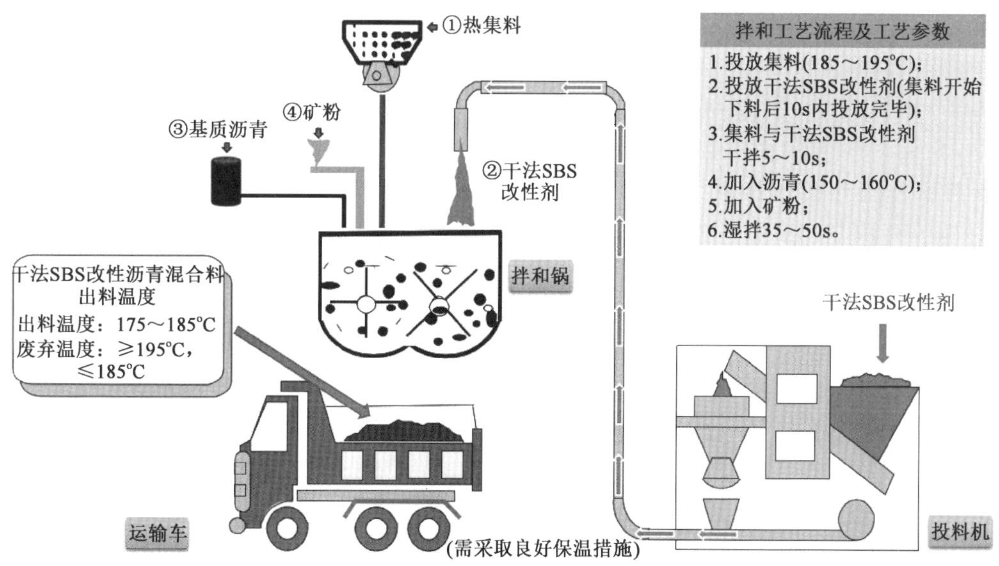


图 3 干法 SBS 改性沥青混合料生产流程

(3)新一代精细化施工装备及监控系统形成了健全的管控系统

通过二级减量称重和抗振动设计、高压助推风机组合动力,研发了高精度(3%以内)、高速度(大于3kg/s)、异常情况自动报警的精细化投料设备及融合外加剂的拌和楼生产信息监控系统,进而建立了干法SBS施工"本地投料设备、拌和楼控制室、远程网络客户端"三位一体的管控系统。

## 3 技术应用情况

干法SBS改性技术适用于所有设计和应用改性沥青的项目,并可为湿法改性存在缺陷的细分场合提供全新解决方案,如应用于周边配套的改性沥青产业较少的偏远地区及海外项目,部分与SBS相容性差的沥青,小批量的养护项目及市政工程以及交叉口、公交车道和长上坡、高速公路货车道等需性能强化的工程。具体应用时,可依据中国公路学会团体标准《公路干法SBS改性沥青路面技术指南》(T/CHTS 20002—2018)指导施工。

目前,干法SBS改性技术已经在山东、江苏、河南、新疆、河北、湖北等地的高速公路、城市道路、国省道干线公路得到示范应用,同时在日本、东南亚和非洲的部分项目得到示范,应用总里程达到800多公里,跟踪观测效果良好。最早的干法SBS试验段,河南鹤壁S222线经7年的重载交通的碾压,路段仍然保持着良好路况(图4),标志着干法SBS改性技术具有优异的耐久性,可显著提高沥青路面的使用寿命。山东潍日高速30km示范段至今已应用5年,通过与常规对比段的路面损坏、平整度和车辙检测比较,表明干法SBS应用路段具有很好的行车舒适性和抗车辙能力。

随着各地工程观测效应的显现,干法SBS技术的推广将进一步加速,推进行业改性沥青技术变革。

## 4 效益情况

### 4.1 社会效益

(1)减少巨大的改性沥青加工、运输的能耗,直接将改性沥青环节的碳排放清零

干法SBS改性技术的实现,可通过"干法SBS改性剂+基质沥青"替代湿法改性技术,将SBS改性沥青加工与沥青混凝土拌和生产工序"二合一",可直接生产改性沥青混合料,直接将改性沥青环节的碳排放清零。

图4 河南鹤壁S222线干法SBS应用已7年

(2)延长道路使用寿命,可减少维修活动的经济浪费和交通堵塞社会成本

干法SBS改性技术,换来了充足的SBS改性剂用量、优良的路用性能,较传统湿法SBS改性技术,其可将路面使用寿命平均延长25%以上,减少维修活动的经济浪费和交通堵塞社会成本,具有十分突出的投入-产出效益。

### 4.2 经济效益

由于取消了成品SBS改性沥青的生产、运输环节,节省了大量的工厂建设、人工、材料、燃料、设备购置费用,仅需要购买一种干法SBS即可实现沥青改性。经测算,在路用性能指标相同的情况下,干法SBS技术改性成本较湿法SBS改性沥青技术降低10%。

从全寿命周期看,干法SBS技术投入成本不高于湿法,但换来了充足的SBS改性剂用量、优良的路用性能,克服了诸多传统SBS沥青技术的质量缺陷,预计路面使用寿命可延长25%以上。初步测算,按照每公里大修投资2000万元、平均8年维修周期计算,每公里可节约养护资金500万元,可减少维修活动对道路通行和环境的影响,具有十分突出的经济效益。

## 5 总结

本项目研究的新一代环保型干法SBS技术,

既继承了 SBS 的优良性能，又改进了湿法工艺的缺陷，且更节能环保，是全球 SBS 改性沥青体系建立 40 多年来，首次突破其湿法胶体磨工艺的创新成果，其高度契合绿色公路、品质工程的建设理念，必将推进道路沥青改性技术和产业的重大变革。

# 纳米改性沥青路面自修复微裂纹性能研究

（东北林业大学）

## 0 引言

为修复沥青路面在车辆荷载重复作用下产生的微裂缝，针对高性能纳米材料增强沥青路面微损伤自修复性能开展研究。设计“疲劳-愈合”试验评价纳米蒙脱土改性沥青及混合料的愈合性能，并从表面自由能理论与微观机理等方面综合阐述纳米材料增强沥青愈合的机理。总结了工厂化生产纳米改性沥青的技术要点和施工技术要求，经铺筑试验路段及运营后的质量回访调查，证明研究应用的纳米材料可提高沥青路面微损伤自修复性能，并具有良好的服役效果。

## 1 技术概况

由重复交通荷载等因素引起的疲劳裂缝是沥青混合料裂缝产生的常见形式，沥青作为一种黏弹性材料，当裂缝表面的沥青分子因为流动而相互接触时，在范德华力的作用下就会产生吸附与浸润，为沥青的自愈提供基础。因此，采用增强技术促进沥青路面的微损伤自愈合是十分必要的。纳米材料具有特殊的界面效应，极易与其他原子结合而形成稳定状态，可用于提升沥青路面微损伤自修复性能，利用有机纳米蒙脱土促进高分子材料的微裂纹自愈合技术不涉及破坏和重新连接聚合物链，而是由纳米级分散颗粒相在聚合物相之间填补裂缝和裂缝尖端的缺陷，借助纳米蒙脱土自身较强的愈合能力，通过改善沥青中的组分和化学结构促进沥青微损伤的愈合，延缓道路裂缝病害的产生，大幅减少路面养护工作量，提高路面服役质量。

## 2 技术分析

### 2.1 技术原理

自愈合是指材料遭受外力作用出现破损和断裂时，可依靠自身结构性能修复损伤实现部分或完全恢复的过程。沥青是一种感温型材料，在一定的温度条件下沥青混凝土内部的微损伤可实现自愈合。基于表面能理论，材料愈合定律中自愈合过程的能量转移被视作开裂的逆过程，此种理论从能量角度解释了混合料自愈合特性产生的原因。沥青内部微损伤自愈合的本质是裂缝界面的沥青分子为降低表面自由能而自发进行的界面浸润和分子扩散。在沥青中添加高性能的纳米材料促进沥青及混合料的自愈合行为，依靠自身的纳米尺寸效应促进微裂纹在服役环境条件下的自愈合，应用前景广阔。

### 2.2 关键技术、工艺流程及主要设备

（1）纳米改性沥青自愈合试验设计及性能评价

沥青路面受到实际行车荷载的间歇作用，路面始终经历着“损伤-愈合-损伤”的循环过程。基于能量耗散理论研究了纳米改性沥青及混合料的损伤愈合过程，采用动态剪切流变仪的时间扫描模式和半圆弯拉试验进行了疲劳-间歇模拟愈合试验，研究了愈合温度、损伤度、愈合时间、老化时间等因素对纳米改性沥青自愈合能力的影响。同时采用灰色关联分析法分析各因素与沥青愈合能力的关联程度，评价各愈合因素对于纳米改性沥青愈合性能的影响（图1）。

（2）基于表面自由能的沥青自愈合机理分析

损伤与修复过程伴随着能量转移，沥青及混合料自愈合是裂纹界面的沥青分子为降低表面自由能而自发地进行界面润湿和分子扩散的过程。通过观察纳米改性沥青的微观结构并对纳米层间距进行表征，探明纳米复合结构的种类与分布状态，基于表面自由能理论计算热力学参数，并将其与沥青愈合性能参数相关联，结合纳米改性沥青的分子量分布与特征官能团变化综合解释纳米改性剂增强沥青愈合性能的作用机理（图2）。

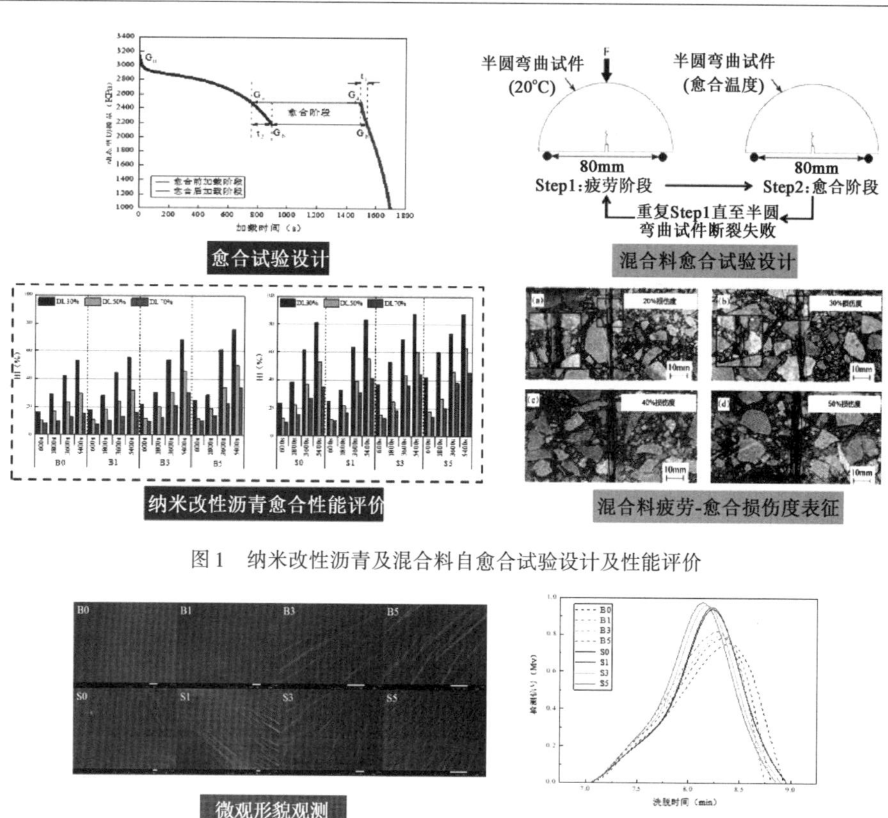


图1 纳米改性沥青及混合料自愈合试验设计及性能评价



图2 纳米改性沥青理化特性与自愈合机理分析

(3)纳米蒙脱土增强沥青自愈合机理研究

沥青的表面和内部微裂缝将通过减少表面积的方式促进微裂缝的愈合,有机纳米复合材料可以在沥青中产生插层或剥离结构,稳定的层状结构增强了聚合物链和黏土层之间的相互作用,进而改善了宏观上聚合物整体的黏聚力(图3)。此外,根据材料的熵、焓相互转化原理,沥青中存在的较小的、极性较低的纳米材料具有较高的趋于修复损伤特性,分散在聚合物中的纳米颗粒迁移到聚合物界面产生的裂缝中(图4)。

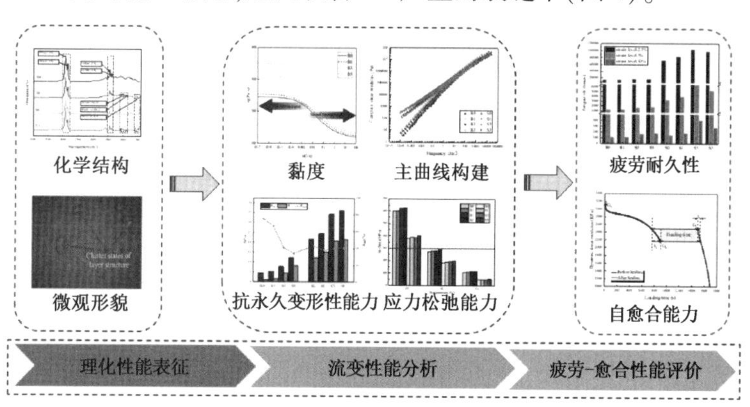


图3 纳米蒙脱土增强沥青自愈合机理分析

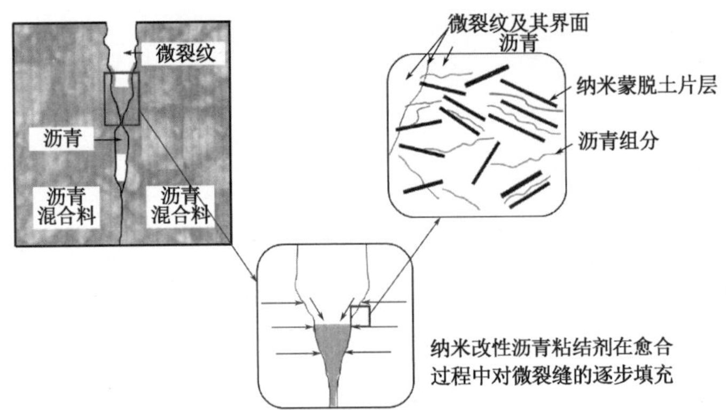


图4 纳米改性沥青的微观愈合进程示意图

(4)工艺流程与主要设备

首先,将不同掺量的纳米蒙脱土掺入沥青并提出纳米改性沥青制备工艺。其次,选定自愈合评价指标对多次损伤-愈合性能进行评价,并结合愈合温度、损伤程度、愈合时间、老化程度影响因素总结了纳米改性沥青自愈合规律。而后,在探究蒙脱土增强愈合机理过程中,项目采用X射线衍射试验、扫描电镜试验观测并表征微观形貌;采用固滴法接触角试验根据表面自由能理论提出热力学参数指标;采用红外光谱试验、凝胶色谱试验分析化学结构组成,并根据试验结果分析与自愈合性能的相关性。然后,基于半圆弯拉试验研究混合料自愈合性能,并在多次愈合评价指标、多因素愈合影响基础之上得出混合料自愈合阈值条件。最后,结合室内试验展开纳米改性沥青现场铺筑,总结质量控制要点、施工工艺与技术,并在道路运营期间对道路质量与服役情况展开调查,分析经济与社会效益,技术路线图如图5所示,室内外试验设备与机具如图6所示。

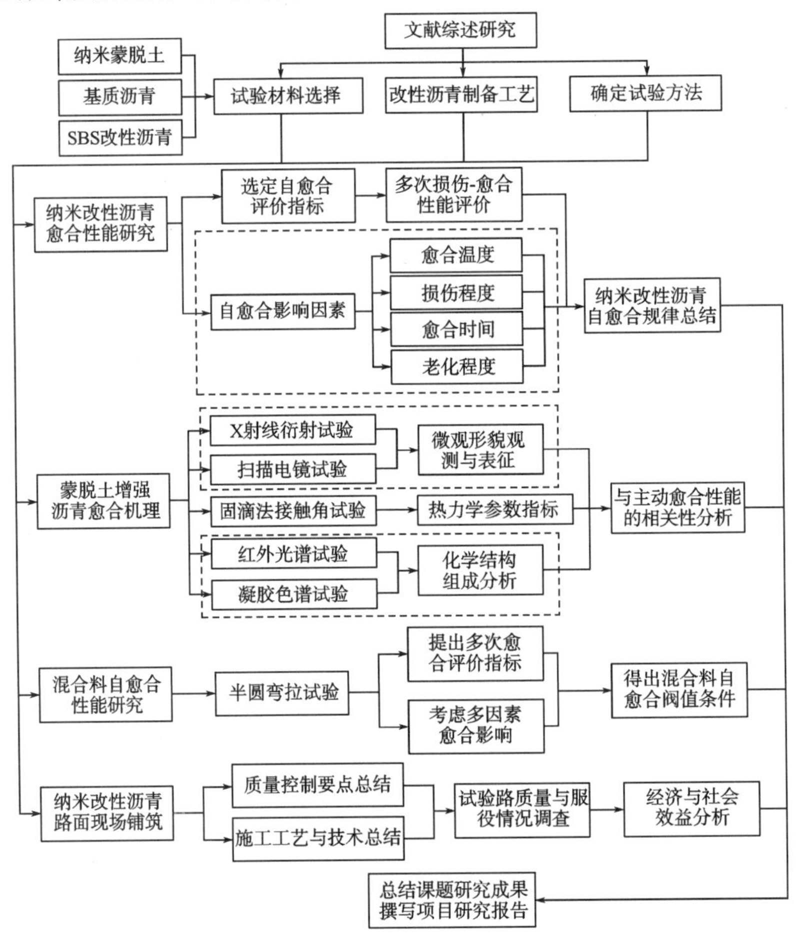


图5 技术路线图

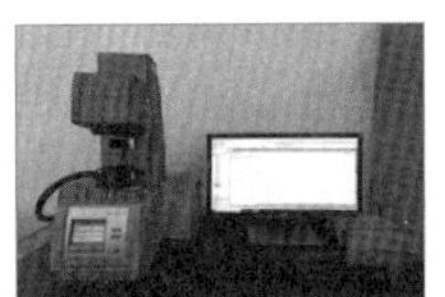

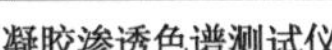


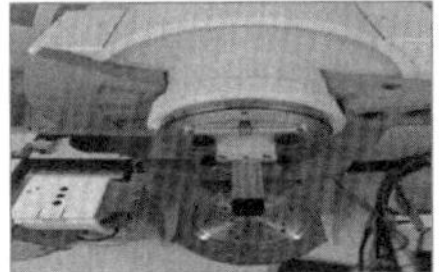


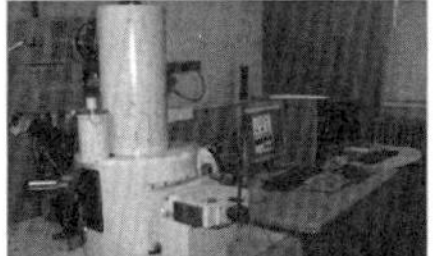

图6 室内外试验设备与机具

## 3 技术应用情况

### 3.1 应用项目介绍

于黑龙江省齐齐哈尔市S309省道东阳至碾子山界段铺筑试验路段。黑龙江省交通运输厅科技项目“纳米改性沥青路面自修复微裂纹性能研究”针对纳米蒙脱土增强沥青及混合料愈合特性及机理开展深入研究，证明了纳米改性沥青路面具有较好的微损伤自愈合效果和工程应用的可行性。

### 3.2 实施方案及流程

(1)室内试验

本项目以探究纳米材料的自修复能力为切入点，从纳米改性沥青自愈合性能、纳米蒙脱土增强沥青愈合机理、纳米改性沥青混合料自愈合性能、纳米改性沥青混合料路用性能评价及应用四个方面展开室内试验研究，具体包括沥青“疲劳-愈合”试验、表面自由能理论与愈合机理分析、分子结构指数与愈合机理分析、分子量分布与愈合机理分析、蒙脱土纳米层间距表征、纳米改性沥青微观形貌观测、纳米改性沥青混合料路用性能评价、纳米改性沥青混合料愈合性能测试。

(2)试验路段铺筑

该段公路为省道，公路等级为二级公路，路面宽度为8.5m，行车道宽度为2×3.5m，沥青混凝土上面层为5cm AC-16沥青混凝土，试验路段长度为300m，纳米改性沥青自修复微裂纹试验路段总铺筑面积为300m×8.5m=2550m$^2$。

## 4 效益情况

### 4.1 社会效益

纳米材料属于新型材料，其在沥青路面材料领域的研发和应用本身就具有较强的社会效益，是由环保效益间接产生了良好的社会效益。与普通沥青路面相比，纳米改性沥青路面具有微损伤自修复的特点，在一定程度上延缓了道路病害的产生，进而在实现长寿命路面发展的目标上更进一步，具有良好的社会效益和推广价值。作为可实现多次自修复微损伤的沥青路面，可减少人工养护频次，推迟道路中大修养护工程的开展，既在道路建设中保护了环境，又为道路领域践行低碳理念做出贡献。

### 4.2 经济效益

试验路段长度为300m，面层宽8.5m，自修复纳米改性沥青路面层厚5cm，总铺筑面积为300m×8.5m=2550m$^2$，摊铺沥青混合料总体积为

$300m \times 8.5m \times 0.05m = 127.5m^3$。其中，纳米改性剂的质量为沥青用量的3%。查阅相关价格和计算得出，纳米改性沥青路面每公里价格相比传统沥青路面仅增加约6万元，若对纳米改性沥青路面进行量产，则纳米改性剂与制备纳米改性沥青成本将会进一步降低。路面损坏后进行一次维修罩面，每公里维修费用需要几十万甚至上百万元。如果道路病害严重，需要对面层进行重新铣刨摊铺，其每公里维修费用也需要十余万元。因此，采用具有自修复纳米改性沥青路面，在正常环境条件下进行主动愈合，延缓道路裂缝等病害的发生，可大大降低相关维修养护费用，经济效益十分可观。

## 5　总结

研究成果的主要技术优势和创新点总结如下：

①采用了性能优异的有机纳米蒙脱土作为研究对象，并根据能量耗散理论阐述了纳米蒙脱土在一定愈合条件下可有效提高沥青的微损伤自愈合能力。

②提出了沥青混合料多次愈合评价指标，用于探究纳米改性沥青混合料微损伤在不同条件的多次愈合性能，总结了纳米改性沥青混合料多次愈合演化规律。

③探明了纳米蒙脱土对沥青表面自由能、化学组成和微观特性的影响，多角度揭示了纳米蒙脱土增强沥青及混合料微损伤自修复的机理。

通过对纳米改性沥青路面的研究与实践，证明了纳米材料可以有效地促进沥青路面微裂纹自修复在工程应用中的可行性，具有良好的推广前景。

# 高掺量 RAP 厂拌热再生沥青面层低碳技术

(湖南省交通科学研究院有限公司;常德熠联新材料有限公司)

## 0 引言

截至2022年末,全国公路总里程为535.01万公里,公路养护里程占公路总里程的99.6%,公路已由大规模建设期进入到维修养护期。回收沥青路面材料(RAP)作为一种可再生资源,其再生集料和再生沥青均可用于沥青混合料,这不仅可以解决旧沥青材料大量堆放给环境带来的污染问题,同时也缓解了砂石资源供应紧张局面,降低工程造价。再生混合料中RAP掺量主要取决于RAP的特性、再生剂类型和用量、级配设计、生产工艺以及施工摊铺技术。已有研究表明,当RAP掺量较低(掺量为30%)时,对沥青混合料低温性能影响不大,但随着掺量的继续增加,沥青混合料低温性能显著降低。因此,许多国家和机构不允许在热再生混合料中使用超过40%的RAP。为解决上述技术难题,湖南省交通科学研究院有限公司承担了国家重点研发计划“固废资源化”重点专项“长江中游典型城市群多源无机固废集约利用及示范”课题四——“生态化建材在长江中游海绵城市中的典型应用技术研究”(2019YFC1904704),负责道路垃圾再生的研究任务,深入研究了高掺量RAP厂拌热再生沥青面层关键技术。

## 1 技术概况

本技术针对传统厂拌热再生工艺再生混合料性能差、RAP的附加值低和掺入比例低,以及RAP预热温度高等技术问题,进行技术升级与完善,通过“优化混合料级配设计+双改性提升性能+调整新集料和RAP的预热温度+延长拌和时间”等方法,实现了复杂来源RAP高比例掺入再生改性沥青混合料中。

## 2 技术分析

### 2.1 技术原理

RAP再生与再生剂密不可分,但是,目前大部分研究往往只针对基质沥青的再生,而忽视了对改性沥青的再生,这是导致RAP掺量较低、RAP利用附加值低、再生的SBS改性沥青混合料性能差的主要原因之一。针对上述技术难题,通过对老化沥青和再生SBS改性沥青混合料的双重性能改善,提升再生沥青混合料的性能,实现同层位的RAP掺量不低于50%的目标。

### 2.2 关键技术及主要设备

(1)关键技术

基于双改性技术(同时改善旧沥青及旧沥青混合料性能),在保证路用性能的前提下,使得再生改性沥青混合料中RAP掺量提高至50%,解决了RAP掺量和应用层位均较低的技术难题。优化钢渣沥青路面施工工艺,通过调整新集料和RAP的预热温度,延长拌和时间,实现复杂来源RAP高比例掺入再生改性沥青混合料中。

(2)主要设备

高掺量RAP厂拌热再生设备和常规厂拌热再生设备并无差异。

## 3 技术应用情况

### 3.1 应用项目介绍

高掺量RAP厂拌热再生沥青混合料在平益高速公路、常德市常丹路、常德市欣荣路等进行了示范应用,混合料类型主要为改性沥青混合料AC-20。

### 3.2 实施方案及流程

首先对再生沥青混合料进行配合比设计及路用性能验证,然后进行黏层油洒布、拌和楼拌和、混合料运输、摊铺、碾压及现场检测。

## 4 效益情况

### 4.1 社会效益

高掺量再生沥青混合料建设期排放的最主要

温室气体是 $CO_2$。1000$m^3$ 高掺量再生沥青混合料在建设全过程中 $CO_2$ 的碳排放量为 176.9t，远低于改性沥青混合料的 263.4t，减排效率为 32.8%。RAP 掺量每增加 10%，碳排放约降低 6.6%。推动 RAP 资源化应用于道路面层中，不仅可以避免废旧材料占用土地和污染环境，而且可以减少对优质石料、沥青的需求，并能助力资源利用产业发展，有利于打造"无废城市"，对社会生态环境起到了积极保护作用，具有较好的社会效益。

### 4.2 经济效益

对高掺量 RAP 改性沥青 AC-20 的材料成本进行测算，与不掺旧料的 SBS 改性沥青 AC-20 相比，当掺加 50% RAP，每吨混合料材料单价可由 332.5 元降低至 210.1 元，节约材料费用 36.8%。

## 5 总结

针对目前厂拌热再生技术存在的旧料掺量低、降层错位利用附加值低、再生混合料性能差等技术问题，通过"优化混合料级配设计 + 双改性提升性能 + 调整新集料和 RAP 的预热温度 + 延长拌和时间"等方法，实现了复杂来源 RAP 高比例掺入再生改性沥青混合料中，使复杂来源的 RAP 中的旧沥青可百分百再生为改性沥青，实现高层位高比例 RAP 的再生利用。

# 多维度荷载耦合下软弱土路基灾变理论与防控关键技术

(河南交院工程技术集团有限公司)

## 0 引言

该项目针对我国软弱土路基安全防范面临的技术难题,建立了多维度荷载耦合下软弱土非共轴本构模型与路基沉降计算理论,提出了仿真施工过程局部大变形理论并开发了计算分析软件,研发了物理、化学及生物加固路基的成套技术,发明了路基边坡加固集约式高聚物微型桩装置,以及玄武岩纤维制品路基边坡生态防护集成技术,对"创建平安百年品质工程",提升道路安全运营水平,实施绿色低碳工程建设,节约用地等具有重要意义,推广应用前景广阔。

## 1 技术概况

结合我国软弱土路基灾变防控的迫切需求,本项目开展了多因素耦合影响下软弱土路基的静动力特性及灾变规律研究,建立了多维度荷载耦合下软弱土路基沉降计算理论,开发了模拟施工过程的局部大变形分析方法及计算软件,建立了基于非线性破坏准则的静、动荷载作用下的三维路基边坡稳定性极限分析方法,研发了新型便捷的路基病害检测及智能监测成套技术及装备,提出了不同类型软弱土路基及边坡加固成套技术。

## 2 技术分析

### 2.1 技术原理

建立复杂应力路径下土体的非共轴本构模型及不良路基破坏标准,提出多维度荷载耦合下软弱土路基沉降计算理论,建立模拟施工过程的局部大变形分析方法,开发相应的计算软件,验证所建立大变形法的有效性、可靠性及适用性,揭示多因素耦合影响下饱和软弱土路基的静动力特性及灾变规律。针对不同类型的软弱土特性,研发形成物理、化学以及生物等不同机理的加固改善路基成套技术。研发高聚物注浆加固土体的可视化注浆工艺及装备,以及基于微生物的绿色、生态加固软弱土路基关键技术;确定新型环保固化剂化学改良软弱土的最佳掺拌剂量;形成基于玄武岩纤维土工格栅路基稳定性和软弱土路基改善的成套技术。发明路基边坡加固集约式高聚物微型桩装置,以及玄武岩纤维制品路基边坡生态防护集成技术,提升路基生态防护理念。研发结构轻巧、组装拆卸便捷的智能电动触探仪以及移动式路基病害检测成套装置,构建基于北斗的公路灾害多维多基立体监测技术体系,增强灾害判识与防御能力。

### 2.2 关键技术及主要设备

本项目技术在试验方法及本构模型方面:考虑了多维度耦合的应力路径、非共轴因素的本构模型、不同倾角固结因素、实现真实交通荷载的加载模式,建立了多维度荷载耦合下软弱土非共轴本构模型与路基沉降计算理论,揭示了多因素耦合影响下软弱土路基的静动力特性及灾变规律。

(1)路基病害修复技术。研发了高聚物注浆加固土体的可视化注浆工艺及装备,以及基于微生物的绿色、生态加固软弱土路基关键技术;确定了新型环保固化剂化学改良软弱土的最佳掺拌剂量;形成了基于玄武岩纤维土工格栅路基稳定性和软弱土路基改善的成套技术。

(2)路基边坡加固技术。发明了路基边坡加固集约式高聚物微型桩装置,改进了基于玄武岩纤维制品的路基边坡生态防护集成技术,保障了路基边坡的稳定性,节约了土地资源。

该项目技术创新性强,成果丰富,整体达到国际领先水平。

## 3 技术应用情况

### 3.1 应用项目介绍

本项目技术应用于河南渑池到山西垣曲高速公路河南段项目，路线全长约40.081km。全线采用设计速度为80km/h的高速公路标准建设。全线挖方939万$m^3$，填方632万$m^3$，挖方平均高度为8.5m，填方平均高度为6.7m，本项目批复总概算为50.46亿元。

### 3.2 实施方案及流程

该路段地基大多属于湿陷性黄土，需对软弱地基段及高路堤段进行加固处理，因此引进多维度荷载耦合下软弱土路基灾变理论与防控关键技术：多路段使用玄武岩纤维格栅路基防控技术、局部段落使用微生物固化粉土技术进行路基加固；全方位使用新型电动触探仪对路基加固前后进行快速检测、比对加固效果；试用了多维多基立体灾害监测体系，目前一直对建设期及运营期的路基进行持续监测，保障项目运行安全，有效地避免了软弱土引起的次生灾害。

该项目成果的成功应用缩短了5%的工期，降低了6%的工程成本，减少了10%的临时土地征用，有效地控制了路段后期沉降，提高了施工效率，累计经济效益达到12500万元，效益显著，建议在行业推广使用。

## 4 效益情况

### 4.1 社会效益

该项目技术成果对于"创建平安百年品质工程"保障道路安全运营意义重大，对推行基础设施绿色低碳建设管理、统筹利用土地资源、实现节约用地具有重要现实意义。

项目提出的多维度荷载耦合下软弱土路基灾变理论和工后沉降预测方法，可从多荷载耦合作用角度评价软弱土路基的使用性能。研发形成了物理、化学以及生物等不同机理的加固改善路基成套技术，开发了基于绿色、低碳的玄武岩纤维制品的路基沉降控制与边坡生态防护成套技术，提升了路基生态防护理念，符合国家节能减排、保护环境的发展战略要求。

### 4.2 经济效益

项目成果已应用于省内外近20个重大道路工程项目，如在达州至宣汉快速通道PPP项目，应用项目涵盖了珊瑚砂、软黏土、粉土及泥炭土等多种软弱土地质类型。应用实例表明，保障了道路运营安全，节约了土地资源，降低了投资成本，产生了较好的经济效益。成果经推广应用后，实现新增销售额12.3亿元，新增利润近1.5亿元。

## 5 总结

本项目技术的优势和创新点如下：

(1)阐明了多维度荷载耦合影响下软弱土路基的静动力特性及灾变规律，建立了复杂应力路径下土体的非共轴本构模型及不良路基破坏标准，提出了多维度荷载耦合下软弱土路基沉降计算理论，建立了模拟施工过程的局部大变形解析方法，开发了相应的计算软件。

(2)形成了基于玄武岩纤维土工格栅改善软弱土路基稳定性的成套技术，研发了新型环保固化剂并提出了化学改良软弱土的最佳掺拌剂量及技术措施，提出了基于微生物的绿色、生态加固软弱土路基关键技术，研发了高聚物加固土体的可视化注浆工艺及装备。

(3)建立了基于非线性破坏准则的静、动荷载作用下的三维路基边坡稳定性极限分析方法，发明了路基边坡加固的新型集约式高聚物微型柱技术及装置，以及玄武岩纤维制品路基边坡生态防护集成技术，保障了路基边坡的稳定性，节约了土地资源。

(4)研发了结构轻巧、组装拆卸便捷的智能电动触探仪以及移动式路基病害检测成套装置，构建了基于北斗的公路自然灾害多维多基"天-空-地"立体监测成套技术体系，增强了灾害判别、风险分析与灾害防御的能力。

# 低温改性沥青混凝土材料设计与施工成套技术

（黑龙江省交通运输信息和科学研究中心）

## 0 引言

针对低温改性沥青混凝土路面修筑技术在黑龙江省应用的技术障碍，如低温改性沥青技术指标、低温改性剂掺量、低温改性沥青混合料材料组成设计方法及技术指标体系、路面施工工艺及质量验评标准与现行规范的衔接问题等研究团队对低温沥青改性剂等进行了研究设计，并研制了施工成套技术。低温沥青改性剂可以弥补以往冷拌材料路用性能不良、不适宜全幅摊铺及使用的技术缺陷；与传统的热拌沥青混合料和温拌沥青混合料相比，其消耗的能源、释放的有害气体更少，并能在低温和零下温度条件下施工，解决了沥青路面只能在高温季节施工的技术难题，实现了黑龙江省沥青路面在特殊环境（主要是低温）、特殊条件（路面周边无热拌站）下的修筑及养护。

## 1 技术概况

根据LSM低温改性沥青及沥青混合料施工与质量控制在黑龙江省的使用经验，结合现行的公路工程、城市道路基础设施行业标准，针对LSM低温改性沥青路面的施工特性，对其原材料技术要求、材料组成设计方法、控制指标、施工技术、施工质量检验方法及标准提出原则性规定，以规范该类材料工程应用，并形成标准化，为节能减排型新材料的推广应用奠定基础，为黑龙江省地区绿色道路、低碳公路的建设和示范提供助力。

## 2 技术分析

### 2.1 技术原理

根据低温改性剂的配制目标与现行《公路沥青路面施工技术规范》（JTG F40—2004），分析沥青混合料在低温条件下施工的功能需要，确定低温改性沥青的关键技术指标；通过研究低温改性剂的配方组成，选出最优的改性剂配方，在试验室进行掺入LSM后的改性沥青性能试验；依据传统试验方法优选数学模型，通过科学设置间断点、填料含量和改性剂掺量等关键指标，研究低温改性沥青混合料配合比设计方法，同时利用沥青混合料马歇尔试验，高温、低温、水稳定性能试验方法，提出低温改性沥青混合料质量控制标准；通过单轴抗压强度和马歇尔稳定度、车辙试验指标评定沥青混合料的强度特性，分析低温沥青混合料强度增长规律，总结出施工中的关键技术控制方法。

### 2.2 关键技术及工艺流程

（1）关键技术：分别对低温改性剂不同掺量的性能分析、低温改性沥青及低温改性沥青混合料物理力学性能指标的质量控制标准进行了相应研究。对LSM低温改性沥青混合料的强度增长规律进行了大量的试验与研究，总结出LSM低温改性沥青混合料的初期强度和后期强度增长情况，确定交工验收工期。通过现场铺筑试验路总结出低温改性沥青的关键技术、控制标准和低温改性沥青混合料现场质量控制标准，整理出一套适合黑龙江省的LSM沥青混凝土路面施工技术标准。

（2）工艺流程及主要设备：铺筑沥青层前，应检查基层或下卧沥青层的质量，不符合要求的不得铺筑沥青面层。旧沥青路面或下卧层已被污染时，必须清洗或铣刨处理后方可铺筑沥青混合料。其他施工关键工序请参考《低温改性沥青混凝土施工技术指南》（DB 23T 2134—2018）。

## 3 技术应用情况

2017 年 6 月 25 日,技术成果在逊克县农村公路孙逊公路逊克至逊河段改建工程 A1 标段中进行了应用,为下一步研究奠定基础。

## 4 效益情况

### 4.1 社会效益

LSM 低温改性沥青混凝土的社会效益主要体现在以下两个方面:一是 LSM 低温改性沥青混凝土可以在 -10℃条件下进行施工,有效延长了施工周期;二是应用 LSM 低温改性沥青混凝土可以降低沥青用量,减少煤和电的消耗,既可以节约造价,又节能环保,符合我国绿色环保的发展趋势。

### 4.2 经济效益

低温改性沥青混合料施工便捷、组织灵活,在保证沥青路面施工质量的基础上,提高了施工进度。根据相关统计,仅降低施工过程的废弃料损失,便可带来经济效益 0.29 万元/公里,再加上施工时摊铺机械不用加热到高温状态,压路机台班可以适当减少,可以在较低温度下施工以加快施工进度等带来的间接经济效益,总体看经济效益可观。

## 5 总结

本研究有以下创新点:

(1)考虑沥青混凝土低温施工需要,选取低温试验条件(5℃)针入度、软化点、延度以及黏度、弹性恢复等指标作为低温改性沥青的关键技术指标,其核心评价理论为等效黏度理论;

(2)通过指数、对数、幂三种数学模型的设立以及间断点科学设置,调整低温改性沥青混凝土配合比设计。并提出低温改性沥青混凝土和易性检测试验方法与黏聚性检测试验方法;

(3)通过对不同龄期改性沥青混凝土动稳定度试验数据的分析,提出低温改性沥青混凝土强度增长一直持续到 90d;

(4)低温改性沥青混凝土最低摊铺环境温度为 -20℃;

(5)低温改性沥青混凝土路面交工验收时间宜为铺筑碾压完成后 72h;

(6)总结低温改性沥青混合料现场质量控制关键技术主要包括沸水温拌和,密闭存储,干燥运输,摊铺厚度、低频高幅,先胶后钢、以胶为主。

# "龙孚泰路"牌沥青温拌再生助剂

（北京泰路科技有限公司）

## 0 引言

对比传统热拌沥青施工技术，沥青温拌再生技术融合温拌技术和再生技术的优点，防止或避免旧料沥青再次高温老化，具有拌和与压实温度低、能耗少、废料利用率高、沥青烟排放少等优势。

"龙孚泰路"牌沥青温拌再生助剂是一种以新型表面活性剂为主要成分的复合型沥青混凝土生产助剂，符合绿色道路建设的要求。

## 1 技术概况

在我国经济快速发展的过程中，粗放型经济模式显著，这种模式对能源的消耗、对资源的浪费和对环境的破坏日趋严重。

温拌沥青混合料生产拌和温度在 120 ~ 150℃，摊铺和压实温度可低于 100℃。通过降低生产拌和温度可实现节省能源消耗的目的，随着生产拌和、施工压实温度的降低，沥青混合料排放的有毒有害气体也会减少，真正达到节能减排、保护环境的目的。温拌再生助剂的性能是决定沥青热再生技术效果的重要因素。

以新型表面活性剂为主要成分的沥青温拌再生助剂可以降低沥青拌和站生产沥青混合料出料温度 20 ~ 40℃，既能达到节能减排提高碾压效果的目的，又可以解决 RAP 旧沥青铣刨料大比例利用的生产难题。

## 2 技术分析

### 2.1 技术原理

以新型表面活性剂为主要成分的再生助剂，可降低沥青表面能，使沥青延展性提高，有效扩大裹覆面积，再复配石油基沥青还原轻组分，生产时起到沥青温拌再生辅助作用，达到节能减排降耗效果。"龙孚泰路"牌沥青温拌再生助剂物理参数见表 1。

**"龙孚泰路"牌沥青温拌再生助剂物理参数** 表 1

| 物理指标 | 单位或条件 | 参数 |
|---|---|---|
| 外观 | 20℃ | 黏稠琥珀色流体 |
| 含水率 | % | <2 |
| pH 值 | 1%浓度 | 8.6 ~ 9.6 |
| 黏度 | MPa · s | 50 ~ 250 |

### 2.2 工艺流程

温拌再生助剂添加方式简单、快捷，可直接在工厂添加，形成温拌沥青再运至拌和楼，也可在拌和站通过与沥青同步导入卸油池，再导入沥青罐中搅拌均匀（或罐内循环 1 ~ 2 遍）实现现场添加。无需新增设备，温拌再生助剂的添加量为沥青质量的 0.5% 左右。

## 3 技术应用情况

### 3.1 应用项目介绍

2019 年秋冬季至 2021 年冬季，在内蒙古通辽市政道路建设和养护项目施工中，使用了沥青温拌再生助剂，实现了直投式热再生。

### 3.2 实施方案

沥青旧料添加比例达 30% ~40%,旧料不需加热直投入拌缸,出料温度为 120 ~ 140℃,达到了节能减排降耗效果。并能保证低温( -10℃)施工质量。

## 4 效益情况

### 4.1 社会效益

温拌沥青混合料出料温度可降低 20 ~ 40℃,减少燃料使用,降低生产成本,减少污染气体排放,其中主要污染气体排放降低约 50%。热拌和温拌技术的各项有害气体排放测算结果如表 2 所示。

有害气体排放测算结果 表 2

| 测试项目 | 单位 | 热拌 | 温拌 | 降幅(%) |
|---|---|---|---|---|
| 二氧化碳($CO_2$) | $mg/m^3$ | 2.6 | 1 | 61.5 |
| 氮氧化合物($NO_x$) | $mg/m^3$ | 151 | 40 | 73.5 |
| 一氧化碳(CO) | $mg/m^3$ | 104 | 91.3 | 12.2 |
| 二氧化硫($SO_2$) | $\times 10^4 mg/m^3$ | 13 | 3.3 | 74.6 |
| 烟尘 | $mg/m^3$ | 5.6 | 2.56 | 53.8 |

### 4.2 经济效益

温拌沥青混合料生产减少了燃料用量,解决了沥青旧料大比例回收利用难题,沥青混合料运距半径扩大到 200km,从而节省成本,扩大收益。

## 5 总结

“龙孚泰路”牌沥青温拌再生助剂是一种以新型表面活性剂为主要成分的复合型多功能添加剂,可实现:①降低燃料消耗 20% ~30%;降低出料温度 20 ~40℃;提高旧料利用率 30% ~50%;②可避免旧料中沥青再次高温老化,提高沥青混合料抗剥落和抗车辙能力,提升动稳定性及抗水损指标。

# 沥青路面施工期能耗及排放监测、评估与减量化关键技术研究

(山东省交通科学研究院)

## 0 引言

项目致力于规范山东地区高速公路改扩建技术的节能评估与技术优化工作,使评估工作有据可依,通过研究能耗组成、能耗的影响因素、能耗计算方法、各能耗项单位能耗、能耗水平,提出完善的评价体系和有效可行的节能措施,从而研究开发山东省高速公路改扩建节能评估系统。项目利用生命周期评价理论(Life Cycle Assessment,LCA)对沥青路面施工全过程进行了能耗与排放分析,构建了沥青路面能耗计算评估模型和能耗评估体系,开发了沥青路面施工期全过程能耗评估程序。

## 1 技术概况

项目针对当前沥青路面施工能耗和排放的关键节点不够清晰、量化分析指标和评估方法体系不够明确、针对性的减量化技术不够完善和成熟等问题,在总结国内外现状的基础上,通过理论分析、室内试验、现场连续监测、数值模拟、工程实践等研究手段,对沥青路面施工期能耗及排放监测、评估与减量化等关键技术进行研究,构建了沥青路面施工期能耗与排放监测和评估技术体系,提出了沥青路面施工一体化节能与排放控制技术,并在公路交通环境污染源分类研究、沥青路面施工期能耗与排放评估体系研究成果的基础上,建立了绿色公路综合评价分类细化模型,最终实现了路面施工能耗和排放准确衡量、科学评估,节能环保技术合理决策和标准化应用。

## 2 技术分析

### 2.1 技术原理

项目总体研究思路:一是研究构建沥青路面施工期能耗与排放监测和评估技术体系;二是研究和提出沥青路面施工一体化节能与排放控制技术;三是建立基于能耗与排放控制的绿色公路综合评价分类细化模型。

### 2.2 关键技术及主要设备

对沥青路面施工期典型技术进行了能耗和排放的系统测算比较,提供了沥青路面的典型环保技术借鉴清单。开发了基于涡流热膜换热技术的沥青动态加热装备,提出了“机械发泡温拌 + 油改气 + 沥青动态加热”的一体化节能控制技术。形成颗粒物及 VOC 排放减量化成套技术。对公路建设期污染源进行分类识别,并明确了相应的主要污染物特征因子及重点区域,明确了公路建设期间排放污染源环境空气的污染特性和相关规律。通过调查统计、数值分析,结合公路建设养护实际情况,提出了二、三级分类评价指标体系及权重,推荐了具体的计分办法,综合建立了绿色公路综合评价分类细化模型,为绿色公路的科学规划与决策管理提供科学指导。

## 3 技术应用情况

本项目主要依托工程(济青高速公路改扩建工程)被列入交通运输部绿色科技示范工程。实现绿色与节能减排是工程实施的重要目标之一,通过项目的研究与示范应用有力地支撑了科技示范工程的实施效果。

项目全部研究成果已成功应用于济青高速公路改扩建项目,通过采取沥青机械发泡温拌技术,沥青混合料生产过程中的能耗和排放均降低了30%以上;通过“喷淋 + UV 光解设备”的应用,项目相对无组织排放的沥青拌和站可降低沥青烟、VOC 等排放 80% 以上。项目的沥青烟减排技术等

部分成果在威海市省S201威东线田和至温泉段改建工程等项目中得到成功应用，节能减排效果良好；同时项目基于“云+”架构的排放物实时监测系统也在济南至泰安高速公路、高唐至东阿高速公路中得到成功应用，均取得了良好的社会效益和环境效益。

在项目实施过程中，对项目沿线6个标段以及各场站主要空气污染物进行实时监测。结果表明，项目建设期间，主要空气污染物浓度均能满足国家及地方要求的控制标准，且都维持在较低的范围之内。同时开展了社会调查，公众对项目建设表示支持和认可，环保投诉解决妥当，项目荣获“2018年度交通运输节能减排示范项目”，节能减排成果受到认可。

## 4　效益情况

### 4.1　社会效益

项目针对沥青路面施工期的能耗与排放节点不明确、缺失相关的节能减排定性和定量化评价以及减量化技术等问题，自2013年开始对沥青路面施工中的排放物进行系统分析与研究，2017年以交通运输部科技示范工程、“交通强国”山东示范区支撑项目——济青高速公路扩建绿色科技示范项目为依托，开展沥青路面施工期能耗及排放监测、评估与减量化等关键技术系统研究，建立了以能耗和排放量化分析为核心的沥青路面节能减排分析评价体系，研究总结了一整套相应的沥青路面施工能耗与排放减量化技术，最终实现了路面施工能耗和排放准确衡量、科学评估，节能环保技术合理决策和标准化应用，并初步建立了绿色公路综合评价分类细化模型，实现了绿色公路综合量化评估，促进了我国相关技术的进步，有效促进了相关项目的社会和环境效益。

### 4.2　经济效益

自2018年以来，项目研究成果推广应用已超过600km，其中沥青路面施工一体化节能与排放控制技术仅在减少燃料用量方面已节约工程投资约1500万元，另外采用节能和排放控制技术可有效降低人员、设备及材料损耗等方面的成本，总体节约成本约600万元。目前，项目的研究成果正进一步在山东省内新建、改扩建高速公路及国省道项目中进行广泛推广和应用。同时，碳排放和空气污染物排放降低量为30%左右。

## 5　总结

项目通过理论分析、室内试验、现场连续监测、数值模拟、工程实践等手段，对沥青路面施工期能耗及排放监测、评估与减量化等关键技术进行研究，有效降低了依托工程路面施工能耗和污染物排放量。研究总结了一整套相应的沥青路面施工能耗与排放减量化技术，最终实现了路面施工能耗和排放准确衡量、科学评估，节能环保技术合理决策和标准化应用，并初步建立了基于能耗与排放控制的绿色公路综合评价分类细化模型，实现了绿色公路综合量化评估，也为同类绿色公路项目环境保护控制技术提供了系统的科学依据。

# 高速公路改造项目低碳建造关键技术研究

(天津高速公路集团有限公司)

## 0 引言

近年来,为了满足日益增长的交通运输需求,我国不仅新建了许多高等级公路,还陆续对先期建设的一些高速公路进行了拓宽改造。同时,由于交通功能的调整以及公路网布局优化的需要,必须对一些立体交叉、收费站及服务建筑等设施加以改造。而公路改造工程会产生大量的建筑废弃物,这些建筑废弃物如果不能被资源化利用,不仅会占用大量的土地,还会带来巨大的环境污染及安全隐患。

另外,随着科学技术的发展,环境污染和资源短缺已成为我国可持续发展战略的瓶颈制约。如何实现高速公路的低碳绿色建设,开发新的绿色能源、减少资源消耗、推进资源全面节约和循环利用、降低碳排放,是高速公路建设不可忽视的重要方面。

## 1 技术概况

针对我国城市化进程中的房屋拆除、公路工程改扩建工程产生的大类建筑废弃物无法有效利用,以及公路工程建设中需要大量建筑材料、资源消耗压力巨大等方面的问题,以及“双碳”目标、公路交通建设行业的绿色环保与可持续发展,开展建筑废弃物在公路工程中的资源化利用与低碳建造关键技术研究。

## 2 技术分析

### 2.1 技术原理

通过系统科学的研究,使材料能够满足道路不同部位(路基、基层、面层)的工程技术需求,确定了满足不同需求的建筑废弃物优化配合比,形成将建筑废弃物资源化、用作道路路基、路面基层或底基层、路面面层等部位建筑材料的系统应用关键技术方法,节约道路建筑材料,并减少建筑废弃物堆放的土地占用面积和环境污染。结合高速公路(立交)工程的特点,在高速公路空地铺设太阳能光伏板,在不影响交通安全的前提下,预测发电功率,规划电力输出与存储模式,计算项目的节能效果。从开源(太阳能发电)和节流(建筑废弃物资源化利用)两方面入手,确定不同条件下的高速公路改造项目低碳建造的节能减排量化核算方法。系统分析与评估高速公路改造项目低碳建造的社会、经济与环境效益,以开源节流的战略思想,解决能源浪费、环境污染问题。

### 2.2 关键技术

(1)分析了建筑废弃物掺入量、建筑废弃物中的砖-混凝土比例等因素对建筑废弃物与土混合料的影响,明确了建筑废弃物作为公路路基填料的可行性。

(2)分别以水泥、石灰、石灰粉煤灰为结合料,系统分析了建筑废弃物再生集料掺入量、砖-混凝土比例、结合料剂量等因素对建筑废弃物与土混合料以及水泥稳定和石灰粉煤灰稳定建筑废弃物再生集料路用性能的影响规律,推荐了无机结合料稳定建筑废弃物作为公路底基层材料的优化配合比。

(3)实现了公路改扩建项目建筑废弃物的100%资源化利用,节约了建筑材料。

## 3 技术应用情况

### 3.1 应用项目介绍

本项目的技术已经在蓟汕高速公路(津滨高速—津晋高速)工程建设和津蓟高速公路宝坻温泉城互通立交改造工程等项目中得到了应用。蓟汕高速公路(津滨高速—津晋高速)工程,为双向八车道高速公路工程，于 2016 年 6 月竣工通车。津蓟高速公路宝坻温泉城互通改造工程于 2022 年 6 月竣工通车。

## 3.2 实施方案及流程

根据本项目的试验研究成果，在蓟汕高速公路(津滨高速—津晋高速)工程建设中，利用建筑废弃物填筑 K24 +500—K26 +900 和 K30 +250—K30 +200 段路基；利用建筑废弃物替代原设计中 K24 +500—K26 +900 段的山皮土填料，并用建筑废弃物再生集料替代原设计中 K24 +500—K26 +900 和 K30 +250—K30 +200 段的级配碎石垫层。

在津蓟高速公路宝坻温泉城互通改造工程，利用改造工程的渣土填筑路基，结合本项目的推荐配合比，利用旧桥、水泥混凝土收费广场拆除的废旧混凝土，制备再生集料，用于水泥稳定碎石建设，替代部分天然石料；利用本项目的再生工艺，将原有路面铣刨的废旧沥青混合料用于先建路面下面层，从而实现了不同建筑废弃物的资源化利用，节约了建筑材料。

# 4 效益情况

## 4.1 社会效益

本技术可以将建筑废弃物、公路改造项目废弃物等固体废弃物科学处理，使其满足道路不同层位建设的技术要求，变废为宝，实现建筑废弃物的资源化利用，以及高速公路改造项目废弃物的完全(100%)资源化利用，推进资源全面节约和循环利用，进而节约道路建筑材料，降低工程造价。同时，实现“外减增量、内消存量”，减少废弃物堆放的土地占用量、对环境的污染；并且，减少道路工程建设所需的原材料开采及加工，实现道路工程建设的节能减排，社会效益显著。

在蓟汕高速公路(津滨高速—津晋高速)工程建设中总共消耗建筑废弃物约 5.8 万 $m^3$，相应节约等量的道路建筑材料，减少二氧化碳排放量 600 余吨。在津蓟高速公路宝坻温泉城互通改造工程，共节约碎石 9800$m^3$，减少二氧化碳排放量 239 吨。

## 4.2 经济效益

在蓟汕高速公路(津滨高速—津晋高速)工程建设中，共节约工程开支 1069 万元。在津蓟高速公路宝坻温泉城互通改造工程，共节约建筑材料及建筑废弃物处理费用 350 万元。

# 5 总结

随着节能环保理念的深入人心，发展低碳经济、建设低碳社会已经成为我国乃至世界的战略重点。本技术采用系统科学的技术手段，使不同类别与性质的建筑废弃物满足道路不同部位建设技术标准要求，将建筑废弃物资源化，应用不同类别的建筑废弃物修筑公路路基、路面基层或底基层及水泥混凝土路面，进而节约道路建筑材料，实现低碳建设，具有良好的社会、环保和经济效益。

# 黑龙江省公路改扩建工程旧路路面材料在基层中的应用研究

（东北林业大学）

## 0 引言

为更好实现公路废旧材料的循环利用及解决丢弃公路废旧材料造成的环境污染问题，对改扩建工程项目产生的低等级公路废旧材料进行回收，研究公路废旧材料在公路基层中的应用，同时通过室内试验测试废旧材料在基层应用的各项性能。根据最大密度理论确定了不同结构下的混合料级配，给出了不同等级公路废旧材料的最大掺量建议值，确定了新建路面基层中所用再生集料混合料的配合比，使新建路面可以达到现行规范所要求的路用性能标准。为以后公路改扩建的设计、施工、验收检测等过程提供借鉴和依据。

## 1 技术概况

本研究针对国道丹阿公路呼玛至十八站段改扩建工程项目，重点研究废旧材料在公路基层中的应用。通过室内试验测试废旧材料在基层的性能，并结合国内外研究成果，选定了40%的废旧沥青混合料掺量进行路用性能研究。同时，制定了废旧水泥混凝土板的再生集料破碎和工厂化加工工艺，并分别进行了力学试验和路用性能研究，确定了最佳掺配比例。此外，划分了水泥稳定砂砾基层材料结构类型，并进行了力学性能研究，确定了最佳水泥剂量和再生集料掺量。

## 2 技术分析

### 2.1 技术原理

研究了改扩建工程中产生的废旧沥青混凝土、废旧水泥混凝土等公路废旧材料的有效再生利用。通过室内和现场试验，确定了新建路面基层中所用再生集料混合料的配合比、混合料生产工艺，使新建路面可以达到现行规范所要求的路用性能标准。

### 2.2 关键技术、工艺流程及主要设备

（1）关键技术

①再生集料生产工艺研究：结合国内破碎生产集料的实际环境，设计再生集料的试验室加工工艺和用于大规模生产的工厂化加工工艺流程。

②水泥稳定材料基层配合比设计研究：对4种废旧路面材料的相关指标进行检测和对基本性能进行研究，对掺废旧沥青混合料水泥稳定碎石组成设计、再生集料水泥稳定碎石基层配合比设计、水泥稳定砂砾基层配合比设计和废旧桥涵材料再生集料配合比设计进行研究。

③废旧沥青混合料水泥稳定碎石力学性能及路用性能研究：对掺废旧沥青混合料水泥稳定碎石的无侧限抗压、劈裂强度、抗压回弹模量以及水稳定性等性能进行研究。

④再生集料水泥稳定碎石力学性能及路用性能研究：以5%的水泥剂量，在不同再生集料掺量下，测试了混合料7d、28d和90d龄期的力学性能及耐久性。分析再生集料掺量和养护龄期对再生集料水泥稳定碎石力学性能及路用性能的影响。

（2）工艺流程

①试验室破碎工艺：在国内外有关研究的基础上，设计了一套废弃混凝土破碎生产工艺系统，其破碎流程为：首先预处理为合适尺寸；然后初步筛分；最后使用颚式破碎机进行破碎。

②工厂化大规模生产工艺：再生集料加工工艺包括液压破碎、颚式破碎、磁选除杂、风力筛选和振动筛分等环节。通过这些步骤，可以将大块混凝土破碎，去除金属、钢筋、木料和塑料，并获得不同粒径规格的再生集料。

(3)主要设备

GZT 系列振动给料机;颚式破碎机;全自动永磁除铁器;风选机;筛分机。

## 3 技术应用情况

### 3.1 应用项目介绍

本项目依托国道丹阿公路呼玛至十八站段改扩建工程项目进行研究,该段旧路(黑洛公路)一般段为双向双车道的四级公路,2005 年建成至今已使用 19 年,一般路段为三级公路,设计速度为 30km/h,路基宽度为 7.5m,路面宽度为 6m,土路肩为 2×0.75m。路面结构为 7~10cm 厚沥青混凝土路面和 10~32cm 厚水泥稳定砂砾基层。路段为水泥混凝土路面,路面组成为 20cm 水泥混凝土路面和 30cm 水泥稳定砂砾基层。

### 3.2 实施方案及流程

本项目主要实施方案及流程如下:

(1)废旧沥青混凝土循环利用

①掺废旧沥青混合料水泥稳定碎石组成设计:将废旧沥青混合料与新集料混合,通过密实级配控制各筛孔的通过量,通过重型击实试验确定不同废旧沥青混合料掺量、不同水泥剂量下的最佳含水率和最大干密度。

②掺废旧沥青混合料水泥稳定碎石力学性能及路用性能研究:通过强度试验、刚度试验、收缩特性试验、疲劳试验、稳定性试验、SEM 扫描电镜观察,测定掺废旧沥青混合料水泥稳定碎石力学性能及路用性能。

(2)废旧水泥混凝土循环利用

本项目拟采用废旧水泥路面冷再生技术,将废旧水泥破碎后用于水稳碎石底基层,避免了将其直接废弃的做法,实现了对废旧材料的高效循环利用。

①水泥稳定再生集料基层混合料配合比设计研究:设计不同再生集料掺配率的水泥稳定再生集料混凝土,通过击实试验、无侧限抗压试验确定水泥剂量和最佳级配组成。

②水泥稳定再生集料基层力学性能及路用性能研究:通过不同因素影响下的室内力学试验对再生集料半刚性基层力学性能进行研究。并根据干缩性、温缩性、疲劳性能等试验结果,评价水泥稳定再生基层的路用性能。

## 4 效益情况

### 4.1 社会效益

本项目明确了旧路路面材料在基层中的应用,提高了施工过程中的工作效率,避免重复工序,节省了大量资金。同时可以全面提高废旧沥青混凝土、废旧水泥混凝土、废旧水泥稳定砂砾、旧桥及旧路涵洞等废旧材料的循环利用水平,拓展了废旧材料的利用途径,节约了大量的砂石骨料,节约了废旧建筑垃圾的处理费用并减少对建筑垃圾的处置。

### 4.2 经济效益

黑龙江省每年产生 $9\times10^4$t 废旧沥青混凝土,回收利用废旧沥青混凝土可节约废料处理费共 711 万元,可减免 6% 的增值税,每年再生沥青混凝土产量为 $1\times10^5$t,可获得额外利润 144 万元。两项相加,黑龙江省沥青混凝土企业合计每年多获利约 855 万元。此外,通过在重叠路段加铺废旧沥青混凝土和旧路挖除利用废旧沥青混凝土可有效减少成本 208 万元。

## 5 总结

①通过对不同掺量废旧沥青混合料水泥稳定碎石力学性能进行灰色理论分析,计算废旧再生集料掺量的关联度大小并排序,从而确定最佳废旧沥青混合料掺配比率。

②对掺废旧沥青混合料进行温缩与干缩试验,评估其路用性能。利用等温式量热仪测试水泥稳定材料的水化速率,并用阿伦尼乌斯公式模拟其发展过程,评价废旧沥青混合料对水泥稳定碎石的水化热影响。

③设计再生集料的生产工艺系统,并提出大规模生产的工厂化加工工艺流程。基于分形理论对再生集料的破碎特性进行研究,定义再生集料抗破碎性能评价指标。

# 冲击压实旧路拓宽改造

[蓝派冲击压实技术开发(北京)有限公司]

## 0 引言

随着我国经济的高速发展,交通需求也日益繁盛,很多地方路窄车多,影响正常通行,需要对其进行拓宽改造。然而经过多年的运行,旧路路基已完成沉降,因此,加宽段新老路基结合部位容易出现差异沉降,进而导致道路出现早期破坏。本技术通过冲击压实的方法提前获得新路基的工后沉降,从而最大限度地避免因差异沉降导致拓宽道路这一常见的路面病害。技术最开始应用在黑龙江省大齐公路,提前获得工后沉降8cm,证明了冲击压实技术应用在旧路拓宽工程中是可行的。

## 1 技术概况

南非蓝派(LANDPAC)公司研制、开发的冲击压实机,突破了近半个世纪以来传统压路机的设计思想,将压实轮由圆形改为非圆形,创立了压实作业中连续冲击、碾压作用于土体,从而获得深层压实效果的全新设计理念。蓝派冲击压实机压实轮轮廓一般由3~6瓣均等的非圆曲线组成,压实轮从非圆曲线上最大半径处转至下一轮瓣最大半径处过程中同时对土体进行碾压。所以其对土体的力学行为是冲击与碾压的综合作用。压实作业中作用于土体的总能量为冲击动能与重力势能之和,既比强夯压实连续、均匀、无扰动,又比传统振碾压实能量大2~10倍(根据情况而选定)。

## 2 技术分析

### 2.1 技术原理

该成果主要依托采用冲击压实原理的蓝派冲击压实机,从旧路拓宽部分的原地基处理、高填方拓宽半幅路基分层填筑补强压实、上路堤顶面补强压实三个层位进行冲击压实作业,以达到拓宽半幅路基与旧路原有半幅路基具有一致的强度、承载力的目的。

### 2.2 关键技术、工艺流程及主要设备

冲击压实最大的特点是凭借其巨大冲击能获得比振动压路机更深层的压实效果,将其用于旧路拓宽工程,追求的是最大限度提前处理拓宽半幅路基有可能产生的工后沉降。这就要求既要有品质优良的冲击压路机,冲压作业中还要有正确的工艺控制方法。

原地基压实遇到软弱土基需应用抛石挤淤、促进底层排水固结、加铺砂砾垫层形成排水通道和必要的排水措施。原地基处于溶蚀裂缝发展带,宜采用LIPC-3冲击压路机,行驶速度≥12km/h作业,并且适当增加作业遍数,作业效果可用沉降量和探地雷达做出评估。原地基压实遇到膨胀土时,应根据天气情况安排作业。若遇高含水量地带,作业中出现“弹簧”,可将土层翻地掺石灰改性,然后用LIPC-5五边形冲击压路机,在9~10km/h的行驶速度下冲压20遍再填筑路堤。如遇到高液限土、膨胀土、软基等,应做好试验段,总结经验,再行施工。

## 3 技术应用情况

### 3.1 应用项目介绍

2001年5月,在G301黑龙江大齐公路旧路拓宽改造中(图1),先将填筑至上路堤项面的拓宽半幅路基采用蓝派冲击压实机作业20遍后,检测沉降量达5.8~8.6cm,最大限度提前获得新拓宽路基的工后沉降量,与旧路基结合部分仍按规范要求阶梯填筑,从而确保新旧路基之间的整体稳定性。

图1 G301 黑龙江大齐公路旧路拓宽工程拓宽改造现场

## 3.2 实施方案及流程

蓝派冲击压实机的作业特点是牵引力大,输出能量稳定,能保证连续均匀稳定的压实作业。所压轮迹中波峰、波谷是随着压实遍数的递增,通过转弯时半径的调整交错变化的。为保证足够的转弯半径,冲击压实机采用回转错轮法施工,即施工过程中,压实机从作业区域一侧起点起步,运行至该侧终点时掉头,沿作业面中线碾压返回至该段起点,再掉头至起步时一侧,外侧压实轮从第一次冲压两条轮迹之间错轮(不重叠)碾压通过,按照此种方式压实轮轮迹逐步从作业面一侧推至另一侧,当覆盖整个作业面后记为1遍。

根据沉降收敛原则,初始作业遍数为15遍,随后每5遍一个作业单元,作业单元之间所获沉降量小于1cm即为收敛,冲压终止。随后进行各指标检测。施工流程见图2。

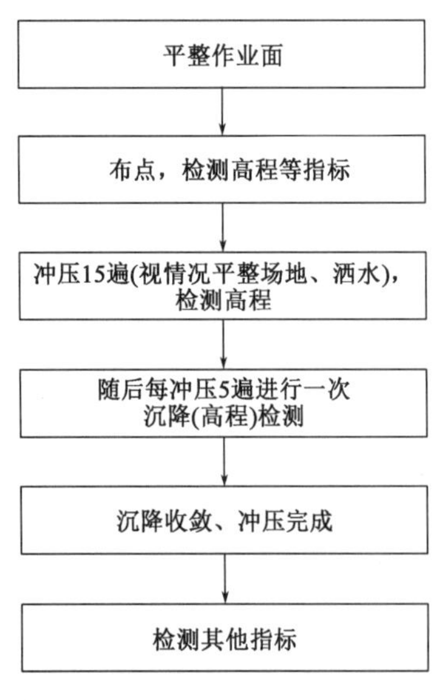


图2 施工流程

## 4 效益情况

为了研究蓝派冲击压实机和国产相似设备对振动压路机压实过路基的补压效果的差异,2012年8月23日至24日,在广西高投统一安排及河都路相关部门主持协调下,在国产相似设备补压过的河都路K86+530—K86+650段再次进行道路增强补压,冲压25遍获得平均沉降为56.7mm,差异沉降为101mm。黑北公路、绥肇公路和大齐公路的试验报告表明了蓝派冲击压实机工艺效果和部分经济性能,其具有充分的应用前景。

## 5 总结

在旧路拓宽改造工程中,拓宽部分路堤的地基处理以及路基填筑体的压实一直是困扰旧路改造工程的一大难题,处理不好,特别容易引起与原有老路基之间的差异沉降,从而造成以后路面加铺在新老路基结合处产生路面纵裂。

冲击压实技术应用于旧路拓宽改造工程的创新点有两个方面:

(1)直接冲击压实拓宽部分原地基,若遇到拓宽部分原地基是软弱土基,则在排水抛石之后直接冲击压实原地基。

(2)对用振动压路机分层填筑压实过的拓宽半幅部分路基进行检测性增强补压,填高大于6m的按2m一层分层增强补压,以提前获得有可能产生的工后沉降,防止加铺路面后在新旧路基结合处发生纵裂。

# 冲击压实应用于路基工程检测性增强补压

［蓝派冲击压实技术开发(北京)有限公司］

## 0 引言

为满足日益增长的交通需求,道路建设的标准也却来越高,而路基施工中,压实又是关键环节之一。大部分路基压实仅采用振碾工艺,检测压实度符合标准。个别道路新建后运营一两年就出现不均匀沉降、严重裂缝,甚至出现局部塌陷,其主要原因还是压实不到位。为确保形成连续、均匀、稳定的持力层,本技术主要通过冲击压实的方法,对已完成振碾的路基进行100%全覆盖的检测性冲压,提早发现并压实填筑体更深层的疵点,提前获取工后差异沉降,为路面结构层提供有力的保障。

## 1 技术概况

国内公路交通荷载日益加大,运营早期路损频发,其中一个重要影响因素是路基填筑、压实不充分,没能提供一个均匀、稳定、连续的支撑,以达到最小的工后差异沉降。尤其是当路基填料遇到填石、湿陷性黄土等特殊填料以及高填方时,这个矛盾更加突出。

为此,蓝派公司发明了检测性增强补压技术,即在传统压路机压实过的路基上,利用压实功更大的蓝派冲击压实机进行100%覆盖式的补强压实,经过一定的作业遍数,根据所获得的沉降与差异沉降,可直观地发现疵点,发现已成路基的薄弱区域,这是传统方法诸如挖坑灌沙法等,以点代面压实检测方法难以比拟的。这种兼具检测性的增强压实,能够提前获得有可能在开放交通之后再发生的沉降和差异沉降,确保在2m路基深层范围形成均匀、稳定、连续的持力层,从而提高路基压实质量。

## 2 技术分析

南非蓝派(LANDPAC)公司研制、开发的冲击压实机将压实轮由圆形改变为非圆形,创立了压实作业中连续冲击、碾压作用于土体,从而获得深层压实效果的全新设计理念。蓝派冲击压实机压实轮轮廓一般由3~6瓣均等的非圆曲线组成,压实轮从非圆曲线上最大半径处转至下一轮瓣最大半径处的同时又对土体进行碾压。所以其对土体的力学行为是冲击与碾压的综合作用。压实作业中作用于土体的总能量为冲击动能与重力势能之和,即比强夯压实连续、均匀且无扰动,又比传统振碾压实能量大2~10倍(根据情况而选定)。

蓝派冲击压实技术在高填方路基检测性增强补压,路基拓宽改造,零(低)填方及溶岩地区路基填方前原地基压实,软土地基浅层加固以及石方、软岩、湿陷性黄土等特殊岩土压实作业中,具有显著的压实效果。该技术一经问世,得到了国内公路行业的关注,2005年被纳入《公路路基设计规范》(JTG D30—2004)。

### 2.1 技术原理

静作用压实依靠压实机械自重来压实土,而冲击压实是利用冲击力工作,当冲击体与土表面接触时,冲击力产生的压力波传入土中,使土的颗粒运动,冲击荷载的影响深度比静荷载的影响深度更大。因为落体从20cm高度落到土的表面,其冲击力大约为落体产生静压力的50倍(图1)。

### 2.2 关键技术、工艺流程及主要设备

(1)关键技术及主要设备

蓝派冲击压实机LIPC-3的作用原理基于非圆形压实轮自身质量,在转动中与土接触点高度差已定的前提下,另一个影响冲击力的因素就是冲击速度,而牵引机行驶速度是影响冲击速度的一个重要因素。

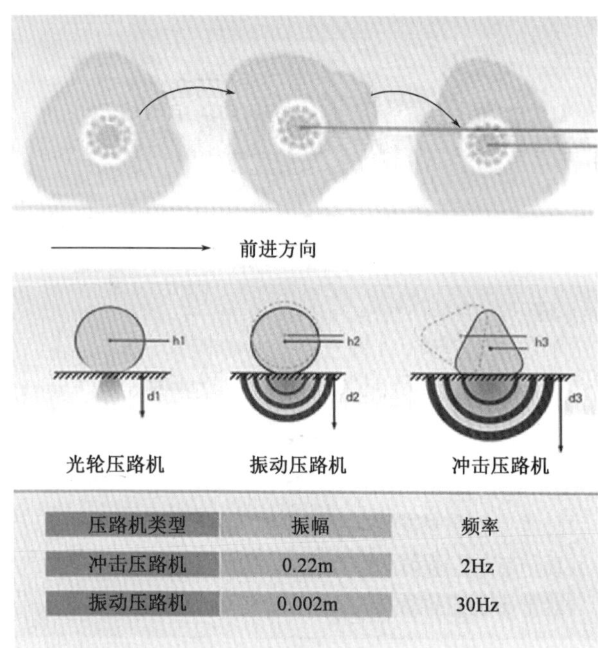


| 压路机类型 | 振幅 | 频率 |
|---|---|---|
| 冲击压路机 | 0.22m | 2Hz |
| 振动压路机 | 0.002m | 30Hz |

图1　大振幅的冲击作用

施工中蓝派公司同时启动数字化管理系统，凭借安装在蓝派冲击压实机上的GPS定位装置实时采集现场施工中作业位置、作业时间、工作速度、碾压遍数、工程进度等相关信息。可使工程部管理人员通过联网及时掌握工程信息，以便进行工艺技术的严格监督与施工进度的宏观调控。

（2）工艺流程

针对已采用传统压路机作业后的路基（场基）进行检测性增强补压，视情况做好平整场地、洒水等施工准备工作，随后布线布点、检测高程，开展冲压作业，计算沉降及差异沉降，结合其他检测方法判断压实效果，工艺流程如图2所示。

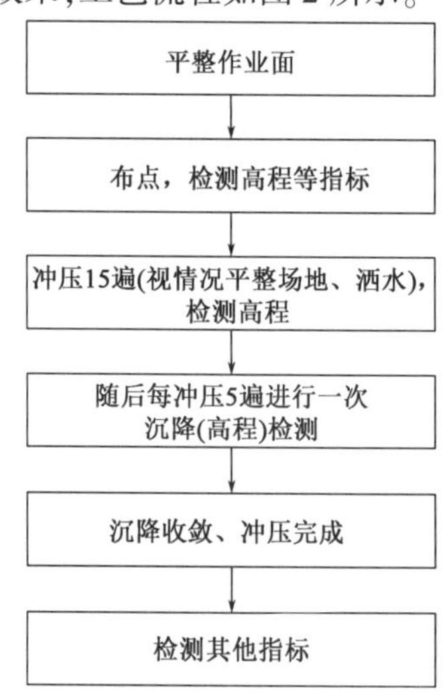


图2　检测性增强补压工艺流程

## 3　技术应用情况

### 3.1　应用项目介绍

1998年，八达岭高速二期（进京方向），K5+200—K5+520段（潭峪沟隧道与东老峪隧道之间）填方路基平均填高5m，最高达34m。填料为土石混填，采用蓝派检测性增强补压技术，平均沉降量为5.4cm，差异沉降达8.3cm，由FWD测定的模量值由180MPa提高到228MPa，有效地保证了高填方路基的连续性、均匀性和稳定性。不仅省去了原设计中数千万的架桥投入，而且还循环利用了近百万立方米隧道路渣，实现了土石方循环利用，起到了绿色环保的作用。

### 3.2　实施方案及流程

蓝派冲击压路机的作业特点是牵引力大，输出能量稳定，能保证连续均匀稳定的压实作业。所压轮迹中波峰波谷是随着压实遍数的递增，通过转弯时半径的调整交错变化的。为保证足够的转弯半径，冲击压实机采用回转错轮法施工，即施工过程中，压实机从作业区域一侧起点起步，运行至该侧终点时掉头，沿作业面中线碾压返回至该段起点，再掉头至起步时一侧，外侧压实轮从第一次冲压两条轮迹之间错轮（不重叠）碾压通过，按照此种方式压实轮轮迹逐步从作业面一侧推至另一侧，当覆盖整个作业面后记为一遍。

根据沉降收敛原则：初始作业遍数为15遍，随后每5遍为一个作业单元，作业单元之间所获沉降量小于1cm即为收敛，冲压终止。随后进行各项指标检测。

## 4　效益分析

广东省交通厅粤交基函（1999）2717号《关于在高速公路在建项目中逐步推广应用冲击压实技术的函》中指出："为减少路基工后沉降，提高路基整体强度及加快软土路基沉降固结速度，提高我省高速公路修建质量，根据在京珠高速公路粤境南段（甘塘—瓮城）广珠东线工程成形路基上引进南非蓝派公司研制开发的冲击压路机，对碾压后路基压实度检测，以及该项目三年多来在国内一些建设项目的工程实践情况来看，该项技术对地基压实深度、强度均具有较通常碾压设备较大的优越性，不仅能有效降低筑路成本和缩短施工工期，而且能大大提高筑路质量，提高高速公路建设的经济效益和社会效益”。

蓝派冲压技术，在高填方松铺压实中可直接一次松铺0.8~1.5m，约为传统振碾方法的3倍，减少了3倍的扬尘次数，且压实效率大为提高。此外，用冲击压实对路基工程进行检测性增强补压，由于提前在施工中处理了开放交通后有可能产生的工后沉降和工后差异沉降，在减碳环保方面也可带来一定的经济效益和社会效益。

## 5 总结

传统振动压路机的作用深度一般为几十厘米，在路基填筑中（尤其是高填方路基），自下而上填筑一层压实一层，经挖坑灌砂法等传统压实度检测方法检测后再依次填筑压实上一层。这种以点带面的传统压实度检测方法工作量大，难以反映整个填筑层的压实效果，实际上整个路基填筑体易形成“夹心蛋糕”。

本文所提的检测性增强补压，能使原来经振动压路机压实过的路基填筑体又得到补强压实，从而提前获得工后沉降和工后差异沉降。这就消除了由这种沉降导致的与路面板底脱空的隐患，大大延长了公路整体使用寿命。

蓝派冲击压路机应用于路基工程检测性增强补压，可使用传统振动压路机层层填筑、压实过的路基再获得3~10cm的沉降和差异沉降，2m作用深度范围内的压实度再提高1%~3%，而且压实连续、均匀、稳定，这就为在其上加铺路面结构层提供了更可靠的支撑。进一步延长公路整体使用寿命，减少大修频次（不同公路不同频次大修成本不同），实现环保效益、经济效益和社会效益。

# 智能型稳定土振动搅拌成套装备研究及应用

(德通智能科技股份有限公司)

## 0 引言

传统稳定土搅拌机存在搅拌不均匀、混合料易离析等问题,导致基层材料强度不足、裂缝频发,难以满足高等级公路、机场等工程的质量要求。此外,常规设备依赖人工经验控制搅拌参数,效率低且稳定性差,难以适应大规模、高强度施工需求。随着"双碳"目标推进,工程建设需兼顾节能减排与材料高效利用。传统工艺水泥用量高、能耗大,亟需通过技术革新降低资源消耗。基于此,研究团队开展了智能型稳定土振动搅拌成套装备研究及应用。

## 1 技术概况

本项目优化了搅拌臂及相应的搅拌叶片角度、布置方式,消除了搅拌低效率区域,提高了搅拌轴的利用率;改进了计量方式,提高了计量的准确性与稳定性;基于5G通信技术、GPS/北斗定位系统,采用多传感器融合技术,研发信息管理云平台,对整个搅拌过程进行在线监测与控制,实现从配料、计量、搅拌,到出料生产全过程的数字化、自动化与智能化;开发环保控制与处理综合技术,实现稳定土的绿色节约生产。

## 2 技术分析

### 2.1 技术原理

本项目通过优化有效搅拌长度、调整搅拌臂布局和调整搅拌叶片角度,加速混合料的混合频率,使团聚的粉料与水团弥散开来,其各组分在微观上的循环流动和扩散分布也都得到了强化,从而为改善搅拌低效率区,实现快速均匀搅拌创造了极为有利的条件,能够促使稳定土材料产生多种动态效应,改善稳定土的结构形成过程,显著提高搅拌质量和效率。通过多传感器融合技术与互联网技术,对整个搅拌站生产全过程进行在线监测与控制,实现从配料、计量、搅拌,到出料生产全过程的数字化、自动化与智能化。

### 2.2 关键技术、工艺流程及主要设备

(1)关键技术

①双卧轴交叉递推的连续式振动搅拌技术

搅拌轴上的搅拌臂及相应的搅拌叶片为角度分段、单置、交叉、递增设置,消除固有的"线速度梯度"形成的搅拌低效率区域,提高搅拌质量和搅拌效率;分段设置叶片安装角,保证物料在拌缸内连续、有力地推进;搅拌装置边搅拌边振动,加速混合料的混合速率,振动使团聚的粉料与水团弥散开来,其各组分在微观上的循环流动和扩散分布也都得到了强化。

②减量秤+螺旋秤的双计量技术

正常生产时,以减量秤计量系统为基础,储料仓上设置称重传感器,将检测到的质量信号传给控制器,计算水泥瞬时的流量,再与实验室给出的设定值进行比对,发出偏差信号给出料螺旋,通过调整出料螺旋转速,进而调整粉料输出流量,直到与设定值相符并稳定;当储料仓进行补料时,以螺旋秤计量系统为基础,通过控制系统处理螺旋称重传感器检测到的质量信号,调节出料螺旋转速,实现精确计量,并且通过缩短出料螺旋长度并将出料口抬高一定角度,提高控制系统的调节效率和有效避免粉料的自流,提高计量的准确性与稳定性。

③多传感器融合技术与互联网技术

整站关键件安装有电流、温度、质量、振动加速度等多类型传感器,上位机能够实时监测混凝土材料和搅拌过程数据,以及机器关键总成与零部件的状态和运行情况,同时数据也可通过网络实时回传到监控云台,用户可通过手机App或者网页远程实时查看。

(2)工艺流程

下料—焊接—喷涂—装配—调试—入库。

(3)主要设备

激光切割机、数控火焰切割机、带锯床、液压折弯机、镗床、绿色喷涂中心、动平衡测试仪、涂层测厚仪、附着力测试仪、盐雾试验机等。

## 3 技术应用情况

### 3.1 应用项目介绍

成果已应用至包括雄安新区在内的全国近30个省、市600余个工程项目,如雄安新区京德高速、商合杭高铁、京新高速、天府机场、鄂州机场等一大批国家重点品质示范工程,并借助"一带一路"走向全球,相关装备和技术标准已出口老挝、斯里兰卡等13个国家和地区。

### 3.2 实施方案及流程

(1)开发智能型稳定土搅拌成套设备及配套的总成系统。

(2)生产样机,测试所产生稳定土的工作性、强度和耐久性指标,重点考核成套设备的工作性能,特别是可靠性指标,并与普通搅拌设备进行比较。

(3)优化和改进产品结构与相关参数,完善生产制造工艺及其质量监控体系,实现批量生产。

## 4 效益情况

### 4.1 社会效益

本项目将大大提升我国土木工程行业的建设水平,为我国的大型施工企业参与国际工程市场竞争提供有力的技术支撑。同时,在国家各行业陆续出台去水泥产能和绿色低碳等一系列节能减排政策的背景下,智能型稳定土搅拌技术的应用可以缩短搅拌时间,提高搅拌效率20%以上,节约水泥用量10%以上,大幅提升工程质量,延长工程使用寿命,利于环境保护,符合绿色公路建设的行业政策,为高能耗、高污染、高排放的公路建设提供了一条很好的绿色发展途径。

### 4.2 经济效益

本项目为公司带来了近2亿元的销售收入,可带动与产品配套的相关钢材、输送机等行业的发展。同时,可让使用单位实现从配料、计量、搅拌、装车到运行维护等全过程的数字化、自动化与智能化,降低用人成本和运行维护费用。

## 5 总结

本项目根据稳定土的材料组成和特性,基于双卧轴交叉递推的连续式振动搅拌技术,实现搅拌有效长度、搅拌臂布置形式和搅拌叶片角度等合理匹配,提升搅拌质量和搅拌效率,同时提升可靠性;通过合理设计整站匹配的配料、计量、投料、搅拌、卸料等系统的结构与参数,实现稳定土的智能化搅拌;并通过多传感器融合的在线监控与智能化技术,研究搅拌主机的运行状态及振动分布,并根据不同配比搅拌过程中混合料搅拌功率的变化规律,实现搅拌参数的智能调节,搅拌时间优化,从而提高搅拌质量和效率。本项目在主要技术性能、生产效率、成品抗压强度计量精度、智能化程度、减少半刚性基层裂纹、提升耐久性等方面,产品综合竞争能力优于国内市场上其他竞争对手,极大地提升了稳定土的各项性能,同时具有智能化、节约资源和能源的优点,符合可持续性发展的要求。本项目的推广应用,对提升我国稳定土搅拌设备整体技术水平、提高建筑工程的质量和效益具有重要的作用,是国内外稳定土搅拌机械的一项技术突破,对促进行业技术提升和产业结构调整等都具有重要意义。

# LTA 低温改性沥青技术

（中油路之星新材料有限公司）

## 0 引言

本项目基于节能减排绿色环保需求，自主研发了 LTA 低温改性沥青技术。研究及实际应用证明，LTA 低温改性沥青技术可以进行低温拌、低温铺，通过 LTA 低温沥青改性剂与沥青发生的物理和化学作用，显著降低沥青的高温黏度，改善沥青混合料的施工和易性。与传统热拌沥青技术相比，生产、摊铺和碾压温度均可降低 40℃左右，节约燃料 40% ~50%，降低碳排放 80%以上，沥青烟、苯可溶物、苯并芘等排放降低 90%以上。此外，LTA 低温沥青混合料的低温抗裂性、高温稳定性及水稳定性等性能较传统热拌沥青混合料均有提高。

## 1 技术概况

LTA 低温改性沥青技术，是以 LTA 低温沥青改性剂为核心，以 LTA 低温改性沥青和 LTA 低温改性沥青混合料为支撑点，研发的一种节能减排、使用方便、性能优异的新型路用环保沥青高新技术。该技术可通过物理和化学复合改性，显著降低沥青的高温黏度，改善沥青混合料的施工和易性，提高沥青混合料的抗低温冻裂性及高温稳定性等技术性能，完成沥青混合料铺装建设从热拌、热铺到低温拌、低温铺的历史性转变。四季均可施工且即铺即通，填补了沥青冬季不宜施工的空白。相较于传统热拌沥青高温拌和铺筑的施工工艺，LTA 低温改性沥青技术在能耗、排放、寿命、施工方便性等方面大大改善，同时避免了传统温拌沥青成本高、性能差、使用不方便及降温有限、不能大规模使用的缺陷。

## 2 技术分析

### 2.1 技术原理

LTA 低温改性沥青技术的核心原理是用物理和化学复合改性方法在基础沥青中加入高分子树脂类物质、橡胶类物质，以及能使沥青分子在低温下断链，又能在去除后重新接链并增长的助剂类物质。在生产施工过程中，通过物理方法改变沥青分子间的引力，降低沥青黏度和沥青混合料拌和、施工、碾压的温度。在使用过程中，通过碾压、阳光、温度、空气等外界因素的作用，以 C、Si 为中心，完成类似络合反应的化学改性过程，增加沥青分子量及黏度，使得沥青混合料的耐高温抗车辙性能、抗低温冻裂性能和黏性得以大大提高。其技术原理如图 1 所示。

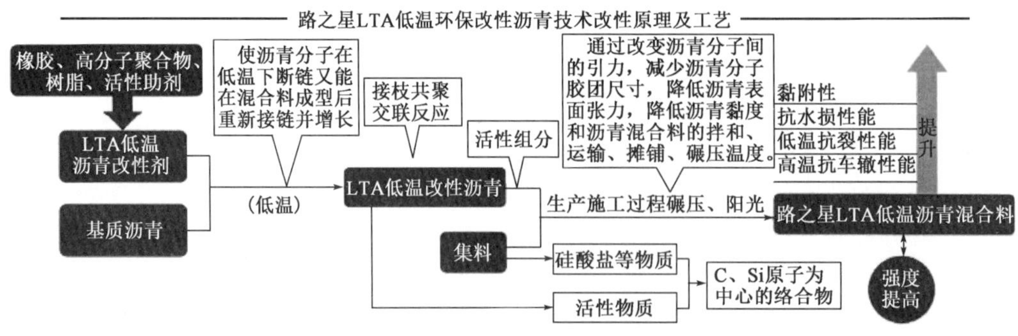


图 1 LTA 低温改性沥青技术原理

### 2.2 关键技术及主要设备

LTA 低温改性沥青技术的核心产品 LTA 低温沥青改性剂，主要采用反应釜加温反应和搅拌剪切等工艺制作，生产过程中无烟尘及污水的排放，绿色节能，低碳环保。其过程首先将道路建设用热塑性橡胶、环保芳烃油等几种添加剂按一定比例泵送至密封预混罐 A 中，在 100℃左右保温搅拌后泵送到另一混合搅拌罐 B 中；然后在混合搅拌罐 B 中加入液体高分子树脂、环氧树脂等几种添加剂后混合搅拌，再经胶体磨送到分装储罐 C 中。

LTA 低温改性沥青技术相关产品的加工工艺简单可靠，整个加工过程无废气、废水、废渣排放，绿色环保。加工温度低，热损失少，且加工所需热能由天然气或电加热炉加热导热油提供，热载体循环使用，热能利用率高。产品稳定性好，对人体、环境无不良影响。产品性质稳定，闪点高，储存、运输安全有保证。主要设备有搅拌罐、反应罐、胶体磨、原料罐、成品罐和导热油加热炉（天然气或电加热锅炉）等。

## 3 技术应用情况

### 3.1 应用项目介绍

若民高速 SG4 标段——新疆若羌至民风高速自 2019 年施工，计划于 2021 年 10 月 1 日全线通车，项目实施工期短任务重，在施工单位积极采取各项措施保障工程质量的前提下，引进 LTA 低温沥青改性剂进行沥青混合料下面层冬季施工，确保并改善了沥青混合料下面层冬季施工工程质量。该路段由中铁三局五公司（五分部）进行施工，级配为 AC-20，采用 90#石油沥青，油石比为 3.9%，LTA 低温沥青改性剂掺量为沥青用量的 4%，工程质量符合《公路沥青路面施工技术规范》（JTGF 40—2004）和《道路低温沥青路面施工技术规程》（T/CECS G:D54-01—2019）规范要求。

### 3.2 实施方案及流程

低温改性沥青可根据不同道路需求将低温沥青改性剂分别添加在石油基质沥青、SBS 改性沥青、SBR 改性沥青、橡胶改性沥青以及再生回收沥青等不同沥青中，拌和地点可以在沥青厂或沥青拌和站，需要有搅拌设备，搅拌及存储要求如表 1 所示。拌和后按照正常生产流程生产低温沥青混合料，与传统热拌相比，生产施工温度可下调 40℃左右。

**改性沥青搅拌及存储要求** 表 1

| 沥青种类 | 搅拌温度（℃） | 搅拌时间（min） | 搅拌转速（1/s） | 存储温度（℃） |
|---|---|---|---|---|
| 低温 70#改性沥青 | 125 | ≥90 | ≥15 | 120 |
| 低温复合 SBS 改性沥青 | 145 | ≥90 | ≥15 | 125 |
| 低温复合橡胶改性沥青 | 150 | ≥90 | ≥15 | 130 |

注：制备低温沥青时，基质沥青不应超过制备罐容积的 2/3。

## 4 效益情况

### 4.1 社会效益

LTAM 低温改性沥青混合料的生产施工不需高温加热，生产、摊铺和碾压温度比传统热拌沥青技术低 40℃左右，可降低碳排放 80% 以上，粉尘、废渣大幅度减少，沥青烟等有毒有害气体排放趋于零，作业环境得以大大改善，有利于施工人员的身体健康。此外，LTA 低温改性沥青技术可以大比例使用沥青路面回收料、废旧轮胎橡胶粉等，减少了资源消耗，节约能源和减少对土地的占用。在生产工艺、施工流程、能源消耗等各方面都充分体现了显著的环保价值。

### 4.2 经济效益

LTAM 低温改性沥青混合料相对传统热拌沥青混合料，生产施工可节约加热费 40% ~50%（在高海拔地区节省费用会更多），节省沥青 10% ~18%。LTAM 低温改性沥青混合料可保存 24 ~48h，减少因突发原因造成的混合料报废。部分县乡道路采用 LTA 低温再生沥青，大大提高废旧沥青回收料在路面中的应用比例，每吨混合料可节约 80 元以上。此外，LTA 低温改性沥青路面的路用质量好、寿命长、养护费用低，在全寿命周期内，LTA 低温改性沥青路面的工程综合造价比传统热拌沥青路面低30%以上,大大节约了工程造价。综上所述,LTA低温改性沥青技术在道路沥青路面铺筑中具备巨大的经济价值。

## 5 总结

LTA低温改性沥青技术,是秉承国家绿色发展理念,通过技术进步推动绿色发展,研发的一种新型路用环保沥青技术。通过LTA低温沥青改性剂与沥青发生的物理和化学作用,显著降低沥青的高温黏度,改善沥青混合料的施工和易性,抗老化、耐疲劳、耐高温,增强抗低温冻裂性和黏性,并且具有良好的柔性特征和较高的自愈合能力,耐酸碱、抗剥落性能提升。在北方高寒高海拔地区,LTA低温沥青改性剂可以减缓沥青低温开裂、减少反射裂缝;在南方地区LTA低温改性沥青防水损性能优势明显,特别是抗高温车辙性能大幅度提高。LTA低温改性沥青技术实现了沥青混合料的低温拌和、摊铺与碾压,抑烟净气、节能减排,对我国绿色公路建设具有重要意义。

# 玄武岩纤维同寿命沥青路面结构研究

（河南交院工程技术集团有限公司）

## 0 引言

由于气候和交通荷载条件复杂多变、车辆严重超载等原因，普通沥青路面结构经常出现车辙、开裂、泛油、坑槽等早期病害，不得不进行养护维修甚至大修罩面。针对这一状况，本项目将玄武岩纤维加入沥青混合料中，系统开展了玄武岩纤维同寿命沥青路面结构研究，形成的玄武岩纤维沥青路面典型结构可显著提高沥青路面的路用性能、延长路面寿命，降低沥青面层厚度，节约工程造价。

## 1 技术概况

本项目对玄武岩纤维封层技术、玄武岩纤维沥青混合料增强技术及玄武岩纤维格栅增强技术进行了系统研究，并在此基础上对沥青路面的设计进行了优化，研发的玄武岩纤维同寿命沥青路面结构将传统的三层 18cm 厚沥青路面结构优化为两层约 12cm 厚的不同类型沥青路面典型结构：高模量玄武岩纤维沥青路面典型结构和玄武岩纤维格栅加筋路面结构。该项目形成的玄武岩纤维沥青路面典型结构已被鉴定达到国际领先水平，在高速公路和国省干线公路的沥青路面结构中推广应用该成果，可显著提高沥青路面的路用性能、减薄沥青路面厚度、减少材料和能源消耗、延长道路寿命、降低养护频率、降低建造和养护成本、降低碳排放、促进交通行业绿色低碳发展。

## 2 技术分析

### 2.1 技术原理

玄武岩纤维同寿命沥青路面结构技术原理主要包括以下方面：

（1）显著增强沥青路面的抗车辙能力。掺拌的玄武岩纤维通过吸附沥青增加油膜厚度，并在沥青混合料中呈万向分布，能够起到加筋与桥接作用，提高沥青的黏滞性与沥青混合料的弹性模量，从而降低沥青的流动性，增强沥青路面的抗车辙能力。

（2）增强路面的低温抗裂性。玄武岩纤维沥青混凝土即使在较低温度工况下仍然具有良好的柔韧性，有效地提高了沥青混凝土的低温抗裂性能。

（3）增强沥青混合料抗水损害能力。玄武岩纤维吸湿率低，有利于矿料增加吸附沥青油膜厚度，有效阻止矿料与沥青黏结料中游离水的结合，增强了沥青混合料抗水损害能力。

（4）加入玄武岩纤维后，路面结构的综合性能大幅提升，有效地增强了路面的耐久性，实现了路面长寿命目标。

### 2.2 关键技术

（1）玄武岩纤维沥青混合料中纤维掺量宜为 0.4% 左右；用于工程实体可达到如下效果，高温稳定性提高了 30% ~ 40%，低温抗裂性提高了 15% ~23%，水稳定性提高了 15% ~20%。

（2）玄武岩纤维同步碎石封层结构纤维洒布量为 100 ~120g/m$^2$。用于工程实体可达到如下效果，抗拉强度增大 50% 以上，抗疲劳性能增大 30% 以上，抗裂性能增大 300% 以上。

（3）沥青路面层间玄武岩纤维格栅断裂强力≥90kN/m，断裂延伸率小于 4%。用于工程实体可达到如下效果，抗拉强度增大 50% 以上，抗疲劳性能增大 40% 以上，抗裂性能增大 350% 以上。

（4）在玄武岩纤维沥青混合料路用性能提高和符合现行路面设计规范的基础上，运用现代沥青路面设计方法，优化沥青路面结构层厚度，将传统 18cm 的沥青路面厚度减少至 12cm。

## 3 技术应用情况

### 3.1 应用项目介绍

将郑州至西峡高速公路尧山—栾川段作为本研究的依托工程,该依托工程提供不少于1km长的高速公路试验路段。

### 3.2 实施方案及流程

该路段采用了将三层18cm厚的沥青路面减薄至两层12cm。路面结构由上至下依次为:4cm玄武岩纤维SBS改性沥青AC-13+8cm玄武岩纤维SBS改性沥青AC-20+玄武岩纤维SBS改性沥青同步碎石封层(纤维用量为100g/m$^2$)。采用热拌热铺技术施工,与传统18cm厚的沥青路面结构层相比,该路段综合造价节约500万元,并且具有节能减排的社会效益,符合绿色建造的理念。

## 4 效益情况

### 4.1 社会效益

为了践行绿色建造理念,建设平安百年品质工程,推广和应用玄武岩纤维路面成套技术,对于提高道路安全性、节能减排、提高道路舒适性和促进地方经济发展等方面都具有积极的社会效益。

### 4.2 经济效益

以1km双向四车道高速公路沥青路面为例,路面宽度为22m,长度为1000m。通过采用玄武岩纤维沥青路面结构,将原来4cmAC-13+6cmAC-20+8cmAC-25的传统沥青路面结构层优化为4cmAC-13+8cmAC-20+玄武岩纤维同步碎石封层,玄武岩纤维沥青混合料中纤维掺量为0.4%,纤维同步碎石封层的纤维洒布量为100g/m$^2$。因使用纤维材料增加的成本为425400元,减少6cm沥青面层节省的材料费和施工费为1774300元,综合每公里节省费用1348900元。随着玄武岩纤维规模化产能的扩大和玄武岩纤维生产工艺的提高,玄武岩纤维的价格会更低,经济效益更加明显。

## 5 总结

本项目技术的优势和创新点如下:

(1)揭示了玄武岩纤维封层黏结特性对沥青路面力学响应及结构设计的影响规律。

(2)揭示了玄武岩纤维沥青混合料的力学特性与耐久特性对路面寿命与结构设计的影响规律,并提出了玄武岩纤维沥青混合料的路面结构设计参数。

(3)基于玄武岩纤维封层的黏结特性与玄武岩纤维沥青混合料的力学特性、耐久性及断裂韧性对路面寿命的影响,提出了基于玄武岩纤维的同寿命沥青路面结构。

# 经济型低碳长寿命路面

(北京智华通科技有限公司)

## 0 引言

为同时满足道路工程中碳减排、降低造价、延长寿命和提升性能的需求,经济型低碳长寿命路面基于两类新材料(无机矿渣胶凝料和新型沥青材料)的结构优化,形成不同应用场景的方案。通过路用性能提升和结构优化,减少不同应用场景下的病害和降低造价;通过采用低碳材料达成"替换减碳",通过结构优化减少材料用量达成"减量减碳"并降低建设期成本;通过延长寿命达到"增效减碳"并降低寿命周期成本,实现价值增值。

## 1 技术概况

经济型低碳长寿命路面(Low Cost Low Carbon Long Life Road,LCLLR)是集材料、结构和功能一体化设计的方式,以力学演绎法进行结构设计寿命的推演,以归纳法进行性能验证,利用"半刚性沥青路面设计寿命随半刚性基层的弯拉强度提升成指数增长"这一原理,通过应用新型胶凝料提高基层抗弯拉强度,提高设计寿命;通过应用多功能面层改善磨耗层功能,提升路用性能;减少不同应用场景下的病害和降低造价,形成系统的方案,同时实现造价降低、碳减排、性能提升和四新应用等价值提升。

## 2 技术分析

在两类新材料中,第一类材料为无机矿渣胶凝料,用来代替水泥("韧基")。胶凝料主要由工业固废矿渣和激发剂组成,矿渣含量超过70%,通过使用新型高活性熟料与激发剂,激发粒化高炉矿渣的活性产物,形成纤维网状微观结构,劈裂抗拉强度更强,较普通硅酸盐水泥可提高50%(图1);新型矿渣胶凝料制作工艺中,绝大部分材料不用烧制,消耗能源少,碳排放仅为普通水泥的10%,水化热和收缩较普通硅酸盐水泥小。

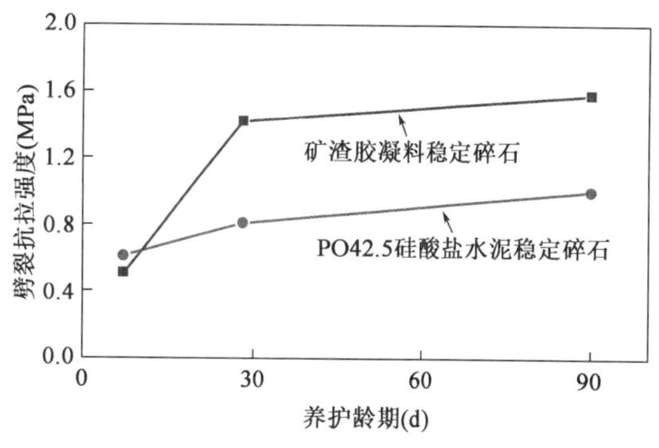


图1 矿渣胶凝料稳定碎石与常规水稳力学指标对比

第二类材料采用了主要由新型沥青等材料组成的多功能面层("优面")。以交通运输部成果为基础,采用开断级配、复配改性、同步摊铺、高强防水黏结层四种手段,实现抗滑、降噪、防水雾、提升耐候性等多种功能。可根据改性工艺、施工工艺、级配等做成多种形式以适应不同应用场景:干法和湿法改性;同步和异步摊铺;密级配和开级配;黑色和彩色;冷铺和热铺等(图2)。

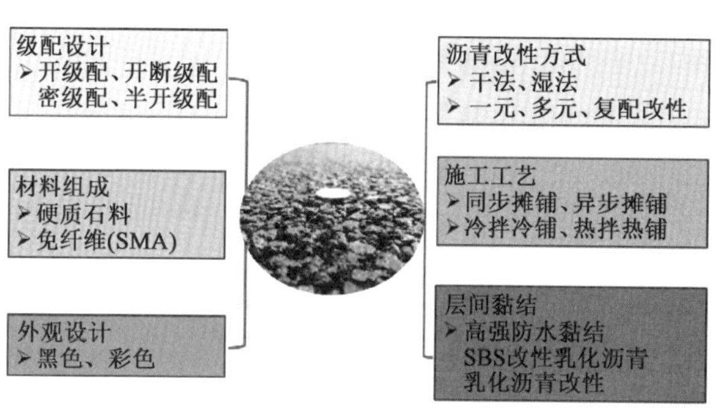


图2 多功能面层技术框架

"韧基"系列产品可以用于水稳、水泥路面、水泥混凝土快速修复、半柔性路面、特种砂浆等,"优面"系列产品用于路面磨耗层提高性能,二者组成的"韧基优面"均可以用于公路、市政、港口、机场等场景以及新建、改扩建、养护等多个路面应用场景。体系技术施工工艺简单快捷,不改变现有施工工艺,方便实施。

## 3 技术应用情况

经济型低碳长寿命路面体系共计应用项目超过20个，应用在公路、市政等新建、养护、大中修等多个场景，路基路面段累计完成76km，桥隧铺装累计完成38万$m^2$。在河北、天津、广东、广西、山东、四川、浙江等多地均有应用，其中河北和山东两地多条高速陆续开始规模化应用。

在桥隧铺装场景中，2014年广西交投在宜河高速1号隧道水泥混凝土上加铺多功能面层，广东京珠高速旦架哨隧道也为水泥混凝土上加铺多功能面层，二者建成至今9～10年无维修，且每年检测指标为“优”。宁波中兴特大型钢桥采用5cmUHPC＋2cm多功能面层，桥梁铺装总面积为11000$m^2$；浙江绍兴站前广场交通枢纽大桥等新建项目在防水混凝土上直接加铺多功能面层；长深高速天津北段永定新河大桥（特大桥）采用2cm多功能面层进行罩面等，均取得了良好的应用效果。

在路基路面段铺装场景中，2020年河北霸州S222省道和安平县富民路采用低碳长寿命路面，应用效果良好，并在山东、河北等多个高速公路项目陆续实施。

在白改黑应用场景中，2021年广东韶关坪石镇省道应用复合薄层铺装——水泥混凝土路面直接加铺多功能面层，应用效果良好。并在市政道路、国省道、高速公路和港口等多个新建项目上确定试验路。

目前体系已经授权发明专利十余项（表1），发布地方标准1部，团体标准1部，部分场景已经纳入行业标准，即将修订发布。结合科研和试验路推广，逐步进行低碳系列标准的编制，为进一步应用奠定基础。

**部分已授权发明专利** 表1

| 序号 | 专利授权号 | 名称 |
|---|---|---|
| 1 | 2019104068453 | 一种阶段性通车路面的结构及铺筑方法 |
| 2 | 2020103166930 | 一种减少开裂泡沫沥青路面再生材料及制备和施工 |
| 3 | 2020105659843 | 一种水泥混凝土复合路面结构及其适用性判定方法 |
| 4 | 2019104258424 | 一种彩色沥青含砂封层材料及其制备和施工方法 |
| 5 | 2020108203014 | 一种预防疲劳驾驶设施效用测试方法及系统 |
| 6 | 2020105671099 | 一种机场复合路面结构及适用性判定、施工方法 |

## 4 效益情况

经济型低碳长寿命路面体系通过新材料＋结构优化＋面层减薄系统碳减排方案，每公里高速公路可以实现碳减排上千吨，为各地碳减排提供有力支撑。

每平方米碳减排均超过20kg，而一棵树一年吸收$CO_2$ 4～18kg，低碳长寿命路面体系至少相当于每平方米一棵树一年$CO_2$的吸收量。

以高速公路或一级公路为例，每1km按27m宽计，建设期碳减排，设计寿命提高，按减少一次中修，延长寿命3～5年计，全寿命周期路基段铺面和桥隧段可节约造价上百万元。例如：某条公路按100km计，仅桥隧单体可节省投资创效达到7000～8000万元。目前国家落实“双碳”目标，未来碳汇交易逐步落地，目前现有碳交易价格约为每吨$CO_2$ 50元，全寿命周期碳汇价值约为432万元，具有良好的经济效益。

# 基于同步摊铺的高性能泡沫沥青就地冷再生施工工艺

(江苏北极星交通产业集团有限公司)

## 0 引言

本技术建立以铣刨料 RAP 级配与新集料级配组成的合成级配范围,采用维特根 3800CR/W380CR 四履带式就地冷再生机下切模式,利用摊铺机同步摊铺,使得级配更加均匀稳定,提升冷再生层平整度,厚度控制均匀,避免冷再生混合料产生离析问题,大幅提高了再生混合料的质量,压实后的再生层不需养生即可快速开放交通,最终获得环保、高效、节能、质量稳定的高质量沥青路面中下面层。本项目提出的高性能泡沫沥青就地冷再生技术符合"双碳"目标下的社会发展需求,在江苏、安徽已经大量成功示范应用,社会和经济效益明显。

## 1 技术概况

同步摊铺的高性能泡沫沥青就地冷再生技术,利用再生机对沥青面层进行铣刨破碎,同时通过前方的辅助车辆,精准添加相应比例的水、水泥、泡沫沥青同步拌和,生成新的冷再生混合料,并输送至紧随其后的摊铺机料斗中,由摊铺机直接进行摊铺,摊铺后的混合料经压路机高效压实后,形成全新的再生层。该技术可解决废旧路面材料的堆放、废弃及污染环境等问题,实现废旧路面材料的再生循环利用,保护环境,降低道路养护维修成本,符合国家循环经济、可持续发展和节约资源、环境友好的发展目标,符合我国提出的"四个交通"中的"绿色交通"要求。

## 2 技术分析

### 2.1 技术原理

泡沫沥青实质上是将一定比例的水添加到热沥青(温度为 150 ~ 180℃)中,二者高温相遇时发生汽化反应,形成雾状沥青泡沫。泡沫沥青与集料接触时,沥青泡沫化为数以万计的"小颗粒",散布于细集料的表面,形成黏有大量沥青的细料填缝料,经过拌和压实,这些细料能填充粗料之间的空隙,并发挥类似砂浆的作用,使混合料达到稳定。泡沫沥青混合料强度机理示意图见图 1。

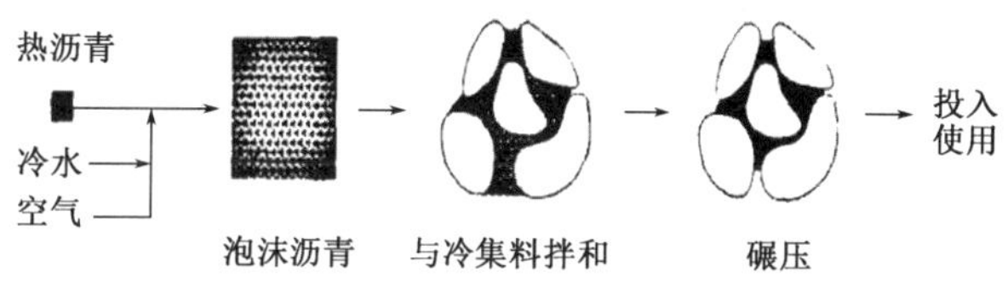


图 1 泡沫沥青混合料强度机理示意图

### 2.2 关键技术、工艺流程及主要设备

(1)关键技术。

①高性能泡沫沥青冷再生混合料配合比设计。提出采用两种级配控制技术:一是采用 RAP 干筛级配与新集料级配组成的合成级配,其中的关键指标控制 0.075mm 的通过率不低于 3%;二是采用 RAP 抽提后级配与新集料组成的合成级配,其中关键指标是控制 4.75mm 的通过率不高于 45%。

②老路沥青路面下切铣刨工法。与传统轮胎式再生机铣刨上切模式相比,高性能泡沫沥青就地冷再生采用四履带式就地冷再生机下切模式,可大幅度降低铣刨过程中超粒径沥青块料的产生,使得级配更加均匀。

③基于摊铺机同步摊铺的就地冷再生施工工艺。与传统轮胎式再生机相比,采用摊铺机同步摊铺,避免了平地机摊铺平整度差、厚度控制不均匀、冷再生混合料容易产生离析的问题,大幅度提高了再生混合料的质量。

④大宽度(3.8m)就地冷再生连续施工工艺。基于同步摊铺的就地冷再生施工工艺,可以实现 3.8m 一个车道的连续施工,避免了传统就地再生

工艺每 100～150m 就产生横向冷接缝的问题，同时减少纵向冷接缝 30%。

(2)工艺流程及主要设备。

①工艺流程。同步摊铺的高性能泡沫沥青冷再生施工利用专业再生系统(再生机、沥青罐车、水灌车、水泥撒布车、石料撒布车)在现场对沥青路面进行冷铣刨，加入一定量的新集料、复合改性沥青、水泥和水，在常温条件下将其拌和、输送至紧随其后的摊铺机料斗中，由摊铺机直接进行摊铺，摊铺后的混合料经压路机高效压实后，形成全新的泡沫沥青再生结构层。随后进行接缝处理，最后养生并开放交通(图 2)。

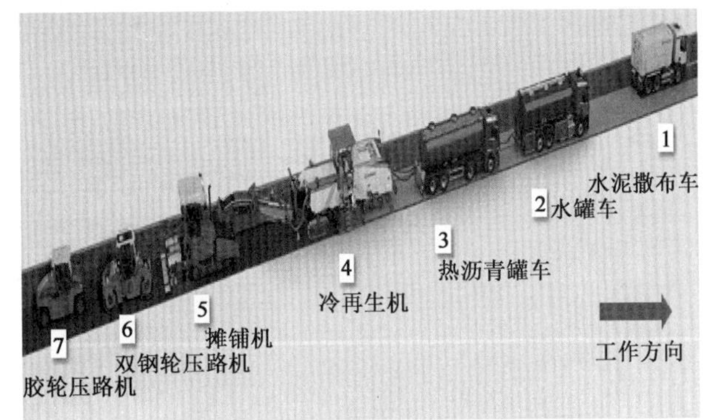


图 2 冷再生施工流程图

②主要设备。同步摊铺的高性能泡沫沥青就地冷再生主要机械设备如表 1 所示。

机械设备一览表 表 1

| 序号 | 机械设备名称 | 型号规格 | 数量 |
|---|---|---|---|
| 1 | 高性能泡沫沥青冷再生机组 | 3800CR/W380CR | 1 |
| 2 | 沥青加温移动罐 | 50m$^3$ | 1 |
| 3 | 洒水车 | 10t | 2 |
| 4 | 水泥撒布车 | 20t | 1 |
| 5 | 碎石撒布车 | 30t | 1 |
| 6 | 摊铺机 | 福格勒 | 1 |
| 7 | 双钢轮振动压路机 | 13－14t | 2 |
| 8 | 单钢轮 | 22t | 1 |
| 9 | 胶轮压路机 | 30t | 2 |
| 10 | 自卸车 | — | 1 |

## 3 技术应用情况

### 3.1 应用项目介绍

(1)G105 宿松段(K1376＋800—K1391＋200)水毁修复及路面大中修工程，公路等级为二级公路，机动车道路面宽度为 9m。该段采用将既有沥青面层进行就地冷再生，形成 8cm 厚的高性能泡沫沥青再生混凝土面层，其上加铺 4cmAC-13C 罩面的方案。

(2)2022 年连徐公司沥青路面大修设计路段为连霍高速公路(G30)林东枢纽至邳州东收费站 K149＋228—K213 ＋ 828 段落连徐方向，总长 64.6km，路面宽度为 23.5m。该段采用高性能泡沫沥青就地冷再生处理原上中面层后，加铺 5cmSMA-13 改性沥青混合料罩面。

### 3.2 实施流程

(1)对原路面进行清扫，确保表面层无污染。

(2)采用撒布车撒布碎石和水泥，对撒布量进行标定，计算好每平方米的撒布量，将碎石和水泥均匀撒布在老路表面。

(3)对老路面采用 3800CR/W380CR 进行铣刨，通过微处理器保证沥青黏结剂和水配料的精确计量，同时先撒布的石料和水泥也被混入搅拌，由此被生成的混合料通过输送带输送至摊铺机料斗中进行摊铺。随后采用摊铺机进行半幅摊铺，通过试验段控制松铺系数。

(4)碾压方案为在预压时采用双钢轮压路机静压 1 遍，振动 2 遍；初压时，采用单钢轮压路机小振 2 遍，大振 2 遍；复压时，采用两台胶轮压路机再各压 4 遍；终压时，采用双钢轮压路机静压 1 遍。

(5)在开放交通的条件下养生时，再生层在完成压实至少 1h 后方可开放交通，但应严格限制重型车辆通行，并严禁车辆在再生层上掉头和紧急制动。

(6)现场检测与观测。具体包括以下两方面：

①将现场取回的泡沫沥青混合料按照规范成型马歇尔试件，经过养生后进行干湿劈裂强度试

验。本次项目现场的干湿劈裂强度比和冻融劈裂强度比也均满足规范要求，说明现场混合料质量较好。

②采用灌砂法现场检测压实度，从检测结果来看，压实度平均值为102%，满足规范要求（不低于99%）。平整度检测采用车载激光仪法，评定路段行车道IRI平均值为1.861，评定路段超车道IRI平均值为1.805，符合公路面层IRI≤2.0的指标要求。表明施工工艺能够满足要求。

③施工结束，养生1d和5d之后进行取芯（图3），芯样基本完整，对养生5d的芯样进行干劈裂试验，结果达到强度要求，综合分析表明泡沫沥青冷再生层前期强度增长较快，具备进行下一道施工工序的条件。

图3 芯样

# 4 效益情况

## 4.1 社会效益

（1）不仅实现了冷再生利用、节省材料转运费用，与热拌沥青混合料相比，施工过程能耗低、污染小、造价低廉，契合绿色可持续发展理念。

（2）有效利用了原有道路的废旧沥青混凝土，从而减少了污染及土地占用，避免了对地下水的污染和废料堆积造成的扬尘污染，环保效益显著。

（3）使用沥青面层再生料可节约大量石料资源，减少了开山取石、河道采砂等对自然环境造成的负面影响。同时，减少了材料、废料的清运，节省费用，减轻清运过程的遗撒、噪声等环境污染。

（4）实现节能降碳。

以《综合能耗计算通则》（GB/T 2589—2020）为依据，根据实际发生消耗，同步摊铺的高性能泡沫沥青就地冷再生与热拌沥青消耗能源对比如表2所示。

**泡沫沥青就地冷再生与热拌沥青消耗能源对比表**（按每吨计） 表2

| 材料名称 | | 泡沫沥青就地冷再生 | | | 热拌沥青 | | |
|---|---|---|---|---|---|---|---|
| | | 材料数量 | 折标准煤(kg) | 碳排放(kg) | 材料数量 | 折标准煤(kg) | 碳排放(kg) |
| 石料 | 电 | 0.1kW（10%新料） | 0.0303 | 0.0997 | 1kW | 0.303 | 0.997 |
| | 燃油 | 0.059kg（10%新料） | 0.0860 | 0.1827 | 0.59kg | 0.8596 | 1.827 |
| 沥青 | 燃油 | 0.042kg（沥青含量为2.5%） | 0.0612 | 0.189 | 0.072kg（沥青含量为4.3%） | 0.1049 | 0.223 |
| 拌和运输 | 电 | 0 | 0 | 0 | 2kW | 0.606 | 1.994 |
| | 重油 | 0 | 0 | 0 | 6.5kg | 9.4705 | 20.123 |
| | 燃油 | 0.50kg | 0.5557 | 1.5480 | 0.12kg | 0.1748 | 0.3715 |
| 合计(kg) | | — | 0.7332 | 2.0194 | — | 11.5188 | 25.5355 |
| 差值(kg) | | 折标准煤10.7856 | | | 碳排放23.5161 | | |

### 4.2 经济效益

我国工程实践经验表明,旧沥青路面再生利用,与传统铣刨加铺的养护工艺相比,其材料费用平均节省45%~50%,工程造价降低20%~25%。与其他类型就地冷再生技术相比,同步摊铺的高性能泡沫沥青就地冷再生技术适用于更多种类的材料(包括优质和劣质)处置,可减少拌和时间15%~20%,节省沥青用量5%~10%,节省造价15%~20%。

## 5 总结

本次同步摊铺的高性能泡沫沥青就地冷再生技术针对泡沫沥青冷再生混合料的特征,在国内外首次提出采用两种级配控制技术,以保证在使用过程中泡沫沥青冷再生具有骨架密实型的半柔半刚结构,达到高强度、抗形变(高温稳定性好)、抗水损坏(水稳定性好)的高性能冷再生混合料的技术要求。

采用3800CR/W380CR四履带式就地冷再生机下切模式,使级配更加均匀、稳定;采用摊铺机同步摊铺,避免了平地机摊铺平整度差、厚度控制不均匀、冷再生混合料容易产生离析的问题,大幅提高再生混合料的质量。

基于同步摊铺的就地冷再生施工工艺可以实现3.8m一个车道的连续施工,避免了传统就地再生工艺每100~150m就产生横向冷接缝的问题,同时减少纵向冷接缝30%,使得再生层整体强度显著提高,施工效率提高40%以上。

同步摊铺的高性能冷再生碾压结束后,压实后的再生层不需养生即可快速开放交通,养生1天能够取出完整芯样,进入下一道施工工序,最终获得环保、高效、节能、质量稳定的高质量沥青路面下面层,作业过程中完全符合"低碳环保、循环经济、环境友好"的高质量发展理念。

# 疲劳优先的沥青路面材料设计与结构组成统一研究

(济南金曰公路工程有限公司;山东建筑大学)

## 0 引言

当今沥青混合料设计体系主要考虑高温性能,而对疲劳性能考虑较少,此为沥青路面出现疲劳裂缝的重要原因之一。本项目以研究适合我国国情,具有较好重载交通承受能力和耐久性的沥青路面结构形式为出发点,设计出具有优异抗疲劳性能的沥青胶结料,提出抗疲劳的同时兼顾其他路用性能的沥青混合料组成设计方法,建立起适应重载交通的长寿命沥青路面结构组合,形成了疲劳优先的沥青混合料材料组合设计和结构设计体系。其应用可大大减少沥青路面的早期损坏,延长路面使用寿命,从而减少大中修养护次数和因道路维修带来的拥堵和交通事故。

## 1 技术概况

本项目基于对路面检测数据库的分析,开展室内试验和理论研究。选择了空隙率等 8 个可能影响沥青混合料抗疲劳性能的内部因素,设计正交试验,提出了不同种类沥青基于抗疲劳性能的分级标准。采用威布尔函数概率分布,研究了不同种类沥青及其混合料抗疲劳性能的优劣,并根据抗疲劳性能进行分级,建立了沥青指标与混合料抗疲劳性能的相关关系。推荐 IDEAL-CT 试验和现行规范提供的四点弯曲抗疲劳法为室内沥青混凝土的评价方法。研究了沥青混合料的抗疲劳和高温性能规律,推导出了 3 种改性沥青混合料的抗疲劳预估模型和车辙动稳定度回归方程,建立了基于性能的最佳沥青含量确定方法,提出了基于抗疲劳性能兼顾高温性能的沥青混合料体积设计指标和设计体系。提出了四点弯曲百万次抗疲劳应变与沥青路面设计中面层层底弯拉应变之间的关系式,使材料设计与结构设计统一应用于长寿命沥青路面和钢桥桥面铺装设计,使设计出的路面结构具有更好的长期路用性能。

## 2 技术分析

### 2.1 技术原理

(1)沥青胶结料及其混合料抗疲劳性能

不同种类的沥青材料,其沥青混合料的抗疲劳性能差异较大。采用相同的沥青含量、级配曲线、成型方法及成型温度,成型 BFA 四点弯曲抗疲劳试件,进行混合料抗疲劳试验,试验分析不同沥青材料关键技术指标与沥青混合料抗疲劳性能之间的相关性,可以此总结和提出表征沥青材料抗疲劳性能的指标和试验方法,对沥青的抗疲劳性能进行分级,作为优选抗疲劳性能较好沥青材料的技术依据,设计出抗疲劳性能好的沥青混合料。推荐适应于对上面层抗疲劳和兼顾高温性能、下面层抗疲劳性能要求的路面或桥面铺装结构。

(2)抗疲劳优先的沥青混合料设计

通过大样本试验,分析研究四点弯曲抗疲劳试验、间接拉伸等简单抗疲劳性能试验方法与沥青路面抗疲劳破坏应力-应变状态的关联性,可以建立简单抗疲劳性能试验和四点弯曲抗疲劳试验的稳定相关关系和抗疲劳寿命预估模型方程。

(3)沥青混合料平衡设计法

基于 VMA 的研究,确定不同类型混合料的矿料级配。根据交通水平、抗疲劳性能、高温性能等选择合适压实参数、最佳沥青含量等参数指标。形成抗疲劳优先、兼顾高温稳定性的沥青混合料设计体系。

(4)抗疲劳优先的沥青路面结构设计

采用成熟的路面结构力学响应分析方法,研究不同轴载和交通水平、温度应力条件下,不同路面结构组合的应力-应变力学响应,分析与沥青路面结构抗疲劳寿命和永久性变形相关的沥青层层底、层顶的拉压应变指标。根据不同结构组合的应力应变状态，分析各层沥青混合料的抗疲劳要求和抵抗永久变形的要求，研究沥青、沥青混合料对不同路面结构的适应性，推荐满足不同交通水平和气候条件的抗疲劳优先兼顾高温性能的路面结构组合。

## 2.2 关键技术

(1)基于抗疲劳性能的沥青分级与选择

采用四点弯曲疲劳试验评价了13种不同沥青混合料AC-13的抗疲劳性能，建立双对数坐标下不同应变水平下的抗疲劳寿命变化关系。

采用威布尔函数概率分布，对不同种类沥青的AC-13混合料在500微应变条件下的抗疲劳寿命进行分析，绘制不同种类沥青的混合料的抗疲劳寿命威布尔概率分布图。

采用5%、25%、50%、75%的概率作为分界点，将常用的沥青种类按抗疲劳性能，分成了5个不同的等级，结果见表1。

**不同种类沥青的AC-13混合料抗疲劳性能分级** 表1

| 疲劳分级 | 疲劳寿命范围 | 沥青种类 |
|---|---|---|
| 极优 | >50万 | 8% SBS、20% AR |
| 优 | 20万~50万 | 6% SBS、10% AR+3% SBS+4%岩沥青 |
| 良 | 7万~20万 | 3.5% SBS、4.5% SBS、10% AR+3% SBS、 |
| 中 | 2万~7万 | 齐鲁70#、2% PE、4.5% SBS+4% sasobit温拌剂 |
| 差 | <2万 | 6% PE、4% PE、齐鲁70#+2% sasobit温拌剂 |

(2)抗疲劳优先的沥青混合料设计

①将路面最常见的沥青(70#基质沥青)、级配(AC类连续级配)按照常用结构层进行抗疲劳性能研究和高温性能验证。以沥青用量、空隙率和应变量为变量，按全面设计安排抗疲劳试验，回归出了抗疲劳行为方程。

②AC-13混合料和AC-20混合料的与抗疲劳试验使用相同沥青用量和空隙率变化范围内的全面设计车辙试验，若需满足国家规范中的车辙指标，AC-13需满足沥青用量≤5.5%，空隙率在3.5%~5.4%，AC-20需满足沥青用量≤5.6%，空隙率在3%~5.8%。

橡塑合金SMA-10和AC-20疲劳行为方程分别为式(1)和式(2)。

$$N_f = 115906 \times 10^{11} \times e^{0.6808AC-0.1613AV} \times \varepsilon^{-4.4904} \quad (1)$$

$$N_f = 243539 \times 10^{12.2597} \times e^{0.5942AC-0.1296AV} \times \varepsilon^{-5.1032} \quad (2)$$

③针对我国沥青路面易出现疲劳开裂的三个层位，即沥青表面层、下面层和钢桥面铺装层，分别设计出了6% SBS改性沥青混合料、橡胶沥青应力吸收层、高黏高弹沥青混合料，对每种混合料，以空隙率、沥青用量和应变水平为变量，采用均匀设计方法，回归出了掺加纤维的抗疲劳方程和动稳定度预测模型。基于抗疲劳性能兼顾高温性能的最佳沥青含量确定方法，确定了沥青用量的大致范围，制定了基于抗疲劳沥青混合料的设计步骤。

(3)沥青混合料抗疲劳性能试验方法

①结合IDEAL-CT试验结果，采用优、良、中、差四个等级，16种沥青混合料的抗开裂等级见表2。当需要快速对比、选择抗开裂能力较好的沥青混合料时，推荐利用IDEAL-CT试验进行评价，快速获得抗开裂能力优良的混合料。

**基于IDEAL-CT试验结果的混合料抗开裂等级分类** 表2

| 抗开裂性 | IDEAL-CT分级 | 沥青种类 |
|---|---|---|
| 优 | >600 | 10% AR+3.0% SBS、6% SBS、高沥青用量橡胶沥青AR7.5、8% SBS |
| 良 | 400~600 | 4.5% SBS+4% SAK温拌剂、3.5% SBS、4.5% SBS、10% AR胶粉+3% SBS+4%岩沥青 |
| 中 | 200~400 | 齐鲁70#+2% PE、齐鲁70#+2% Sasobit温拌剂、齐鲁70#沥青 |
| 差 | <200 | 4% PE、8%岩沥青、6% PE |

②推荐重载、特重交通水平沥青路面抗疲劳设计采用四点弯曲抗疲劳试验方法，建立四点弯曲抗疲劳试验的百万次抗疲劳所对应的应变$\varepsilon_6$与野外沥青路面面层层底弯拉应变$\varepsilon_{t,ad}$之间的关系，将沥青混合料疲劳寿命借助容许应变直接用于沥青路面设计中，实现材料设计与路面结构设计相统一。

## 3 技术应用情况

### 3.1 应用项目介绍

本项目研究成果在 G104 京福线济南德州界至大桥镇段改建工程、济南至乐陵高速公路南延线工程、济南绕城高速公路二环线东环段工程、G220 东深线长清陈庄至长清平阴界段改扩建工程、G220 东深线及 S105 济聊线长清绕城段改建工程等项目中应用，三年应用项目路线总长约 151.02km。

### 3.2 实施方案及流程

2015 年在 G104 京福线济南德州界至大桥镇段改建工程中，使用了本研究成果开发的废旧橡塑合金改性沥青，用于上面层 SMA-10 沥青混合料、中面层 AC-20 沥青混合料，高掺量 SBS 改性沥青用于 LSPM-25 柔性基层沥青混合料，材料设计过程中采用了抗疲劳优先、兼顾高温性能的沥青混合料平衡设计方法。

2017—2018 年将研究成果应用于济南至乐陵高速公路南延线工程项目与济南绕城高速公路二环线东环段工程项目中，优化设计了混合料配合比与最佳沥青用量，以及沥青路面结构组合，显著提高了沥青混合料的路用性能水平。

2019 年 G220 东深线及 S105 济聊线长清绕城段改建工程项目中，在上面层 SBS 改性沥青 SMA-13 混合料和中面层 SBS 改性沥青 AC-20 混合料设计时，以及 2020 年 G220 东深线长清陈庄至长清平阴界段改建工程项目中，在上面层 SBS 改性沥青 AC-13C 沥青混合料和中面层 SBS 改性沥青 AC-25 粗粒式沥青混合料设计时，采用了抗疲劳优先兼顾高温性能的沥青混合料平衡设计方法，优化了级配设计和确定了最佳沥青用量。

## 4 效益情况

### 4.1 社会效益

本项目设计开发出代表低、中、高抗疲劳性能的沥青混合料，在提高改性沥青技术水平和沥青路面服务水平、延长道路服务寿命、降低道路全寿命周期成本方面成效明显。其中，代表中抗疲劳性能的橡塑合金改性沥青混合料，其改性剂原料来源为废旧橡胶和废旧塑料，通过推广应用可提高行业对废旧橡胶和废旧塑料固体废物的回收和再利用能力，可以极大地缓解环境污染和治理压力，有效解决“黑色污染”及“白色污染”问题，并降低改性沥青成本，体现了沥青路面技术在绿色公路和绿色交通的发展方向。

### 4.2 经济效益

（1）以本成果所应用项目计算。本成果项目在新建、改建及大修项目中累计应用达 151.02km（其中 2019 年应用 41.36km，2020 年应用 64.46km，2021 年应用 45.20km）。同类路面项目以运营 5 年需要进行中修计算，铣刨重铺表面层费用按照 130 元/$m^2$ 计算，本技术应用项目节省中修等养护费用（折现）如下：

$151.02 \times 1000 \times 22.5 \times 130 = 44173.3$ 万元

（2）以山东省工程项目计算，2021 年底山东省高速公路通车总里程达 5700km，依每年 10% 的大中修标准，每年需要大中修高速公路在 570km 左右，路面大修成本按 500 万/km 计算，每年的路面大中修养护成本在 28.5 亿左右。路面寿命每延长 1 年，将直接节约 58.5 亿的费用。如果在全国应用，经济效益将更加可观。

# 城市新型绿色低碳环保沥青路面关键技术研究及应用

（四川省公路规划勘察设计研究院有限公司）

## 0 引言

针对废旧轮胎在沥青路面领域中循环利用存在的技术难题，项目研发了以橡胶沥青技术为基础的城市新型绿色低碳环保沥青路面成套技术。针对传统橡胶沥青技术提出了橡胶沥青及混合料“制备—检测—设计—评价”全过程的创新方法；将负离子和橡胶沥青技术结合，开发了城市新型绿色环保沥青路面技术，净化了路域空气；研发了一种高掺量高性能解交联橡胶沥青，使橡胶粉内掺掺量达到25%以上。成果已在市政道路工程中成功示范应用。

## 1 技术概况

目前，橡胶沥青技术在低碳路面技术研究领域受到青睐，但橡胶沥青技术的应用还存在很多技术难题没有解决，制约了该技术的应用。例如，对于传统橡胶沥青技术，橡胶沥青在存储时性能不稳定，黏度衰减；橡胶沥青适应性混合料级配选择缺乏依据；高温重载下，橡胶沥青混合料水损害问题突出等。同时，基于传统橡胶沥青技术的新型低碳路面技术亟待开发。此外，针对传统橡胶沥青稳定性差、烟气大、掺量不高等问题，高掺量高性能新型橡胶沥青技术也亟待研究及应用。为此，本研究成果从橡胶沥青技术存在的技术难题出发，研发了城市新型绿色低碳环保沥青路面技术。

## 2 技术分析

### 2.1 技术原理

首先，项目针对传统橡胶沥青，提出了橡胶沥青及混合料“制备—检测—设计—评价”系列创新方法，保证橡胶沥青及混合料的性能，提出了橡胶沥青级配类型与工程需求匹配的技术解决方案。

其次，项目将负氧离子技术引入橡胶沥青路面中来，研究开发新型城市环保型路面。负离子剂具有自发极化效应，可将空气中的水分解为 $OH^-$ 和 $H^+$，形成空气负离子，空气负离子可吸附空气中的灰尘，并消杀空气中的细菌，保护城市空气环境。

最后，项目通过工艺断开废旧轮胎胶粉中的硫键，橡胶粉中的溶胶含量显著增多，使橡胶粉更易溶解到沥青中，形成了高掺量高性能的解交联橡胶沥青。项目提出了高性能解交联橡胶沥青评价指标体系、混合料配合比设计及性能评价、工厂化生产及沥青路面的铺筑工艺。

### 2.2 关键技术及主要设备

（1）首次引入便携快捷的手持式黏度计，基于建立的橡胶沥青黏温数据库，通过黏度转换，现场快速判断橡胶沥青黏度合格与否。

（2）将石油沥青、橡胶粉、轻质油、基础矿石、助剂和激发材料，在高温下混合溶胀，反应一定时间，即可制备得到负离子橡胶复合改性沥青。

（3）通过解交联工艺对橡胶粉进行低温绿色深度解交联，提升了橡胶沥青的施工性能，橡胶沥青中的橡胶掺量达到内掺25%以上，推动了废旧轮胎的高质化利用。

## 3 技术应用情况

### 3.1 应用项目介绍

项目研究成果已成功应用在成都市武侯区领事馆路（2013 年，0.5km）、成都生物城路面工程（2018 年，13.8km）、成都市未来科技城北一线（2021 年，0.5km）等多条城市道路上。目前应用案例至今路面完好，没有病害发生。负离子路面释放量可达1000 个/$cm^3$，环保效益显著。

### 3.2 实施方案及流程

项目根据工程实际情况,对传统橡胶沥青技术(30~40目橡胶粉湿法沥青)、负离子橡胶沥青技术和解交联橡胶沥青技术进行了研究,并得出了具体的实施方案。

## 4 效益情况

### 4.1 社会效益

考虑沥青生产、运输、拌和、碾压等进行测算,铺筑1$m^2$厚度为4cm的面层,传统橡胶沥青路面相对SBS改性沥青路面二氧化碳当量降低13.2%,能耗降低24.4%。由此可见,项目研究成果实现了废旧轮胎胶粉的高质化利用,减少了有害气体排放和能耗。

### 4.2 经济效益

传统橡胶沥青混合料相对SBS改性沥青混合料节约工程造价约7.1%,负离子橡胶沥青混合料相对SBS改性沥青混合料提高工程造价约6.0%,高性能解交联沥青SMA-13混合料相对高黏改性沥青SMA-13混合料降低工程造价15.2%。

## 5 总结

研究成果对传统橡胶沥青技术存在的不足进行了弥补和完善,在传统橡胶沥青应用的各环节开发了新技术,保证传统橡胶沥青技术实施的质量。开发了更为低碳环保的负离子橡胶沥青技术,建立了城市新型低碳环保沥青路面技术。开发了高性能、高掺量解交联橡胶沥青,提高了橡胶沥青性能,同时规避了传统橡胶沥青技术中材料存储稳定性、施工性差的问题。项目研究成果已在城市道路沥青路面工程中得到示范应用,取得了优异的使用效果,项目成果还可以在高等级公路中推广应用。

# 地铁线网云平台

(中兴通讯股份有限公司)

## 0 引言

随着国民经济的发展,城市轨道交通的建设迅猛发展,城市轨道交通的建设规模越来越大,但也出现了基础设施分散、网络资源浪费、系统安全缺乏强力保障、运维管理复杂等问题。为解决以上问题,中兴通讯推出地铁线网云平台解决方案,通过高效弹性的云平台和高速可靠的通信网络,构建承载地铁安全生产、内部管理、外部服务等业务系统的一体化解决方案。地铁线网云平台基于 OpenStack + Kubernetes 开放架构,双核一体,实现虚拟机、容器和裸金属等资源的统一管理和运营服务。充分运用云计算、大数据等先进理念和技术,实现基础设施共建共用、数据资源汇聚共享、业务应用有效协同,助力城轨业务向自动化、智慧化发展。

## 1 技术概况

地铁线网云平台提供计算、存储和网络资源并进行虚拟化管理,为用户快速构建云环境,同时能提供丰富的 PaaS 服务,包含 PaaS 整体框架和微服务管理平台及中间平台服务,促使地铁各业务系统能够通过云平台实现资源共享,在提高硬件资源利用率的同时,降低系统运行成本,提高城市轨道工程建设、运营水平。

## 2 技术分析

### 2.1 双核深度融合平台,多种资源随选

中兴线网云平台采用 OpenStack + Kubernetes 双核融合技术,支持虚拟机、容器、裸金属统一管理和运维,提供统一资源的管理(运维)界面,能在原有虚机资源池下直接部署容器,便于未来业务向容器化演进,未来不管是基于虚拟机部署,还是基于容器部署,平台不需要做切换,降低了业务难度,提高了工作效率。

### 2.2 纯软 SDN,高度灵活性组网

通过软件定义网络(Software Defined Network, SDN)能够快速实现网络部署与交付。在业界目前有两种 SDN 方案,基于主机 Overlay 的软 SDN 和基于网络 Overlay 的硬 SDN。中兴通讯完全支持这两种模式,在软 SDN 模式下,软件与网络设备解耦,为地铁客户提供更多的选择。

### 2.3 智能云卡的运用,实现降本提速

中兴通讯自研智能云卡,通过密集并行计算和高速高带宽转发卸载,做到降本提速,提升用户使用体验。通过硬件卸载实现千万级流表处理能力和 25G 线速转发;实现软硬件解耦,兼容厂家服务器,为用户提供高性能、低成本的虚拟化交换解决方案。

### 2.4 多方位智能运维,提升运维运营效率

中兴通讯提供轻量化的实时网络分析组件,使用 AI 智能算法提供故障定界、根因分析等智能运维手段,一线运维人员能够快速地发现问题、鉴定问题,切实减轻运维人员负担,做到问题的及时定位和快速解决。

## 3 技术应用情况

### 3.1 应用项目介绍

杭州地铁目前在运营线路有 11 条,各线路视频监控系统为独立建设,视频调看需要在各线路系统之间来回切换。同时,随着地铁运营线路的增加,原来设计的视频并发调看数不能满足需求。随着技术进步和规模增长,杭州地铁的城市轨道交通建设和运营需要通过数字化技术提升建设、管理和运营能力。

### 3.2 实施方案及流程

中兴通讯、杭州地铁联合建设线网云平台,为

各线路视频监控系统统一提供计算、存储、网络、安全资源，该系统使杭州地铁内多个子系统和设备实现“互联”，提升资源利用率。

杭州地铁城轨云平台承载了流媒体、视频监控、安防、结构化、网管等业务模块，可以接入和调看全线路的视频业务，同时通过视频结构化的手段能够快速识别异常情况，极大提升了地铁安全管理水平和突发事件处理能力。解决资源利用率低、突发事件处理不及时、功能不足等问题。

基于杭州地铁城轨云平台，统一建设各线路基础资源，资源利用率提高75%；视频并发调看数由原来的20路提升到100路；各线路的视频监控业务汇总到线网平台进行处理，突发事件处理效率提高30%；通过视频结构化和人体特征识别技术，排查搜索处理时间缩短60%。

## 4 效益情况

### 4.1 社会效益

（1）业务协同，提高效率。通过线网云平台建设，实现地铁部门之间、业务之间的互联互通、资源共享，从而避免各业务或部门重复采集数据、重复录入，提高业务效率，有助于实现业务协同联动。

（2）全面监管，提高运营管理水平。全面、及时、准确掌握各业务情况，有助于实现精细化管理，提高整体运营管理水平。

线网云平台基础资源集约建设，按需分配，提高了资源利用率，减少设备数量，项目能耗下降20%，每年节省用电约100万kW·h，减少二氧化碳排放量约400t。

### 4.2 经济效益

（1）提供公安通信网各业务统一基础资源服务，资源利用率提高75%。

（2）不同线路的异构CCTV业务集中运维，运维效率提高70%。

（3）城轨行业首家采用智能网卡实现硬件加速，节约资源开销10%、提高转发性能20%。